Le vie della civiltà

Paolo Macry

La società contemporanea

Una introduzione storica

Società editrice il Mulino

ISBN 978-88-15-05194-3

Indice

Introduzione p. 9

I. Il passato e gli storici 13

1. La storia che cambia 13
2. Il Settecento e la storia della società 17
3. L'Ottocento, «il secolo della storia» 20
4. Il primo Novecento: Bloch, Febvre e il passato al plurale 24
5. Alcune tendenze di metà Novecento: «tempo lungo», strutture, quantità 32
6. Al di là della «storia scientifica»: discussioni recenti 42

II. L'ambiente della storia 57

1. Dal determinismo alle «possibilità» 57
2. Spazio e «civilisation». I grandi modelli ambientali 61
3. Il «manufatto ambiente» 65
4. Dietro la storia: il clima 67

III. La demografia storica 77

1. Il problema demografico nel secondo Novecento: sovrappopolamento o implosione? 77
2. Demografia e contesti storici 80
3. Macrotendenze: il modello demografico d'Antico Regime 87
4. Macrotendenze: il modello della «nuova demografia» 94
5. Emigrazioni 100

IV. La storia della famiglia fra società e cultura p. 105

1. Un istituto relativo 105
2. Famiglia allargata e famiglia nucleare 107
3. Sentimenti, relazioni e culture familiari 113
4. Elites e patrimoni 122
5. I contadini e la terra 127
6. Famiglia, lavoro e industrializzazione 130

V. L'economia e la società: ideologie fra Ottocento e Novecento 139

1. L'economia politica: la naturalità dell'economia borghese 139
2. Marx: la parzialità classista del modello liberale 147
3. Polanyi: l'utopia distruttiva della società di mercato 151

VI. Trasformazioni economiche 161

1. Il decollo dell'Occidente 161
2. La storiografia economica 163
3. Prima dello sviluppo: economie contadine 173
4. Dalla «rivoluzione agricola» alla «fine dei contadini» 178
5. Prima dell'industria: il modello protoindustriale 184
6. Alcune questioni sull'industrializzazione fra Ottocento e Novecento 188

VII. Classi, professioni, stili di vita. Elementi di sociologia storica 201

1. Definizioni sociologiche fra Ottocento e Novecento 201
2. Gli storici e l'analisi della società 207
3. Classi lavoratrici, classe operaia 214
4. Le borghesie 228

VIII. Comportamenti collettivi p. 247

1. Le «classi pericolose» e la percezione della conflittualità sociale 247
2. I comportamenti collettivi nell'analisi delle scienze sociali: istinti e razionalità 252
3. Il conflitto sociale come problema storiografico 257
4. Segregazione e mobilità sociale 266

IX. Lo Stato e la politica 277

1. Storia politica e scienze sociali 277
2. La formazione dello Stato assoluto 282
3. Ideologie nazionali 289
4. «State building», «nation building» 296
5. Politica liberale, democrazia politica, «nuova politica» 302

Bibliografia 321

Introduzione

Non è detto che la contemporaneità sia appannaggio esclusivo delle scienze sociali, né che possa essere analizzata in modo efficace senza un'adeguata prospettiva diacronica.

In questo volume, alcuni problemi della società contemporanea verranno discussi in un'ottica storica, dunque prestando particolare attenzione alla dimensione del *tempo* (ai fenomeni del mutamento) e attingendo, per lo più, alle ricerche degli storici.

La storiografia odierna, per quanto arricchita dalle trasformazioni metodologiche e tematiche registrate nel corso del Novecento e da un rapporto proficuo seppure difficile con le scienze sociali, soffre di qualcosa di simile ad una crisi di identità. Tendenze e «scuole» sono numerose ma talvolta poco comunicanti fra loro, revisionismi radicali e tenaci conservatorismi convivono e s'ignorano a vicenda, il panorama è tutt'altro che omogeneo, per certi versi frammentario. Lo stesso statuto della disciplina è materia di discussione. Sarebbe difficile dare una risposta univoca – condivisa dalla maggioranza degli addetti ai lavori – a chi semplicemente chiedesse, oggi, cosa sia la storia.

Chi scrive, del resto, non ha la pretesa di fornire una rassegna esauriente della storiografia contemporanea e, tanto meno, di indicare una gerarchia dei metodi di lavoro e dei risultati interpretativi. La spiccata articolazione del lavoro storico sconsiglia ogni classificazione *imparziale* degli studi e suggerisce cautela nel valutare il frastagliato arcipelago storiografico, per quanto ciò possa apparire deludente ad un lettore desideroso di scelte e riferimenti precisi.

Il tipo di storiografia di cui si parlerà concerne, per lo più, i fenomeni e i processi sociali. Definirla storia della società o storia economica e sociale o storia sociale o altro ancora, non ha molta importanza. Certo non è la vecchia storia politica, che pretendeva di essere l'unica possibile e che esauriva lo studio del passato nella ricostruzione degli avvenimenti politici. Nelle pagine seguenti, si discuterà di ambiente e di manifatture, di matrimoni e di morti, di contadini e di borghesi. Nessuno pensa tuttavia che lo storico delle società possa limitarsi a coltivare il campo dell'economia e della sociologia separandoli dalla storia della politica, degli apparati statali, della cultura scritta, delle ideologie. Al contrario, quel che caratterizza – o dovrebbe caratterizzare – la storia della società è una sorta di approccio globale ai fenomeni studiati.

Gli aspetti sociali o societari dell'essere dell'uomo non possono venir separati dagli altri, se non a costo di scadere nel tautologico o nel banale – avvertiva vent'anni fa uno storico inglese. Non è possibile separarli, per più di un momento, dai modi con cui gli uomini si procurano da vivere e dal loro ambiente materiale. Né è possibile, neppure per un momento, separarli dalle idee, essendo i rapporti reciproci tra gli uomini espressi e formulati in un linguaggio che presuppone determinati concetti nell'attimo stesso in cui si apre bocca per parlare. E si potrebbe continuare[1].

È opportuno aggiungere che, in questa sede, ci si limiterà a discutere la storia e la storiografia dell'Occidente europeo e atlantico. Tenuto conto del fatto che specie l'età contemporanea vive spesso in una dimensione a scala mondiale, si tratta di un limite grave, il quale va addebitato alle circoscritte competenze dell'autore, alla maggiore tradizione di studi nell'area occidentale e infine ad un antico etnocentrismo dei suoi storici.

Un'ultima avvertenza riguarda l'arco temporale preso a riferimento. Questo libro è dedicato alla storia dell'età contemporanea, ma utilizza una periodizzazione che non distingue in modo canonico fra età moderna ed età contemporanea. Il fatto è che talune cesure – sulle quali si è tradizionalmente costruita la successione tra le due fasi – appaiono piuttosto scolastiche e opinabili. Stabilire l'inizio dell'età contemporanea è problema fra i più complessi e presuppone, del resto, che sia abbastanza chiaro *in cosa consista* l'età contemporanea. Chi scrive ha ritenuto opportuno rimarcare il ruolo del secolo XIX, come lungo momento di transizione fra l'*Ancien*

Régime e i sistemi socio-economici e politico-culturali contemporanei, con la conseguenza che, talvolta, i mutamenti sette-ottocenteschi finiscono per essere discussi in modo più dettagliato dei successivi processi novecenteschi. In questo senso, la trattazione può apparire fortemente retrospettiva. Tuttavia è sembrato utile sottolineare lo spessore diacronico di una contemporaneità che spesso viene appiattita impropriamente sull'oggi e che invece ha una sua storia, lunga e complessa. È il caso di aggiungere che, quando si voglia passare in rassegna i temi ed i metodi che maggiormente hanno innovato il quadro degli studi storici, diventa inevitabile lo sconfinamento nei territori di una storiografia dell'età moderna, la quale risulta più aggiornata e vivace di quanto non siano le ricerche dedicate agli ultimi due secoli.

Il volume, destinato essenzialmente alla didattica universitaria, costituisce la revisione di una *Introduzione allo studio della società moderna e contemporanea* che era stata pubblicata dalle edizioni del Mulino nel 1980. Rispetto ad essa, figurano, in questa stesura, alcuni nuovi capitoli, mentre le restanti parti sono state aggiornate o riscritte, tenendo conto degli sviluppi degli studi negli ultimi anni. Malgrado l'ampliamento tematico, il testo continua tuttavia a rispecchiare le scelte storiografiche (ovviamente opinabili e parziali) di chi scrive. Esso inoltre, data la mutabilità degli studi storici, appare soggetto ad invecchiare precocemente, il che, lungi dall'essere motivo di rammarico, è al contrario un auspicio.

Nota all'Introduzione

[1] E.J. Hobsbawm, *Dalla storia sociale alla storia della società*, in «Quaderni storici», 22 (1973), p. 56.

Capitolo primo

Il passato e gli storici

1. *La storia che cambia*

«La storiografia appare come un seguito di nuove letture del passato, piena di perdite e di risurrezioni, di vuoti di memoria e di revisioni»[1]. Nel corso del tempo, gli storici hanno spesso modificato l'interpretazione e la stessa ricostruzione dei medesimi avvenimenti; si sono interessati a tematiche di volta in volta diverse; hanno utilizzato, nell'indagare il passato, nuovi metodi, concetti e fonti. La storia è una disciplina in continua trasformazione, come del resto ogni altro tipo di analisi scientifica. «Il passato è, per definizione, un dato non modificabile. Ma la conoscenza del passato è una cosa *in fieri*, che si trasforma e si perfeziona incessantemente», scrive Marc Bloch[2].

L'affermazione è meno scontata di quanto non appaia a prima vista. Confondendo la storia con il suo oggetto (il passato), spesso s'è creduto che essa potesse essere un corpo immutabile di informazioni imparziali e definitive, e che dunque allo storico competesse *svelarla* una volta per tutte. «Il mio tentativo tende soltanto a mostrare come le cose sono realmente andate», scriveva nel 1824, in un celebre passo, Leopold von Ranke[3].

Le parole di Ranke – che volevano polemizzare con chi attribuiva alla storia compiti morali (*historia magistra vitae*), sottolineando invece il suo carattere scientifico e avalutativo – sarebbero state riprese innumerevoli volte da almeno tre generazioni di storici e, nel clima del positivismo ottocentesco, avrebbero contribuito a diffondere una dogmatica fiducia nell'oggettività dei fatti storici – *il duro nocciolo rappresentato dai fatti* – e nella possibilità di pervenire ad una «storia definitiva»[4].

Ma cos'è un fatto storico, e quanto può essere considerato un elemento oggettivo? Risponde Edward H. Carr: «è lo storico ad aver deciso che, dal suo punto di vista, il passaggio compiuto da Cesare di un fiumiciattolo come il Rubicone è un fatto storico, mentre il passaggio del Rubicone compiuto prima e dopo di allora da milioni di altri individui non c'interessa minimamente»[5]. È insomma l'analisi storica che riesuma dal passato questo o quell'aspetto di una realtà ormai scomparsa per sempre, dando ad esso un significato. Ogni gerarchia stabilita all'interno dell'illimitata congerie degli elementi che costituiscono il passato appare relativa. Quali, fra essi, siano importanti «dipende non già da una qualità intrinseca dei fatti stessi, ma da una decisione *a priori* dello storico. Si suol dire che i fatti parlano da soli: ma ciò è, ovviamente, falso. I fatti parlano soltanto quando lo storico li fa parlare: è lui a decidere quali fatti debbano essere presi in considerazione, in quale ordine e in quale contesto»[6].

Della Francia del tardo Settecento, ad esempio, taluni storici hanno ricostruito gli avvenimenti politici che portarono al crollo del regime di Luigi XVI. Altri hanno studiato piuttosto i fatti economici, l'andamento dei raccolti agricoli, le difficoltà del vettovagliamento di Parigi. Altri ancora hanno cercato di valutare il clima sociale e culturale in cui matura la spinta rivoluzionaria del 1789, analizzando, ad esempio, le relazioni fra i gruppi sociali o il tipo di letture dei ceti colti o il modo di pensare della gente comune. E c'è chi, su questa strada, ha elevato a «fatto storico» il crudele dispetto che gli apprendisti di una qualunque stamperia parigina del secondo Settecento, quella di tale Jacques Vincent, decidono di infliggere alla moglie del padrone, impiccandole l'adorata gatta. «Questi disgraziati non possono ammazzare i padroni, e così hanno ammazzato la mia gatta»[7], si lamenterà la donna con il marito. Ecco insomma che il passato trasfigura violentemente, nella penna degli storici, e Danton cede il passo alla gatta dei signori Vincent...

È stato detto icasticamente che «i fatti storici non esistono finché lo storico non li crea»[8]. Certo è lui che li ricostruisce e li interpreta. A chi chiedesse come sono andate *realmente* le cose, bisognerebbe rispondere che il grado di oggettività della conoscenza storica è assai ridotto e non corrisponde a molto più di un dovere di cronaca. È doveroso accertare, ad esempio, il fatto che il 18 giugno 1815, nei pressi della cittadina belga di Waterloo, l'esercito di Napoleone Bonaparte si scontrò con una coalizione militare che comprendeva mezza Europa. Ma è possibile che, sulla dinamica degli eventi e tanto più sul significato da attribuire ad essi, i pareri divergano. Nel passaggio dalla cronaca alla storia, certezze e unanimità tendono a sfumare. Sembra improbabile che si possa mai giungere a quella ricostruzione storica della battaglia di Waterloo – definitiva e imparziale, «che soddisfi in egual misura francesi e inglesi, tedeschi e olandesi» – che auspicava a fine Ottocento l'inglese John Acton, uno storico fiducioso nell'oggettività del proprio mestiere[9].

Il fatto è che il passato cambia continuamente di aspetto, quando viene recuperato dal microscopio dello storico. Le sue sembianze risentono della prospettiva attraverso la quale lo si interroga e lo si ricostruisce. Fra gli storici e gli intellettuali degli anni Trenta, nell'Europa divisa fra democrazie e fascismi, sarebbe stato difficile trovare unanimità di giudizio intorno ai quattro drammatici anni della prima guerra mondiale. Di chi ne era stata la responsabilità? Del militarismo tedesco, che cercava di espandere il Secondo Reich oltre i confini del 1871, o delle potenze occidentali, che – nel giudizio di altri storici – sembravano aver accerchiato minacciosamente, sul piano politico ed economico, la Germania? Altrettanto diversi e talvolta inconciliabili sarebbero stati, nel secondo dopoguerra, i giudizi degli storici sul fenomeno dei totalitarismi europei. Intorno al 1950, buona parte degli studiosi tedeschi riteneva che gli anni hitleriani fossero stati una sorta di parentesi nella storia della Germania, ad essa estranei ed anzi interpretabili come una degenerazione di fenomeni di massa importati dall'Occidente liberal-democratico. Ma nel 1961 Fritz Fischer avrebbe rovesciato la prospettiva, ricostruendo la lunga tradizione annessionistica e imperialistica della storia tedesca contemporanea (condivisa, dice Fischer, dalle *élites* dirigenti e dall'opinione pubblica) e collegando implicitamente ad essa, in una sinistra linea di continuità, l'esperienza hitleriana[10]. Lungi dall'essere un drammatico corpo estraneo, in altri termini, il nazismo veniva ricollocato organicamente dentro la vicenda della Germania otto-novecentesca e addebitato alla coscienza collettiva tedesca.

Com'è chiaro da questi esempi, il giudizio storico assume

non di rado una valenza politica. Alla base della mutevolezza storiografica, non c'è solo la scelta del singolo studioso ma, più in generale, un nesso tra storia e politica, il quale si è spesso dimostrato forte. La storia (come ogni altra forma di conoscenza) è figlia del proprio ambiente. Il tipo di interesse nei confronti del passato e le domande che ad esso vengono poste nascono dall'oggi e dunque mutano nel corso del tempo. «Solo un interesse della vita presente ci può muovere a indagare un fatto passato», scriveva nel 1915 Benedetto Croce, secondo il quale, di conseguenza, «ogni vera storia è storia contemporanea»[11]. Era stata, ad esempio, l'esigenza di legittimare le aspirazioni nazionali italiane che aveva spinto la storiografia risorgimentale ad interessarsi di quelle fasi storiche che sembravano alludere ad un destino unitario del paese. Non diversamente, sarà a partire dal crollo di Wall Street e dalla recessione degli anni Trenta che crescerà, fra gli studiosi del tempo, l'attenzione verso la storia economica. Il continuo cambiare dei temi che attirano l'interesse degli storici è, in parte almeno, legato a questioni e problemi contemporanei.

Tuttavia, alla fiducia ingenua nell'oggettività della conoscenza storica non può sostituirsi una sorta di relativismo assoluto. Gli studi storici – il modo di lavorare degli storici e le loro cangianti ricostruzioni/interpretazioni del passato – non sono casuali né senza alcuna logica disciplinare. In concreto, non accade (fortunatamente) che i singoli storici decidano in modo del tutto soggettivo di trattare questo o quel tema, di partire da questa o quella ipotesi, di utilizzare una fonte piuttosto che un'altra. Sebbene assai meno formalizzato di altre discipline, il lavoro storico possiede propri specifici punti di riferimento, che sono accettati dall'insieme degli studiosi, dalla comunità degli storici: categorie e concetti di uso comune, gerarchie di problemi, strumenti di lavoro, meccanismi di verifica dei risultati conseguiti, e poi manuali di metodo, istituti preposti alla ricerca storica, organizzazioni professionali (società degli storici), riviste specializzate. Tutto ciò omologa il lavoro dei singoli studiosi e fornisce la storiografia di talune caratteristiche comuni, per quanto generali. È quel che Thomas Kuhn ha definito un *paradigma scientifico*: «l'intera costellazione di credenze, valori, tecniche, e così via, condivisi dai membri di una data comunità scientifica»[12].

Ciò che rende variabile lo studio del passato non è dunque una supposta progressiva conoscenza dei fatti (che permetta di sciogliere sempre più le nebbie del passato), ma neppure è la sequenza disordinata delle scelte dei singoli storici. Analogamente a quanto accade nelle altre forme di conoscenza scientifica, quel che si modifica nel corso del tempo è piuttosto il modo complessivo di fare storia, il «paradigma» storiografico. Il lavoro degli storici viene orientato da idee generali, interessi tematici e modi di lavoro, i quali appaiono prevalenti in un certo periodo e che, in seguito, seguendo i mutati stimoli dell'ambiente circostante e le trasformazioni degli studi, tendono a modificarsi, smentendo o semplicemente mettendo nel dimenticatoio gli studi e gli interessi precedenti. I paradigmi storiografici nascono, si affermano e muoiono. La concezione teologica della storia, diffusa nel Medioevo, verrà negata dalla storiografia umanistica. La storia idealistica di metà Ottocento sarà smentita dalla storia sociologica di un secolo dopo. E così via. Cambieranno, nel frattempo, le categorie di analisi, le tecniche di lavoro, le fonti documentarie.

2. *Il Settecento e la storia della società*

Secondo un noto giudizio, il Settecento offre un esempio significativo del rapporto che lega gli storici al proprio contesto politico-culturale.

Nel XVIII secolo la storiografia sembra tradurre in modo evidente l'intensa ideologia dell'Illuminismo. La fiducia dei *philosophes* in un rinnovamento epocale, fondato sulla razionalità e sul progresso civile e politico – ha rilevato Benedetto Croce –, si riflette immediatamente nel giudizio degli storici, i quali finiscono per leggere il passato come il luogo della superstizione e della metafisica, dei pregiudizi e della violenza. «On voit dans l'histoire les erreurs et les préjugés se succéder tour à tour, et chasser la vérité et la raison», scriverà Voltaire[13]. Il passato, e specialmente l'età medioevale, appare gravato dagli inganni dei preti, dagli intrighi dei cortigiani, dall'ignoranza della plebe. «Non bisogna conoscere la storia di quei tempi che per disprezzarla», dirà ancora Voltaire[14]. L'entusiasmo per il presente fa tutt'uno con un forte ideologismo: tra passato e presente esiste una cesura netta, come quella che separa la notte dal giorno. La «civiltà» dei Lumi viene contrapposta senza mezzi termini alla «barbarie» dei secoli precedenti, dominati dal pensiero teologico e dal potere della Chiesa. Nella ricostruzione storica e nel modo con cui il passato viene sottoposto a giudizio, si riverbera la carica ideologica dei *philosophes* e la loro fiducia in una universale – atemporale – ragione umana. «Il razionalismo dei filosofi ostacola lo sviluppo del senso storico», è stato detto[15].

Non per questo tuttavia il Settecento può essere considerato (come spesso è avvenuto) un secolo antistorico. Al contrario, esso vede un intenso ampliamento del campo d'indagine della storia, la quale, superando i tradizionali ed esclusivi interessi politico-diplomatici, tende a divenire storia universale, attenta ad ogni aspetto dell'attività dell'uomo, vero e proprio battistrada delle future scienze sociali. Riflettendo taluni caratteri dinamici del proprio tempo, gli studiosi settecenteschi appaiono infatti sensibili ai processi di trasformazione economica, di sviluppo sociale e di circolazione culturale. Edward Gibbon (*The History of the Decline and Fall of the Roman Empire*, 1766-1788) ricostruisce un affresco complesso della civiltà romana classica e vede l'origine della sua decadenza nella diffusione del cristianesimo. David Hume (*The History of England*, 1754-1761) analizza i mutamenti culturali che segnano la vicenda del popolo inglese. Altri storici s'interessano di manifatture e di artigianato, di commercio e di gruppi sociali, di abitudini collettive. Nel *Siècle de Louis XIV* (1751), Voltaire vuole illustrare il clima complessivo (l'*esprit*) del Seicento francese, ricostruendone forma di governo e clima, usanze ed economia. Poco più tardi, lo scozzese Adam Ferguson pubblica un *Essay on the History of Civil Society* (1766), nel quale tratta il problema della divisione del lavoro e delle sue conseguenze sul piano della differenziazione sociale, offrendo una sorta di pionieristico lavoro di sociologia storica.

L'analisi storica della società si presenta come alternativa alle biografie dei principi e alle cronache militari. «Dopo aver letto tre o quattromila descrizioni di battaglie, e il contenuto di alcune centinaia di trattati, ho trovato che in fondo non ne sapevo molto più di prima. Così non imparavo altro che avvenimenti», ironizza nel 1744 Voltaire, che agli storici chiede piuttosto indagini sui caratteri dei popoli – «quale è stato il vizio dominante e la virtù dominante di una nazione» –, sugli scambi commerciali e culturali fra paese e paese, sull'origine dei sistemi legislativi, sul perché di una crisi demografica o di un aumento dei redditi[16].

La cultura settecentesca, riflettendo il processo di espansione coloniale dell'Occidente, allarga inoltre i propri tradizionali riferimenti di spazio. Studia i costumi di popoli lontani, contrapponendo le qualità naturali dei «selvaggi» o la complessità delle grandi civiltà extraeuropee all'oscuro passato dell'Occidente cristiano. Utilizza quei diari di viaggio che, sempre più numerosi, riferiscono dei modi di vita, delle economie, delle istituzioni dei popoli dell'Estremo Oriente, delle Americhe, dell'Oceania. Voltaire parla di indiani e di peruviani e polemizza con le tradizionali «histoires prétendues universelles, fabriquées dans notre Occident»[17]. Montesquieu prende atto della grande differenziazione delle società umane e cerca di classificarle, nell'*Esprit des Lois* (1748), in base all'influsso del clima, al livello di sviluppo commerciale, alla densità demografica, alla vita intellettuale. L'India e la Cina, con le loro ricche civiltà e religioni, attirano l'attenzione degli intellettuali. Si diffonde un'intensa curiosità etnologica.

Cambia l'interpretazione generale della storia. In questo insieme di variabili ambientali e culturali, economiche e sociali, la storiografia settecentesca finirà per individuare le radici ultime della diversa vicenda di società e Stati.

> Fra i fattori preposti alla spiegazione delle differenze e dei mutamenti – scrive Jerzy Topolski –, il mondo soprannaturale perde [...] il suo significato esplicativo, mentre si elaborano con sempre maggiore precisione fattori come l'ambiente geografico e il clima, il livello intellettuale della società e le caratteristiche culturali dei gruppi sociali, e persino fattori economici (particolarmente il commercio), il che può essere considerato come l'alba di molte discipline sociali come l'antropo-geografia, l'etnologia, la storia economica, e persino la sociologia[18].

La vicenda umana perde le sue connotazioni metafisiche, diventa laica, guadagna complessità e dinamismo.

Questo non toglie che la cultura illuministica, e quindi anche la storiografia del tempo, resti ben ancorata alla convinzione cartesiana dell'immutabilità della natura umana, sicché paradossalmente, nel ricco e movimentato quadro delle società che gli storici settecenteschi disegnano, quel che resta sempre eguale a se stesso – in ogni tempo e in ogni luogo – è l'uomo (con la sua Ragione).

3. *L'Ottocento, «il secolo della storia»*

Nell'Ottocento, il quadro cambia profondamente. Di mezzo, ci sono il 1789 e la lunga stagione del nazionalismo. Al potere regio di origine divina, si sostituisce il concetto di popolo sovrano e di nazione. Luigi XVI non è più «re di Francia per grazia di Dio» ma «re dei Francesi, per grazia di Dio e per la legge costituzionale dello Stato». La fedeltà ad un sovrano viene sostituita dall'identificazione in una nazione e nella volontà popolare che essa esprime. Il popolo intero è chiamato a far parte della nazione francese. Il suo inno, dal 1792, è la *Marseillaise*. La sua bandiera è il tricolore, non più il giglio, emblema dinastico dei Borbone.

Dalla Spagna all'Italia, dal Belgio alla Grecia e alla Germania, nei territori imperiali degli Asburgo d'Austria e in quelli dei Romanov, il nazionalismo diventa la parola d'ordine della lotta politica europea per oltre un secolo. La bandiera francese farà scuola e la simbologia dei nuovi Stati nazionali ripeterà, in innumerevoli varianti cromatiche, quel primo tricolore. Il movimento coinvolge *élites* e masse, ceti produttivi e intellettuali. Si mescola con il romanticismo. Si esprime spesso nel liberalismo costituzionale. S'identifica, ove più ove meno, con l'ascesa di borghesie nazionali. «Francesi di ogni condizione, di ogni classe e di ogni partito – scriverà lo storico Jules Michelet –, tenete bene a mente una cosa, non avete su questa terra che un amico sicuro, la Francia»[19].

Le ideologie nazionali, le lotte indipendentiste, la concreta costruzione di Stati nazionali hanno profondi riflessi sulle modalità e sui contenuti del lavoro degli storici ottocenteschi. Un nuovo senso storico nasce su questo terreno. Agli storici è affidato il compito – ideologicamente cruciale – di ricostruire le origini dei propri paesi e, se Michelet può definire la Francia come «la prima nazione in Europa», l'inglese Thomas Macaulay (1800-1859) gli fa eco parlando della sua terra

come della «più grande e civile nazione»[20]. N
storici che annunciano il risorgimento politic
paesi, come il Gioberti del *Primato d'Italia* o
delle ambizioni slavo-polacche. Il passato diventa un luogo
prezioso, perché in esso è possibile trovare le origini delle nazioni. Gli studiosi ottocenteschi – ha rilevato Croce – vivono una sorta di «culto per il Medioevo», per quegli stessi secoli di cui i «filosofi» settecenteschi avevano stigmatizzato le superstizioni e la barbarie. Adesso, andando alla ricerca delle proprie radici nazionali, gli storici s'imbattono negli usi cavallereschi e nella vita claustrale, nei liberi comuni lombardi e nel mito di Guglielmo Tell[21], nel passato tribale dei celti e nelle loro autonome istituzioni, nelle vicende del Sacro Romano Impero o ancora, ben più vicino, nella Riforma religiosa tedesca, nella rivoluzione inglese del 1688 e nel parlamentarismo d'oltre Manica, nella grande rottura del 1789. «Ogni ideologia della coscienza nazionale – è stato detto – si basava sulla storia. Fin dagli inizi della formazione degli Stati nazionali, l'idea del precedente storico era stata importante. Ragioni di orgoglio nazionale erano spesso derivate dall'antichità della nazione»[22].

L'Ottocento diventa «il secolo della storia»[23] e assiste «all'inaudito incremento della produzione storica, che si esprime in centinaia o migliaia di pubblicazioni spesso composte di più volumi»[24]. Gli storici si trovano a giocare un ruolo di primo piano nel dibattito politico del tempo. Data la forte identificazione fra nazioni e Stati (ogni Stato presuppone una nazione e, a sua volta, ogni nazione tende a conquistare la propria autonomia politica, diventando Stato), la storiografia nazionale finisce per costituire un importante elemento di legittimazione degli Stati.

Non a caso, è nel corso del XIX secolo che la storia assume i caratteri di una disciplina professionalizzata, insegnata nelle università (dapprima in Germania e poi nel resto d'Europa), dotata di organi di stampa e di luoghi deputati alla conservazione delle sue fonti documentarie (gli archivi storici). Nel 1835 vede la luce la Société de l'Histoire de France. Nascono in mezza Europa le riviste storiche, dall'«Archivio Storico Italiano» (1842) alla «Historische Zeitschrift» (1859), dalla «Revue Historique» (1876) all'«English Historical Review» (1886) e all'«American Historical Review»

(1895)[25]. Viene elaborato, a partire da Leopold von Ranke, un metodo storico-filologico, che serve a vagliare criticamente la documentazione utilizzata nel corso delle ricerche. Compaiono i primi manuali di metodo, come quella *Introduction aux études historiques*, che C.V. Langlois e C. Seignobos pubblicano a Parigi nel 1898.

La professionalizzazione del lavoro storico rispecchia la sua nuova funzione politico-pedagogica. La storia diventa materia d'insegnamento nelle scuole. «All'insegnamento storico – dirà alle soglie del Novecento Ernest Lavisse – incombe il glorioso dovere di fare amare e comprendere la patria, i nostri antenati galli e le foreste dei druidi, Carlo Martello a Poitiers, Rolando a Roncisvalle, Goffredo di Buglione a Gerusalemme, Giovanna d'Arco, tutti i nostri eroi del passato»[26]. La storia assume consapevolmente l'obiettivo di ricostruire le radici del presente, rischiando di giustificare o addirittura di glorificare il presente stesso.

Il nuovo interesse storiografico nei confronti dei problemi dello Stato è vivo soprattutto in Germania. Una lunga tradizione che va da Ranke a Johann Gustav Droysen (1808-1884) e a Heinrich von Treitschke (1834-1896), riflettendo il forte ruolo svolto nell'esperienza prussiana dallo Stato assolutista e dalla sua burocrazia, s'occupa prevalentemente di storia politico-istituzionale. Gli Stati sono «"pensieri di Dio", forse la manifestazione più alta della divinità nella storia»[27], dice Ranke, che si dedicherà a ricostruire le relazioni fra di essi, i loro rapporti pacifici o guerreschi, il bilanciamento dei poteri, le politiche di potenza[28]. Nella sfera politico-statale, del resto, rientrano tutte le altre dimensioni, inclusi i fattori sociali ed economici, compreso il mito di un germanesimo ariano o l'esaltazione del luteranesimo come forma religiosa assoluta. Stato e società si identificano. Ma è la storia della società che viene letta all'interno della storia statale-nazionale e non viceversa. Ed è la politica estera che prevale, con le sue esigenze, sulla politica interna.

«Ranke – è stato scritto – ha impoverito il pensiero storico accordando un'importanza eccessiva alla storia politica e diplomatica»[29]. Sta di fatto che, anche al di fuori della Germania, gli storici s'interesseranno principalmente alle problematiche politiche, negando le aperture settecentesche ai temi sociali ed economici.

Questi accenni non esauriscono, tuttavia, il quadro della storiografia ottocentesca. Il XIX secolo assiste alla rivoluzione industriale, ad un intenso urbanesimo, allo sviluppo demografico, all'emergere di nuovi gruppi sociali. È comprensibile dunque che non manchino storici attenti alla società e al mutamento economico-sociale, lontani dalle prevalenti tendenze storico-politiche o in aperta polemica con esse. «Io parlo di classi; esse soltanto devono occupare la storia», scrive il conte Alexis de Tocqueville[30]. Altri, da Louis-Adolphe Thiers (1797-1877) a François Guizot (1787-1874), studiano le origini delle nuove borghesie, identificandone le sorti con quelle degli stessi Stati nazionali, o mettono mano a ricerche di storia economica. Nel 1869, Jules Michelet, polemizzando con i limiti della storia politica, chiede che gli studiosi si occupino finalmente «del suolo, del clima, degli alimenti, di tante circostanze fisiche e psicologiche» e, ancora, «delle idee, dei costumi»[31].

Nel frattempo, Marx ritiene di aver individuato le forze motrici del corso storico nelle classi sociali e nel ruolo che esse svolgono all'interno del processo di produzione, mentre la prima sociologia di Saint-Simon e di Comte delinea i caratteri della nuova società industriale.

Autori ed indirizzi del genere non hanno, tuttavia, un forte peso, per il momento. Più che da queste aperture tematiche, il paradigma storiografico ottocentesco resta caratterizzato, in primo luogo, dal privilegiamento dell'analisi politico-diplomatica e dai progressi nell'uso critico delle relative fonti documentarie. In secondo luogo, esso si lega alle ideologie di tipo nazionalistico, assai più che al positivismo sociologico o al marxismo: delle grandi teorie politico-sociali ottocentesche, «soltanto la concezione romantico-nazionalistica è riuscita a tradursi in un'impostazione storiografica»[32]. In terzo luogo – come conseguenza dello stretto legame stabilitosi fra il presente e lo studio del passato – quel paradigma assume spesso connotazioni finalistiche ed evoluzionistiche. A seconda dei punti di vista, infatti, gli storici sembrano voler rintracciare nel passato il cammino (il *progresso*) delle nazioni e il maturare dei processi d'indipendenza, o l'affermazione dei grandi Stati europei, o la lenta vittoria dei diritti dell'individuo e dei principi liberali, o l'emergere del concetto di democrazia. In un modo o nell'altro, alla storia vengono attribuite una direzione di marcia e una finalità (teleologismo). Al tradizionale provvidenzialismo, che nella storia vedeva riflessi i disegni soprannaturali, si sostituisce un altro tipo di provvidenzialismo, laico ma non meno deterministico. A muovere cose e uomini – a dar loro, che se ne rendano conto o meno, un obiettivo – non è più Dio ma l'idea di nazione, di Stato, di libertà, di popolo.

4. *Il primo Novecento: Bloch, Febvre e il passato al plurale*

Molti cambiamenti si registrano, durante i primi decenni del Novecento, nei metodi di lavoro degli storici, nei loro interessi tematici, nel significato stesso che una parte di essi dà alla propria disciplina. Anche in questo caso, decisivi sono gli stimoli che vengono dal contesto dell'Europa del tempo.

Il periodo di fine secolo e il primo Novecento costituiscono una fase cruciale nella storia dell'Occidente. Più volte, nel corso dei capitoli che seguono, capiterà di sottolinearlo. La maturazione della società urbano-industriale va ridimensionando le tradizionali forme di attività (agricoltura, artigianato) e d'insediamento (villaggi). All'interno degli Stati, le istituzioni pubbliche si rafforzano, crescono le loro competenze, diventa capillare la loro presenza sul territorio, ad opera di folte burocrazie. La politica liberale, basata su reti di notabili locali e sul governo di *élites* patrimoniali, sta cedendo il passo al sistema dei partiti moderni e dei politici di professione. Strappi particolarmente drammatici vivranno le società occidentali fra 1914 e 1918, quando saranno investite da una guerra che accelera la massificazione dei fenomeni sociali e che costituisce una sorta di laboratorio per l'economia di Stato. Né meno determinante sarà il quadro politico e sociale del primo dopoguerra che, attraverso le convergenti turbolenze del ciclo economico (sviluppo, crollo e recessione) e del ciclo politico (crisi del sistema liberale), porterà a vaste ristrutturazioni produttivo-finanziarie e al fenomeno dei totalitarismi. Saranno, questi, gli anni del primo manifestarsi di una società di massa, di acuti conflitti (in fabbrica e nelle piazze), delle grandi scenografie dei raduni fascisti e nazisti.

Partito dalla fiducia ottocentesca in una equilibrata evoluzione sociale ed economica, il periodo culminerà nelle stragi staliniane e nell'Olocausto dell'ebraismo europeo, nelle atomiche di Hiroshima e Nagasaki, nella spaccatura europea del secondo dopoguerra.

I riflessi culturali di tutto questo sono impossibili da raccontare, in questa sede. E s'intuisce tuttavia per quale motivo gli intellettuali europei di primo Novecento si trovino – talvolta drammaticamente – a mezza strada fra le tradizioni culturali ottocentesche (dal liberalismo al positivismo) e la consapevolezza di una transizione rapida verso una società nuova, che esige nuovi strumenti di conoscenza.

Accanto al persistente mito del progresso e dell'oggettività, tipico dei «trionfi borghesi» ottocenteschi, i primi decenni del secolo vedono maturare da più parti, con singolare sincronismo, una radicale reazione antipositivistica e antitradizionale. Sembra che i canoni scientifici, filosofici, artistici sui quali aveva a lungo poggiato la cultura occidentale siano destinati a crollare, l'uno dopo l'altro. Mentre Albert Einstein elabora, fra 1905 e 1915, una teoria generale della relatività che, di fatto, sotterra Newton e la sua cosmologia, il mondo dell'esperienza empirica (di cui andavano fieri i positivisti) viene messo «fra parentesi» dalla fenomenologia di Edmund Husserl (1859-1938) e analizzato nel profondo da Sigmund Freud il quale, dall'apparenza e dal *positivo*, ricava semmai i fragili sintomi che permettono di decifrare l'inconscio. Con Proust e Joyce, Chagall e Stravinskij, le certezze della cultura ufficiale e tradizionale sembrano sfumare, colpite da attacchi talvolta feroci. L'autore della *Recherche* seppellisce ogni naturalismo e ogni materialismo, scrivendo un romanzo della memoria e del tempo passato. Picasso si ispira all'arte africana, per marcare la propria distanza dai modelli estetici dell'Ottocento. I cubisti stravolgono ogni idea di rappresentazione fedele della realtà. Igor Stravinskij e Arnold Schönberg rifiutano, nelle loro composizioni musicali, i valori della tonalità e della melodia.

Non stupisce che, durante questa lunga, complessa congiuntura, caratterizzata – secondo taluni – dall'agonia e dalla sconfitta finale dell'Antico Regime europeo, maturino con vigore inconsueto le scienze dell'uomo: la psicologia, l'economia, la sociologia, l'antropologia, la geografia. Né stupisce che gli storici, consapevoli anch'essi dell'esigenza di svecchiare il proprio lavoro, si familiarizzino con gli scritti degli scienziati sociali, da Weber a Marx, da Freud a Le Bon, da Durkheim a Malinowski, da Keynes a Vidal de la Blache. Inizia così la lunga e controversa stagione dell'interdisciplinarità.

È in questo contesto che, nel 1929, viene fondata la rivista «Annales d'Histoire Économique et Sociale» e prende l'avvio quella scuola francese che è considerata come l'esperienza storiografica più significativa e influente del Novecento. Promotori delle «Annales» sono Marc Bloch (1886-1944) e Lucien Febvre (1878-1956), due storici vivacemente impegnati nel dibattito culturale del tempo.

Per molti versi, Bloch e Febvre hanno biografie simili. Nati in provincia da famiglie di intellettuali, laureati a Parigi presso l'École Normale Supérieure, torneranno in provincia come professori di liceo e, nel frattempo, si specializzeranno nella professione storica. Nel 1929, al momento di dar vita alle «Annales», tutti e due insegnano presso l'Università di Strasburgo.

L'ambiente intellettuale dell'Università di Strasburgo è particolarmente vivace. Qui, negli anni dell'occupazione tedesca (1870-1918), aveva lavorato il sociologo Georg Simmel. Con il primo dopoguerra, restituita la città alla Francia, a Strasburgo insegnano e si frequentano proficuamente sociologi (come M. Halbawchs e G. Le Bras), psicologi, geografi, economisti, matematici, storici. Riorganizzata dai francesi con l'obiettivo di fornire agli studenti i mezzi per decifrare le trasformazioni sociali che scuotono la Francia e l'Europa, l'università alsaziana sperimenta nuove forme di didattica, che cercano di rispettare il rigore delle singole specializzazioni e vogliono, al tempo stesso, sintetizzarle in una visione culturale d'insieme. Il progetto è di una *Université de Synthèse*[33]. «Rompendo con le tradizioni individualistiche, tipiche degli universitari, i professori assistevano ai corsi dei loro colleghi o addirittura li gestivano in collaborazione», permettendo una circolazione culturale fra storici e filologi, geografi e sociologi, economisti e statistici[34]. Il contesto insomma è esplicitamente interdisciplinare.

Partecipi del clima di Strasburgo, Bloch e Febvre sono inseriti d'altronde in un dibattito culturale e in una rete di relazioni intellettuali che vanno ben oltre la città alsaziana. Nella Francia del primo dopoguerra, la storia e le scienze sociali appaiono in una fase di transizione e di feconda instabilità. L'una resta influenzata dal tradizionale taglio storico-politico e dalla credenza nel carattere oggettivo della propria conoscenza. Ancora forte è, in Francia, l'egemonia del positivismo. Le scienze sociali, per parte loro, sono nell'orbita di una sociologia che, con Émile Durkheim, vuol essere una scienza sintetica, la quale comprenda e inglobi tutte le altre discipline dell'uomo, fornendo ad esse una teoria generale. Una sorta di imperialismo sociologico che sopravviverà alla morte dello stesso Durkheim, avvenuta nel 1917.

Vivaci polemisti, Marc Bloch e Lucien Febvre prendono decisamente le distanze dagli assunti della storiografia positivista, stigmatizzando quegli storici che «brandiscono fra le due dita i loro fatti, come il gioielliere impostore che fa ammirare al cliente una pietra falsa»[35]. Febvre ripeterà spesso che il passato è «creato dallo storico, inventato e fabbricato per mezzo di ipotesi e di congetture» e che non è rilevante in sé ma a seconda dei problemi che, per mezzo suo, si vogliono risolvere. Inutile aggirarsi alla cieca fra i propri documenti, sperando che essi parlino da soli: «quando non si sa che cosa si cerca, non si sa che cosa si trova»[36]. Sulla medesima linea, Marc Bloch scriverà che «mai, in nessuna scienza, l'osservazione passiva ha prodotto alcunché di fecondo»[37].

La critica all'impostazione positivistica non è del resto prerogativa di Bloch e Febvre. In questi stessi anni, anche Max Weber contesta la possibilità di descrivere i fenomeni storici come fossero dati oggettivi. Se manca un problema da risolvere, una domanda da rivolgere al proprio materiale documentario, i fatti resteranno muti. Una conoscenza della realtà che sia «priva di presupposti» – scrive Weber nel 1904 – non potrà che registrare l'apparente caos dei fenomeni e non supererà mai la selva delle osservazioni particolari e dei giudizi soggettivi[38]. Lo storico, come gli altri scienziati sociali, non è passivo né ingenuo: le sue specifiche lenti di osservazione, al contrario, influiscono sul proprio oggetto di lavoro. La storia non può limitarsi a descrivere quel che è stato (operazione in sé impossibile), ma cercherà piuttosto di dare un senso alla congerie infinita dei fatti di cui si compone il passato, selezionandoli, ordinandoli, scoprendo i nessi che li uniscono o li respingono, indagandone la logica. Il lavoro degli storici, in altri termini, *deve* partire da problemi, ipotesi, teorie.

La reazione antipositivistica che prende piede nella cultura europea porta Bloch e Febvre ad un'aspra polemica nei confronti della storiografia tradizionale, spesso circoscritta al racconto di trame diplomatiche, all'*histoire-bataille*, alla descrizione degli avvenimenti ritenuti importanti, all'*histoire événementielle*, alla vicenda di *élites* politiche o religiose, di minoranze colte, di «vincitori». Bloch e Febvre pongono all'opposto l'esigenza di ampliare – anzi di moltiplicare indefinitamente – l'oggetto della storia. Il passato è un campo di conoscenza prezioso proprio perché rispecchia la ricchezza congenita dei «mondi viventi» e ne fornisce una esemplificazione variegatissima, possiede la stessa complessità del presente, la medesima innumerevole quantità di dimensioni e di variabili.

Con le «Annales» prende corpo una sorta di storia al plurale, che vuole cogliere, in tutte le possibili dimensioni, «la presenza, l'attività, i gusti e i modi d'essere dell'uomo»[39]. La ricerca storica seguirà puntigliosamente l'intera gamma dell'esperienza del passato, dalle tecniche agricole alle devozioni religiose, dai modi di vestire alle credenze di popolo, dai comportamenti privati alla psicologia delle piazze. «Il buono storico – scrive Bloch – somiglia all'orco della fiaba: là dove fiuta carne umana, là sa che è la sua preda»[40].

Al plurale viene messo anche il principale referente storico: «l'oggetto della storia è per sua natura l'uomo. O meglio: gli uomini», annota ancora Bloch[41]. La nuova storiografia francese s'occuperà di società, di gruppi organizzati, di masse più che di singoli personaggi. Studierà i comportamenti e le psicologie di intere popolazioni e non più «l'azione dirigente di un certo numero di individui qualificati come "personaggi storici"»[42]. Metterà sotto osservazione i fenomeni *comuni* e quotidiani. Il grande avvenimento viene seppellito sotto la congerie anonima dei comportamenti collettivi.

Insieme con i suoi interessi, si moltiplicano anche gli strumenti di lavoro dello storico. Le tradizionali fonti scritte (documenti politico-diplomatici, corrispondenze, cronache ecc.) non sono più le uniche di cui disponga lo studioso. Diventano fonte storica tutte le innumerevoli tracce, dirette e indirette, della presenza umana, sia intellettuale che materiale.

La storia – dirà Febvre nel 1949 – si fa, senza dubbio, con documenti scritti. Quando ce n'è. Ma si può fare, si deve fare senza documenti scritti, se non ne esistono. Per mezzo di tutto quello che l'ingegnosità dello storico gli consente di utilizzare per fabbricare il suo miele, in mancanza dei fiori normalmente usati. Quindi con parole. Con segni. Con paesaggi e con mattoni. Con forme di campi e con erbe cattive. Con eclissi lunari e con collari da tiro. Con le ricerche su pietre, eseguite da geologi, e con analisi di spade metalliche, compiute da chimici[43].

L'ampliamento delle tematiche storiografiche, lo spostamento dell'interesse dagli avvenimenti «unici» ai fenomeni collettivi, l'innovazione degli strumenti di lavoro aprono la strada ad un'altra caratteristica di fondo dell'esperienza delle «Annales»: l'istanza interdisciplinare.

Polemici con le pretese imperialistiche della sociologia di Émile Durkheim, Bloch e Febvre sono tuttavia favorevoli ad un contatto fra gli storici e le scienze sociali. La storia si apparenta, pur fra molte difficoltà, alla geografia e alla sociologia, alla psicologia, all'economia, all'antropologia. Si tratta di alleanze quasi obbligate per chi, del passato, voglia analizzare i fenomeni sociali o culturali, i mutamenti economici, la costruzione dell'*habitat* umano e dei paesaggi agrari, le mentalità, i comportamenti collettivi. Numerosi scienziati sociali figurano tra i colleghi di Bloch e Febvre all'Università di Strasburgo e, dopo il 1929, tra i membri della redazione delle «Annales» e tra coloro che scriveranno sulle pagine della rivista. Nella costruzione di un nuovo modo di fare storia, fondamentale risulterà l'influenza dell'economista François Simiand, della sociologia durkheimiana e di Maurice Halbawchs, dell'antropologia di Marcel Mauss, della geografia di Paul Vidal de la Blache. Lo stesso sviluppo primonovecentesco delle scienze sociali sembra spingere al superamento dei vecchi steccati disciplinari. Come non tener conto dei sistemi socio-economici, dopo la lezione di Marx e del marxismo? Come ignorare i rapporti complessi e reciproci fra l'uomo e il proprio ambiente, sui quali sta lavorando, in questi anni, in Francia, una nuova e vivace scuola di geografi? Ed è ancora possibile andar dietro ai «grandi personaggi», quando la sociologia sta classificando piuttosto i gruppi sociali e, con i durkheimiani, ne analizza i comportamenti e la psicologia collettiva?

Semmai, una volta sottolineata l'urgenza di una storia interdisciplinare, Bloch e Febvre ricorderanno agli scienziati sociali i rischi del loro approccio, che resta schiacciato sul presente e s'impedisce quindi di analizzare i fenomeni della trasformazione sociale. Accanto allo svecchiamento della storia, le «Annales» auspicheranno una storicizzazione delle scienze sociali.

Va detto, per concludere, che gli studiosi raccolti attorno alle «Annales» – benché impegnati in un serrato dibattito culturale – non sembrano voler indugiare sul piano delle discussioni teoriche e diffidano delle filosofie della storia. Piuttosto, cercano di mettere in pratica i propri convincimenti, sperimentandoli nel vivo del lavoro empirico e compiendo un grosso sforzo di organizzazione della ricerca. È su questo piano concreto che costruiscono il proprio prestigio e finiscono per orientare il lavoro di generazioni di studiosi. Marc Bloch e Lucien Febvre offrono essi stessi, per primi, esempi divenuti ormai classici di un nuovo modo di fare storia.

Nel 1911, Febvre ha discusso alla Sorbona una tesi di dottorato dedicata a *Filippo II e la Franca Contea*, nella quale analizza il vasto tema della Riforma religiosa cinquecentesca non più soltanto come questione di storia della Chiesa e della sua teologia, ma collocandolo in uno specifico contesto sociale ed economico (la Franca Contea) e nel quadro culturale del tempo. Per far questo, Febvre segue i comportamenti di nobili feudali, mercanti, burocrati, ne ricostruisce le attività economiche e la vita familiare, i commerci e le relazioni con le masse contadine, le biblioteche private e le devozioni religiose. L'avanzata della Riforma e, con Filippo II, la repressione cattolica vengono lette all'interno di un concreto processo di trasformazioni sociali e culturali. «All'inizio del Cinquecento – scrive Febvre –, in un momento particolarmente interessante dell'evoluzione della società umana, la Riforma fu il segnale e l'opera di una profonda rivoluzione del sentire religioso»[44].

Marc Bloch, per parte sua, esordisce con un'opera su *I re taumaturgi* (1924)[45], nella quale analizza il potere di guarigione dalla scrofola attribuito ai re di Francia e d'Inghilterra nell'Alto Medioevo, e sembra battere una strada vicina a Febvre di storia delle mentalità collettive. Ma presto mostra interessi diversi, che lo portano piuttosto verso la storia delle strutture economiche e sociali. Ricostruisce infatti l'identità plurisecolare della Francia attraverso i suoi caratteri socio-economici (*I caratteri originali della storia rurale francese*, 1930), fornendo uno dei primi esempi di indagine storica di un paesaggio naturale: di esso analizza dissodamenti e tecniche agricole, distribuzione delle proprietà rurali e relazioni fra i gruppi sociali che lo abitano, diritti consuetudinari. Dieci anni dopo, pubblicando un saggio sul feudalesimo (*La società feudale*, 1939-1940), ne disegna – più che la tradizionale fenomenologia giuridica e politica – un quadro della società, delle condizioni materiali di vita, delle relazioni «tra uomo e uomo» (parentela, vassallaggio, servitù), delle classi. Insomma, «il feudalesimo come tipo sociale».

Sia Febvre che Bloch praticano una *histoire économique et sociale* (come recita il sottotitolo della loro rivista), al cui interno si mescolano concretamente le suggestioni della cultura del tempo, dalle tematiche della psicologia collettiva agli echi dell'analisi del profondo, dai problemi della teoria economica al relativismo delle nuove scienze fisico-matematiche. Quel che sembra dimenticato è il duplice accento ottocentesco sull'idealismo e sul romanticismo, per un verso, sul positivismo e sullo scientismo, per l'altro.

Difficile dire se tutto ciò costituisca un «paradigma» storiografico. Non mancano, nella storiografia francese, differenze talvolta profonde. La stessa flessibilità metodologica e le numerose curiosità di un Bloch e di un Febvre fanno sì che le pagine delle «Annales» accolgano una schiera multiforme di autori. Anche tra i due fondatori della rivista sono evidenti diversità d'interessi e, alla fin fine, di impostazione. Febvre è attento agli elementi immateriali della mentalità, delle culture, dei modi di sentire collettivi; Bloch alle realtà sociologiche, ai fattori economici, alla storia delle tecniche. E non è un caso che la maggiore o minore presenza dell'uno o dell'altro, nella redazione delle «Annales», faccia pendere la bilancia ora sul piano della storia economica, ora su quello della storia della sensibilità sociale. Nel 1939, quando Bloch si allontana dal gruppo per arruolarsi nella fanteria francese, Febvre modificherà il titolo stesso della rivista in «Annales d'Histoire Sociale», espungendovi il riferimento all'economia.

5. *Alcune tendenze di metà Novecento: «tempo lungo», strutture, quantità*

Se mettiamo a confronto la situazione mondiale prima e dopo il 1945 ci appaiono immediatamente quattro grandi mutamenti. Il primo consiste nel fatto che nulla che accada in una parte del mondo è ormai senza incidenza sulle altre: la storia del Novecento è storia mondiale nel senso più pieno del termine. Il secondo è l'avanzata irresistibile della scienza e della tecnica, la quale impone ovunque un nuovo quadro sociale e intellettuale. Il terzo è il declino nell'importanza dell'Europa, la riduzione della sua presenza oltremare, l'ascesa a posizioni di predominio dell'Unione Sovietica e degli Stati Uniti, e la rinascita dell'Asia e dell'Africa. Il quarto è la disintegrazione della sintesi liberale e l'emergere di istituzioni sociali e politiche radicalmente diverse da qualsiasi cosa l'Ottocento avesse conosciuto. Mentre all'inizio del secolo l'ordinamento liberal-democratico sembrava avanzare incontestato, nel 1960 il sistema comunista (prima del 1939 limitato alla Russia sovietica) si estendeva ormai ad un terzo della popolazione mondiale; e venivano emergendo, segnatamente in Africa, nuove forme di organizzazione politica, diverse e dall'uno e dall'altro sistema, benché con essi alleate[46].

Le profonde modificazioni del secondo dopoguerra rendono ancora più obsoleta una certa eredità storiografica ottocentesca (oggettivismo, eurocentrismo, *histoire événementielle*) e sembrano costituire un terreno ideale per il diffondersi delle proposte lanciate, vent'anni prima, da Bloch e Febvre: nell'Europa del secondo Novecento, le «Annales» finiranno per sostituire «la scuola storica tedesca come fucina principale di futuri storici»[47].

Ma anche al loro interno molte cose stanno cambiando. Bloch muore nel 1944, fucilato dai tedeschi per la sua partecipazione alla resistenza francese. Una decina d'anni più tardi, nel 1956, morirà anche Febvre. L'eredità dei due fondatori è raccolta da una generazione di storici, il più influente dei quali è Fernand Braudel (1902-1985). Nel frattempo, dal 1948, la rivista ha cambiato ancora denominazione. Ora s'intitola «Annales. Économies. Sociétés. Civilisations», con uno spostamento d'accento sui «sistemi» (le economie, le società, le civiltà) e soprattutto con l'introduzione della categoria strategica di *civilisation*, significativamente affine a quella antropologica di *cultura*.

La storia delle civiltà, dirà Fernand Braudel alla fine degli anni Cinquanta, è storia delle scienze e delle espressioni artistiche, del diritto e delle istituzioni, della sensibilità e della mentalità, delle tecniche, dei costumi e delle superstizioni, delle ideologie e delle religioni, della vita quotidiana, dei gusti, delle ricette culinarie[48]. È insomma una storia senza confini, a tutto campo, *totale*. Nelle civiltà, prendono corpo e si organizzano influssi ambientali, relazioni interpersonali e sociali, modi di organizzare la produzione materiale, scambi intellettuali, sensibilità collettive. Su questo piano, è d'obbligo il confronto fra la storia e la geografia, l'antropologia, la sociologia, l'economia, la psicologia. Dentro la categoria di *civilisation* trovano unità e sintesi le scienze sociali.

Ma, soprattutto, le civiltà appaiono come fenomeni dalla lunga genesi e dalla lenta trasformazione. Gli elementi costitutivi delle civiltà sono infatti «le costrizioni ambientali, le gerarchie sociali, le mentalità collettive, le necessità sociali» ovvero, rileva Braudel, «forze profonde, in generale *antiche*, di lunga durata [...], permanenze [...], elementi incoscienti per la grande massa degli uomini»[49]. In una parola, strutture.

Il concetto di civiltà viene adottato dagli storici francesi insieme con quello di struttura e di «lunga durata».

È una scelta che si spiega, in buona parte, nel clima culturale che vedrà – non soltanto in Francia – la forte influenza dello strutturalismo sulle scienze sociali e, in particolare, di un'antropologia di orientamento strutturalista. Nato alcuni decenni prima con la linguistica di Ferdinand de Saussure e poi di Roman Jakobson e con gli scritti dello storico delle religioni George Dumézil, lo strutturalismo coinvolge, negli anni Cinquanta e Sessanta, larga parte dell'intellighenzia occidentale, confluendo in settori consistenti del pensiero politico marxista (Louis Althusser).

Nel 1952, Claude Lévi-Strauss ha pubblicato *Le strutture elementari della parentela*, nel 1958 l'*Antropologia strutturale*. L'antropologia lévistraussiana cerca, nell'apparente disordine dei fenomeni sociali, talune caratteristiche formali ricorrenti, le quali appaiono dotate di un senso universale e che costituiscono i principi generali di strutturazione delle società umane. «Dietro la contingenza superficiale e la diversità incoerente, almeno così sembrava, delle regole del matrimonio – ricorda lo stesso Lévi-Strauss –, abbiamo messo in luce, nelle *Strutture elementari della parentela*, un piccolo numero di principi semplici, grazie all'intervento dei quali un insieme molto complesso di usi e di costumi, di primo acchito assurdi (e giudicati generalmente tali), erano ricondotti a un sistema significante»[50]. Queste strutture culturali identificano, in altri termini, «certe leggi che operano a un livello più profondo» della coscienza del singolo individuo e che, del singolo individuo, determinano le scelte e i comportamenti. Sono insomma «costrizioni mentali» e fanno piazza pulita dell'idea che gli uomini diano forma consapevolmente alla propria cultura: in una parola, contestano «le illusioni della libertà»[51]. I grandi significati simbolici delle culture, i miti, vengono adottati dagli uomini «a loro insaputa», allo stesso modo in cui le regole del linguaggio vengono applicate senza averne coscienza. Chi volesse parlare seguendo consapevolmente le regole della fonetica o della grammatica, rileva Lévi-Strauss, «perderebbe però quasi subito il filo delle sue idee»[52].

L'esistenza di strutture culturali immutabili nel tempo, attraverso le quali è possibile cogliere l'essenza dei gruppi umani, sembra però negare l'utilità stessa della storia. Lo strutturalismo si occupa infatti di fenomeni universali e sincronici (le strutture mentali non cambiano nel tempo né nello spazio), mentre la storia è attenta tradizionalmente a fenomeni specifici e diacronici, a singoli contesti che sono caratterizzati dal tempo e dallo spazio, a quel che si trasforma e cambia, ai processi. Le strutture appaiono oggettive – «perché sono sempre sfuggite alla coscienza di chi parlava e scriveva»[53] –, mentre gli storici non rinunciano a studiare la soggettività, le scelte consapevoli di individui e gruppi. «Per rispettosa che sia della storia – rileva lo stesso Lévi-Strauss –, l'analisi strutturale si rifiuta di lasciarsi rinchiudere nei perimetri già circoscritti dall'investigazione storica»[54].

Malgrado queste forti dissonanze, lo strutturalismo influenzerà non poco la storiografia francese, anche perché, in qualche modo, ad esso ha preparato il terreno l'attenzione di Febvre verso le mentalità e la psicologia collettiva. Mettendo di fatto in ombra le scelte degli uomini, Febvre aveva spiegato il comportamento dei gruppi sociali in base a «riti, abitudini, tecniche»[55]. E aveva mostrato, ad esempio, come la riforma religiosa del Cinquecento avesse le sue radici non tanto in scelte individuali e in eventi specifici, quanto «in un malessere sociale, in un conflitto economico»[56], insomma in un quadro *strutturale*.

Sta di fatto che, nel 1958, Fernand Braudel pubblica sulle «Annales» un articolo (*Histoire et sciences sociales. La longue durée*), con il quale rivendica la possibilità e l'importanza di un uso storiografico della categoria di struttura.

Per noi storici – scrive –, una struttura è [...] una realtà che il tempo stenta a logorare e che porta con sé molto a lungo. Talune strutture, vivendo a lungo, diventano elementi stabili per un'infinità di generazioni: esse ingombrano la storia, ne impacciano e quindi ne determinano il corso [...]. Si pensi alle difficoltà di spezzare certi quadri geografici, certe realtà biologiche, certi limiti della produttività, ovvero questa o quella costrizione spirituale: anche i quadri mentali sono delle prigioni di lunga durata[57].

Anche la storia insomma contiene elementi che permangono per lunghi o lunghissimi periodi, imponendosi ad intere generazioni, scavalcando la loro volontà e la loro stessa coscienza.

Le strutture di Braudel – dello storico – sono tuttavia diverse da quelle di Lévi-Strauss, perché non pretendono di identificare una essenza universale dell'uomo ma si riferiscono sempre a determinati periodi, sebbene lunghi, e si limitano a specifiche aree, sebbene molto ampie. Tempo e spazio restano due coordinate irrinunciabili.

Inoltre Braudel cerca di conciliare la staticità delle strutture con i fenomeni del mutamento (diacronia), finendo per scomporre la stessa categoria di tempo. Rileggiamo un passo famoso del 1949, dove le realtà sociali vengono articolate su tre livelli e, a ciascuno di essi, è assegnata una forma specifica di tempo. Anzitutto, scrive Braudel, c'è «una storia quasi immobile, quella dell'uomo nei suoi rapporti con l'ambiente che lo circonda; una storia che scorre e si trasforma lentamente [...], quasi al di fuori del tempo»; poi, «al di sopra di questa storia immobile, una storia lentamente ritmata [...], una storia *sociale*, quella dei gruppi e dei raggruppamenti»; infine un tempo proprio

della storia tradizionale, o se si vuole della storia in rapporto non già all'uomo, ma all'individuo, la storia *événementielle* [...]: una agitazione in superficie, le onde che le maree sollevano col loro possente movimento. Una storia dalle oscillazioni brevi, rapide, nervose.

Ultrasensibile per definizione, la più piccola mossa mette in allarme tutti i suoi strumenti di misura. Ma così com'è, è la più appassionante, la più ricca di umanità[58].

Il tempo dunque è *tempo geografico*, quasi immobile, cicli plurisecolari o millenari che assistono all'impercettibile dialettica fra uomo e ambiente o al lento prender corpo di mentalità e culture; è *tempo sociale*, il tempo delle congiunture economiche e dei processi sociali; ed è infine *tempo individuale*, il tempo della vita politica e degli atti quotidiani, della pace e della guerra, della nascita e della morte, l'unico tempo di cui si è pienamente consapevoli.

I tre piani dell'analisi non vivono però isolati l'uno dall'altro: allo storico toccherà analizzare in che modo interferiscano reciprocamente le strutture (il tempo lungo), le congiunture (il tempo medio) e gli avvenimenti (il tempo breve). Nella sua opera più famosa, *La Méditerranée et le monde méditerranéen à l'époque de Philippe II* (1949), lo stesso Braudel studia i complessi giochi che, nel corso della storia cinquecentesca del Mediterraneo, collegano quadri ambientali, processi socio-economici e vicende politiche. Dentro il «mondo mediterraneo», egli individua un'opposizione di fondo che separa le zone di montagna (povere di risorse e salubri) dalle zone di pianura (fertili e malariche); ma anche un'opposizione fra zone interne e zone costiere, e dunque fra traffici terrestri e rotte marittime; e, ancora, la grande opposizione fra i paesi del bacino orientale e quelli del bacino occidentale, due mondi diversi e difficilmente compatibili, «due Mediterranei, comandati da padroni nemici fra loro, fisicamente, economicamente, culturalmente diversi l'uno dall'altro»[59]. È nel contesto di queste diversità strutturali, lente a modificarsi (montagna-pianura, mare-terraferma, Est-Ovest), che Braudel colloca e spiega le trasformazioni sociali ed economiche, i fatti politici, gli eventi guerreschi che infiammano il Mediterraneo cinquecentesco.

La battaglia di Bloch e Febvre contro l'*histoire événementielle* approda dunque, nel secondo dopoguerra, ad un'ipotesi di storia strutturale. «Lo storico ha il diritto e il dovere di interessarsi non solo a quanto si muove, ma anche a ciò che resta costante, o quasi, durante periodi che possono essere lunghissimi»[60]. Non è possibile comprendere la direzione – il *trend* – di taluni processi strutturali, se non con gli strumenti della *longue durée*. «La storia va più o meno in fretta – ha scritto Jacques Le Goff –, ma le forze profonde della storia agiscono e si lasciano cogliere solo nei tempi lunghi»[61].

Le tendenze strutturaliste degli anni Sessanta, rafforzate dall'orientamento funzionalistico delle scienze sociali anglosassoni (da T. Parsons a R.K. Merton e A.R. Radcliffe-Brown), porteranno numerosi storici ad individuare, nel passato, alcuni grandi nessi – strutturali e funzionali – fra ambiente fisico, sistemi demografici, modi di produzione e relazioni sociali. Emmanuel Le Roy Ladurie ricostruisce la «storia immobile» che, dal Trecento al Settecento, incatena i contadini della Linguadoca ad un precario equilibrio fra quantità di cibo disponibile (produttività delle terre) e bocche da sfamare (comportamenti demografici)[62]. Altri analizzano i sistemi familiari dell'Occidente (individuandone le grandi caratteristiche plurisecolari e le motivazioni, generalmente economiche), le forme tradizionali dell'insediamento rurale, le antiche culture materiali dei contadini ecc. Studi di lungo periodo vengono dedicati anche a temi di storia politica. Paul Bois analizza le origini secolari dei comportamenti politici – tipicamente conservatori – dei contadini dell'Ovest francese, mentre Maurice Agulhon ricostruisce il sistema delle relazioni sociali (la *sociabilità*) che caratterizza la Provenza fra età moderna e contemporanea[63].

Altre continuità di lungo periodo e altre strutture vengono individuate nel campo delle mentalità e dei sistemi di valore. Sebbene per strade diverse, Philippe Ariès e Michel Vovelle passano in rassegna il lento modificarsi dell'idea della morte in Occidente, dal Medioevo ai giorni nostri. Lo stesso Ariès è autore di un lavoro dedicato al sentimento dell'infanzia e alle sue trasformazioni nel corso dei secoli. I fenomeni culturali appaiono come tipiche strutture. Sono di lunga durata. Sono dotati di un senso complessivo. Le successive concezioni della morte che Vovelle ricostruisce – il maggiore o minor grado di devozione della gente (c'è una morte religiosa e una morte scristianizzata), il diverso ruolo delle comunità (c'è una morte partecipata collettivamente e una morte vissuta all'interno della singola famiglia) e così via – vengono iscritte in una cultura collettiva e in una visione del mondo che sono proprie di un'intera società. La morte o (in altri studi) il matrimonio, il far figli, la paura, la fede religiosa appaiono come elementi profondi di cultura, «schemi resistenti, duri a morire, talvolta contro ogni logica»[64]. Le scelte dei singoli sembrano scomparire, lasciando il passo ad una sorta di storia inconscia.

Torna alla mente un classico aforisma di Marx, ripreso da Claude Lévi-Strauss e, con qualche cautela, da Fernand Braudel: «gli uomini fanno la storia, ma non sanno di farla»[65]. Attraverso le categorie di *longue durée* e di struttura, «i gesti dei singoli, le traiettorie individuali sono espunti dalla dimensione sociale; l'attenzione si volge all'ordine dell'inconscio che attraversa l'operare umano in tempi inafferrabili – o insignificanti – per l'individuo»[66]. Emerge il pericolo di un determinismo ora geografico, ora economico, ora mentale, mentre appaiono sottovalutati gli aspetti dell'attività umana che non rientrano nel livello delle strutture. Per questa strada – ha ricordato Lawrence Stone, in polemica con l'opera di Emmanuel Le Roy Ladurie – «divenne possibile definire la storia dell'Europa continentale dal secolo XIV al XVIII [come] *l'histoire immobile*»: secondo Le Roy Ladurie, «nulla, ma proprio nulla, era cambiato nel corso di quei cinque secoli, poiché la società rimaneva ostinatamente imprigionata nella sua tradizionale e immutabile *éco-demographie*. All'interno di questo modello storico sparivano del tutto movimenti quali il Rinascimento, la Riforma, l'Illuminismo e la nascita dello Stato moderno»[67].

Certi limiti, peraltro, sono da mettere in relazione con uno sforzo di sintesi interpretativa che è tipico di questa stagione storiografica. La storia strutturale, lontana com'è dalla storia degli avvenimenti (singoli, irripetibili), può costruire infatti i propri *modelli*, sintetizzando i fenomeni osservati in una tipologia generale e definendo le relazioni che legano fra loro gli elementi costitutivi del fenomeno stesso. Nell'Europa di Antico Regime, in una fase che va approssimativamente dal Trecento al Settecento, alcuni storici individuano, ad esempio, un modello di capitalismo mercantile le cui caratteristiche principali sembrano essere l'esistenza di sistemi di produzione non dinamici, l'alternarsi di fasi di eccessiva pressione demografica e di grandi crisi di mortalità, la preminenza dei traffici marittimi su quelli terrestri e, di conseguenza, dei paesi costieri sui territori interni, il forte ruolo svolto nella società e nella politica dai mercanti ecc.

Com'è ovvio, il modello del capitalismo mercantile mette assieme situazioni specifiche e differenti, costituendone una sintesi indicativa. È uno strumento di analisi che permette di ipotizzare talune relazioni tra i fenomeni osservati (in questo caso, lo sviluppo dei paesi costieri, i comportamenti demografici, la ricchezza dei mercanti ecc.). Direbbe Max Weber che è un «tipo ideale». La sua importanza sta proprio nel fatto che esso *non è realistico*, ovvero che prescinde da singoli casi – reali, empiricamente accertabili – e rappresenta piuttosto la tendenza di una massa di fenomeni. I modelli, scrive Braudel, «non sono altro che delle ipotesi, dei sistemi esplicativi saldamente legati secondo la forma dell'equazione o della funzione: questo è eguale a quello o determina quell'altro, questa realtà non fa mai la sua comparsa senza che quest'altra l'accompagni e tra l'una e l'altra risultano dei rapporti stretti e costanti»[68].

Vicino a questa storia delle strutture, anche se non sempre identificabile con essa, cresce nel secondo dopoguerra il cospicuo filone della cosiddetta «storia quantitativa». Punto di partenza è, ancora una volta, il rifiuto della storiografia degli avvenimenti politici. In luogo della tendenza ottocentesca ad indagare su *avvenimenti* singoli (dunque irripetibili), si afferma un'analisi storica che, nel passato, cerca piuttosto le costanti, le tendenze. Non più quel che è unico ma, al contrario, quel che si ripete. «Non già soltanto una serie infinita di effimeri eventi individuali – "fiori di un solo giorno, che appassiscono così rapidamente che nessuno può coglierli una seconda volta" – ma anche ritmi ricorrenti»[69].

Una scelta del genere si collega d'altronde al campo d'analisi prediletto dagli storici quantitativi, che è l'economia e la società. Infatti, a differenza degli avvenimenti politici, i fenomeni economici e sociali appaiono *quantificabili*. Possono essere espressi in cifre. Una crisi produttiva può essere analizzata attraverso i prezzi correnti di mercato. L'ascesa di un settore professionale attraverso il conteggio dei suoi membri o la misurazione della sua ricchezza. La modifica delle relazioni fra gruppi sociali attraverso il numero degli scambi matrimoniali fra di essi. Un processo di acculturazione attraverso le percentuali di scolarizzazione. E via dicendo.

Al racconto di *un* avvenimento si sostituisce l'analisi di

gruppi di avvenimenti dello stesso tipo. È quella che Pierre Chaunu ha chiamato *histoire sérielle*. In numerose ricerche, comparse soprattutto fra gli anni Sessanta e Settanta, i fenomeni storici verranno espressi in tabelle e diagrammi. La storia diventa *cliometrìa*, ad indicare «il matrimonio fra Clio, la musa della storia, e la nuova divinità dell'epoca contemporanea, *Measurement*», dirà nel 1975 l'americano McClelland[70]. Le problematiche del passato sono tradotte in prezzi di mercato, indici produttivi, piramidi demografiche, frequenze sociali. È una *histoire mathématisante* che finirà per essere applicata, oltre che all'analisi dell'economia e della società, anche ai fenomeni intellettuali, non più letti attraverso le biografie di scrittori, pittori o musicisti ma, ad esempio, misurando «quello ch'è stato stampato e letto, e in quante copie e da chi, nel corso di un dato periodo»[71]. Ed è infine storia di medio o lungo periodo, comunque ostile al tempo breve della politica. «L'analisi delle serie – rileva François Furet – non ha senso se non è condotta nel lungo periodo, per poter distinguere le variazioni brevi o cicliche dei trend»[72].

Strutture, modelli, quantità. Questo tipo di storia assume andamenti che richiamano l'epistemologia delle scienze esatte. È come se lo storico decidesse d'indossare il camice bianco dell'analista di laboratorio, dopo aver usato a lungo la penna del letterato.

Sembrano modificarsi talune antiche caratteristiche della conoscenza storica. Il passaggio dalla storia politica alla storia sociale, dalle *élites* ai fenomeni collettivi, dal tempo breve dell'avvenimento al tempo lungo dei modelli provoca una spiccata perdita di realismo. La storia era tradizionalmente un racconto di fatti (talvolta naturalistico) e diventa discussione *mathématisante* di tendenze e di sistemi. Era concreta biografia di uomini illustri e diventa astratta ricostruzione di fenomeni sovraindividuali, di grandi numeri, di periodi che coprono il tempo di più generazioni. Era descrittiva (narrava come erano andate le cose) e diventa analitica: cerca di spiegarne il perché. Sembra perdere insomma la sua antica caratteristica antropomorfica: benché continui a parlare, in ultima istanza, di uomini, assume forme che ricordano i numeri e le geometrie galileiani.

Il culmine di tali tendenze è probabilmente la «new economic history», una scuola storiografica che si sviluppa nelle università americane degli anni Sessanta. Essa tende a collegare la storia economica alla teoria economica, ritenendo che i fatti storici possano essere compresi solo in relazione alle leggi elaborate dagli economisti, e applicando tali assunti teorici a campi di ricerca storici (ovviamente quantificati) e a problematiche storiografiche. Per usare le loro stesse parole, storici come Douglass C. North e Robert W. Fogel intendono «trasformare la storia economica da una disciplina fondata su teorie non verificate, non esplicite e debolmente specificate, in una fondata su teorie rigorosamente specificate e empiricamente verificate»[73]. Le loro opere, di conseguenza, contengono alti livelli di formalizzazione, sofisticati calcoli, complesse serie statistiche, tutto il bagaglio della teoria economica, insomma.

Ma la «new economic history» è caratterizzata soprattutto da una specifica procedura di lavoro, che ne indica bene la grande distanza rispetto alla storia narrativa e al suo tradizionale realismo. Attraverso la tecnica dell'analisi controfattuale (*counterfactual speculation*), infatti, essa riassume dapprima un processo storico in un modello matematico costituito da più variabili e poi, per verificare il significato di una delle variabili, la elimina sperimentalmente dal quadro e studia il funzionamento del modello in queste condizioni alterate (ipotetiche). Quale ruolo svolgono, ad esempio, le costruzioni delle ferrovie nello sviluppo americano ottocentesco? Gli storici della «new economic history» rispondono al quesito costruendo un modello teorico di crescita economica che corrisponde a quella *fattuale* verificatasi negli USA, ma che *manca* delle ferrovie. Vedono insomma come sarebbero andate le cose senza le ferrovie. Alla questione, in concreto, risponderà una ricerca di R.W. Fogel (*Railroads and Economic Growth. Essays in Econometric History*, 1964), che ragiona su un ipotetico sviluppo ottocentesco delle comunicazioni basato non già sulle ferrovie ma su strade e canali e, confrontandolo con lo sviluppo reale, mostra che le ferrovie portarono ad un risparmio del 3-5% sul prodotto interno lordo nordamericano. Poco, insomma, per un fattore di crescita economica che viene usualmente ritenuto fra quelli decisivi. «Le ferrovie – conclude Fogel – non diedero un contributo rilevante allo sviluppo del potenziale produttivo della nazione»[74].

Gli storici della «new economic history» costruiscono a bella posta «modelli di mondi a volte radicalmene contraddittori rispetto alla realtà»[75], smentendo il vecchio adagio per cui la storia non si fa con i se... L'analisi storica viene caricata di teoria e sembra integrarsi come non mai con le scienze esatte. Il metodo controfattuale non è che un esperimento di controllo, come ne avvengono usualmente nei laboratori di fisica o di chimica.

6. *Al di là della «storia scientifica»: discussioni recenti*

Quella che per brevità chiameremo «storia scientifica» vive la propria stagione più intensa fra anni Sessanta e Settanta (anche se resta un fenomeno minoritario, nel quadro storiografico internazionale). In seguito – e siamo nel tardo Novecento – dà segni evidenti di stanchezza, mentre prende corpo una storiografia composita, il cui denominatore comune sembra essere giusto un atteggiamento antistrutturale, antiscientifico e antiquantitativo. Si tratta di un cambio di rotta che va inserito nel contesto socio-politico e culturale di quegli anni.

Negli ultimi decenni del XX secolo, le società occidentali hanno registrato trasformazioni radicali delle tecnologie, dei modi di produzione, delle pratiche di consumo; modifiche della stratificazione sociale e l'emergere di nuove identità collettive (donne, giovani); rilevanti novità sul piano della politica, del sistema rappresentativo, delle istituzioni pubbliche: tutto ciò mal si adatta all'interpretazione ottocentesca della società e della storia suggerita dal marxismo, ma altrettanto male sembra adattarsi alle successive teorie sociali del funzionalismo e dello strutturalismo. Al giorno d'oggi, è difficile leggere in termini di classe la tipologia sociale prevalente in Occidente, individuarvi gerarchie rigide fra struttura e sovrastruttura, interpretarla come un sistema in equilibrio omeostatico (funzionalistico).

Alla crisi della «storia scientifica» contribuiscono inoltre talune modificazioni del contesto culturale e anzitutto «il declino della scienza economica tradizionale come disciplina-guida»[76]. La grande fiducia con cui, nel secondo dopoguerra, economisti e politici avevano cercato di individuare modelli di crescita economica che risolvessero il divario Nord-Sud (la questione del Terzo Mondo), si scontrerà con il sostanziale fallimento delle politiche di sviluppo praticate dagli USA negli anni Sessanta. Ne farà le spese la credibilità di quella scienza economica classica, che aveva supportato quelle politiche e che oggi, non a caso, cerca di aprirsi all'apporto di altre discipline, appare più flessibile e dubitativa e sembra aver preso atto che il comportamento umano non è determinato soltanto dal calcolo razionale dei costi e dei benefici, ma anche da una quantità di fattori extra-economici (passioni, tradizioni ecc.)[77]. Analogamente, gli storici, che pure avevano cercato di utilizzare la teoria economica nel proprio lavoro empirico, avvertono «la necessità di introdurre nell'analisi della trasformazione variabili non economiche come i valori culturali, le norme sociali, gli assetti politici ecc.»[78].

Questi ultimi decenni assistono, del resto, ad una decisa storicizzazione delle scienze sociali. La sottovalutazione della categoria del tempo, che era stata propria di Malinowski o di Parsons, di Radcliffe-Brown o di Lévi-Strauss, cede il passo ad un nuovo interesse degli scienziati sociali nei confronti del mutamento sociale, ovvero nei confronti della storia. L'antropologo inglese Edward Evans-Pritchard polemizza esplicitamente con un funzionalismo (sociologico e antropologico) che analizzava società o gruppi primitivi come fossero fuori dalla storia, e rivaluta il tempo – la diacronia – come strumento essenziale per la comprensione dei fenomeni sociali. Egli stesso, lavorando su alcune popolazioni africane, finirà per farne la storia.

La storicizzazione delle scienze sociali, la minor forza della teoria economica, la crisi del marxismo, dello strutturalismo e del funzionalismo spiegano abbastanza bene la decadenza della «storia scientifica» – delle sue rigidità – e una parallela crescita (o meglio, ripresa) dell'interesse degli storici per le tematiche e le metodologie d'origine antropologica.

Nelle preferenze storiografiche, è l'antropologia che tende a sostituire l'economia e la sociologia. Al posto dell'analisi dei processi *oggettivi* e strutturali, «un numero sempre maggiore di "nuovi storici" tenta oggi di scoprire che cosa avvenisse nella mente degli uomini del passato, e che cosa significasse vivere nel passato»[79]. Torna alla ribalta il mondo dei valori, dei comportamenti e dei loro significati, le rappresentazioni che la gente dà di sé e della propria realtà, il sentire. Torna il problema delle mentalità collettive e la difficile sfida di chi vuol cogliere le culture del passato. «Gli altri sono altri. Non pensano come noi. E se vogliamo capire il loro modo di pensare, dobbiamo partire dall'idea di catturare l'alterità – avverte Robert Darnton – [mentre] nulla è più facile che adottare inavvertitamente la comoda idea che gli europei pensassero e sentissero due secoli fa esattamente come noi oggi, a parte le parrucche e le scarpe di legno»[80]. Analisi di tipo culturalista vengono dedicate alla storia della famiglia, della sessualità, delle età (vecchiaia e giovinezza), del lavoro manuale, del tempo libero, dei riti pubblici (sacri o profani), del conflitto sociale e della criminalità. Si sviluppa la *women's history*, una storiografia fatta da donne e dedicata alla visione e alla pratica del mondo proprie del genere femminile.

Nel quadro della reazione al determinismo economico, è significativo il ritorno della storia intellettuale, anch'essa riesumata dal limbo delle sovrastrutture e dei fenomeni marginali: una storia che è consapevole dell'esistenza «di un'interazione reciproca, estremamente complessa, tra i fenomeni connessi alla popolazione, all'offerta di generi alimentari, al clima, all'offerta di metalli preziosi, ai prezzi e così via da un lato, e dall'altro quelli connessi ai valori, alle idee e ai costumi»[81]. Oggi, rileva Lawrence Stone, la storia intellettuale «viene riscritta sulla base di una faticosa ricostruzione del contesto e del significato preciso delle parole e delle idee nel passato, dimostrando in che modo esse mutano di forma e colore nel tempo, come i camaleonti, per corrispondere a nuove circostanze e nuovi bisogni»[82].

Emerge infine un nuovo interesse per una storia politica che la polemica di Bloch e Febvre, prima, e la fase strutturalista e quantitativa, in seguito, avevano finito per sottovalutare. Spesso rinnovata nei propri strumenti di lavoro, l'analisi storico-politica riprende consistenza e ragion d'essere. Il sistema politico appare come una dimensione impossibile da relegare nel dimenticatoio delle cosiddette sovrastrutture. L'organizzazione politica e il suo processo decisionale si mescolano profondamente con i fenomeni sociali ed economici e, al tempo stesso, appaiono dotati di una propria autonoma storia. Il concreto costruirsi degli Stati nazionali, la dislocazione dei poteri pubblici fra centro e periferia, la sociologia delle *élites* politiche, i sistemi elettorali, l'organizzazione del consenso, le forme e il funzionamento dei partiti sono alcuni dei temi di una storiografia politica che tende decisamente a superare ogni impostazione *événementielle*. Torna, fra le carte degli studiosi, il tema cruciale del potere.

Ma le implicazioni di questa reazione antistrutturale non si fermano qui. Quel che viene messo sotto accusa, esplicitamente o più spesso implicitamente, è la tendenza a leggere le società come se fossero fuori dal tempo e dallo spazio, astrattamente in equilibrio, determinate da leggi (economiche) che si pretendono universali e metastoriche. Della «storia scientifica» sono discusse le premesse conoscitive e metodologiche: il taglio struttural-funzionalistico, l'uso della generalizzazione, l'individuazione di grandi modelli storico-sociali. In sostanza, la polemica è di tipo epistemologico: concerne il grado di scientificità della conoscenza storica.

Apriamo una parentesi che spieghi i termini del problema. Secondo il metodo delle scienze naturali, ogni singolo avvenimento può essere spiegato soltanto mettendolo in relazione con una legge, ovvero con sistemi di rapporti universali, validi in ogni tempo e in ogni luogo. La discesa di uno sciatore su un campo di neve si spiega con la legge sulla caduta dei gravi. La rottura del radiatore di un'automobile si spiega con le leggi dei corpi liquidi, i quali, al di sotto di una certa temperatura, diventano solidi, aumentando il proprio volume. Il procedimento è deduttivo: la legge (generale) dà ragione dell'avvenimento (particolare).

E in storia? La storia è capace di individuare, nel passato, rapporti necessari (leggi), non diversamente dalle scienze esatte, oppure è disciplina caratterizzata da un livello scientifico *sui generis*, parziale, approssimato? È possibile trattare il passato come fosse il mondo della fisica, utilizzando il metodo deduttivo per spiegare il corso degli eventi?

La questione è tutt'altro che nuova. L'esistenza di leggi storiche è stata un ricorrente miraggio degli studiosi, da certa storiografia meccanicistica dell'età dei Lumi alla storiografia della stagione positivistica, fino alle analisi controfattuali della «new economic history». Ma ricorrente è stato anche, da parte di altri studiosi, il richiamo alla diversità profonda che separerebbe la conoscenza storica dalla conoscenza fondata sul metodo deduttivo.

Ebbene, mentre la «storia scientifica» di metà Novecento aveva creduto nella possibilità di generalizzare e modellizzare il passato (giungendo a formulare qualcosa di analogo a vere e proprie «leggi»), buona parte della storiografia odierna sembra tornare al dubbio. Alla domanda se la storia contenga nessi necessari e prevedibili, Raymond Aron risponde icasticamente che «da nessuna teoria si potrebbe dedurre come conseguenza necessaria il fatto che i seguaci di Hitler abbiano ucciso in maniera industriale alcuni milioni di ebrei»[83].

I modelli costruiti dalla storiografia strutturale e quantitativa del secondo dopoguerra appaiono generalizzazioni più o meno ragionevoli, non certo spiegazioni scientifiche. Sebbene serializzati, depurati dai casi atipici, normalizzati in una media aritmetica, gli avvenimenti e i processi sociali – nel passato come nel presente – non sembrano riconducibili a rapporti necessari, a sistemi infallibili di causa/effetto, insomma a leggi. S'è detto sopra, ad esempio, come alcuni storici delle strutture abbiano individuato, attraverso l'analisi di casi concreti, il nesso che collega la crescita numerica di una popolazione ad un calo delle risorse disponibili. Ma è possibile generalizzare quei casi concreti, affermando che produzione e demografia sono *sempre* legate da rapporti di causa/effetto? Si tratta di relazioni necessarie o di relazioni probabili, verosimili?

Alle ricorrenti tendenze verso una «storia scientifica», risponde una corposa tradizione che, della storia, sottolinea invece il carattere di «scienza argomentativa», caratterizzata da un grado di formalizzazione assai inferiore a quello della matematica o della fisica, fisiologicamente incerta nelle ipotesi e nelle conclusioni, impossibilitata a *spiegare* (nel senso deduttivo del termine). Una disciplina che ha sempre avuto fra i propri strumenti di base una specifica tecnica di esposizione, che è la narrazione, il racconto. E che nel proprio bagaglio possiede le arti della retorica: quelle storiche sono «prove che non hanno la necessità irrefutabile della logica deduttiva e che, proprio per questo, vanno di continuo montate nella forma del discorso persuasivo»[84].

In un articolo del 1979, in polemica con la storia-scienza,

Lawrence Stone segnalava *The Revival of Narrative*, una ripresa della storia narrativa, una sorta di ritorno alle origini. «Da sempre – scrive Stone – il mestiere dello storico è quello di raccontare. Da Tucidide e Tacito a Gibbon e Macaulay, una scrittura vivace ed elegante fu sempre la massima ambizione degli storici: la storia veniva considerata come un ramo della retorica»[85].

Persuasione, retorica, racconto. La storia è destinata a rinunciare ad ogni tentativo di costruire un paradigma scientifico, per tornare invece nell'alveo delle forme d'arte, dove periodicamente è stata collocata?

In realtà, talune incertezze epistemologiche non riguardano soltanto la storiografia ma l'intero campo della conoscenza scientifica. Abbiamo già della teoria economica che appare oggi disposta a parlare di «possibilità» più che di «leggi» economiche. Per parte loro, gli scienziati in camice bianco prendono atto dell'imperfezione delle classiche procedure logico-deduttive. «La scienza è molto più trascurata e irrazionale della sua immagine metodologica – ha scritto Paul Feyerabend –; le idee di cui gli scienziati si servono per avanzare nell'ignoto solo raramente sono in accordo con le rigorose ingiunzioni della logica o della matematica pura»[86].

Fino a che punto, del resto, il metodo deduttivo costituisce l'unica forma possibile di scienza? In un bel saggio del 1979, Carlo Ginzburg rileva come – a fianco della grande tradizione del razionalismo scientifico occidentale, che da Galileo arriva a Karl Popper – esistano discipline e gruppi professionali i quali, da sempre, utilizzano un diverso metodo di analisi della realtà[87]. Se, dopo Galileo, gli scienziati *classificano* i fenomeni naturali e li collegano per mezzo di leggi universali, trasferendoli dal concreto dell'esperienza sensibile all'astratto di un laboratorio di fisica o di una lavagna piena di formule, altri seguono strade opposte. Si prenda il tipo di conoscenza praticato dalla semeiotica medica, nell'antica tradizione ippocratica e fino ai giorni nostri. Il medico ha di fronte un paziente, del quale deve decifrare la malattia (diagnosi) attraverso i segni che essa produce (sintomi). La sua procedura si rivela assai diversa da quella di uno scienziato. Essa infatti è individualizzante (il problema del medico è *un* caso patologico specifico e non una classe di fenomeni). È antropomorfica (il suo centro d'interesse è quel paziente, in carne e ossa, che egli osserverà, ausculterà e toccherà, per giungere alla diagnosi). È indiziaria (essendo impossibile pervenire alla conoscenza diretta della malattia, egli cercherà di svelarla attraverso sintomi per quanto minuti e difficili da scorgere a prima vista). È congetturale (la diagnosi sarà probabile e non certa, e bisognerà attendere il decorso clinico per averne una conferma definitiva). «Tra il fisico galileiano professionalmente sordo ai suoni e insensibile ai sapori e agli odori, e il medico suo contemporaneo, che arrischiava diagnosi tendendo l'orecchio a petti rantolanti, fiutando feci e assaggiando orine, il contrasto non poteva essere maggiore»[88].

Sebbene messo in ombra dal dominante «paradigma galileiano», questo tipo di procedura, che Ginzburg chiama «paradigma indiziario», svolge un grosso ruolo, nel corso del tempo, ed ha radici antiche. Non diversamente dai medici ippocratici, i cacciatori delle prime età dell'uomo – che inseguono le loro prede attraverso «orme nel fango, rami spezzati, pallottole di sterco, ciuffi di peli, piume impigliate, odori stagnanti»[89] – praticano una forma di conoscenza legata alla concretezza dell'esperienza sensibile, all'odorato, alla vista, al tatto. Ma anche l'acuto Sherlock Holmes cercherà di pervenire al bandolo della matassa attraverso un'attenta osservazione della scena del delitto e delle tracce, sia pur minime, lasciate dall'assassino. Di questi, ricostruirà un identikit fisico e caratteriale, decifrando gli indizi della sua presenza, i segni del suo comportamento, «orme nella fanghiglia, ceneri di sigaretta»[90].

Due percorsi opposti dunque. Per un verso, una conoscenza che usa classificare la congerie dei fenomeni naturali, riducendoli a leggi; per altro, una conoscenza che è attenta a casi singoli, che lavora su indizi, che perviene a conclusioni probabili e non certe. La prima procede per astrazioni, la seconda per casi concreti. La prima è una conoscenza certa proprio perché non tiene conto della variabilità dell'esperienza sensibile: riproducendo i fenomeni in un laboratorio, essa può depurarli dalle loro concrete differenze e collegarli secondo rapporti causali (leggi). La certezza – la scienza – nasce dall'astrazione, aveva detto già Aristotele. La seconda è invece una conoscenza incerta e congetturale, perché, al contrario, analizza individui specifici, situazioni empiriche, è legata a casi concreti e dunque infinitamente variabili.

S'intende che, secondo Carlo Ginzburg, anche la storiografia – benché tentata a volte di prendere la strada delle classificazioni, dell'astrazione, delle quantità, delle leggi – resta fondamentalmente una disciplina concreta e antropomorfica, legata all'analisi delle differenze più che delle uniformità, indiziaria e congetturale, non deduttiva e non *galileiana*. Tuttavia, se le sue generalizzazioni, benché rassicuranti, apparivano banali, le sue analisi in profondità, benché acute, restano poco generalizzabili. In altri termini, rileva Lawrence Stone, «l'indirizzo quantitativo e antiantropocentrico delle scienze della natura da Galileo in poi ha posto le scienze umane in uno spiacevole dilemma: o assumere uno statuto scientifico debole per arrivare a risultati rilevanti, o assumere uno statuto scientifico forte per arrivare a risultati di scarso rilievo»[91].

Nell'alternativa fra generale e particolare si raccoglie buona parte del recente dibattito storiografico. Alcuni storici, ad esempio, polemizzano con i grandi concetti e le ampie periodizzazioni usualmente utilizzati dalla storiografia. Categorie come classe sociale, Stato, mercato appaiono applicate in modo indifferenziato all'età medievale, moderna o contemporanea e dunque finiscono per designare realtà profondamente diverse[92]. Diventano irrealistiche e ideologiche. Ad esse sembra preferibile una disaggregazione progressiva degli oggetti di studio. Non più indifferenziate classi sociali, ma gruppi caratterizzati da omogeneità di professione, di residenza, di stili di vita ecc. Non più un modello di sviluppo economico, ma una casistica di *vie nazionali* (o regionali, o sub-regionali) allo sviluppo. Non più *una* categoria di urbanizzazione ma città burocratiche e città commerciali, centri manifatturieri e centri minerari. E via dicendo.

È una drastica *riduzione della scala di analisi*: il passaggio dalla tipologia al caso singolo, dal macrofenomeno al microfenomeno. Oppure, com'è stato detto, dalla strategia del paracadutista, che vede i contorni di grandi aree ma non le case e gli abitanti, alla strategia del cercatore di tartufi, che coglie i particolari più minuti del terreno ma non la foresta nel suo insieme.

L'attenzione a contesti di piccole dimensioni permette di considerare il ruolo attivo e cosciente degli attori sociali. La presa di distanza dagli storici delle strutture e della lunga durata e dalla loro storia inconsapevole è netta ed esplicita. Quel che interessa (quel che conta) non sono le strutture economiche e demografiche e la loro supposta capacità di determinare intere società, ma il modo con il quale gruppi e singoli individui cercano di risolvere i problemi della sopravvivenza o dell'arricchimento, attraverso complesse strategie matrimoniali, accorte pratiche sessuali, avventurose emigrazioni, rischiose innovazioni produttive ecc. Si tratta comunque di comportamenti soggettivi, di scelte.

Grazie all'adozione di una scala d'indagine ridotta, inoltre, è possibile collegare i diversi livelli del reale, che usualmente le specializzazioni dei singoli storici finiscono per tenere separati. Studiando una singola comunità rurale, ad esempio, se ne potrà analizzare, al tempo stesso, la dimensione politica e quella culturale, l'organizzazione produttiva e i comportamenti demografici, le relazioni sociali e le attitudini religiose ecc. Il lavoro dello storico si avvicina, per questa strada, a quello dell'antropologo. Sarà una descrizione a tutto campo, comprendente l'insieme dei livelli osservabili. Un'analisi *olistica*.

Lo studio ravvicinato di contesti di piccola scala permette infine di verificare e di mettere in discussione le grandi categorie interpretative delle scienze sociali. Prendendo le distanze dalle leggi dell'economia politica, ad esempio, il sistema dei prezzi in un villaggio piemontese del Seicento viene spiegato da Giovanni Levi attraverso l'analisi dettagliata dei rapporti (economici ed extraeconomici) fra singoli acquirenti e singoli compratori. Oltre alle regole impersonali del mercato, sono le particolari relazioni fra chi vende e chi acquista (di parentela o di vicinato, di deferenza o di competizione ecc.) ad influire sul prezzo di una terra o di un'abitazione[93].

Altri storici disaggregano le inconsapevoli categorie mentali postulate dall'antropologia strutturale. Prendiamo un dibattito classico. La «scampanata» (o *charivari*), aveva rilevato Lévi-Strauss, è il rito attraverso il quale una comunità condanna chi altera gli strategici equilibri della parentela, come nel caso del vecchio vedovo che, prendendo in seconde nozze una ragazza, ha privato i giovani maschi del posto di una futura sposa e ha rotto «la continuità ideale della catena degli imparentamenti matrimoniali»[94]. Le processioni rituali – che attraversano chiassose il villaggio, con trombe, coperchi e casseruole, fra canti ed espressioni di dileggio, mettendo alla berlina i pupazzi che raffigurano il vecchio e la sua sposa, bruciandoli infine su roghi di paglia, dopo un processo pubblico, per simularne la punizione estrema – vogliono denunciare «una anomalia nello svolgimento di una catena sintagmatica» (gli scambi matrimoniali). Esprimono una cultura universale e inconsapevole. Scampanate accadono in ogni tempo e luogo, ogni volta che l'intangibile *catena matrimoniale* viene violata. A Lévi-Strauss risponderà lo storico inglese Edward P. Thompson, secondo il quale dietro la stessa forma di comportamento (la scampanata) si nascondono, a ben vedere, differenze di significato profonde[95]. Analizzando in dettaglio gli *charivari* che avvengono nei villaggi inglesi del Settecento e dell'Ottocento, Thompson ne riscopre le motivazioni specifiche, caso per caso. Il rito delle processioni chiassose – per quanto possa apparire come una reazione collettiva alla rottura dell'ordine matrimoniale – in realtà copre conflitti tra famiglie, liti fra proprietari terrieri, rivalità fra abitanti del luogo e forestieri, contenziosi aperti fra villaggi vicini. Studiandoli per nome e per cognome, Thompson insomma ricostruisce le consapevoli strategie che i protagonisti mettono in pratica, attraverso quei riti collettivi. Ne fa una storia interna, attenta ai particolari, al luogo e al tempo nel quale lo *charivari* si svolge. «La disciplina storica è, anzitutto, la disciplina del contesto»[96]: ogni fatto va letto attraverso un'analisi del contesto in cui si svolge e del significato particolare che, in quel contesto, esso ha.

Gli studi storici degli ultimi decenni (di essi si forniranno, nei capitoli seguenti, alcuni caratteri più ravvicinati) non sembrano configurare alcun paradigma storiografico. Se di paradigma – e con qualche forzatura – si può parlare a proposito della scuola storica tedesca del XIX secolo o delle «Annales» di Bloch e Febvre o della braudeliana *longue durée*, la storiografia di questa fine di secolo appare meno coesa e identificabile. Fra grandi modelli e proposte microanalitiche, diagrammi e indizi, suggestioni antropologiche e analisi socio-economiche, il quadro appare incerto, poco definito, *preparadigmatico*.

Alcuni elementi del dibattito novecentesco appaiono tuttavia acquisiti in modo stabile. Le tematiche di cui si occupano gli storici sono numerose e articolate. La pura e semplice *histoire événementielle* è in discredito. La storia della società sembra aver vinto la propria battaglia, almeno sul piano metodologico, con la storia dei fatti politici e con le tendenze cronachistiche. Abbastanza acquisiti in linea di principio, sebbene mai facili, appaiono anche i rapporti con le scienze sociali. Infine, il rinnovamento storiografico del primo Novecento, che aveva riguardato per lo più gli storici dell'età medievale e moderna (Bloch era un medievista, Febvre e Braudel modernisti), coinvolge ormai, seppure con lentezza, anche gli studiosi dell'età contemporanea.

Ma sarà necessario evitare generalizzazioni, avvertendo che in questo capitolo (e nei capitoli seguenti) ci si è limitati a seguire taluni indirizzi storiografici, che appaiono di particolare interesse a chi scrive ma che non per questo sono maggioritari, fra gli storici, o sono gli unici praticati.

Note al capitolo primo

[1] J. Le Goff, *Storia*, in *Enciclopedia Einaudi*, Torino, Einaudi, 1977-1984, vol. XIII, p. 573.

[2] M. Bloch, *Apologia della storia*, trad. it., Torino, Einaudi, 1969, p. 65.

[3] L'affermazione di Ranke (1795-1886) è nell'introduzione a *Geschichte der romanischen und germanischen Völker* (1824).

[4] Sono parole di John Acton, citate in E.H. Carr, *Sei lezioni sulla storia*, trad. it., Torino, Einaudi, 1966, p. 11.

[5] *Ibidem*, p. 16.

[6] *Ibidem*, p. 15.

[7] R. Darnton, *Il grande massacro dei gatti e altri episodi della storia culturale francese*, trad. it., Milano, Adelphi, 1988, pp. 130-131.

[8] Sono parole dell'americano Carl Becker, citate in E.H. Carr, *Sei lezioni sulla storia*, cit., p. 26.

[9] Citato in G. Barraclough, *Atlante della storia 1945-1975*, trad. it., Bari, Laterza, 1977, p. 11. A Lord Acton si deve il progetto della monumentale *Cambridge Modern History*.

[10] F. Fischer, *Assalto al potere mondiale*, trad. it., Torino, Einaudi, 1965.

[11] B. Croce, *Teoria e storia della storiografia*, Milano, Adelphi, 1989, p. 14.

[12] T.S. Kuhn, *La struttura delle rivoluzioni scientifiche*, trad. it., Torino, Einaudi, 1978, p. 212.

[13] Citato in B. Croce, *Teoria e storia della storiografia*, cit., p. 271.

[14] Citato in J. Le Goff, *Storia*, cit., p. 603.

[15] Sono parole di Ehrard e Palmade, citate in J. Le Goff, *Storia*, cit., p. 603.

[16] Il brano è tratto dalle *Nouvelles Considérations sur l'histoire* (1744) ed è citato in J. Le Goff (a cura di), *La nuova storia*, trad. it., Milano, Mondadori, 1980, p. 23.

[17] Citato in B. Croce, *Teoria e storia della storiografia*, cit., p. 281.

[18] J. Topolski, *Metodologia della ricerca storica*, trad. it., Bologna, Il Mulino, 1975, pp. 116-117.

[19] Citato in J. Le Goff, *Storia*, cit., p. 605.

[20] Citato in J. Topolski, *Metodologia della ricerca storica*, cit., p. 133.

[21] B. Croce, *Teoria e storia della storiografia*, cit., p. 292.

[22] G.L. Mosse, *La cultura dell'Europa occidentale nell'Ottocento e nel Novecento*, trad. it., Milano, Mondadori, 1986, p. 91.

[23] Sono parole di Henri Berr, citate in J. Topolski, *Metodologia della ricerca storica*, cit., p. 126.

[24] *Ibidem*, p. 125.

[25] J. Le Goff, *Storia*, cit., p. 641.

[26] *Ibidem*, p. 605.

[27] P. Rossi, *Teorie della società e paradigmi storiografici tra Ottocento e Novecento*, in *Il Mondo Contemporaneo*, vol. II: *Gli strumenti della ricerca*, t. I: *Questioni di metodo*, Firenze, La Nuova Italia, 1983, p. 553.

[28] Ranke, professore di storia presso l'Università di Berlino dal 1836, scriverà, tra l'altro, un'opera sui *Papi romani* (1834-1836) e una *Storia universale* in nove volumi (1881-1888).

[29] J. Le Goff, *Storia*, cit., p. 616.

[30] *Ibidem*, p. 605.

[31] Citato in J. Le Goff (a cura di), *La nuova storia*, cit., p. 27.

[32] P. Rossi, *Teorie della società e paradigmi storiografici tra Ottocento e Novecento*, cit., p. 552.

[33] Sono parole di Henri Berr (del 1920), citate in G. Gemelli, *Storia e scienze sociali: le «Annales» nella cultura francese degli anni Trenta*, in *Il Mondo Contemporaneo*, cit., p. 710.

[34] *Ibidem*.

[35] L. Febvre, *Studi su Riforma e Rinascimento e altri scritti su problemi di metodo e di geografia storica*, trad. it., Torino, Einaudi, 1966, p. 560.

[36] *Ibidem*, pp. 453 e 559.

[37] M. Bloch, *Apologia della storia*, cit., p. 70.

[38] M. Weber, *Il metodo delle scienze storico-sociali*, trad. it., Torino, Einaudi, 1967, p. 92.

[39] L. Febvre, *Studi su Riforma e Rinascimento*, cit., p. 557.

[40] M. Bloch, *Apologia della storia*, cit., p. 41.

[41] *Ibidem*.

[42] L. Febvre, *Studi su Riforma e Rinascimento*, cit., p. 489.

[43] *Ibidem*, p. 557.

[44] *Ibidem*, p. 27.

[45] Il titolo originale dell'opera è *Les rois thaumaturges. Étude sur le caractère surnaturel attribué à la puissance royale, particulièrement en France et en Angleterre* (trad. it. *I re taumauturghi*, Torino, Einaudi, 1974).

[46] G. Barraclough, *Atlante della storia 1945-1975*, cit., pp. 4-5.

[47] Sono parole di Arnaldo Momigliano, *ibidem*, p. 55.

[48] M. Cedronio, *Profilo delle «Annales» attraverso le pagine delle «Annales»*, in M. Cedronio, F. Diaz e C. Russo, *Storiografia francese di ieri e di oggi*, Napoli, Guida, 1977, pp. 31 ss.

[49] F. Braudel, *Il mondo attuale*, vol. I: *Le civiltà extraeuropee*, trad. it., Torino, Einaudi, 1966, pp. 46-47.

[50] C. Lévi-Strauss, *Il crudo e il cotto*, trad. it., Milano, Il Saggiatore, 1966, p. 25.

[51] *Ibidem*, pp. 25-26.

[52] *Ibidem*, p. 27.

[53] C. Lévi-Strauss, *Antropologia strutturale*, trad. it., Milano, Il Saggiatore, 1966, p. 36.

[54] Id., *Il crudo e il cotto*, cit., p. 22.

[55] Citato in A. Torre, *Antropologia sociale e ricerca storica*, in P. Rossi (a cura di), *La storiografia contemporanea. Indirizzi e problemi*, Milano, Il Saggiatore, 1987, p. 208.

[56] Citato in K. Pomian, *Storia delle strutture*, in J. Le Goff (a cura di), *La nuova storia*, cit., p. 92.

[57] F. Braudel, *Storia e scienze sociali. La «lunga durata»*, in Id., *Scritti sulla storia*, Milano, Mondadori, 1976, p. 65.

[58] Id., *Civiltà e imperi del Mediterraneo nell'età di Filippo II*, trad. it., Torino, Einaudi, 1953, pp. XXXIV-XXXV.

[59] Citato in K. Pomian, *Storia delle strutture*, cit., p. 96.

[60] *Ibidem*, p. 95.

[61] J. Le Goff, *La nuova storia*, in J. Le Goff (a cura di), *La nuova storia*, cit., p. 32.

[62] E. Le Roy Ladurie, *I contadini di Linguadoca*, trad. it., Bari, Laterza, 1970.

[63] P. Bois, *Contadini dell'Ovest*, trad. it., Torino, Rosenberg & Sellier, 1975; M. Agulhon, *La sociabilité méridionale. Confréries et associations dans la vie collective en Provence orientale à la fin du XVIIIe siècle*, 2 voll., Aix-en-Provence, La Pensée Universitaire, 1966.

[64] F. Braudel, *Storia e scienze sociali*, cit., p. 67.

[65] *Ibidem*, p. 75.

[66] A. Torre, *Antropologia sociale e ricerca storica*, cit., p. 209.

[67] L. Stone, *Viaggio nella storia*, trad. it., Roma-Bari, Laterza, 1987, p. 87.

[68] F. Braudel, *Storia e scienze sociali*, cit., p. 76.

[69] G. Barraclough, *Atlante della storia 1945-1975*, cit., p. 60.

[70] Citato in P.A. Toninelli, *Origine e prospettive della «new economic history»*, in P. Rossi (a cura di), *La storiografia contemporanea*, cit., p. 175.

[71] G. Barraclough, *Atlante della storia 1945-1975*, cit., pp. 61-62.

[72] F. Furet, *Il quantitativo in storia*, in J. Le Goff e P. Nora (a cura di), *Fare storia*, Torino, Einaudi, 1981, p. 16.

[73] Sono parole di Fogel, citate in P.A. Toninelli, *Origine e prospettive della «new economic history»*, cit., p. 185.

[74] *Ibidem*, p. 190.

[75] L. Stone, *Viaggio nella storia*, cit., p. 84.

[76] A. Torre, *Antropologia sociale e ricerca storica*, cit., p. 222.

[77] A.O. Hirschman, *Come complicare l'economia*, trad. it., Bologna, Il Mulino, 1988.

[78] A. Torre, *Antropologia sociale e ricerca storica*, cit., p. 222.

[79] L. Stone, *Viaggio nella storia*, cit., p. 93.

[80] R. Darnton, *Il grande massacro dei gatti e altri episodi della storia culturale francese*, cit., p. 14.

[81] L. Stone, *Viaggio nella storia*, cit., pp. 87-88.

[82] *Ibidem*, p. 95.

[83] Citato in P. Veyne, *La storia concettualizzante*, in J. Le Goff e P. Nora (a cura di), *Fare storia*, cit., p. 28.

[84] G. Levi, Introduzione a F. Ramella, *Terra e telai*, Torino, Einaudi, 1984, p. IX.

[85] L. Stone, *Viaggio nella storia*, cit., p. 81.

[86] P.K. Feyerabend, *Contro il metodo. Abbozzo di una teoria anarchica della conoscenza*, trad. it., Milano, Feltrinelli, 1980, p. 146.

[87] C. Ginzburg, *Spie. Radici di un paradigma indiziario*, in A. Gargani (a cura di), *Crisi della ragione*, Torino, Einaudi, 1979, pp. 57-106 (poi in C. Ginzburg, *Miti, emblemi, spie. Morfologia e storia*, Torino, Einaudi, 1992).

[88] *Ibidem*, p. 73.

[89] *Ibidem*, p. 66.

[90] *Ibidem*, p. 61.

[91] L. Stone, *Viaggio nella storia*, cit., p. 103.

[92] E. Grendi, *Del senso comune storiografico*, in «Quaderni storici», 41 (1979), p. 700.

[93] G. Levi, *L'eredità immateriale. Carriera di un esorcista nel Piemonte del Seicento*, Torino, Einaudi, 1985.

[94] C. Lévi-Strauss, *Il crudo e il cotto*, cit., p. 382.

[95] E.P. Thompson, *Società patrizia, cultura plebea. Otto saggi di antropologia storica sull'Inghilterra del Settecento*, trad. it., Torino, Einaudi, 1981, pp. 137-180.

[96] *Ibidem*, p. 258.

Capitolo secondo

L'ambiente della storia

1. *Dal determinismo alle «possibilità»*

Le società sono legate ai propri ambienti naturali da rapporti di grande importanza ma non assoluti né invalicabili. Esiste tra di essi, piuttosto, un'antica dialettica fatta di adattamenti e reciproche modificazioni. Le pratiche sociali incidono sugli ecosistemi – talvolta li stravolgono – e ne sono viceversa condizionate e modellate. «Le relazioni uomo-ambiente sono a doppio senso e i fenomeni di *feedback* sono la regola, non l'eccezione»[1].

Per secoli, tuttavia, la cultura occidentale ha attribuito ai fattori geografici poteri tirannici. La natura era vista come il regno della necessità. L'ambiente sembrava imporre all'uomo condizionamenti ferrei. Ippocrate (V-IV sec. a.C.) aveva potuto classificare i popoli in base all'influenza *Delle arie, delle acque e dei luoghi*, distinguendo «fra le popolazioni di paesi alti, battuti dai venti e umidi – gente d'alta statura, dal carattere insieme dolce e arido –, e gli abitanti dei terreni leggeri, scoperti, senz'acqua, dalle brusche variazioni climatiche: nervosi, questi, e secchi, biondi piuttosto che bruni, dal carattere arrogante e indocile»[2].

Determinista sarebbe stato, nel secolo dei Lumi, il barone di Montesquieu (1689-1755). Il suo *Esprit des Lois* illustra dettagliatamente gli influssi che sulla società e sulla politica hanno la natura del suolo e la natura del clima. In seguito, Jean-Baptiste Lamarck (1744-1829) e Charles Darwin (1809-1882), analizzando i meccanismi che permettono agli esseri viventi di adattarsi ai propri contesti, avrebbero confermato l'idea di una natura dispotica, capace di trasformare le stesse forme fisiche e psichiche delle specie. Alla fine dell'Ottocento, il tedesco Friedrich Ratzel (1844-1904), zoologo, viaggiatore, geografo, autore di una famosa *Anthropogeographie*, avrebbe ripetuto che l'ambiente segna fortemente l'evoluzione delle società e degli Stati, «serve da supporto rigido agli umori, alle aspirazioni mutevoli degli uomini e regola con cieca brutalità i destini dei popoli»[3].

Cresciuto a vista d'occhio tra il XIX secolo e il primo Novecento, questo tipo di conoscenza geografica finiva per collegarsi alle teorie e alla pratica dell'imperialismo europeo, alle idee di superiorità razziale dell'Occidente, al mito di una missione civilizzatrice della cristianità («il fardello dell'uomo bianco»). Le opere di Ratzel vennero utilizzate come fondamento ideologico dell'espansionismo coloniale tedesco, in età guglielmina. Il rigido determinismo geografico rispecchiava la nuova coscienza *mondiale* dei paesi industrializzati e forniva una ragione forte al divario storico tra zone sviluppate e colonie, ovvero tra civiltà e «primitivi». Nel bagaglio di Rudyard Kipling (1865-1939) e nelle ideologie imperialistiche popolari c'è un manuale di *geografia antropica*. Il mondo non sviluppato appariva ingenuo, in balìa della natura, incatenato ai propri quadri ambientali, quindi privo di storia. «Il mio diciannovesimo secolo s'arresta qui», scriveva nel 1889 Robert Louis Stevenson, approdando dal lontano New Jersey alle spiagge di Honolulu[4].

Sarà proprio la confluenza fra geografia e storia che permetterà di superare, nel primo Novecento, le letture etnocentriche e deterministiche dell'ambiente. Con il francese Paul Vidal de la Blache (1845-1918), padre della moderna geografia storica, autore di un *Tableau de la géographie de la France* (1903), s'inizierà a parlare di rapporti reciproci fra ambiente e società e non d'influssi rigidi, di possibilità e non di necessità. Il paesaggio è luogo malleabile, mutevole nel tempo, suggerisce ipotesi di vita ma ne attende l'applicazione da parte delle società, da esse viene modificato e organizzato. È paesaggio umano e storico, teatro di una incessante simbiosi tra natura e società. Abbandonate le generalizzazioni dei deterministi, Vidal e i suoi allievi si dedicheranno all'analisi accurata di specifici contesti, dalla Normandia ai Pirenei, dalle Fiandre alla Bretagna.

Di lì a poco, con la nascita delle «Annales», geografia e storia diventano discipline strettamente apparentate. Lucien Febvre, che nei primi anni del secolo ha avuto modo di ascoltare alla Sorbona le lezioni di Vidal, pubblica nel 1922 *La Terre et l'évolution humaine*, un ambizioso tentativo di illustrare «i rapporti e le relazioni tra la terra e la storia»[5]. Vi si parla di montagne e di pastori, di deserti e di gruppi nomadi, di mari e di pescatori, di strade e di pellegrini, in un intreccio continuo e reciproco fra quadri naturali e società storiche. Nelle pagine di Febvre, i contesti fisici appaiono come contesti storici. Rilievo e idrografia, flora e fauna, caratteri del suolo e del sottosuolo, sviluppo costiero ecc. vengono messi nel conto delle condizioni e delle opzioni che, lungo il corso del tempo, si presentano ai gruppi umani. Sono variabili e non costanti, «semplici insiemi di possibilità», «nulla hanno di tirannico, nulla di determinante»[6]. C'è comunque di mezzo la storia, dal momento che «l'uomo costituisce, al medesimo titolo dell'albero, anzi a più forte ragione, in modo maggiore e diverso, uno dei fattori essenziali del paesaggio»[7].

Nelle pagine della geografia storica francese, il rapporto tra natura e società diventa qualcosa di simile ad un gioco di bambole russe. L'ambiente è tutt'al più un «nocciolo», avvolto però dagli strati successivi e incessanti del tempo, inserito e talvolta sperduto dentro un'area culturale, ben di rado un elemento di spiegazione a sé stante. L'altitudine, ad esempio, permette ad alcuni gruppi umani di isolarsi e di difendersi, o li preserva dai pericoli delle terre costiere malariche; in altre fasi, quando il numero della popolazione tende pericolosamente a salire, dissodamenti e bonifiche riporteranno quei gruppi verso il piano. Egualmente, il mare può attrarre le società, determinarne una vocazione alla pesca o al commercio, ma può anche essere il limite delle terre coltivabili, un deserto ostile e non utilizzato. I greci dell'età classica si avvalgono del mare finché il Mediterraneo orientale è un punto strategico del Sud europeo e del Vicino Oriente. Gli inglesi scoprono una vocazione simile quando l'Atlantico, a partire dal XVI secolo e dalla colonizzazione americana, cessa di essere un oceano *ad una sola sponda*. Per parte loro, gli abitanti della Corsica, pur in posizione eccellente nel Tirreno settentrionale, rimangono agricoltori e pastori, quasi ignorando il mare che li circonda. Altrettanto variabili, nel tempo e nello spazio, sono gli usi che vengono fatti del suolo. L'analisi dei paesaggi agrari, una branca storiografica destinata a vasti sviluppi, descrive e spiega «ciò che gli uomini hanno aggiunto a poco a poco ai paesaggi fisici»[8]. La forma assunta da un ambiente e il suo utilizzo sono, in buona misura, il risultato delle *scelte* tecniche e culturali operate da chi vi abita. Nel Madagascar, ad esempio, si trovano valli accuratamente coltivate a riso, mentre le colline circostanti restano spesso abbandonate alla savana. Più ad ovest, sulle rive del lago Vittoria, in terreni del tutto simili, sono al contrario le colline a verdeggiare di bananeti e di piantagioni di caffè, mentre le valli appaiono spopolate e invase da acque paludose. Malgrado le identiche potenzialità ambientali, «ciascuno di questi due paesaggi è il negativo dell'altro»[9]. La qualità chimica delle terre, la loro morfologia, la loro idrologia ecc. non costituiscono un dato immobile bensì una variabile storica. «L'uomo non è prigioniero della natura. L'uomo può sempre – o quasi sempre – esercitare una scelta»[10].

Non diversamente, la geografia storica mette in discussione ogni nesso rigido fra ambiente e politica. Grandi o piccoli che siano, ad esempio, gli Stati sono frutto di vocazioni naturali o di un'opera propriamente storica? La risposta, anche in questo caso, sembra aperta a più possibilità. È difficile negare l'effetto di separazione storica che i Pirenei hanno svolto tra le nazioni francese e iberica. Ma, oltre i Pirenei, si può ragionevolmente individuare uno «spazio francese» originario? O la Grande Nazione non è stata piuttosto una ricucitura storica, in tempi lunghi, di realtà ambientali molto diverse? E, nel caso italiano, si può parlare di un preciso contesto geopolitico a partire dalla semplice assunzione delle sue nette frontiere fisiche (la catena alpina e i tre mari)? O non è vero invece che, dall'età classica all'età moderna e, infine, alla formazione ottocentesca dello Stato nazionale, la storia ha aggregato le zone della penisola secondo modalità assai variabili? Del resto, come mostrano proprio il caso italiano e la sua «questione meridionale», un'identificazione tra vocazioni geografiche e vicende politiche non spiega l'esistenza, in molti Stati odierni, di spaccature interne (talvolta profonde) di tipo socio-economico e culturale.

2. *Spazio e «civilisation». I grandi modelli ambientali*

Partita dall'analisi del rapporto empirico e ravvicinato fra ambienti fisici ed economie, la geografia storica francese allarga progressivamente il campo della propria indagine, analizzando ecosistemi su larga scala, formulando tipologie che coprono interi continenti e scansioni plurisecolari, arrivando insomma a definire i caratteri delle «civiltà».

Seguendo il filo rosso delle *civilisations*, essa finirà peraltro con l'allontanarsi dalla primitiva ispirazione dei «possibilisti».

Fin dal 1931, con *I caratteri originali della storia rurale francese*, Marc Bloch ha illustrato la complessa e faticosa costruzione di un vasto paesaggio agrario, nel corso di otto secoli. La campagna francese emerge come il mutevole risultato dell'incontro fra alcune specifiche caratteristiche ambientali (assetti pedologici, disponibilità di acque ecc.) e le secolari opere umane: grandi disboscamenti e dissodamenti, innovazioni tecnologiche, devastazioni di eserciti in guerra, prelievi fiscali, scelte produttive di proprietari e contadini. Questa lunga storia del rapporto fra gli uomini ed il loro ambiente produce i «caratteri originali» della Francia, la sua stessa identità culturale, «le radici più profonde della nostra civiltà in generale», dice Bloch[11].

Nel secondo dopoguerra, accentuando questa tendenza, Fernand Braudel pubblicherà una *géohistoire* del Mediterraneo nel XVI secolo nella quale, come abbiamo visto, tesse su una medesima tela i quadri ambientali dell'Europa meridionale, i suoi sistemi economici, le sue strutture sociali, gli avvenimenti politici[12]. La civiltà mediterranea appare come un grande spazio in movimento ma tendente ad una sorta di equilibrio, diversificato ma con caratteri culturali unitari. Il rapporto fra le due discipline – storia e geografia – diventa indissolubile. C'è chi ha detto che Braudel «è un grande storico perché è *innanzitutto* e quasi per vocazione naturale un grande geografo»[13].

L'incontro fra lo studio dei quadri ambientali e la categoria di *civilisation* segna un punto di svolta. A partire dalla metà del Novecento, sull'onda dello strutturalismo, la geografia storica della scuola delle «Annales» sembra aver imboccato una strada che non coincide più con la lezione di

Vidal de la Blache. Essa va alla ricerca dei grandi rapporti fra ambiente fisico e società umane, sottolineando le ampie scansioni temporali al cui interno quei rapporti si svolgono.

L'uomo – scrive Braudel – è prigioniero per secoli di climi, di vegetazioni, di popolazioni animali, di culture, d'un equilibrio costruito lentamente dal quale non si può allontanare senza rischiare di rimettere tutto in questione. Si veda il posto della transumanza nella vita montana, la persistenza di una certa vita marinara, radicata in questo o quel punto privilegiato del litorale; si veda la durevole ubicazione delle città, la persistenza delle strade e dei traffici, la sorprendente rigidezza del quadro geografico delle civiltà[14].

In questa ottica, ambiente e società risultano intrecciati da legami antichi, radicati e apparentemente immobili, nessi che associano alla natura le civiltà, le culture materiali, i modi di sentire e pensare. Si pensi alla relativa omogeneità dell'immenso paesaggio rurale cinese, costruito attorno a pochissimi elementi: grano, miglio, riso. Secondo Braudel, sono queste scelte millenarie a determinare, a volte drasticamente, la vicenda di intere popolazioni. «Si tratta di "piante di civiltà", che hanno organizzato la vita materiale e talvolta psichica degli uomini, a grande profondità, fino a diventare strutture quasi irreversibili»[15].

Il concetto stesso di *civilisation* racchiude e comprime, in una sintesi talvolta opinabile, la varietà delle situazioni reali. Gli uomini, le società e le loro scelte entrano pericolosamente in un cono d'ombra. Prendiamo due classici esempi della *tirannide* della natura: il mondo islamico e l'Africa subsahariana.

«L'Islam è il deserto», scrive Braudel[16]. La grande fascia delle regioni islamizzate risulta occupata da vaste terre aride, a partire dal grande vuoto dell'Arabia, il luogo d'origine della civiltà del profeta. Dunque, grossi problemi e pesanti condizionamenti: i beduini d'Arabia sono i nomadi del cammello; le loro tribù, già prima di Maometto, vivono in condizioni d'insicurezza economica, si fanno la guerra per sopravvivere, praticano la razzia. Isole negli immensi spazi vuoti sono alcune aree fertili o fertilissime, e le città, frutto della vocazione commerciale di regioni che sono il punto di passaggio obbligato per i transiti dall'Asia all'Europa all'Africa. Di quando in quando, i nomadi cedono il posto a popolazioni sedentarie, ma misere anch'esse, sovraccariche di bocche da sfamare, affaticate dal duro lavoro contadino sulle terre secche. Maometto morirà «senza essersi mai una volta saziato di pane d'orzo»[17]. In casi del genere, è forte la tentazione di assegnare all'ambiente un ruolo di primo attore. E, per questa via, ecco Braudel costruire i suoi grandi *nessi geostorici*. È dalla combinazione fra la povertà delle terre e la loro collocazione strategica (tra Asia, Europa e Africa) che nascerebbe l'espansionismo islamico, la capacità sua propria di intrecciare una fitta rete di relazioni con popoli diversi, la tolleranza e il sincretismo indispensabili per sopperire alla carenza cronica di uomini. La cultura islamica – ricorda Braudel – viaggia con le invasioni violente dei beduini oppure lungo le piste delle carovane di cammelli, assieme a gruppi espulsi dalle condizioni sfavorevoli dell'ambiente o seguendo le rotte delle sete, delle spezie, delle perle orientali, dell'oro e degli schiavi.

Ancor più nell'Africa subsahariana, la natura sembra dettar legge. La frequenza di coste alte sulle sponde atlantiche e dell'Oceano Indiano, i limiti difficilmente valicabili del deserto del Sahara a nord e del Kalahari a sud paiono voler isolare un intero continente. E dentro di esso, le condizioni ambientali hanno una forza particolare: le sterminate foreste vergini della fascia equatoriale impediscono quasi del tutto gli insediamenti, rendono difficile il passaggio degli uomini, permettono solo attività di raccolta, caccia e pesca. Attorno, savana e steppe: con terre ora buone, ora ingrate e contadini ora forniti di allevamenti (e dunque con diete soddisfacenti), ora dediti al solo lavoro della terra con la zappa, più poveri degli agricoltori-allevatori, pericolosamente esposti alle variazioni dei raccolti e ai casi del clima. Qui, scrive lapidariamente Braudel, «la geografia è più importante della storia»[18].

Ma siamo su un terreno minato, che rischia di sconfinare nel determinismo e nell'etnocentrismo. Sembrano riemergere taluni vizi della vecchia antropogeografia. È legittimo sintetizzare intere civiltà e fasi plurisecolari in un rigido modello ambiente-società? Ed è un caso che i quadri naturali risultino così influenti solo nelle regioni extraeuropee? Il fatto è che la storiografia occidentale non sempre ha prestato l'attenzione dovuta alle vicende dei mondi afro-asiatici e australi e tuttora «tende a guardare alla storia dell'Asia e dell'Africa in funzione della sua importanza per l'Occidente», facendola iniziare, spesso, dal momento del contatto con il colonialismo occidentale[19]. «C'era l'Europa, ed era tutta la storia»[20]: al di fuori di essa, i popoli sembrano essere alieni dall'innovazione, privi di cambiamenti, immobili.

In realtà, una *storia* del continente africano in età precoloniale mostrerebbe la varietà sociale e politica di quelle regioni, le specifiche risposte delle popolazioni alle «possibilità» naturali, la vicenda complessa dei regni del Sudan o della Guinea, i movimenti da est a ovest o da nord a sud di uomini, derrate e manufatti. Insomma, rapporti non uniformi né schematici tra ambiente e società.

Per altro verso, è fuori di dubbio che le specifiche trasformazioni tecnologiche e sociali dell'Occidente europeo e atlantico abbiano dotato le sue popolazioni di una forte capacità di incidere sull'ambiente fisico. Come vedremo più avanti, la storia occidentale otto-novecentesca mostra una notevole accelerazione nell'utilizzo (e nella modificazione) degli ambienti naturali da parte di società tecnologicamente agguerrite. Si pensi, per dirne una, al ruolo delle macchine agricole o dei concimi chimici nel processo di trasformazione del paesaggio agrario europeo, di spopolamento delle campagne, di urbanizzazione.

Il contesto fisico dell'Occidente appare insomma particolarmente flessibile. Nel corso del tempo, le pratiche sociali lo hanno modificato a fondo, con accelerazioni brusche e periodi di relativa stasi, imprimendovi il segno dei propri obiettivi e della propria energia, determinando processi reversibili o degradazioni irrecuperabili. Non a caso, nelle opinioni pubbliche occidentali, si diffonderà sempre più vivace, a partire dalla seconda metà del Novecento, una coscienza *conservativa* della natura. I processi della crescita economica e i loro effetti ambientali, spesso negativi, portano alla ribalta la questione ecologica. «Diventa sempre più evidente alla maggioranza delle persone – è stato scritto all'inizio degli anni Settanta – che la sopravvivenza della biosfera, con la sua capacità di ospitare i vari organismi viventi, non va più misurata in termini di centinaia di milioni di anni, ma di decenni; la colpa di ciò ricade interamente sulla specie umana»[21]. L'impatto dello sviluppo tecnologico sulle condizioni dell'ambiente diventa, nel sentire comune, un fatto politico urgente, esperienza quotidiana di intere popolazioni.

Nel 1970, a Los Angeles, venivano riversate ogni giorno nell'atmosfera 1.800 tonnellate d'idrocarburi, 500 di ossidi di azoto, 1.100 di ossido di carbonio; nello stesso anno il Reno, trasformato in Germania e nei Paesi Bassi in una vera e propria fogna a cielo aperto, riversava nel Mare del Nord 23 tonnellate di mercurio disciolto e 94 di mercurio in sospensione[22].

Allo scadere del secondo millennio, il bilancio ecologico di un secolo di crescita tecnologica e produttiva è segnato da ferite profonde, non rimarginate, anzi minacciose. Si pensi all'enorme radioattività diffusa dapprima dagli esperimenti militari e oggi dalle centrali nucleari, all'ossido di carbonio dei 600 milioni di automobili in circolazione, alle grandi e continue perdite di greggio da parte delle petroliere, agli 11 milioni di ettari di foresta distrutti ogni anno. È comprensibile che, messe di fronte a questioni del genere, le opinioni pubbliche occidentali abbiano abbandonato ogni antico cruccio circa la tirannia della natura. Oggi, e tanto più in prospettiva, il problema è all'opposto la violenza dell'*homo faber* sul proprio ambiente.

3. *Il «manufatto ambiente»*

L'attenzione ai quadri delle «civiltà» (il sistema cerealicolo mediterraneo, la civiltà del deserto, la civiltà della risaia, le civiltà urbane ecc.) ha portato la geografia storica ad enfatizzare talvolta la forza dell'ambiente fisico, altre volte l'onnipotenza dei gruppi umani. L'uso di tipologie socio-ambientali su larga scala rischia di uniformare situazioni differenti e di sottovalutare il concreto lavorìo che si svolge fra uomini e risorse naturali.

A questa impostazione di matrice strutturalista si è contrapposta recentemente una geografia storica che, volendo indagare la reale dialettica fra ambiente e società, ha finito per modificare radicalmente il campo dell'analisi. Negando la validità dei grandi modelli alla Braudel, essa ritiene che il funzionamento degli ecosistemi possa emergere, al contrario, attraverso lo studio di *microsistemi ambientali* e la dettagliata ricostruzione della loro storia. «Cézanne cede il passo al miniaturista»[23]. Non più gli impressionistici «caratteri originali» delle grandi civiltà storiche, dunque, ma «la storia dei modi concreti in cui le risorse sono state usate e controllate» da una qualche comunità di allevatori, o agricoltori, o pescatori[24]. Non più una generica «civiltà pastorale» ma i rapporti reali che – tra uomini, greggi, montagne e valli – si instaurano in ambienti specifici dell'Anatolia o del Mezzogiorno italiano, della Spagna o di Andorra. Non più i quadri ambientali costruiti alla scala di interi continenti ma pezzi minuti di territorio messi sotto una forte lente d'ingrandimento, conosciuti anche attraverso l'indagine diretta sul campo, con gli strumenti del taccuino e delle scarpe da tennis (*field work*). Non più un tempo geografico lentissimo ma la grande mutevolezza del paesaggio e l'enorme flessibilità delle pratiche sociali che ne fanno uso.

In questa ottica, l'ambiente fisico viene storicizzato al punto da diventare un vero e proprio «manufatto». Esso è il frutto delle scelte che le singole collettività fanno, rispetto ai possibili utilizzi del proprio ambiente, e della risposta che ad esse dà l'ambiente stesso. Esiste una storia di valli e di boschi, oltre che una storia di uomini.

L'analisi ravvicinata del «manufatto ambiente» può restituire con bella evidenza modi e fasi attraverso i quali una particolare *natura* entra in contatto con la società locale. Prendiamo, ad esempio, un bosco italiano, il bosco delle Pianora, circa settecento ettari nella Lucchesia. Nel corso dei secoli, fra età moderna ed età contemporanea, gli uomini utilizzano variamente questo territorio. Raccolgono le ghiande delle querce come cibo per i suini, le castagne per averne farina, l'erica per far carbone. Si servono del sottobosco per il pascolo di capre e altri animali, delle foglie come strame per le stalle. Tagliano gli alberi per averne legna da ardere e legname da costruzione. Dissodano parti del bosco, utilizzandole come terra agricola, e rimboscano altre zone, piantandovi o seminandovi castagni, pini, cipressi. Frattanto, la natura fa la sua parte. Il clima facilita talvolta gli incendi; si diffondono le malattie, come il cancro dei castagni; il vento provoca ampi sradicamenti di alberi e così via. Fatto sta che, sotto l'azione combinata di trasformazioni naturali e di pratiche sociali, il bosco cambia continuamente la propria estensione e il proprio aspetto. Cresce e decresce l'area coltivata. Il taglio legale degli alberi si mescola e si alterna con i tagli furtivi, ora tollerati ora repressi dalle autorità. Il pascolo naturale, dapprima aperto a tutta la popolazione del luogo, viene progressivamente limitato per non ostacolare la selvicoltura. Muta, nel corso del tempo, il livello di sfruttamento delle risorse, soprattutto dopo che la costruzione cinquecentesca di strade ha inserito il bosco in un circuito di mercato esterno. Nel XVI secolo vi si trovavano ancora meli (ben diffusi nel Medioevo) che cent'anni più tardi sarebbero scomparsi. Tra Seicento e Settecento, aumenta il taglio degli alberi perché cresce la richiesta di legname da parte della città. Nell'Ottocento si sviluppa la semina del pino marittimo e diminuisce la superficie del querceto. Nel Novecento, anche il castagno sembra in crisi, mentre predomina ormai la pineta[25].

L'effetto principale del lungo processo, a volerlo riassumere, è un netto depauperamento del suolo. «Tutte queste forme d'uso del bosco equivalgono ad un flusso di sostanza organica e di azoto direttamente dall'ecosistema foresta ad altri ecosistemi: il sistema agrario e quello urbano»[26]. Nel corso dei secoli, il bosco dei frutti (mele, ghiande, castagne) è diventato il bosco dei legnami da costruzione e, in parte, è stato dissodato per fare spazio alle terre coltivate.

Ma questo esempio – la storia del bosco delle Pianora – è interessante soprattutto per il suo dettaglio. Indica la complessità dei reali processi che collegano storicamente le società umane ai propri ambienti, è la storia di una comunità rurale, della sua quotidianità, delle sue tecniche di sopravvivenza, dei suoi rapporti con il mercato e con la città, della sua organizzazione sociale e politica, ed è egualmente la storia dei segni che su di un paesaggio lascia lo scorrere del tempo naturale e del tempo sociale.

4. *Dietro la storia: il clima*

Nel 1816, a causa di un anomalo afflusso di aria polare e di un regime altrettanto inconsueto di basse pressioni, l'estate europea fu afflitta dal cattivo tempo. Appena sposati, i coniugi Mary e Percy Shelley si trovavano sulle rive del lago di Ginevra, in compagnia di lord Byron e di altri amici. «Ma la pioggia incessante spesso ci costringeva per giorni e giorni in casa», ricorda Mary, sicché, per passare il tempo, una sera di metà giugno, lord Byron propose: «Scriviamo ciascuno una storia di fantasmi». Fu così, con la complicità dei temporali e di quei camini accesi fuori stagione, che nacque la *ghost-story*. Mary Shelley scrisse infatti il *Frankenstein* e John Polidori – medico di lord Byron – *The Vampire*[27].

Tra gli elementi del contesto fisico che più profondamente hanno condizionato le società umane e i loro paesaggi storici, un posto importante occupa il clima, «il fattore primario di differenziazione degli ambienti continentali»[28]. Il tipo di clima e le sue variazioni cicliche «influiscono sugli alberi, sui corsi d'acqua, sui ghiacciai, sul livello dei mari, sulla crescita del riso come su quella del grano, degli ulivi come della vite, sugli animali, sugli uomini»[29]. Contribuiscono a disegnare i contesti ambientali e sociali, i loro caratteri di lungo periodo, la loro storia di breve momento. L'alternarsi delle stagioni regola i tempi dei contadini e determina gli spostamenti periodici dei pastori dai monti alle pianure, mentre, anno dopo anno, il freddo o il caldo, la pioggia o la siccità incidono sulla natura del terreno e sulla resa dei semi. Gli eschimesi studiati da Marcel Mauss hanno un'organizzazione sociale scandita dalle stagioni: d'estate, quando le loro prede, foche e trichechi, si spargono per il mare privo di ghiacci, essi vivono dispersi in famiglie nucleari, alloggiano in tende, si spostano frequentemente, ciascuna famiglia per proprio conto; d'inverno, quando foche e trichechi si concentrano nelle zone rimaste libere dai ghiacci, si riuniscono essi pure in famiglie allargate, composte da più nuclei familiari, le une accanto alle altre a formare villaggi, dimorano in igloo, conducendo una vita comunitaria intensa.

Anche il clima dunque è un problema storiografico e può essere analizzato su due piani cronologici distinti; il clima registra infatti modificazioni di lungo periodo, verificatesi nell'arco di millenni e secoli, impercettibili all'esperienza individuale, e mutamenti di più modesta durata – eventi climatici annuali e stagionali, modificazioni di pochi anni o pochi decenni –, che sono parte della «reale esperienza umana del passato»[30].

Che grandi mutamenti climatici avvenissero in età geologiche è cosa nota. Prima che l'ultima epoca glaciale si esaurisse, nel corso dei millenni, l'Europa era incappucciata dai ghiacciai (che sarebbero scomparsi attorno al 7000 a.C.), mentre la regione del Sahara veniva attraversata da fiumi ricchi di acque e pullulava di specie animali. In seguito, le modificazioni del regime climatico (e anzitutto lo spostamento delle zone su cui spirano i venti alisei) avrebbero cambiato radicalmente le carte in tavola. A nord, i ghiacciai recedevano. Sui tropici settentrionali, terre verdi inaridivano. Le società preistoriche si adeguavano al cambio climatico, abbandonando i loro territori, alla ricerca di condizioni d'ambiente analoghe a quelle che avevano fino ad allora conosciuto.

Grandi oscillazioni climatiche. Diversi scienziati parlano di fasi lunghe, che coprirebbero oltre diciotto secoli, andando da un massimo di freddo e piovosità ad un massimo opposto di caldo e siccità[31]. I gruppi umani, chiusi in questa specie di trappola climatica, sembrerebbero non aver scampo. Taluni grandi cicli storici vengono spiegati, oggi, anche facendo riferimento ai favori o alle disgrazie che cadono dal cielo, insieme con gli eventi meteorologici: la fase della civiltà egiziana, gli splendori e la crisi della «fertile mezzaluna», le vicende secolari del mondo classico greco-romano, il ciclo della potenza bizantina, la «rinascita» europea dell'anno Mille...

Il generale raffreddamento che si verifica nell'emisfero settentrionale durante il XIV e XV secolo provoca, in Islanda, l'abbandono delle terre cerealicole e una generale riconversione ad attività di pesca. In Inghilterra, porta al declino delle fiorenti coltivazioni di vitigni. In Groenlandia, colpisce le colonie vichinghe, intrappolate dall'avanzata dei ghiacciai e affrontate da gruppi di eschimesi, a loro volta diretti verso meridione al seguito delle migrazioni delle foche[32]. Frattanto, sul finire del XIII secolo, nelle terre americane a sud delle Montagne Rocciose, un'antica attività agricola (zucche, granturco, fagioli) sembra sia stata colpita e infine distrutta da fasi di grande siccità: nel giro di duecento anni, fra XIV e XV secolo, «immense regioni tornano desertiche, nel bacino del Piccolo Colorado, della Gila e del Rio Grande, nell'Arizona centro-orientale, nel New Mexico»[33].

Si tratta di ipotesi ancora in discussione. Quel che importa notare è che, *sui lunghi periodi*, il clima entra in rapporto con la storia di intere civiltà, di popoli, di etnìe. Contribuisce a determinare trasformazioni che vanno ben al di là della memoria individuale e, spesso, della stessa memoria collettiva.

Esiste poi una storia del clima su fasi brevi, più innocua rispetto ai destini secolari dei gruppi umani ma più sofferta e vissuta, parte integrante della memoria. Davvero, come dice Emmanuel Le Roy Ladurie, storia della pioggia e del bel tempo. Gli uomini ne sono direttamente condizionati. Non è difficile rileggere le vicende sociali ed economiche e le stesse vicende politiche alla luce di una storia del clima nel *tempo breve*. Certo non è il caso di legarsi mani e piedi al ciclo delle stagioni, perché non sarà stato il solo clima a dare il tono a fasi storiche favorevoli o sfavorevoli e tanto meno ad accadimenti singoli. Ma le relazioni esistono e sono particolarmente strette nei secoli che precedono l'età contemporanea, allorquando il mondo intero è costituito quasi esclusivamente da popolazioni che vivono sulla terra e dei suoi prodotti.

Prendiamo una comunità contadina dell'Europa moderna. L'attività agricola occupa tutta quanta la popolazione maschile e gran parte di quella femminile. Gli strumenti di lavoro sono elementari, le conoscenze agronomiche approssimative. I pochi oggetti manufatti sono frutto di lavoro femminile e dell'attività artigiana svolta dai contadini in inverno. Gli scambi – anche con territori vicini – limitati dalla difficoltà dei transiti e dalla povertà dei surplus commercializzabili. Si tratta di un'economia di stretta sussistenza. Su di essa pesano i censi, i terraggi, a volte il lavoro gratuito da svolgere sulle proprietà del signore, le decime destinate alla Chiesa. La precarietà è cronica. Malgrado la prudenza delle famiglie nel far figli, la morte falcidia i neonati e concede pochi decenni di vita al contadino, qualcosa di più a sua moglie.

Periodicamente, su questo gruppo si abbatte la disgrazia di un clima inusuale, una pioggia precoce subito dopo la semina, un inverno più freddo del solito, piogge primaverili troppo copiose. Tanto basta perché i semi siano compromessi, il grano non riesca a giungere a maturazione o finisca col gelare o marcisca sotto la pioggia. Quella della comunità in questione è una «cultura del grano»: quasi tutto, certo la vita e la morte, dipendono dal frumento, alimento base dell'intero Occidente europeo. Quando il grano scarseggia, le diete sono destinate ad assottigliarsi, la base biologica dei contadini vacilla paurosamente e spesso cede in modo istantaneo. Dalla perdita del raccolto alla fame, alle epidemie e infine alla morte, il passo è breve.

Questo schema riassume una quantità innumerevole di casi. Le piogge che battono l'Europa all'inizio del Trecento, danneggiando cereali e vigneti, prepareranno il tracollo generale del 1316, quando – con i prezzi alle stelle, il pane introvabile e di pessima qualità, le strade attraversate da processioni propiziatorie – l'Europa centro-settentrionale conterà i morti per fame e per epidemia a milioni. Ma ancora nel 1693 basteranno gli effetti di una primavera particolarmente fredda per trasformare la Francia – ricorda Fénelon – in «un enorme e desolato ospedale senza vettovaglie»[34]. Qualche anno dopo, nel 1709, un'altra fase di cattivo tempo disseminerà le strade europee di centinaia di migliaia di vittime. E via dicendo.

La vicenda dell'Occidente in età moderna è costellata di eventi meteorologici capaci di innescare conseguenze incontrollabili, e non solo sul piano della produzione agricola. Nell'estate del 1666, il clima inglese è particolarmente caldo. Il livello del Tamigi è sceso a tal punto che i barcaioli hanno difficoltà a manovrare, mentre il legname con cui sono costruite le abitazioni cittadine è secco e riarso. Infine scocca la scintilla. Facilmente e con estrema rapidità, il *Big Fire* brucia Londra, distruggendone i quattro quinti. «Dopo una siccità così prolungata anche le pietre avrebbero potuto incendiarsi», commenterà un testimone[35].

Del resto, non è che l'età contemporanea abbia permesso di esorcizzare completamente queste influenze: siccità o freddi precoci, grandinate e piogge fuori stagione riescono tuttora a impoverire, ad esempio, i contadini del Mediterraneo e, al di fuori del mondo industrializzato, continuano a falcidiare vite umane.

Sulle orme del clima possiamo ripercorrere taluni cicli storici. Ad esempio, la ripresa produttiva e demografica che interessa buona parte dell'Europa settecentesca si spiega anche con il tendenziale esaurimento di quella *little ice age* che aveva avuto, nell'ultimo decennio del Seicento, la sua punta più drammatica. Ma forse si può andare più oltre, azzardare altre connessioni, mettendo a confronto clima e cronologia politica.

Nella Francia di Luigi XVI, durante gli anni Ottanta, il tempo sembra essere particolarmente favorevole: le estati sono calde e poco piovose, gli inverni si succedono con temperature via via meno rigide, le stagioni intermedie sono lunghe e con esse si allunga il ciclo vegetativo. Il grano è abbondante. Le vendemmie, soprattutto, sono copiose e il vino ottimo (ma in quantità tali da preoccupare gli agricoltori per la cattiva tenuta dei prezzi). Il ciclo favorevole, che crea una sorta di abitudine alla *prosperità* e al tempo stesso impensierisce i produttori, si interrompe verso la fine del 1787 – quando arrivano, impreviste, piogge precoci dopo la semina – e soprattutto nel 1788: la temperatura media scende, l'inverno è più freddo del normale e l'estate porta con sé grandinate improvvise, che rovinano buona parte del raccolto. La temperatura sociale si alza, la crisi acquista una sua gravità particolare poiché rompe un ciclo favorevole: conflitti sociali e tensioni esplodono pochi mesi dopo, nella primavera del 1789 e nell'estate. Certo, sarebbe bizzarro voler spiegare la presa della Bastiglia con la grandinata del luglio 1788, ma è fuori dubbio che quella grandinata fa parte della storia della rivoluzione francese.

Il clima si lega agli *avvenimenti*, oltre che ai cicli storici di lungo o medio periodo, non di rado getta luce sui comportamenti politici e sociali. Con cautela, è possibile fare altri esempi. Il primo Ottocento è un periodo difficile per l'Europa, con i travagli di una Gran Bretagna, di un Belgio, di una Francia, di una Germania che, a ritmi diversi, vanno assumendo il volto di paesi industriali. È qui che nasce la «questione sociale». I conflitti antipadronali si mescolano alle lotte antistatali, ai problemi delle nazionalità, alle tensioni fra nuove borghesie e vecchie *élites*. Ma la gente, anche nell'Inghilterra «officina del mondo», continua a vivere prevalentemente sulla terra, e dei prodotti agricoli. E il clima può dire ancora la sua parola, con prepotenza. Le tensioni sociali esplodono in coincidenza di cattivi raccolti, sono «cicli della miseria» e coinvolgono le classi subalterne – e preoccupano i ceti dirigenti – fino agli anni Quaranta, gli *Hungry Forthies*. Ad innescarli, spesso, è l'inclemenza atmosferica. Certo, il quadro socio-economico dell'Occidente si va facendo più complesso e il clima, meno che mai, è l'unico burattinaio; ma resta il fatto che il tempo cattivo del decennio 1810-1820, del 1829-1830, del 1846-1847 segue piuttosto fedelmente le scansioni politiche e sociali di quegli anni. Alle spalle del drammatico Quarantotto c'è una congiuntura climatica sfavorevole.

Con la metà dell'Ottocento, l'Europa volta finalmente pagina. Il clima tende ad un miglioramento più esplicito di quello che si era avuto – ma tra alti e bassi – dal primo Settecento. La piccola glaciazione di origine seicentesca è definitivamente superata. In secondo luogo, l'attrezzatura tecnologica delle società occidentali permette un'emancipazione – seppure relativa – dai diktat del clima. È più forte l'agricoltura, dotata di conoscenze e di macchine nuove; più diffusi gli scambi tra regioni anche lontane e dunque la possibilità di compensare le carenze alimentari di una zona con i prodotti di altre zone; si diffondono nuovi prodotti agricoli, dalla patata al granturco; le tecniche di conservazione si perfezionano, permettendo il trasporto di prodotti deperibili da continente a continente e l'accantonamento degli alimenti per le stagioni a venire.

L'emancipazione delle società industrializzate dalla dipendenza climatica ha tuttavia effetti complementari che sembrano preparare altri problemi. L'organizzazione produttiva delle aree industrialmente avanzate è tale da influenzare essa stessa gli andamenti climatici: non è più soltanto un'ipotesi la crescita della temperatura che sta verificandosi al giorno d'oggi, ad opera dei fenomeni di inquinamento atmosferico («effetto serra»). Dopo l'eccezionale bel tempo negli ultimi anni della seconda guerra mondiale, una nuova fase di piccola glaciazione sembrava essere iniziata attorno al 1950. Ma, secondo taluni esperti, è possibile che essa venga modificata dall'impatto che, nel frattempo, l'enorme diffusione delle tecnologie occidentali sembra avere sull'ecosistema terrestre. Forse stiamo vivendo il primo ciclo climatico determinato *anche* dall'opera delle società umane.

Note al capitolo secondo

[1] B. Brun *et al.*, *Ambiente*, in *Enciclopedia Einaudi*, Torino, Einaudi, 1977-1984, vol. I, p. 402.

[2] L. Febvre, *Studi su Riforma e Rinascimento e altri scritti su problemi di metodo e di geografia storica*, trad. it., Torino, Einaudi, 1966, p. 572.

[3] *Ibidem*, p. 587.

[4] H. James e R.L. Stevenson, *Amici Rivali. Lettere 1884-1894*, trad. it., Milano, Rosellina Archinto, 1987, p. 44.

[5] L. Febvre, *La terra e l'evoluzione umana. Introduzione geografica alla storia*, trad. it., Torino, Einaudi, 1980, p. 33.

[6] Id., *Studi su Riforma e Rinascimento*, cit., p. 595.

[7] Id., *La terra e l'evoluzione umana*, cit., p. 73.

[8] C. Blanc-Pamard e J.P. Raison, *Paesaggio*, in *Enciclopedia Einaudi*, cit., vol. X, p. 325.

[9] B. Brun *et al.*, *Ambiente*, cit., p. 403.

[10] Citato in G. Huppert, *Storia e scienze sociali: Bloch, Febvre e le prime «Annales»*, in *Il Mondo Contemporaneo*, vol. II: *Gli strumenti della ricerca*, t. I: *Questioni di metodo*, Firenze, La Nuova Italia, 1983, p. 740.

[11] M. Bloch, *I caratteri originali della storia rurale francese*, trad. it. Torino, Einaudi, 1973, p. 41.

[12] F. Braudel, *Civiltà e imperi del Mediterraneo nell'età di Filippo II*, Torino, Einaudi, 1953.

[13] È un'opinione del geografo Yves Lacoste, ripresa da G. Gemelli, *Fernand Braudel e l'Europa universale*, Venezia, Marsilio, 1990, p. 48.

[14] F. Braudel, *Scritti sulla storia*, trad. it., Milano, Mondadori, 1976, p. 65.

[15] Id., *Capitalismo e civiltà materiale*, trad. it., Torino, Einaudi, 1977, p. 72.

[16] Id., *Il mondo attuale*, vol. I: *Le civiltà extraeuropee*, trad. it., Torino, Einaudi, 1966, p. 83.

[17] *Ibidem*, p. 85.

[18] *Ibidem*, p. 155.

[19] G. Barraclough, *Atlante della storia 1945-1975*, trad. it., Bari, Laterza, 1977, p. 153.

[20] H. Moniot, *La storia dei popoli senza storia*, in J. Le Goff e P. Nora (a cura di), *Fare storia*, Torino, Einaudi, 1981, p. 72.

[21] D.H. Meadows *et al.*, *I limiti dello sviluppo*, trad. it., Milano, Mondadori, 1974, p. 62.

[22] B. Brun *et al.*, *Ambiente*, cit., p. 409.

[23] C. Blanc-Pamard e J.P. Raison, *Paesaggio*, cit., p. 325.

[24] D. Moreno, *Boschi, storia e archeologia. Riprese, continuità, attese*, in «Quaderni storici», 62 (1986), p. 440.

[25] P. Piussi e S. Stiavelli, *Dal documento al terreno. Archeologia del bosco delle Pianora (colline delle Cerbaie, Pisa)*, in «Quaderni storici», 62 (1986), pp. 445-466.

[26] *Ibidem*, p. 461.

[27] Citato in E. Le Roy Ladurie, *Tempo di festa, tempo di carestia. Storia del clima dall'anno mille*, trad. it., Torino, Einaudi, 1982, pp. 67-68.

[28] B. Brun *et al.*, *Ambiente*, cit., p. 398.

[29] F. Braudel, *Civiltà materiale, economia e capitalismo (secoli XV-XVIII), Le strutture del quotidiano*, trad. it., Torino, Einaudi, 1982, p. 21.

[30] R. Carpenter, *Clima e storia. Una nuova interpretazione delle fratture storiche nella Grecia antica*, trad. it., Torino, Einaudi, 1969, p. 29.

[31] *Ibidem, passim.*

[32] E. Le Roy Ladurie, *Tempo di festa*, cit., p. 10.

[33] *Ibidem*, p. 332.

[34] *Ibidem*, p. 73.

[35] Si tratta dello scrittore Samuel Pepys (1633-1703), *ibidem*, p. 61.

Capitolo terzo

La demografia storica

1. *Il problema demografico nel secondo Novecento: sovrappopolamento o implosione?*

Il problema della popolazione mondiale ha assunto, in questo secondo dopoguerra, un particolare spessore politico, coinvolgendo scienziati sociali e opinioni pubbliche.

Visto retrospettivamente, il *trend* demografico disegna una vertiginosa accelerazione. La popolazione del pianeta, che a metà Settecento si aggirava sui 750 milioni, era arrivata al miliardo nel 1830, a due miliardi nel 1930, a tre nel 1960, a quattro nel 1970. La progressione delle cifre appariva irrefrenabile e le proiezioni elaborate dai demografi disegnavano un futuro minacciato dalla sproporzione apocalittica fra popolazioni e risorse disponibili. Alla fine degli anni Cinquanta, Alfred Sauvy intitolò significativamente un suo pamphlet *Poca terra nel 2000*[1]. Vent'anni dopo, un etologo rilevava che «se [in America Latina] la popolazione continuasse ad accrescersi al tasso attuale, ci vorrebbero meno di cinquecento anni per raggiungere il punto in cui la gente, stipata all'impiedi, formerebbe un solido tappeto umano sull'intera area del continente»[2].

Strutture e comportamenti demografici disegnavano nel modo più drammatico la spaccatura del pianeta fra un Nord sviluppato e un Sud non sviluppato. Appariva chiaro che la crescita delle popolazioni avveniva in ragione inversa delle risorse disponibili. Era intensa nelle aree più povere, assai più contenuta nei paesi ricchi. Intorno al 1965, l'incremento naturale annuo della popolazione si aggirava sullo 0,5-0,8% negli Stati Uniti, in Francia, in Svezia ecc., ma era del 2,3% in Messico, del 2,5% in India, del 3% in Brasile[3]. Il fatto è che, nelle aree non sviluppate, i progressi igienico-sanitari (importati dall'Occidente) avevano ridotto la forte mortalità infantile e allungato la vita media (seppure non ai livelli occidentali), mentre era rimasta alta la natalità, non essendo diffuse le pratiche anticoncezionali. Dunque le popolazioni crescevano ed erano popolazioni giovani. Nelle zone sviluppate, al contrario, la natalità scendeva a ritmi rapidi e la vita media si allungava vistosamente, sicché la crescita demografica risultava sempre più contenuta, mentre aumentava la quota degli adulti e degli anziani. Le popolazioni ricche stavano invecchiando.

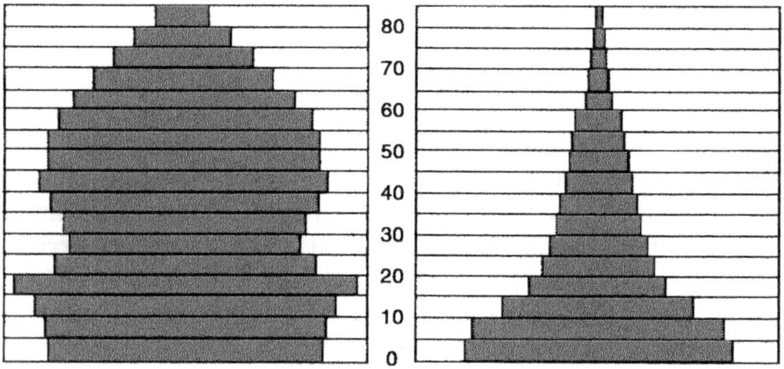

FIG. 1. La piramide di età della popolazione della Svezia (a sinistra) e della Guiana (a destra).

Fonte: E.A. Wrigley, *Demografia e storia*, trad. it., Milano, Il Saggiatore, 1969, p. 25.

Se si confronta la distribuzione per classi di età delle popolazioni di Svezia e Guiana, intorno al 1960[4], la differenza appare macroscopica (fig. 1). In Guiana erano in gran numero coloro che avevano meno di vent'anni, relativamente contenute le generazioni adulte, pochissimi i vecchi. Si trattava di una popolazione segnata da una forte natalità ma anche dalla rigida selezione della morte, la quale colpiva in modo drastico gli ultrasessantenni. Un classico caso di demografia «terzomondista», per così dire. La situazione del 1960 indicava inoltre, con buona sicurezza, il futuro del paese: l'enorme quantità di fanciulli e giovani avrebbe garantito alti tassi di natalità (ben superiori al numero delle morti) e dunque una crescita vistosa della popolazione.

La piramide svedese, al contrario, appariva tipica di una

popolazione «vecchia»: la grande maggioranza era costituita dalle classi d'età oltre i vent'anni, erano molto alte le quote degli ultracinquantenni, numerosi gli ottuagenari. In Svezia, rispetto alla Guiana, si nasceva di meno e si viveva più a lungo. Buone condizioni alimentari e igieniche, ampie assicurazioni sociali (pensioni ecc.), redditi alti garantivano il prolungamento della vita e al tempo stesso, per una quantità di motivi, spingevano ad una diffusa pianificazione familiare. Inoltre, il quadro del 1960, con quella limitata presenza di giovani, faceva prevedere, per i decenni seguenti, una crescita assai ridotta della popolazione.

I demografi si mobilitarono su questi temi, talvolta analizzando le complesse ragioni degli squilibri demografici, altre volte limitandosi a fornire proiezioni demografiche minacciose e ineluttabili. Nel 1972, un gruppo di ricerca del Massachusetts Institute of Technology esprimeva così il proprio pessimismo:

> Non vi è alcuna possibilità di ridurre la crescita della popolazione prima dell'anno 2000, anche nell'ipotesi più ottimistica di una drastica riduzione dell'indice di natalità. La maggior parte dei futuri genitori dell'anno 2000 è già venuta al mondo e, a meno di un brusco ma poco verosimile aumento della mortalità, possiamo prevedere che fra 30 anni 7 miliardi di individui popoleranno la Terra[5].

Una schiera di neomalthusiani indicò come prioritario l'obiettivo di bloccare comunque la natalità del cosiddetto Terzo Mondo.

Il quadro odierno, pur segnato dal perdurante dualismo fra aree sviluppate e non sviluppate e da una popolazione di 5,5 miliardi, indica tendenze non previste vent'anni fa e destinate magari ad essere smentite, a loro volta, in un futuro prossimo. Nel Nord del mondo, la bassa natalità appare ormai insufficiente a rimpiazzare gli stessi vuoti creati dai decessi (sebbene, nel frattempo, la morte risulti mediamente ritardata oltre i settant'anni) e le popolazioni sembrano destinate ad assottigliarsi progressivamente. In Italia, nel 1987, il numero medio di figli per ogni donna era di 1,3, quando ne servirebbero due per la semplice sostituzione di una generazione con la successiva (crescita zero)[6]. Nelle aree non sviluppate, l'aumento demografico continua invece intenso ma non sempre ai ritmi paventati anni fa e soprattutto con vistose eccezioni. La Cina, ad esempio, ha modificato i propri comportamenti demografici, a seguito di radicali trasformazioni economiche e sociali (*family-planning*, allargamento del mercato ecc.). Sicché, rovesciando in modo radicale le paure degli anni Settanta, taluni specialisti prospettano oggi la minaccia di una «implosione demografica» più che di un sovrappopolamento e J. Bourgeois-Pichat ha potuto disegnare un futuro caratterizzato dal progressivo diffondersi su scala mondiale del fenomeno della bassa natalità. Come dire, conti alla mano, che le popolazioni delle aree sviluppate continuerebbero a declinare e infine scomparirebbero del tutto entro il 2250, e che le stesse popolazioni del Terzo Mondo sarebbero destinate all'estinzione intorno al 2400[7]. Contemporaneamente, però, le Nazioni Unite calcolavano che intorno al Duemila i numeri demografici avrebbero superato i sei miliardi e, appena quindici anni dopo, i sette miliardi e mezzo![8]

Simili oscillazioni di giudizio indicano la particolare complessità del tema. I comportamenti demografici dipendono da condizioni strutturali socio-economiche e da scelte squisitamente individuali, s'intrecciano a fattori di politica economica e di mercato, riflettono identità collettive e sistemi familiari, valori e costumi. Non sono in alcun modo una variabile indipendente.

Sono queste stesse numerose implicazioni del fenomeno che spiegano la difficoltà di esportare nei paesi in via di sviluppo i comportamenti demografici oggi consueti in Occidente. È successo più volte, negli ultimi decenni, che i tentativi di promuovere la pianificazione familiare nel Terzo Mondo si siano scontrati con culture locali estranee ad essa e poco disponibili ad adottarne i principi, prima ancora che la pratica. Un motivo di più per valutare con grande prudenza le previsioni degli esperti, ottimistiche o pessimistiche che siano.

2. *Demografia e contesti storici*

Collegati, in qualche modo, alle urgenti tematiche della popolazione mondiale ma anche ai nuovi intrecci fra storia e scienze sociali, gli studi di demografia storica si sviluppano numerosi, a partire dagli anni Cinquanta. Prima è la volta della scuola francese di É. Labrousse, J. Meuvret, A. Sauvy,

P. Goubert, L. Henry ecc., studiosi di formazione propriamente storica o statistico-demografica. Poi dell'Inghilterra, dove nasce nel 1964 il Cambridge Group for the History of Population and Social Structure. Anche in questo caso, l'apporto è misto di storici e demografi, da E.A. Wrigley a P. Laslett, D.V. Glass, J.A. Banks ecc.

La demografia storica ricostruisce, delle popolazioni del passato, le dimensioni, la struttura (maschi e femmine, giovani e vecchi, attivi e inattivi ecc.), la distribuzione territoriale (densità, popolamento sparso o accentrato ecc.), l'andamento nel corso del tempo e i fattori che lo determinano (nuzialità, natalità, mortalità, migrazioni). Ma non si tratta di un approccio puramente statistico-quantitativo: le dimensioni e le vicende delle popolazioni si collocano infatti in specifici contesti spaziali e temporali ed è qui, nella propria rete ricca di coordinate socio-economiche, culturali, politiche ecc., che assumono i loro significati. I numeri demografici non sono che un punto di partenza.

Prendiamo l'ammontare assoluto di una popolazione. Il numero degli uomini che abitano un certo territorio misura *in teoria* le bocche da sfamare e le braccia da lavoro, ovvero il consumo e la produzione. In realtà, l'uno e l'altra variano profondamente a seconda delle latitudini e delle epoche storiche.

Bisogni e consumi dipendono da fattori economici e culturali, più e oltre che dalle quantità demografiche. Forti differenze segmentano, al proposito, continenti e regioni. Le popolazioni dell'Africa e dell'Estremo Oriente, ad esempio, si alimentano tradizionalmente di cibi vegetali, mentre gli europei, per lunghi periodi, consumano grandi quantità di carne, potendo disporre di più terra e dunque di pascoli per gli animali. Nella Parigi del Cinquecento, testimonia uno straniero, è il maiale il cibo dei poveri – ma «di quelli che sono veramente poveri» –, tutti gli altri non rinunciano al capriolo o alla pernice[9]. Ma anche all'interno dell'Europa appare arduo stabilire un nesso seppur vago fra demografia e consumi. A fine Settecento, un diplomatico riferirà che a Londra «si vende più carne in un mese di quanta ne consumi la Spagna in un anno»[10]. Senza contare il ruolo che giocano le differenze sociali: per secoli, nell'Europa orientale, il nobile beve vino, il contadino vodka.

E chi non sa che al giorno d'oggi, nei paesi sviluppati, il numero degli abitanti si traduce immediatamente in termini di consumo, dato l'alto livello dei redditi medi, mentre altrove (in Asia, in Africa, in America Latina), per la ragione opposta, una crescita della popolazione spesso non comporta un aumento dei consumi bensì il suo contrario?

Varia storicamente, cioè a seconda dei contesti, il nesso fra numeri demografici e produzione di beni. Il nodo sta nella redditività del lavoro. Può produrre di più un 30-40% di popolazione – in una società attrezzata tecnologicamente, dove il lavoro sia altamente produttivo – che percentuali molto maggiori in società a prevalenza di lavoro agricolo, dotate di pochi strumenti, afflitte da bassa produttività. Fra il 1910 e il 1960, ad esempio, il tenore di vita dei francesi cresce in modo netto, sebbene, nel frattempo, essi lavorino molto meno di prima: nel 1910 dedicavano mediamente 190.000 ore della propria vita al lavoro, cinquant'anni dopo appena 90.000[11]. Oggi, nei paesi occidentali, è assai numerosa la popolazione cosiddetta «inattiva» (bambini, studenti, casalinghe, pensionati) e questo è reso possibile dall'alta produttività di coloro che lavorano, gli «attivi». Il contrario accade nelle aree non sviluppate, dove gli «attivi» sono molti ma scarsamente produttivi.

Una storia del lavoro indicherebbe l'estrema variabilità del rapporto fra demografia e produzione. Cambia, nel corso del tempo, non solo la produttività ma la distribuzione del lavoro fra i sessi (si pensi allo sviluppo delle occupazioni femminili extracasalinghe, nell'Europa del primo Novecento) e l'età media di ingresso e di uscita dal mercato del lavoro (si veda il forte ritardo con cui inizia l'età lavorativa, nelle società a scolarizzazione diffusa, e il precoce pensionamento, nei sistemi odierni di *welfare*). Cambia, nel tempo, la quantità annuale del lavoro, che dipende, fra l'altro, da fattori istituzionali e culturali (si pensi, ad esempio, alle festività religiose o civili).

Attenta alle numerose variabili contestuali, la demografia storica resta peraltro una sorta di «studio numerico della società nel corso del tempo»[12]. L'approccio è tipicamente quantitativo e spesso utilizza le tecniche della campionatura. «Senza una solida base di dati statistici non può esistere una storia della popolazione», è stato detto[13]. Attraverso l'analisi di adeguate serie di casi, gli storici hanno potuto individuare, negli andamenti demografici del passato, le regolarità e le tendenze. Abituati a maneggiare *grandi numeri*, hanno messo a fuoco sistemi di dipendenze reciproche, organizzando i fenomeni osservati in rapporti di causa ed effetto e formulando interpretazioni generali che sembrano avere talvolta la forza di vere e proprie leggi. Come ha notato un demografo inglese, parafrasando Kant, «predire il giorno della morte di un uomo o quello in cui una bambina si sposerà e metterà al mondo dei figli, sarebbe per lo meno azzardato: ma per mille uomini e mille bambine si possono formulare previsioni abbastanza sicure»[14].

I risultati di una stagione ricca di studi (e tutt'altro che conclusa) sono rilevanti. Alla demografia storica si deve la ricostruzione di tendenze di lungo periodo delle popolazioni, che ne riflettono i grandi cicli ambientali e climatologici, economici e politici. La curva plurisecolare dei continenti, ad esempio, illustra con chiarezza alcune macrorelazioni fra intere «civiltà» e il loro lento – talora drammatico – alternarsi nel tempo: la crescita europea dopo il 1000 e la sua impennata fra Sette e Ottocento; il drastico spopolamento delle terre americane, ad opera della violenta colonizzazione occidentale; lo sviluppo africano, in coincidenza con l'ascesa della civiltà arabo-islamica, e poi il decollo novecentesco; l'antica *superiorità* demografica del continente asiatico, che assume nell'ultimo secolo dimensioni vertiginose (tab. 1).

TAB. 1. *Stime della popolazione dei continenti*

	Ammontare della popolazione (in milioni di abitanti)						
	Intorno all'anno zero	1000	1500	1750	1900	1950	1975
Africa	23	50	85	100	122	219	401
America	3	13	41	15	144	330	561
Asia	189	177	231	484	1.007	1.395	2.317
Europa	40	39	68	130	394	544	667
Oceania	1	1	2	2	6	13	21
Totale del mondo	256	280	427	731	1.668	2.501	3.967

Fonte: Fino al 1900: J.D. Durand, *Historical Estimates of World Population: An Evaluation*, in «Population and Development Review», III (1977), n. 3, pp. 253-296; dal 1950: *Annuario di statistiche demografiche dell'ONU*.

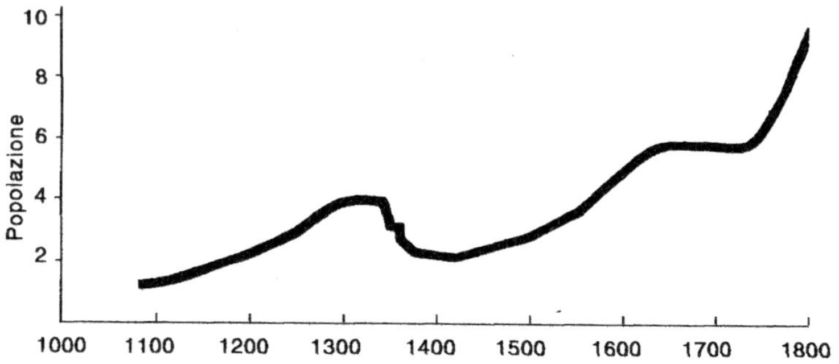

FIG. 2. Tendenze a lungo termine: Inghilterra e Galles, 1000-1800 (in milioni).

Fonte: E.A. Wrigley, *Demografia e storia*, cit., p. 78.

Ma soprattutto si deve alla demografia storica la costruzione di complessi modelli di funzionamento della dinamica delle popolazioni. Oggi si parla correntemente di un sistema demografico europeo d'Antico Regime, di un modello matrimoniale occidentale e via dicendo. Al tempo stesso, attraverso una riduzione di scala dell'osservazione, i demografi hanno provveduto a disaggregare i fenomeni studiati, restituendo ad essi le proprie reali articolazioni: spostare l'analisi dalle tendenze secolari alle congiunture decennali (o annuali) e dai grandi spazi (regionali o continentali) a singole città e villaggi ha significato, per la demografia storica, compiere il percorso che va dall'astratto al concreto.

Considerata nel *trend* plurisecolare d'Antico Regime, ad esempio, la popolazione europea sembra crescere con onde lunghe e moderate (fig. 2). Il movimento è cautamente ascensionale, poi si converte in brusche cadute, infine in recuperi che portano però i livelli demografici non già al precedente punto massimo, ma un po' più in alto. Qualcosa di simile, com'è stato detto, al movimento di una marea che sale impercettibilmente, occupando man mano la battigia. «Ogni singola ondata arriva un po' più in alto, ma l'intero fenomeno è il risultato del flusso e del riflusso continuo, non già del persistente avanzare di un'ondata sola»[15].

Simili tendenze però non sono altro che la sintesi grossolana della reale, spesso drammatica esperienza demografica delle popolazioni del tempo. Analizzate anno dopo anno, le oscillazioni dei matrimoni, delle nascite e delle morti appari-

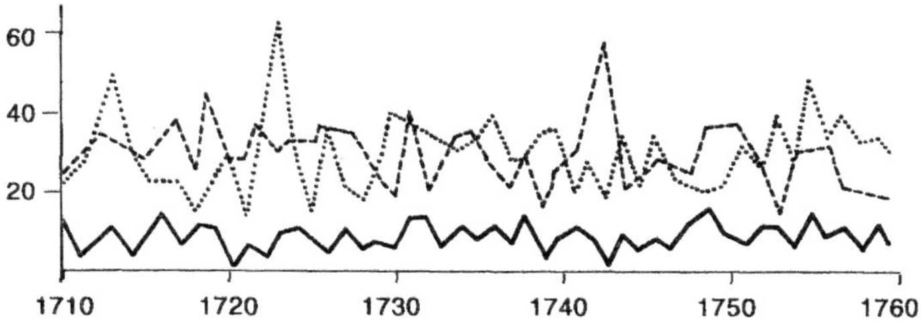

FIG. 3. Fluttuazioni di breve periodo: Hartland (Inghilterra), 1710-1760.

Legenda: funerali - - - - battesimi . . . . matrimoni ——

Fonte: E.A. Wrigley, *Demografia e storia*, cit., pp. 72-73.

ranno molto più serrate: a guardarle attraverso una lente d'ingrandimento, nel breve periodo e su piccolo campo, le curve demografiche risultano dentellate e acute, una vera e propria sequenza di salti bruschi, di cadute rapide, di impennate vertiginose (fig. 3). A Breteuil, un centro agricolo del Beauvaisis, nell'autunno del 1793 si celebrano 15 funerali, nell'autunno seguente 120, nell'autunno del '95 non più di 8[16]. Dietro queste cifre stanno esperienze di vita e di morte molto diverse da quelle odierne. Ad esse è possibile avvicinarsi solo utilizzando la scala di singoli villaggi, parrocchie, comunità.

La riduzione della scala d'analisi permette di indagare non più solo i risultati complessivi dei processi demografici ma anche la loro genesi reale, i meccanismi specifici e *individuali* che ne sono all'origine. In una parola, le scelte e le motivazioni che guidano quei processi. Le analisi su tempi lunghi e su ampi spazi, infatti, pur coniugando utilmente i processi demografici con le grandi variabili strutturali (ambiente, sistemi socio-economici, culture), mostrano limiti invalicabili di interpretazione. I nessi fra la demografia e il proprio contesto appaiono generali e astratti. La storia delle popolazioni rischia di diventare una storia di condizionamenti più che di scelte. Il frutto di una dialettica fra forze impersonali che resta estranea agli individui.

Nell'intento di superare questi limiti, i francesi Michel Fleury e Louis Henry elaborano, verso la fine degli anni Cinquanta, una metodologia che innova fortemente il campo degli studi e che avrà ampia fortuna. Il loro è un approccio, per così dire, microdemografico, fondato sulla «ricostruzione delle famiglie». Fleury e Henry analizzano piccoli gruppi (villaggi, comunità) e ne seguono in dettaglio i comportamenti demografici. In uno studio del 1958, Henry – utilizzando i registri delle nascite, dei matrimoni e delle morti (tenuti dalle autorità ecclesiastiche o civili) – individua le singole famiglie di una comunità della Normandia, Crulai, e ne ricostruisce analiticamente la storia[17]. Non più popolazioni considerate come masse omogenee, dunque, ma la schedatura a tappeto di chi nasce e quanto sopravvive, chi si sposa, a che età e con chi, come si distribuisce la fecondità nel corso di una vita ecc. L'analisi demografica da anonima diventa nominativa. Essa permette di comprendere quei comportamenti, dei quali spesso la macrodemografia s'era dovuta limitare a descrivere i risultati. Grazie alle ridotte dimensioni del campo d'osservazione, emergono meccanismi «segreti», altrimenti inattingibili, e vengono alla luce «i più intimi particolari della vita privata di persone del tutto oscure, che non hanno lasciato alcuna testimonianza scritta»[18]. Ad esempio, la ricostruzione degli intervalli di tempo che intercorrono fra le nascite dei figli, all'interno di una famiglia, permetterà di accertare se esse siano o meno il risultato di una qualche pratica anticoncezionale.

Le analisi microdemografiche tendono insomma a cogliere i sistemi motivazionali degli individui o, per dirla con Peter Laslett, «la loro *propensione* a nascere, a sposarsi e a morire, il loro organizzarsi in famiglie, in villaggi, in città, in regioni, in classi e così via»[19].

Ma quel che si guadagna in profondità di analisi, si rischia di perdere in ampiezza d'orizzonte. Una simile procedura è evidentemente possibile solo per piccoli gruppi, perché il lavoro di ricostruzione delle famiglie è lento e faticoso. E il passaggio dal caso singolo al *trend* appare difficile. Il quantitativismo della macrodemografia ha portato, talvolta, ad elaborare modelli poco rispettosi «della complessità, singolarità e varietà dell'esperienza storica»[20]; la microdemografia ad analisi poco comparabili con altre. Il quadro generale può risultare tautologico, il particolare rischia d'essere frammentario.

3. *Macrotendenze: il modello demografico d'Antico Regime*

Il *trend* demografico europeo mostra tre cicli ascendenti e tre cicli discendenti, sebbene di diversa intensità e di diverso significato: la stagnazione altomedievale e la lunga, cauta ripresa fra il 1000 e il 1350; il crollo brusco e drammatico fra 1350 e 1450, che parte dall'emergenza eccezionale della peste nera (1348-1351), e la successiva, irregolare e incerta fase di recupero, che termina a fine Cinquecento; la nuova battuta d'arresto che si registra nel Seicento insieme con la guerra dei Trent'anni, il declino della Spagna, la carestia e la peste in Italia; infine, la ripresa del Settecento, che costituisce una svolta non tanto per l'intensità della crescita, quanto perché non conoscerà regressi o pause, nei successivi due secoli (fig. 4).

Lungo tutta l'età moderna e fino alla svolta settecentesca, insomma, la popolazione europea sembra tendere verso l'alto ma, ogni volta, la sua crescita appare bloccata e come ricacciata all'indietro.

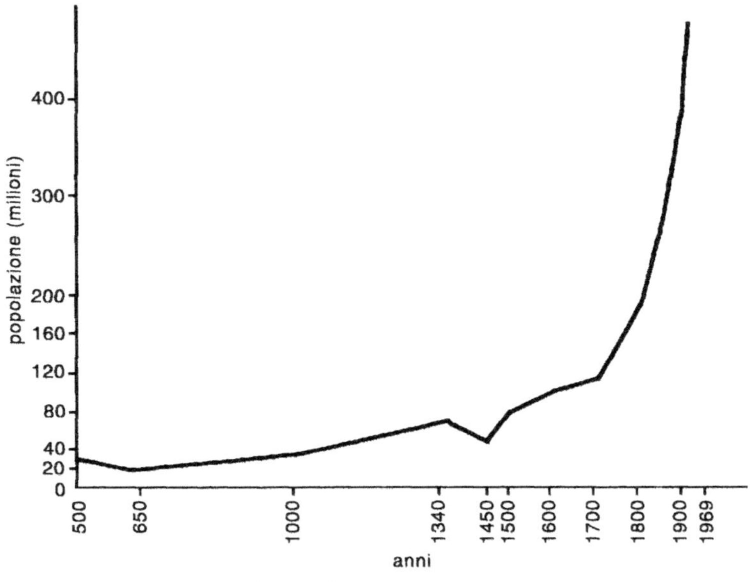

FIG. 4. Curva generale della popolazione europea (500 d.C. - 1969).

Fonte: E. Sori, *La popolazione*, in *Il Mondo Contemporaneo*, vol. II: *Gli strumenti della ricerca*, t. II: *Questioni di Metodo*, Firenze, La Nuova Italia, 1983, p. 1208.

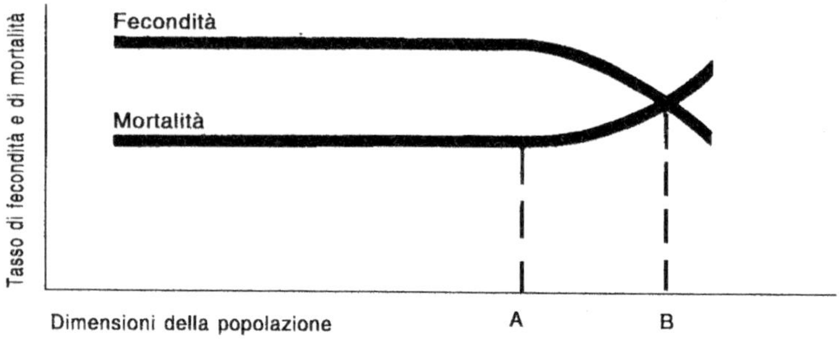

FIG. 5.

Fonte: E.A. Wrigley, *Demografia e storia*, cit., p. 34.

Cercando di spiegare i meccanismi che sono alla base di un simile *trend*, gli storici hanno elaborato per l'Europa centro-occidentale un doppio modello demografico. Una «vecchia demografia» opererebbe per tutta la fase tardo-medievale, attraversando l'intera età moderna e modificandosi infine attorno al 1750-1850, quando verrebbe sostituita da una «nuova demografia». Il punto di svolta coincide con l'ampliamento del mercato, la crescita della produttività agricola e l'industrializzazione.

In sintesi, la «vecchia demografia» sembra caratterizzata da una combinazione di alta natalità e alta mortalità, che produrrebbe una sorta di equilibrio malthusiano fra popolazione e risorse. Scontrandosi con la rigidità della produzione agricola, infatti, ogni crescita della popolazione determina una riduzione delle disponibilità alimentari che, a sua volta, assottigliando le diete già misere della gente, può innescare un rialzo rapido dei decessi (carestie, malattie) e quindi, in ultima istanza, riportare il contingente demografico ai livelli di partenza. Il sistema si autoequilibra: l'aumento delle nascite provoca, entro un certo lasso di tempo, un aumento delle morti (*feedback* negativo).

La «trappola malthusiana» è esemplificata nella figura 5. La natalità e la mortalità avanzano parallele e distanziate, determinando una crescita demografica, finché questa non provoca dapprima un sovrappopolamento e uno scompenso alimentare (punto A) e poi, con l'aumento delle morti e con il diradarsi delle nascite, un assottigliamento della popolazione (punto B). Tutto ciò, a sua volta, preparerà una nuova fase di crescita, perché i sopravvissuti alla crisi (gli individui più sani e resistenti) avranno a disposizione le terre di quelli che sono deceduti. Verranno celebrati i matrimoni congelati dalla carestia e dalla paura. L'ottimismo andrà di pari passo con una forte ripresa della natalità.

Ma un quadro del genere, che spiega l'alternarsi, nella plurisecolare vicenda europea, di fasi di crescita e di drammatiche cadute, rende la demografia europea d'Antico Regime simile ad una sorta di circolo vizioso fra alta natalità, limitatezza delle risorse e alta mortalità. Appare schematico. La demografia storica ha dimostrato come il «vecchio modello» sia anche il frutto delle scelte e dei comportamenti consapevoli di uomini e donne.

Prendiamo, per cominciare, i tassi di natalità. In mancanza di pratiche anticoncezionali diffuse, ci attenderemmo una fecondità femminile attestata intorno al suo massimo biologico. E invece ciò che caratterizza il «vecchio» modello demografico europeo è proprio un livello delle nascite che si mantiene costantemente e notevolmente al di sotto di quel massimo. Si deve presumere quindi che individui e famiglie pratichino con successo strategie che mirano a tenere sotto controllo il numero dei figli.

I modi sono numerosi, più o meno efficaci, frutto di necessità improrogabili o di ingegnosi accorgimenti, di eventi casuali e di valori collettivi. Ad abbassare la fecondità femminile concorrono, di volta in volta, i molti periodi di malattia o il sovraffaticamento dei coniugi nelle fasi più dure del lavoro agricolo; l'amenorrea per sottonutrizione (usuale in fasi di carestia) o la fisiologica sterilità *post partum*, spesso prolungata nel tempo a causa dei lunghi allattamenti (nell'Inghilterra del Seicento, il periodo dell'allattamento suggerito dai manuali pediatrici è di due anni); le fasi di astinenza legate a consuetudini religiose, come il mese di maggio (nelle zone di culto mariano), la Quaresima, l'Avvento; le pratiche sessuali infeconde; gli aborti, sebbene rudimentali e illeciti. Né va dimenticata quella sorta di infanticidio di massa che è la pratica di «esporre» i figli illegittimi – ma anche legittimi e non desiderati – negli ospizi per trovatelli, dove i tassi di mortalità risultano sempre altissimi, o l'uso (diffuso, ad esempio, nella Francia settecentesca) di dare i neonati a balia, che è, anch'esso, gravido di rischi e di vittime.

Nel complesso, tuttavia, queste pratiche non riescono ad abbassare in modo significativo i tassi di natalità. Le tecniche anticoncezionali restano, fino al XIX secolo, poco conosciute e il gran fervore ecclesiastico nel condannarle appare sproporzionato alla realtà dei fatti. Il loro uso è limitato a talune *élites*, come quegli aristocratici francesi e inglesi o quei borghesi ginevrini che già nel Seicento sanno come distanziare la nascita dei propri figli di tre-quattro anni[21].

Il punto cruciale del modello demografico europeo di Antico Regime sta altrove: nel celibato e nel ritardo dell'età al matrimonio.

Sono numerose, nell'Europa di Antico Regime, le donne che rinunciano al matrimonio o non hanno modo di accedervi. Non tutti i figli, specie fra i ceti meno abbienti, hanno la possibilità di formare una nuova famiglia e la scelta dei voti – o la loro imposizione – è fenomeno frequente. Esiste d'altronde, nel mondo cattolico, una ideologia del celibato che fa di esso una condizione onorevole e socialmente apprezzata. La Chiesa di Roma, con l'obbligo del celibato per i propri ministri, ne fornisce l'esempio più autorevole. Fatto sta che, fra le donne europee di Antico Regime, le nubili si aggirano costantemente intorno al 15-20%, con il risultato di assottigliare in modo netto le potenzialità demografiche del continente.

Ma, più di ogni altro, è decisivo il fatto che le popolazioni occidentali riescano a ritardare sistematicamente il momento del matrimonio. Gli uomini si sposano in media attorno ai 30 anni e – ciò che più conta – le donne attorno ai 25-26 anni. Questo significa che viene *tagliato* un decennio abbondante di fecondità femminile. Le donne partoriscono il primo figlio intorno ai 26 anni, l'ultimo intorno ai 40 anni, utilizzando dunque, del proprio ciclo vitale di fertilità, non più di una quindicina di anni. In conclusione, data la forte incidenza della mortalità infantile, la coppia finisce per avere mediamente un po' meno di tre figli sopravvissuti. «L'idea convenzionale di una casa invasa dai bambini, con un nuovo parto ogni anno, è del tutto priva di fondamento»[22].

Il ritardo del matrimonio e la diffusione del nubilato costituiscono quel che differenzia sostanzialmente l'esperienza demografica occidentale dal resto del mondo. «Non si conoscono esempi di una popolazione di civiltà extraeuropea che abbia avuto un modello simile – ha scritto J. Hajnal –. Gli europei si sono sposati molto più tardi degli altri e un numero di gran lunga più elevato di essi non si è mai sposato. Nelle civiltà extraeuropee quasi non esistono donne nubili al di sopra dei 25 anni»[23].

Resterebbe da chiedersi il perché di questi comportamenti e quanto siano una consapevole scelta anticoncezionale. Ma la questione è complessa e non del tutto chiara, dal momento che vi s'intrecciano sistemi di valore, urgenze economiche, identità sociali. Certo un peso considerevole, in un simile sistema di scelte, va attribuito alla consuetudine occidentale del *neolocalismo*. In gran parte dell'Europa, le nozze vengono celebrate solo quando si ha la possibilità materiale di «metter su casa» – di trasferirsi in un'abitazione propria –, dal momento che, di regola, la coppia coniugale non resta a vivere presso i genitori del marito o della moglie. Inoltre, almeno dal Quattrocento, è diffusa in Occidente la pratica di fornire la sposa di una dote, sicché il matrimonio risulta legato alla possibilità di disporre delle relative risorse e non è infrequente che le donne trascorrano lunghi periodi presso famiglie benestanti, come serve domestiche, al fine di accumulare qualche risparmio per la propria dote.

Ma su questo piano le generalizzazioni appaiono rischiose, numerose le eccezioni e le distinzioni. Tra gli artigiani, ad esempio, i matrimoni vengono ritardati perché è di solito lungo l'apprendistato necessario ad acquisire un mestiere. Fra i contadini, invece, perché si attende di disporre della terra da cui ricavare le risorse per la nuova famiglia (e spesso ciò accade solo dopo la morte del padre). I braccianti senza terra, al contrario, non hanno motivi per posticipare le nozze o per limitare il numero dei figli (e i figli sono visti piuttosto come futura fonte di reddito). Le differenze sociali restano un fattore di fondo dei comportamenti demografici. È stato detto che l'età al matrimonio appare come «una funzione dell'attività svolta o del titolo giuridico di godimento della terra»[24].

Se le nascite vengono tenute sotto controllo, la mortalità appare drastica, indifferenziata, difficile da combattere, nell'Europa di Antico Regime.

Essa è, al tempo stesso, cronica ed epidemica, se si può dire così. Cronicamente, la morte sfoltisce senza pietà le classi demografiche più giovani. Neonati e fanciulli ne sono le vittime designate. Malattie endemiche, igiene sommaria, alimentazione precaria li falcidiano usualmente, senza contare la pratica diffusa dell'infanticidio. Nella Francia del secondo Settecento, poco più del 50% dei nati arriva ai dieci anni di età. E del resto anche gli adulti hanno speranze di vita assai modeste. Virus, microbi, batteri, parassiti trovano terreno fertile in organismi spesso mal nutriti e poco resistenti all'aggressione patologica. Per lunghi secoli, la morte costituisce l'immobile viatico dell'esistenza quotidiana. È stato calcolato che, dal Medioevo al Settecento, l'età media degli europei si aggiri costantemente sui 30-35 anni, per quanto stime del genere siano assai sommarie[25]. La vita è breve. Nel 1356, nessuno si stupisce nel vedere un diciassettenne reggere la Francia in nome del padre, il re Giovanni II, prigioniero degli inglesi, mentre due secoli più tardi l'imperatore Carlo V, che cinquantacinquenne ha abdicato a favore del figlio Filippo, verrà descritto come «un vegliardo»[26].

Ma, quel che più conta, la morte spesso registra improvvise drammatiche impennate, decimando intere popolazioni. Arriva al seguito dei cattivi raccolti, dei terribili portatori di malattie contagiose (i topi della peste, ad esempio), degli eserciti. «Le crisi originate da guerra, pestilenze e carestie diventano il determinante principale del livello di mortalità»[27]. Sono i tre cavalieri dell'Apocalisse cui è affidato il compito di ridimensionare le popolazioni occidentali.

Data la fragilità del sistema economico, la carestia giunge al seguito di due-tre annate di raccolto cattivo. Frumento e farina diventano costosissimi o introvabili. La popolazione s'industria, cibandosi di ogni possibile succedaneo del pane, e tuttavia muore letteralmente di fame. A metà Cinquecento, gli abitanti della Lorena «sono ridotti a tanta estremità da mangiare i prati d'erba come le bestie». Dieci anni dopo, nella regione di Blois, con i morti che si contano a migliaia, c'è chi mangia «torsoli di cavolo con crusca mescolata nell'acqua dei baccalà» mentre taluni – racconta il cronista – «mangiarono carne umana»[28].

Il cattivo raccolto e la penuria di pane portano con sé un indebolimento generale della popolazione e, di conseguenza, il diffondersi di germi, infezioni, microbi. Le grandi mortalità epidemiche del passato sono legate a nomi sinistri, peste bubbonica, peste polmonare, vaiolo, colera, gastroenteriti. Tra 1347 e 1351, con la grande epidemia di peste nera, l'Europa perde trenta dei suoi cento milioni di abitanti. Gli uomini dell'Antico Regime sperimenteranno, generazione dopo generazione, lo spettacolo dei periodici ritorni del contagio. Nel corso del Cinquecento, ad esempio, Orléans subirà ventidue volte la peste e Besançon, tra 1439 e 1640, quaranta volte[29].

Contro tutto questo, non aiutano le sommarie pratiche d'igiene, né le conoscenze medico-terapeutiche. Ricchi e poveri sono pressappoco sullo stesso piano, di fronte alla morte. E non a caso la numerosa iconografia dedicata alle epidemie raffigura il morbo come uno scheletro in abiti sontuosi: esso travolge tutti, dal principe al contadino. Tutt'al più, durante le crisi, sono avvantaggiati coloro che vivono nelle campagne, i quali possono cibarsi di una quantità di succedanei della farina, sebbene avventurosi e incredibili, e sono meno esposti al contagio. Le città, al contrario, dipendono da approvvigionamenti alimentari esterni che possono interrompersi del tutto, in tempo di carestia, malgrado ogni sforzo delle autorità locali preposte all'annona. Esse sono inoltre luoghi promiscui e contagiosi per eccellenza, teatro di terribili stragi epidemiche. Sono, lungo tutta l'età moderna, «consumatrici di popolazione»[30]. È stato detto che tra i motivi che spiegano la differenza storica di densità demografica fra le aree europee e il resto del mondo, vi è la particolare facilità con cui le epidemie si diffondono, in Occidente, a causa della presenza numerosa di quei grandi focolai d'infezione che sono i centri urbani. Nelle città – nelle case di legno, nelle corti abitate dagli animali domestici, nelle stive delle navi che vengono dal Levante, nei carri che trasportano derrate dall'Europa orientale –, troveranno rifugio propizio topi e pulci e, con essi, il batterio che propaga la peste bubbonica e la peste nera.

Infine c'è da mettere in conto l'opera funesta delle guerre. Basta osservare la demografia tedesca del Seicento e gli effetti della guerra dei Trent'anni su quella popolazione, per rendersi conto delle ferite che un conflitto può aprire nella vita della gente comune e nella consistenza demografica di un'intera regione. Non sono i decessi durante i combattimenti che rendono terribili le guerre del tempo, infatti, quanto gli esiti disastrosi del passaggio degli eserciti per campagne e centri urbani. La guerra pesa soprattutto su chi non la combatte. Tocca alle popolazioni civili approvvigionare le armate e accoglierle nelle proprie abitazioni. In cambio, ne ricevono distruzioni dei raccolti, saccheggi delle città e una quantità di malattie, specialmente il tifo e le infezioni veneree.

4. *Macrotendenze: il modello della «nuova demografia»*

La popolazione europea sembra fare un salto di qualità, fra Settecento e Ottocento. Nei cinque secoli precedenti, era passata da circa cento a 150-200 milioni di persone. Dall'Ottocento ai giorni nostri, giunge a triplicarsi, arrivando agli odierni 700 milioni. Il modello della stabilità, con ogni evidenza, s'è rotto. Ad esso si sostituisce quello che potremmo chiamare il modello dello sviluppo. Ciò che lo caratterizza non è tanto l'intensità della crescita, che anzi, soprattutto all'inizio, appare moderata, quanto la sua continuità nel tempo. Vengono meno, in altri termini, le periodiche crisi demografiche dei secoli precedenti.

Il cuore della trasformazione sta in quella che viene chiamata la «rivoluzione della mortalità». Tendono a scomparire le grandi crisi di mortalità e cala il tasso ordinario di mortalità, soprattutto di quella infantile. In Inghilterra, nei quarant'anni che vanno dal 1780 al 1820, i tassi scendono, ad esempio, dal 16 al 12%. Altrettanto significativa è la diminuzione d'intensità delle crisi di sussistenza: le epidemie fanno meno vittime e diventano meno frequenti, benché non scompaiano del tutto, come dimostra il colera europeo del 1829. La vita media degli occidentali, che per secoli era rimasta ferma intorno ai trent'anni, sale rapidamente verso i quaranta nel corso dell'Ottocento, tocca i cinquanta nel primo Novecento, balza a quota 67 negli Stati Uniti del 1946 e supera i settanta nella Svezia del 1965[31]. È un mutamento di grande rilevanza. Fra tardo Settecento e primo Ottocento, per la prima volta nella storia, la vecchia intoccabile morte – quella ordinaria e quella catastrofica – s'avvia ad essere efficacemente combattuta. È vero che il XIX secolo s'è aperto con la grande crisi di sussistenza del 1817 e, prima ancora, con le sanguinose guerre napoleoniche, che costeranno ai francesi enormi lutti. Ma il contesto generale sta cambiando, e con esso tutta una cultura demografica. Quando Napoleone dice sprezzante a Metternich la frase famosa: «Un homme comme moi ne regarde pas à un million de morts»[32], dimostra una sensibilità *rétro*, da Antico Regime.

La vittima più illustre della nuova demografia è Malthus. Se, prima, ogni crescita demografica provocava una maggior domanda di alimenti e (data l'anelasticità della produzione) un rialzo della mortalità, ora il circolo vizioso sembra rompersi. Le popolazioni occidentali potranno crescere parallelamente ad un aumento dei redditi *pro capite*. Dal XIX secolo in avanti, né la fecondità né la mortalità sembrano dipendere dalle disponibilità alimentari. Tra popolazione e risorse non vi è più un nesso rigido e semmai esso tende a cambiare di segno: è un *feedback* positivo. Nell'Inghilterra tra Sette e Ottocento, ad esempio, l'aumento delle bocche da sfamare stimola un ammodernamento dei modi di produzione agricoli che permetterà di soddisfare la domanda aggiuntiva. Rotazioni più efficienti, allevamento, concimi e prime macchine agricole provocano un salto nella redditività della terra, permettendo di produrre di più con un minor numero di addetti. Lo sviluppo agricolo riesce a soddisfare i nuovi bisogni e, al tempo stesso, dato l'aumento della produttività, permette che una certa quota di lavoratori lasci la terra ed emigri nelle città industriali e commerciali. L'esito del processo è dunque l'opposto di quanto si verificava in Antico Regime: la crescita demografica stimola la crescita produttiva e questa provoca ulteriore crescita demografica.

È il complessivo fenomeno dello sviluppo economico che permette una efficace lotta alla morte. Il miglioramento delle tecniche di trasporto e l'allargamento progressivo del mercato rompono l'isolamento di villaggi, regioni, interi Stati. Le crisi produttive possono essere compensate dalle importazioni. Nel tardo Settecento, per fare un esempio, allorquando il raccolto locale fallisce, la Scozia può essere agevolmente rifornita dal grano tedesco e polacco, che arriva rapido e a buon prezzo attraverso il nuovo canale di Forth-Clyde. Anche le croniche minacce di microbi, batteri, parassiti vengono controllate meglio, grazie alla crescita generale dell'igiene pubblica e alla maggior cura che vi dedicano autorità locali e centrali. Fognature ammodernate, nuove condotte d'acqua, diffusione del *water-closet* ne sono alcuni passaggi cruciali.

Si modifica lo stesso quadro epidemiologico dell'Occidente. Il miglioramento alimentare e igienico aumenta il livello immunitario degli organismi umani. Talune patologie esauriscono il proprio ciclo vitale, attenuandosi e infine liberando l'Europa dalla propria morsa. La peste, che aveva un tasso di mortalità del 70% e uccideva nel giro di pochi giorni, si dirada e scompare nel Settecento (ancora nel 1720, però, colpirà con estrema virulenza Marsiglia). Oltre un secolo più tardi, grazie ai progressi igienici, si attenua decisamente la minaccia costituita dal colera. È in forte calo la sifilide, grande consumatrice di uomini nel XVI secolo, combattuta dapprima con il mercurio e poi, recentemente, con gli antibiotici. Declina anche il vaiolo, che ancora nel XVIII secolo era stato fra i principali agenti di morte, anche se più blando della peste, e che infine può essere affrontato con la vaccinazione. I ritrovati chimici e le tecnologie di fine Ottocento faranno il resto: ospedali asettici, vaccini, aspirina e anestetici permettono di intervenire sulla morbilità con un'efficacia del tutto inconsueta (mentre i medici cominciano a godere del prestigio che merita chi finalmente riesce a curare la malattia in modo adeguato). La stessa diffusione, a partire dal Settecento, della tubercolosi – che diventa, in qualche modo, la nuova *patologia epocale* – non ha tuttavia effetti acuti sul *trend* della popolazione, dal momento che la malattia permette una sopravvivenza di dieci e più anni e dunque i decessi vengono scaglionati nel tempo. «La tubercolosi non avrebbe mai potuto provocare una crisi di mortalità», ha osservato un demografo[33].

Nel frattempo, le guerre infieriscono meno di prima sulle popolazioni occidentali. Adesso gli europei le combattono spesso sui mari e nelle colonie. Le stesse micidiali campagne di terra si rivelano meno cruente di un tempo, grazie all'uso di acquartierare gli eserciti in appositi accampamenti, distanti dai civili, e ad un miglioramento del sistema logistico, che contribuisce ad evitare i consueti episodi di saccheggi e di razzie.

Diversamente dalla mortalità, la natalità del nuovo modello demografico europeo ha una vicenda non appariscente e non sempre lineare, più differenziata da luogo a luogo. In una prima fase, infatti, essa resta stabile e anzi, in talune aree, tende a crescere, mentre, in seguito, inizierà una discesa netta e continuativa (ma non dappertutto), che arriva ai giorni nostri.

All'*inizio* della svolta demografica, è lo stesso sviluppo economico che sembra stimolare la natalità. Le opportunità di lavoro crescono, le assunzioni in età molto precoce (fino a cinque-sei anni) rendono presto remunerativi i figli, la frequenza del lavoro femminile riduce le usuali pause di fecondità dovute allo svezzamento ecc. Nelle campagne, la maggiore disponibilità alimentare appare un incentivo a sposarsi e procreare. Quando il prezzo del pane scende, riferisce un rapporto svedese settecentesco, «subito fanciulle e ragazzi [sono] pronti per il letto nuziale, e per le coppie sposate l'amore [comincia] ad ardere più vigorosamente»[34]. Ma simili nessi tra condizioni economiche e comportamenti demografici vanno presi con cautela: tra i due livelli esiste un corposo filtro di abitudini, credenze e culture, che impedisce automatismi e semplificazioni.

Nel medio periodo, comunque, la tendenza è verso un abbassamento progressivo e generale dei tassi di natalità. Il fenomeno è registrato in Francia almeno dall'inizio dell'Ottocento, è altrettanto precoce negli Stati Uniti, ha investito verso la fine del secolo tutta l'Europa nord-occidentale, si estende infine all'Europa orientale e meridionale nel corso del Novecento.

Frattanto, nella seconda metà del XIX secolo, i paesi industrializzati assistono alla diffusione, seppur circoscritta in un primo momento a taluni gruppi sociali, delle pratiche per il controllo delle nascite. Mentre l'età al matrimonio non registra grandi variazioni (e talvolta, anzi, si abbassa), quel che sembra modificarsi, inaugurando un *trend* destinato a durare fino ai giorni nostri, è l'atteggiamento nei confronti della pianificazione familiare. Bisogna dire che talvolta la limitazione volontaria delle nascite è fenomeno di antica data. In Francia, ad esempio, le pratiche contraccettive sono documentate almeno dal Seicento e l'aborto risulta diffuso fin dal Cinquecento, sicché la diffusione ottocentesca della pianificazione familiare poggia su radici culturali ormai solide. Altrove, è nel XIX secolo che le cose cambiano. In Gran Bretagna, ad esempio, il controllo delle nascite deve vincere resistenze culturali e religiose, senza contare l'ostilità delle professioni mediche. Eppure, nel 1877, la grande attenzione con cui viene seguito il processo intentato ad un gruppo di neomalthusiani (accusati di pubblicizzare metodi anticoncezionali) mostra che l'opinione pubblica sta sensibilizzandosi alla questione. Sta di fatto che il processo Bradlaugh-Besant si porterà dietro milioni di opuscoli e volantini, resoconti giornalistici molto seguiti, la fondazione di una Lega Malthusiana e di un periodico, «The Malthusian». La nuova cautela procreativa utilizzerà vecchi e nuovi sistemi, dall'astinenza ragionata all'interruzione del coito, alla «spugna», al diaframma, all'aborto.

Dare una spiegazione generale alla diffusione di queste pratiche non è facile. Certo è che il calo della fecondità va messo in relazione con i fenomeni di trasformazione economica e sociale che stanno investendo mezza Europa e con i processi di mobilità sociale che ne sono una delle manifestazioni più note. È in questo contesto dinamico che, per le famiglie, assume una rilevanza particolare il problema (certo non nuovo) di dimensionare il numero dei figli alle risorse disponibili. Il venir meno delle distinzioni di natura cetuale, l'emergere di settori socio-professionali nuovi e dall'incerta collocazione (si pensi alle piccole borghesie dipendenti), la crisi di altri (taluni mestieri artigiani, i dettaglianti ecc.) sono fenomeni che rendono meno definiti e stabili i confini fra i gruppi sociali e provocano la tendenza a cercare altri e nuovi elementi di identità sociale. Persi, almeno in parte, i tradizionali riferimenti d'Antico Regime, la stratificazione sociale si va organizzando sulla base di alcuni indicatori di mercato, come la professione, la scolarità ecc. Lo status delle famiglie dipende sempre più dal loro livello di vita. Nelle città del XIX secolo, taluni consumi assumono il ruolo di veri e propri indicatori sociali: presenza di domestici, vacanze estive, iscrizione a club, istruzione, luogo di residenza (nella città ottocentesca, segnata spesso da linee territoriali di classe, di professione, di colore, abitare in questo o quel quartiere è della massima importanza). «È nello stile di vita che le famiglie possono operare più liberamente le proprie scelte. Lo stile di vita è un indicatore importante dei valori sociali e dell'autovalutazione»[35].

Non c'è dunque da stupirsi che le famiglie pratichino strategie sociali che consapevolmente mettono in rapporto il numero dei figli e il problema dello status (dei consumi). Pressata dall'aumento delle spese correnti, la famiglia borghese dell'Inghilterra tardo-vittoriana si vede costretta a scegliere fra un abbassamento del livello di vita e una riduzione della prole. Alla fine, sull'altare dei consumi, sacrificherà mediamente un paio di figli, passando, fra 1870 e 1920, da una dimensione di 7-8 membri (genitori compresi) a non più di 4-5[36]. Sembra di assistere ad un trasferimento della logica malthusiana dalla sfera complessiva della società a quella della famiglia[37], salvo che la questione non riguarda più i bisogni elementari ma i complessi (e costosi) simboli della *middle class*: fare meno figli significa non rinunciare all'abitazione unifamiliare con giardino, ai domestici, alla cuoca, all'educazione dei figli nelle scuole private, alle lezioni di pianoforte ecc. Alla trappola della fame, che sembrava guidare dall'alto la vecchia demografia, si sostituisce il gioco delle aspirazioni sociali, dell'ostentazione dei redditi, delle gratificazioni sociali.

Il fenomeno è tipico, inizialmente, dei gruppi sociali medio-alti ma è destinato a diffondersi nel corso del XIX e soprattutto del XX secolo. In questo come in altri campi, comportamenti e valori borghesi – spesso in versione piccolo-borghese – tendono a contagiare il resto della società: le classi lavoratrici, almeno i settori alti, garantiti sindacalmente, non tarderanno, in Germania, in Gran Bretagna, in Francia, a imitare le cautele sessuali dei ceti medi. Finché, con la prima guerra mondiale, il controllo delle famiglie sarà alla portata anche di contadini e operai, istruiti durante la leva militare sull'uso dei preservativi (che, nel caso, servono ad impedire la diffusione di malattie veneree).

Tuttavia, un simile *trend* riguarda per lo più l'Occidente europeo e atlantico. Nel resto del mondo, la «nuova demografia» appare ancora oggi praticata in modo parziale e distorto. Il caratteristico *feedback* positivo fra popolazione e risorse, che si è verificato nel modello europeo, non sembra proponibile in paesi privi di sviluppo economico. Il contatto con l'Occidente ha permesso al Terzo Mondo di sperimentare un calo netto della mortalità ma paradossalmente, in mancanza di una crescita economica, la riduzione della mortalità e la conseguente crescita della popolazione hanno provocato gravissimi problemi di sussistenza. È stato più facile esportare farmaci e regole igieniche che incrementi di produttività. È ancora lontana, in America Latina o in Asia, la possibilità di utilizzare in modo proficuo un surplus demografico che, al momento, non fa che aggravare – malthusianamente – l'impoverimento di quelle popolazioni. Né sembra praticabile una massiccia limitazione delle nascite, di tipo occidentale, in contesti socio-culturali molto diversi dal nostro.

5. *Emigrazioni*

Fin qui si sono considerate le popolazioni come se fossero entità chiuse nei propri territori. Ma il saldo naturale (il rapporto fra nascite e morti) non è l'unico elemento che determina il *trend* demografico. Le popolazioni entrano in relazioni reciproche, scambiandosi uomini e donne, oltre che merci e idee. La mobilità territoriale è un altro campo d'analisi a cui la demografia storica ha prestato attenzione.

Grandi spostamenti di popolazioni si verificano per tutta l'età moderna. Basti pensare, specie a partire dal XVII secolo, al massiccio traffico atlantico di schiavi dall'Africa centro-settentrionale alle nuove piantagioni europee d'America. Soltanto nel Settecento, saranno oltre sette milioni di neri. Ma è soprattutto fra Ottocento e Novecento che i fenomeni migratori, indotti dagli equilibri (e squilibri) del mercato, crescono a vista d'occhio. «La metà del XIX secolo segna l'inizio della più grande migrazione di popoli della storia»[38]. Vasti trasferimenti interni si verificano in India e in Cina, in conseguenza della formazione dei poli amministrativi e commerciali, impiantati dalle potenze imperialistiche. Altri emigranti sbarcano dall'Asia nelle metropoli dello sviluppo, come i cinesi che giungono sulla costa californiana, durante l'epica febbre dell'oro, nel secondo Ottocento.

Ma sono certamente gli europei gli attori principali della grande redistribuzione demografica che si verifica fra Otto e Novecento. L'Africa, dopo il depauperamento della tratta degli schiavi e la colonizzazione olandese nelle estreme regioni meridionali, subisce il popolamento francese della fascia mediterranea occidentale. Gli inglesi, per parte loro, ad evitare il sovraffollamento nelle prigioni della madrepatria, hanno modificato in modo sostanziale la demografia della lontana Australia, deportandovi quella specie di *criminali poveri* che è così comune nell'Europa sette-ottocentesca. Imponenti migrazioni seguono passo passo l'avanzata diseguale della crescita economica del Vecchio Continente. Milioni di lavoratori si spostano dall'Irlanda e dall'Europa orientale e mediterranea all'Europa centro-settentrionale, dalla campagna alla città. Altre schiere attraversano, spesso avventurosamente, l'Oceano Atlantico, vanno a popolare le aree temperate a bassa densità demografica della confederazione nordamericana e dell'America Latina. La feconda campagna europea resta, per tutto l'Ottocento almeno, un grande serbatoio di emigranti. Fra 1840 e 1930, oltre cinquanta milioni di europei abbandoneranno il Vecchio Continente.

Le colonizzazioni ottocentesche segnano, in qualche modo, il punto più alto della forza economica, politico-militare e culturale dell'Occidente.

> Nel corso del XIX secolo, molta terra vergine fu occupata da genti di origine europea in America, Canada, Australia, Nuova Zelanda, Brasile e Argentina, per nominare soltanto i più importanti paesi interessati. L'occupazione di questi nuovi territori aumentò in misura senza precedenti lo spazio a disposizione dei popoli americani e europeo-occidentali che ebbero parte precipua in questo secolare movimento espansionistico[39].

Nel primo Novecento, alla fine dei grandi trasferimenti demografici, le popolazioni di origine europea – francesi, inglesi, irlandesi, tedeschi, italiani – avranno *occupato*, colonizzandola o comunque utilizzandola, un'enorme area oltremare di 8-9 milioni di miglia quadrate. Ovvero un'area che è 8-9 volte più estesa dell'intera Europa occidentale!

Gli effetti di simili spostamenti sono vastissimi. Le emigrazioni di contadini, braccianti, artigiani modificano profondamente il mercato del lavoro nei luoghi di partenza e nei luoghi di destinazione. L'emigrazione italiana, che esplode a fine Ottocento, nella congiuntura della crisi agraria, si rivelerà uno strumento, amaro quanto efficace, per decongestionare le campagne meridionali e rifornirle di un flusso di nuove risorse (le *rimesse* di coloro che sono partiti). «Se non fosse avvenuta l'emigrazione, si sarebbe fatto a coltellate per vivere», dice un testimone del tempo[40].

Per converso, «le economie del Nuovo Mondo [riceveranno] vantaggi incommensurabili dall'esodo dal Vecchio»[41]. Gli emigrati europei contribuiscono in modo decisivo all'urbanizzazione e all'industrializzazione degli Stati Uniti e ne modificano, al contempo, gli stessi caratteri sociali e culturali, fondando comunità a base etnico-nazionale che avranno un ruolo importante nella storia nordamericana. Le numerose Little Italy, Little Ireland ecc. sono un luogo di conservazione delle culture d'origine – spesso qualcosa di simile a ghetti – e diventano, in taluni periodi, un prezioso serbatoio di voti per i politici locali e un tassello cruciale nella dinamica sociale e politica delle municipalità. Per tutto l'Ottocento, i grandi centri urbani della costa orientale statunitense sono segnati dal fenomeno del *bossismo*. I *boss* sono leader populisti, spregiudicati, spesso corrotti, i quali, per conquistare le amministrazioni municipali, non di rado si fanno forti dell'appoggio raccolto – in cambio di favori spiccioli o sollecitandone lo spirito di gruppo – fra le comunità dei quartieri irlandesi, slavi, italiani.

Il fenomeno migratorio si rivela un potente veicolo per la diffusione del mercato moderno, delle nuove regole del lavoro di fabbrica, di valori e comportamenti cittadini. Si tratta di un fenomeno di modernizzazione fra i più cospicui. Non va dimenticato che quelle decine di milioni di europei che giungono sulle coste americane sono in larga maggioranza contadini. I flussi migratori comportano la rottura, la mescolanza, la contraddittoria ricomposizione di intere culture, ovvero di quel che c'è di più duraturo e tenace nella vicenda delle società. Costituiscono l'incontro, spesso traumatico, fra mondi diversi e lontani. Giunto nella New York di primo Novecento dal proprio villaggio ucraino, l'anziano Mendel Singer ne sarà quasi sopraffatto:

Il vento non era vento, era fatto di rumore e di grida, era un rumore che soffiava. Si componeva di uno stridulo tintinnio di cento invisibili campanelli, del minaccioso rintronare metallico dei tram, del richiamo insistente di innumerevoli trombe, del lamentoso stridere delle rotaie alle curve delle *streets*... I muscoli della sua faccia si erano irrigiditi. Avrebbe voluto piangere come un bambino piccolo. Sentiva l'odore acre di catrame dell'asfalto che si scioglieva, l'asciutta e cruda polvere nell'aria, il puzzo rancido e grasso dei canali e dei negozi di formaggi, l'odore pungente delle cipolle, il fumo dolciastro della benzina delle automobili, il marcio lezzo di palude dei mercati del pesce...

Tutti gli odori si mescolavano nel vapore caldo che gli veniva incontro, insieme col rumore che gli riempiva gli orecchi e voleva fargli scoppiare la testa. Presto non seppe più cosa udire, vedere, odorare... L'America gli si gettava addosso, l'America lo sconquassava, l'America l'annichiliva. Dopo qualche minuto perse conoscenza[42].

Note al capitolo terzo

[1] A. Sauvy, *Poca terra nel 2000*, trad. it., Bari, Laterza, 1960.

[2] R. Dawkins, *Il fenotipo esteso*, trad. it., Bologna, Zanichelli, 1979, p. 93.

[3] P. George, *Popolazione e popolamento*, Milano, Il Saggiatore, 1977, p. 205.

[4] Il grafico indica le percentuali di coloro che, alle rispettive date, hanno 5, 10, 15... 85 anni.

[5] D.H. Meadows *et al.*, *I limiti dello sviluppo*, trad. it., Milano, Mondadori, 1972, p. 40.

[6] Consiglio Nazionale delle Ricerche, Istituto di Ricerche sulla Popolazione, *Tre scenari per il possibile sviluppo della popolazione delle regioni italiane al 2038 (base 1988)*, a cura di A. Golini, Roma 1989, p. 9.

[7] J. Bourgeois-Pichat, *Du XXe au XXIe siècle: l'Europe et sa population après l'an 2000*, in «Population», 1 (1988).

[8] United Nations, *World Population Prospects: 1988*, New York, 1988.

[9] Citato in F. Braudel, *Civiltà materiale, economia e capitalismo (secoli XV-XVIII)*, vol. I: *Le strutture del quotidiano*, trad. it., Torino, Einaudi, 1982, p. 168.

[10] *Ibidem*, p. 173.

[11] W. Kula, *Problemi e metodi di storia economica*, trad. it., Milano, Cisalpino, 1972, p. 354.

[12] Sono parole di Peter Laslett, citate in G. Barraclough, *Atlante della storia 1945-1975*, trad. it., Bari, Laterza, 1977, p. 120.

[13] M.W. Flinn, *Il sistema demografico europeo 1500-1820*, trad. it., Bologna, Il Mulino, 1983, p. 7.

[14] E.A. Wrigley, *Demografia e storia*, trad. it., Milano, Il Saggiatore, 1969, p. 8.

[15] *Ibidem*, p. 77.

[16] *Ibidem*, p. 67.

[17] E. Gautier e L. Henry, *La population de Crulai, paroisse normande. Étude historique*, Paris, Presses Universitaires de France, 1958.

[18] Citato in G. Barraclough, *Atlante della storia 1945-1975*, cit., p. 124.

[19] P. Laslett, *The History of Population and Social Structure*, citato in G. Barraclough, *Atlante della storia 1945-1975*, cit., pp. 120-121.

[20] *Ibidem*.

[21] M.W. Flinn, *Il sistema demografico europeo 1500-1820*, cit., p. 67.

[22] L. Stone, *Viaggio nella storia*, Roma-Bari, Laterza, 1987, p. 239.

[23] J. Hajnal, *Modelli europei di matrimonio in prospettiva*, in M. Barbagli (a cura di), *Famiglia e mutamento sociale*, Bologna, Il Mulino, 1977, pp. 267 e 274.

[24] M.W. Flinn, *Il sistema demografico europeo 1500-1820*, cit., p. 59.

[25] R. Davico, *Popolazione*, in *Enciclopedia Einaudi*, Torino, Einaudi, 1977-1984, vol. X, p. 957.

[26] F. Braudel, *Civiltà materiale, economia e capitalismo (secoli XV-XVIII)*, vol. I: *Le strutture del quotidiano*, cit., p. 60.

[27] M.W. Flinn, *Il sistema demografico europeo 1500-1820*, cit., p. 27.

[28] F. Braudel, *Civiltà materiale, economia e capitalismo (secoli XV-XVIII)*, vol. I: *Le strutture del quotidiano*, cit., p. 49.

[29] *Ibidem*, p. 54.

[30] M.W. Flinn, *Il sistema demografico europeo 1500-1820*, cit., p. 35.

[31] R. Davico, *Popolazione*, cit., p. 957.

[32] *Ibidem*, p. 962.

[33] M.W. Flinn, *Il sistema demografico europeo 1500-1820*, cit., p. 143.

[34] Citato in D.V. Glass e E. Grebenik, *La popolazione mondiale dal 1800 al 1950*, in *Storia economica Cambridge*, Torino, Einaudi, 1974-1980, vol. VI, t. I, p. 106.

[35] S.J. Coyner, *Class Consciousness and Consumption: the New Middle Class during the Weimar Republic*, in «Journal of Social History», 10 (1977), n. 3, pp. 310 ss.

[36] J.A. Banks, *Prosperity and Parenthood*, London, Routledge and Kegan Paul, 1954, p. 3.

[37] E.A. Wrigley, *Demografia e storia*, cit., pp. 203 ss.

[38] E.J. Hobsbawm, *Il trionfo della borghesia 1848-1875*, trad. it., Bari, Laterza, 1976, p. 237.

[39] A.J. Youngson, *L'apertura di nuovi territori*, in *Storia economica Cambridge*, cit., vol. VI, t. I, p. 149.

[40] Citato in R. Davico, *Popolazione*, cit., p. 964.

[41] E.J. Hobsbawm, *Il trionfo della borghesia 1848-1875*, cit., p. 245.

[42] J. Roth, *Giobbe*, trad. it., Milano, Adelphi, 1977, pp. 108-109.

Capitolo quarto

La storia della famiglia fra società e cultura

I «grandi numeri» e i processi di lungo periodo ricostruiti dalla demografia storica hanno origine in quella sorta di microcosmo che è la famiglia. Sono, in buona misura, il risultato di un insieme di comportamenti, di decisioni, di avvenimenti – le scelte matrimoniali, i desideri procreativi, l'andare e venire degli emigranti, gli eventi della morte – che quotidianamente hanno luogo *sotto uno stesso tetto*[1], fra le mura di un'abitazione familiare.

Lo studio della famiglia, per le complicazioni stesse del tema, ha allargato fortemente i confini della demografia storica, mettendola a stretto contatto con le discipline economiche e sociologiche e con le discipline antropologiche e culturali. Oltre ad essere un aggregato di popolazione, la famiglia è il luogo dove i singoli individui vengono strutturati psicologicamente e socializzati, e dove ruoli e identità trovano il loro primitivo *teatro* e si differenziano a seconda del sesso, delle età, dei gradi di parentela. Al suo interno, si svolgono importanti funzioni economiche – dalla produzione di risorse all'organizzazione dei consumi – e si decidono i modi attraverso i quali la ricchezza viene trasferita da una generazione all'altra.

1. *Un istituto relativo*

Istituto fra i più universalmente diffusi, la famiglia è tuttavia un fenomeno storico e, come tale, assai difforme nel tempo e nello spazio. Ogni tentativo di riassumere la sua complessa realtà in un modello unico appare frutto di utopie etnocentriche. La famiglia è un prodotto culturale, la sua qualità è relativa. Non è detto che essa sia fondata – come accade prevalentemente nell'esperienza europea – «sull'unione socialmente riconosciuta di un uomo e di una donna, la monogamia, la residenza virilocale, un certo riconoscimento della filiazione e della trasmissione del nome da parte dell'uomo, l'autorità maschile»[2]. I numerosi materiali etno-antropologici disegnano al contrario quadri estremamente differenziati da luogo a luogo. Tutti quanti i caratteri dell'istituto familiare a noi più consueti possono trovarsi, altrove, rovesciati o mancanti.

A fronte dell'esperienza occidentale, che identifica spesso la famiglia con la nuova abitazione della coppia o con la casa paterna del maschio, esistono società fondate sulla residenza matrilineare (è l'uomo che va a stare dai genitori della sposa) e altre società dove gli sposi continuano a vivere ciascuno nel proprio nucleo abitativo d'origine. Presso i Senufo della Costa d'Avorio, ad esempio, i mariti, essendo poligami, «al sopraggiungere della sera, raggiungono a turno le loro diverse spose (una per ogni giorno) che cucinano per essi e che rendono loro i servigi del matrimonio, ma essi non risiedono mai in modo permanente con una di esse o con i figli che ne hanno avuto»[3]. Allo stesso modo, non è generalizzabile la norma monogamica che è propria della famiglia occidentale, né lo sono le sue usuali caratteristiche patriarcali e patrilineari. Gli etnologi hanno illustrato numerosi esempi di società organizzate secondo il lignaggio materno, dove le genealogie si segnano a partire dalla sposa e dalla sua famiglia e dove, corrispondentemente, sono la donna e lo zio materno – il fratello della madre – che assolvono ai principali compiti economici e all'accudimento dei piccoli. Fra i Nayar dell'India meridionale, i maschi – guerrieri e, come tali, spesso lontani da casa – non hanno la possibilità di fondare famiglie stabili e dunque i figli delle loro unioni temporanee vengono affidati alle madri e ai parenti della linea femminile. Ma neppure è universale l'eterosessualità del nucleo coniugale. Fra gli Yoruba della Nigeria o fra i Nuer del Sudan, ad esempio, esistono matrimoni legali fra donne, una delle quali svolgerà le funzioni sociali ed economiche proprie dello sposo, mentre i figli nasceranno dall'unione della donna-sposa con un maschio (il quale sarà, al tempo stesso, una sorta di servitore della donna-sposo). Né è detto infine che la famiglia implichi sempre, oltre al riconoscimento della maternità, anche il riconoscimento della paternità. Nel Tibet, la donna che si unisce in matrimonio con un uomo, ne sposerà successivamente anche i fratelli minori, e tutti i figli nati da quelle unioni considereranno come padre il maschio più anziano (e come zii gli altri). Insomma, «l'estrema varietà delle regole che contribuiscono alla fondazione della famiglia, alla sua composizione e alla sua sopravvivenza, dimostra che essa non è – nelle sue particolari modalità – un fatto di natura, ma, al contrario, un fenomeno propriamente artificiale, costruito, un fenomeno dunque culturale» (e storico)[4].

E tuttavia la famiglia resta una istituzione universalmente diffusa, cosa che ha fatto a lungo discutere antropologi e sociologi. L'istituto familiare – è stato detto – realizzerebbe una prima divisione del lavoro su base sessuale, distinguendo e organizzando ruoli femminili e ruoli maschili (all'uomo la caccia e la pesca, alla donna l'attività della raccolta, ad esempio), e permetterebbe, al tempo stesso, di regolare e controllare i comportamenti sessuali, normalizzando e acculturando una parte importante della sfera istintuale.

Attraverso lo scambio degli sposi, i matrimoni renderebbero possibile la solidarietà tra gruppi consanguinei estranei e potenzialmente ostili l'uno all'altro, svolgendo una cruciale funzione di amalgama sociale. Il tabù dell'incesto, fra i più *universali*, sarebbe la norma che costringe le parentele ad uscire dai propri confini, in cerca di spose e di alleanze. Com'è stato detto, sulle tracce di Claude Lévi-Strauss,

> sembra che l'umanità abbia ben presto compreso che doveva scegliere tra famiglie biologiche isolate e giustapposte come unità chiuse, perpetuantisi attraverso se stesse, sommerse dalle loro paure, dai loro odi e dalle loro ignoranze... e l'istituzione sistematica di catene d'intermatrimoni che consentano di edificare una società umana autentica sulla base artificiale di legami d'affinità, malgrado l'influenza isolante della consanguineità e anche contro di questa[5].

2. *Famiglia allargata e famiglia nucleare*

Nata alla metà del Novecento, la storiografia della famiglia ha conosciuto un vero e proprio boom negli ultimi decenni[6]. La cosa non stupisce. Alcuni fenomeni tipici dell'Occidente atlantico nel secondo Novecento – lo sviluppo del lavoro femminile extradomestico, la diffusione dei divorzi, la polemica contro l'autoritarismo, l'emergere dei movimenti femministi ecc. – sembrano giustificare tanto interesse.

Il punto di partenza da cui, seppure per vie diverse, prende le mosse questa storiografia è una tradizione sociologica che, tra il secondo Ottocento e il primo Novecento, aveva disegnato un quadro a tinte forti della famiglia e del suo mutamento, dov'era evidente l'influenza delle ideologie evoluzionistiche. Nel 1877, l'etnologo americano Lewis H. Morgan ricostruiva le fasi del lungo cammino che aveva portato dalla promiscuità sessuale (primordiale) alla moderna famiglia nucleare e monogamica. Poco più tardi, Friedrich Engels (*L'origine della famiglia, della proprietà privata e dello Stato*, 1884), collegando l'istituto della famiglia – le sue regole ereditarie maschili e il suo controllo sulle donne – alla necessità storica delle classi dirigenti di conservare la proprietà privata, individuava un nesso fra la libera contrattazione nel mercato del lavoro – tipica del sistema capitalistico ottocentesco – e la libera contrattazione delle scelte matrimoniali. Il matrimonio d'amore era dunque il prodotto di un'industrializzazione, che tuttavia, secondo Engels, aveva provocato la disgregazione della famiglia, richiamando al lavoro extradomestico mogli e figli e spezzando il vecchio nucleo casalingo, fondato su ritmi di vita sincronici.

Evoluzionista era anche la visione di un Durkheim o di un Frédéric LePlay (1806-1882), l'uno e l'altro convinti che la famiglia avesse seguito una traiettoria che l'aveva progressivamente semplificata e assottigliata nei propri numeri. Fissando le tappe del percorso, LePlay parlava di una famiglia patriarcale, tipica dei nomadi e dei pastori, formata da tutti i discendenti in linea maschile del patriarca, a cui era seguita dapprima una famiglia-ceppo, diffusa fra le società contadine europee, meno numerosa della prima, formata da alcuni soltanto dei discendenti del patriarca (quelli a cui andavano i beni di casa), e infine una famiglia instabile, caratteristica delle città manifatturiere, composta dalla coppia coniugale e dai figli e destinata a rompersi con il matrimonio di questi ultimi[7].

Simili quadri, variamente connessi alle teorie darwiniane e ai canoni positivistici, individuavano un percorso unilineare che portava dal passato (famiglie allargate) al presente (famiglie nucleari) e ne trovavano la spiegazione nel più generale processo di modernizzazione economica e sociale. Detto in altri termini, era il passaggio dalla comunità alla società (F. Tönnies, *Gemeinschaft und Gesellschaft*, 1887). La prima, la comunità, «include tutte le forme di rapporti caratterizzati da un alto grado di intimità personale, profondità emotiva, impegno morale, coesione sociale e continuità nel tempo»[8]. È tradizionale e premoderna. La seconda – forma tipica dell'età contemporanea – è contrattuale, individualistica, liberale, dinamica, burocratizzata. La comunità si identifica con gli aggregati rurali, la società con il contesto urbano; la prima con la famiglia allargata, composta da più generazioni (nonni, padri, figli) e da più famiglie orizzontali (convivenza di fratelli sposati nella stessa casa paterna), integrata nella comunità da vincoli solidali e stretti; la seconda con la famiglia nucleare di genitori e figli, isolata e neolocale.

Il nesso società - città - famiglia nucleare appariva stretto e divenne un'interpretazione ricorrente.

> L'opera dei primi teorici come Weber, Durkheim, Simmel, Tönnies, Mannheim e dei loro discepoli mise in rilievo che la famiglia nella società urbana doveva essere nucleare e indipendente e perciò tendenzialmente isolata, perché la differenziazione della società urbana richiedeva dai suoi membri un comportamento appropriato alle norme burocratiche piuttosto che a quelle familiari. Questi teorici supponevano che i modelli di vita urbani fossero completamente differenti da quelli delle società rurali. La vita di città richiedeva che fossero dei sistemi sociali specializzati ad assumersi le molte funzioni un tempo svolte dai membri del gruppo di parentela. Inoltre la famiglia nucleare, consistente di marito, moglie e figli indipendenti dai loro parenti, era quella che meglio si accordava alle domande del sistema economico, che richiedeva un alto grado di mobilità geografica e occupazionale da parte dei suoi membri[9].

Nel secondo dopoguerra, la storiografia della famiglia si sviluppa a partire da queste ipotesi e su questo terreno teorico e problematico. In particolare, i demografi storici cercano di verificare l'attendibilità del processo che, in conseguenza dell'industrializzazione e dell'urbanizzazione, porterebbe dalla famiglia complessa alla famiglia nucleare. A questo fine, ricostruiscono le forme e le dimensioni che la famiglia (occidentale) ha assunto nel corso dei secoli. Nel 1965, presentando i propri studi su alcune comunità britanniche, Peter Laslett mostra come, dal Cinquecento alla fine dell'Ottocento, senza che si registrino variazioni significative, l'Inghilterra sia caratterizzata da una famiglia di tipo nucleare e di dimensioni contenute (intorno alle cinque persone). Generalizzando, Laslett ipotizza che la maggioranza della popolazione dei paesi occidentali ha vissuto per secoli in famiglie formate per lo più soltanto da genitori e figli e che dunque l'idea di un'Europa contadina popolata da grandi aggregati domestici è un mito. Per quel che se ne può sapere, rileva lo storico del Cambridge Group for the History of Population, «è semplicemente falso che vi sia stato un tempo e un luogo in cui la famiglia complessa fosse lo sfondo universale della gente»[10]. La nuclearizzazione della famiglia è un fenomeno preesistente all'industrializzazione, non una sua conseguenza.

Si tratta di ipotesi che susciteranno un'interminabile discussione e che verranno sottoposte a numerose critiche, alla luce degli studi successivi. L'interpretazione della famiglia europea come esclusivamente nucleare appare troppo legata al caso inglese studiato da Laslett (come egli stesso ammetterà, in seguito). In alternativa, viene proposto un quadro delle forme familiari in età preindustriale che distingue fra due modelli principali: l'Europa nord-occidentale e centro-occidentale sarebbe caratterizzata – in misura esclusiva o prevalente – da famiglie nucleari e neolocali (gli sposi mettono su casa, lasciando quella paterna) e da matrimoni piuttosto ritardati nel tempo (intorno ai 26 anni gli uomini, intorno ai 23 le donne); nell'Europa mediterranea e orientale, invece, prevarrebbero forme di famiglia complesse, le nuove coppie rimarrebbero nella casa dei genitori dello sposo e i matrimoni sarebbero più precoci (specie per le donne)[11].

La discussione è tuttora aperta. Ma l'interesse per simili tipologie demografico-familiari su larga scala appare oggi minore di qualche anno fa: la demografia storica prende atto della necessità di mettere più attentamente in relazione i sistemi familiari con gli specifici contesti socio-economici in cui essi vivono. Ogni tentativo di delineare vasti territori omogenei sul piano dei sistemi familiari rischia infatti di sottovalutare la spiccata articolazione – nazionale, regionale, subregionale – dell'Europa. Si prenda il caso italiano. Per secoli e fino a tempi non lontani, gran parte dell'Italia centro-settentrionale è caratterizzata da un sistema agrario fondato sull'appoderamento. I proprietari affidano la gestione della terra a contadini, che sono tenuti a vivere in campagna, nelle case coloniche, e che danno al proprietario una quota del raccolto annuale (contratto mezzadrile). Ma, trattandosi di poderi di dimensioni non piccole, il mezzadro ha necessità di disporre di un adeguato numero di braccia e tende perciò a costruire una famiglia complessa, trattenendo sotto il proprio tetto i figli che si sposano e vedendo di buon occhio la crescita demografica del gruppo parentale. Ben organizzata sul piano delle funzioni lavorative, la famiglia mezzadrile emiliana del XIX secolo coltiva poderi che si aggirano sui 15-20 ettari e conta usualmente dieci-quindici membri (ma ne esistono di molto più numerose). A differenza di altri paesi europei, nell'Italia del Centro-Nord insomma «una parte rilevante della popolazione agricola seguiva il modello di residenza patrilocale, dopo le nozze, e trascorreva lunghi periodi della vita in famiglie composte da tre generazioni e da più unità culturali»[12]. Tenuto conto che l'appoderamento parte almeno dal XV secolo e che il contratto di mezzadria non decade prima degli anni Cinquanta del Novecento, il fenomeno degli aggregati domestici toscani o emiliani dimostra quanto antica e radicata sia, *in alcune aree europee*, la famiglia complessa. Ma sbaglierebbe chi giungesse alla conclusione che l'Italia rurale sia *tout court* un paese di famiglie complesse. Al contrario, nelle regioni meridionali della penisola, proprio laddove ci attenderemmo la cosiddetta grande «famiglia mediterranea», i gruppi domestici complessi tendono a diminuire, mentre diventano talvolta prevalenti le forme familiari neolocali e nucleari. Gran parte del Mezzogiorno italiano infatti è caratterizzata da aziende contadine di dimensioni piccole o piccolissime, da latifondi che utilizzano manodopera bracciantile e spesso avventizia, dalla presenza di pianure malariche che impediscono l'appoderamento e spingono la gente a vivere in città e villaggi popolosi, da coltivazioni estensive che richiedono poca manodopera (e concentrata in alcuni mesi dell'anno). I contadini meridionali non hanno bisogno di aggregati domestici numerosi, data la poca terra a loro disposizione, e anzi hanno il problema di limitare il numero delle persone che vivono in casa. Ma anche le famiglie bracciantili sono di piccole dimensioni, nucleari e neolocali, vista la scarsità delle risorse casalinghe e mancando di una terra che tenga unito il gruppo domestico. La «famiglia mediterranea», insomma, si trova nell'Italia settentrionale più che nell'Italia meridionale, a dimostrazione del rischio di ogni generalizzazione geografica che non tenga nel giusto conto le molte variabili socio-economiche che differenziano un contesto dall'altro (in questo caso, il regime fondiario, l'ampiezza dei poderi, le coltivazioni arbustive o seminatorie, il popolamento sparso o accentrato ecc.).

Né vanno dimenticati gli elementi culturali. Malgrado le interminabili discussioni in merito, è fuori di dubbio che lo sviluppo economico e sociale del XIX secolo provoca modificazioni nel sistema delle famiglie. L'industrializzazione e l'urbanizzazione trasformano le tipologie familiari della campagna, favorendo abitudini neolocali laddove esistevano aggregati complessi, riducendo l'età del matrimonio, determinando una natalità svincolata dal problema di un equilibrio fra quantità della terra e numero dei figli. La città ottocentesca, eccezion fatta per taluni gruppi di *élite*, è caratterizzata da un modello nucleare. Ma attenzione a ritenere che si tratti di processi rapidi e netti. Lo sviluppo di una società industriale produce «una nuclearizzazione della famiglia solo quando [taglia] ogni legame fra i contadini e il loro mondo di origine»[13]. La crescita manifatturiera e industriale dell'Italia settentrionale, nel corso del XVIII e del XIX secolo, provocherà il passaggio lento e progressivo della popolazione rurale dal lavoro agricolo al lavoro manifatturiero e, ancor più lentamente, dalla campagna alla città. Molti contadini della pianura padana diverranno dapprima contadini-operai (nel senso che qualcuno, nella famiglia contadina, viene addetto ad attività manifatturiere e va, magari periodicamente, a lavorare in fabbrica), poi operai-contadini (la famiglia contadina continua spesso a vivere in campagna ma i suoi redditi provengono ormai dal lavoro di chi va in fabbrica più che da quello di chi è rimasto a coltivare la terra) e infine operai veri e propri, i quali vivono in città e hanno rotto ogni rapporto con la terra. Gli aggregati domestici seguono lo stesso cauto percorso, passando lentamente dalle forme complesse e patrilocali del mondo contadino alle forme neolocali e nucleari della città. Nel grande polo industriale di Marghera, che nasce intorno al 1920, lavoreranno per un paio di decenni operai i quali risiedono nei poderi della circostante campagna veneta, continuano a vivere in famiglie complesse e mantengono gli usi della civiltà rurale di provenienza. Non basta l'esperienza di lavoro nei moderni capannoni della Montecatini o dell'ILVA per stravolgere forme di organizzazione domestica e sistemi di valori che sono antichi e resistenti[14].

Ma c'è un'altra ragione che ha messo in crisi i tentativi della demografia storica di classificare le forme della famiglia occidentale fra età preindustriale ed età contemporanea. Le tipologie su sistemi complessi o nucleari, patrilocali o neolocali ecc. finiscono infatti per non tener conto del fatto che la famiglia è un sistema dotato di una propria esistenza, nel corso della quale anche la sua forma è soggetta a importanti cambiamenti. Una stessa famiglia può avere una fase nucleare e poi una fase complessa e tornare infine alla sua primitiva forma semplice. In altri termini, come ha rilevato Lutz K. Berkner in uno studio sui contadini austriaci del Settecento, la famiglia ha un proprio *ciclo di vita*, che ne impedisce ogni ipostatizzazione e ogni formalizzazione rigida. «Poiché esistono buone probabilità che i genitori siano ancora vivi quando due giovani si sposano, questi ultimi iniziano il matrimonio *in una famiglia estesa*. Col tempo, i genitori muoiono e gli sposi, ormai di mezza età, vivono *in una famiglia nucleare*; quando uno dei loro figli si sposa e porta in casa la propria moglie, *la famiglia diventa di nuovo estesa*, e così via»[15]. Allo studioso, di conseguenza, le famiglie appariranno allargate o nucleari a seconda dello stadio in cui si trovano. Anche le importanti osservazioni di Berkner ricordano alla demografia storica che il tema familiare, proprio a causa della sua variabilità strutturale e culturale, va trattato con tutta la cura del caso.

3. *Sentimenti, relazioni e culture familiari*

La discussione sui caratteri e le trasformazioni della famiglia occidentale non coinvolge soltanto i demografi. Ad essa forniscono contributi di grande rilievo anche quegli storici che, della famiglia, analizzano soprattutto la qualità interna, le relazioni e le gerarchie tra i membri che la compongono, gli interessi e gli affetti che la rendono unita o conflittuale, cercando i nessi che collegano la dimensione privata dell'aggregato domestico al suo contesto (dunque alla stratificazione sociale, al sistema istituzionale e politico, a valori e ideologie correnti ecc.).

Questo approccio alla famiglia come insieme di relazioni ed emozioni interpersonali (un «approccio dei sentimenti»[16]) e come rapporto fra la sfera privata e la sfera pubblica ha prodotto numerosi studi e un ricco ventaglio di temi. Della famiglia sono stati analizzati le gerarchie interne, i ruoli specifici degli uomini e delle donne, le ragioni dell'infanzia e dei giovani, la condizione della vecchiaia, le culture e le rappresentazioni della morte. Del 1960 è il saggio di Philippe Ariès dedicato a *Padri e figli nell'Europa medievale e moderna*, opera di sintesi plurisecolare, assai lontana dagli approcci quantitativi dei demografi, che traccia una storia evolutiva del sentimento dell'infanzia, rilevando il passaggio dall'indifferenza mostrata verso i figli fino al Cinque-Seicento alla rivalutazione dell'infanzia in età moderna, nel momento dell'emergere di una famiglia nucleare. A questioni di tipo psicologico, individuali e collettive, fa riferimento lo storico canadese E. Shorter, descrivendo in *Famiglia e civiltà* (1975) la nascita della famiglia moderna come una «rivoluzione del sentimento», con il passaggio dal «matrimonio d'interesse» (fondato sullo scambio di proprietà) al matrimonio con motivazioni sentimentali e sessuali.

Gli «storici dei sentimenti» utilizzano soprattutto diari, carteggi, memoriali e altre fonti scritte di tipo privato, limitandosi perciò a studiare quei gruppi che hanno lasciato simili tracce, ovvero le *élites* sociali acculturate. Inoltre, com'è stato detto più volte, affrontano temi e concetti indubbiamente rischiosi perché mal verificabili sul piano empirico, come le mentalità, la sfera emozionale, le visioni del mondo, il rapporto fra dimensione privata e vita pubblica, le ideologie comunitarie e le ideologie individualistiche ecc. Ad essi tuttavia si devono alcune sintesi di indubbia efficacia. Ripercorreremo qui la lettura che della vicenda della famiglia occidentale ha fornito Lawrence Stone, in una serie di studi pubblicati a partire dagli anni Settanta[17]. Imperniata sul caso inglese e limitata sostanzialmente alle *élites*, l'opera di Stone costituisce un tentativo di collegare la storia della famiglia alla storia della società inglese nel suo complesso, secondo rapporti di reciproca influenza e di intenso rispecchiamento.

Punto di partenza è la famiglia «a lignaggio aperto» del

Quattro-Cinquecento, numerosa, composta da molti nuclei coniugali, fondata su legami di consanguineità: un clan e un potentato locale più che un gruppo affettivo e *privato*. «La sua manifestazione fisica era la grande casa, con la sua prodiga ospitalità, la mancanza di intimità, le folle onnipresenti di persone del seguito, servitori, clienti e postulanti»[18]. Al suo interno, le decisioni – e prima fra tutte la scelta delle nozze – seguono una logica di gruppo, che va oltre le opzioni individuali. «Nell'Inghilterra del secolo XVI – scrive Stone – il matrimonio fra le classi proprietarie era una decisione collettiva della famiglia e della parentela, non una decisione individuale»[19].

I lignaggi sono tutt'altro che chiusi fra le mura domestiche e appaiono ben inseriti in una comunità locale che, a quel tempo, assolve ad una serie di funzioni sociali, religiose ed economiche e controlla rigidamente la sfera dei comportamenti privati. «Nel villaggio non si faceva che blaterare sulle manchevolezze e i falli morali degli altri» e le deviazioni dalle norme di comportamento in campo familiare e sessuale non di rado venivano condannate pubblicamente (e «i colpevoli condannati a confessare il proprio reato sulla piazza del mercato o in chiesa, avvolti in un lenzuolo bianco»)[20].

Mentre è la comunità del villaggio che svolge un forte ruolo di socializzazione e di controllo morale, il gruppo domestico appare disabituato alla *privacy*, permeabile all'esterno, caratterizzato dalla lontananza emotiva fra i coniugi e fra genitori e figli. Le coppie sono come perse nella rete della parentela. Mariti e mogli hanno stanze separate. I figli vengono trattati con distacco e, del resto, spesso non sono desiderati, soprattutto se femmine. «Mia moglie – confessa un gentiluomo del Lancashire, a proposito della morte prematura della sesta femmina – ha assai deluso le mie speranze, dando alla luce una figlia, la quale, non trovandosi accolta in questo mondo così bene come lo sarebbe stato un maschio, ha già fatto la scelta discreta di un mondo migliore»[21].

Tra Cinquecento e Seicento, la famiglia «a lignaggio aperto» cede il passo a quella che Stone chiama la «famiglia nucleare patriarcale», secondo un percorso che sembra alludere alla più generale trasformazione delle strutture e dei comportamenti da un piano comunitario ad un piano individualistico[22].

Decadono i legami di consanguineità e assumono crescente valore i vincoli acquisiti – quelli tra sposo e sposa – e il rapporto tra genitori e figli. Emerge una famiglia di dimensioni molto più ridotte, fortemente gerarchica, dominata dalla figura maschile, dove il ruolo della donna è esaltato ma all'interno di un rigido patriarcato. La famiglia nucleare s'identifica con la propria abitazione. Marito, moglie e figli si chiudono a riccio, rescindendo affettivamente e materialmente i tradizionali, intensi legami con il gruppo parentale. L'ideologia dell'amore coniugale li protegge e li giustifica. È dentro la casa che si svolge la norma severa della deferenza filiale e dell'obbedienza femminile: i figli che s'inginocchiano a chiedere quotidianamente la benedizione dei genitori, i padri che ne decidono il destino professionale o scelgono per essi la futura sposa, il capofamiglia che svolge funzioni prima pubbliche come la preghiera e la lettura della Bibbia, o raccoglie la confessione dei propri stessi familiari, o ne controlla il comportamento attraverso la lettura dei loro diari. La donna è più importante di prima, perché partner di un piccolo gruppo qual è la famiglia nucleare, ma è anche più debole, perché senza la protezione del suo lignaggio (i genitori, gli zii, i cugini), rimasta sola con un marito che le chiede obbedienza, tagliata fuori dalla vita pubblica, senza autonomia economica.

Un processo del genere allude a profonde modifiche culturali e sociali. La Riforma anglicana fa la sua parte, abolendo una ideologia della castità ch'era stata propria del cattolicesimo e favorendo il trapasso delle funzioni religiose dalla cappella al focolare domestico. Sta cambiando, nel frattempo, il quadro politico ed istituzionale, e Stone ne sottolinea le conseguenze sui vecchi sistemi familiari. «Lo Stato moderno – scrive – è nemico naturale dei valori del clan e della parentela, poiché essi costituiscono una diretta minaccia al vincolo prioritario di lealtà che lo Stato rivendica a se stesso»[23]. Nell'Inghilterra elisabettiana, esso tenderà ad assumere ruoli che prima erano stati tipici della famiglia allargata o delle comunità di villaggio, provvedendo all'assistenza di orfani, vedove, poveri, socializzando i giovani all'interno delle rinnovate istituzioni scolastiche, imponendo un principio di fedeltà al sovrano che trova un *pendant* nella fedeltà richiesta dal capofamiglia a moglie e figli. In altre parole, lo Stato contribuisce a distruggere le funzioni della famiglia allargata e legittima l'autorità maschile all'interno di una famiglia nucleare, che diventa il veicolo per l'assimilazione di un'ideologia di sudditanza e di patriottismo. I gruppi domestici «a lignaggio aperto» si dissolvono e, con essi, si dissolve o si attenua la tendenza dei clan parentali ad entrare nella lotta politica e a costituire, essi stessi, una sorta di partito politico. I nuovi partiti seicenteschi, i *whigs* e i *tories*, saranno raggruppamenti di interessi, di clientele, di categorie professionali e, molto meno di prima, gruppi legati da parentele. Il rapporto tra famiglia e sfera politica è chiaro: lo Stato punta sulla famiglia nucleare sia per diffondere un principio di obbedienza al sovrano, sia per spezzare la frammentaria realtà precedente di clan consanguinei, spesso tanto forti da costituire un potere alternativo a quello centrale.

La nascita della famiglia coniugale patriarcale viene inoltre collegata da Lawrence Stone alle vicende economiche del tempo. Tra Cinque e Seicento, le strutture comunitarie del villaggio rurale tendono a decadere: inizia il processo di recinzione delle terre, diminuiscono i pascoli comuni e le pratiche di coltivazione collettiva delle terre. Sono i primi germi del capitalismo agrario e di un uso individualistico della terra. Nelle proprietà recintate, si sviluppano le greggi e, con le greggi e con la lana, una fiorente industria a domicilio, di proporzioni prima sconosciute. La crescita della produttività delle terre e lo sviluppo manifatturiero creeranno nuove e profonde diseguaglianze tra regione e regione: lo Yorkshire farà, per molti decenni, la parte del leone, finché non sarà la volta, nel tardo Settecento, dell'industria cotoniera e del Lancashire.

Tutto ciò ha diretti riflessi sulle famiglie. La fine dell'economia comunitaria assesta un duro colpo al sistema delle «grandi parentele». La gestione individualistica dell'agricoltura esalta il nucleo coniugale e il suo capofamiglia. Con lo sviluppo della manifattura domestica, la lana viene filata e tessuta da singole famiglie nucleari, all'interno della *household*. Infine, la crescita economica di talune zone provoca fenomeni inconsueti di mobilità territoriale: i flussi migratori verso i distretti in via di sviluppo (oltre che verso Londra) assumono grande rilevanza e contribuiscono a spezzare i vecchi legami di parentela. Gli individui lasciano la casa paterna e vanno a stabilirne una nuova sul luogo di lavoro.

Con il Settecento, la famiglia registra altri cambiamenti. Si afferma quella che Stone chiama la «famiglia nucleare domestica» e cresce, al suo interno, il peso delle relazioni affettive interpersonali.

Proseguendo un *trend* già in atto, il nucleo domestico si chiude rispetto a parenti, amici e domestici. La tradizionale promiscuità fra maschi e femmine cede il posto ad una segregazione dei sessi che si riflette nella stessa struttura delle abitazioni: fanno la propria comparsa i corridoi, che separano le camere da letto dai locali aperti ad amici e parenti, mentre i servi vengono allontanati dalle stanze da letto dei padroni e non assistono più ai loro pasti e alle loro chiacchiere. Le famiglie vivono un generale processo di privatizzazione del corpo – della sua vista, dei suoi odori, delle sue secrezioni. Insieme con un nuovo sentimento della *privacy* e con le «buone maniere», tinozze da bagno e saponi si diffondono fra le *élites*, gli abiti notturni vengono differenziati dagli abiti diurni, le parrucche permettono di superare il problema delle pulci che s'annidavano nei capelli, i pasti sono consumati in piatti personali, le forchette sostituiscono le dita delle mani, fanno la loro comparsa i fazzoletti.

Sentimenti e opzioni personali sembrano trovare una nuova legittimazione. Genitori e parenti non sono più i soli ad avere voce in capitolo, nelle scelte matrimoniali. Diminuiscono le nozze fra persone anziane e giovanette o fra parenti, ovvero i matrimoni concordati fra le famiglie e imposti agli interessati. Appaiono meno rigide le gerarchie interpersonali. Le distanze fra mariti e mogli si attenuano, come quelle fra genitori e figli. Il modello della sposa tende a coniugarsi con il modello dell'amante. Il diffondersi degli adulteri fra le donne dell'*élite* rivela anch'esso, secondo Stone, una maggiore libertà femminile e una dimensione «edonistica» anch'essa nuova. I controlli tradizionali – della comunità, del clero, delle generazioni più anziane – sembrano meno stringenti di un tempo. Le donne del resto vedono accrescersi le proprie funzioni, aumentando la pratica dell'allattamento (che sostituisce il baliatico), essendo più stretto il rapporto fra madri e figli e soprattutto più aperta alle donne la vita sociale della famiglia. È più diffusa l'istruzione, meno autoritari gli indirizzi pedagogici, più attento il rapporto con infanti e fanciulli. La famiglia assume una inedita connotazione «domestica» ed «affettiva».

In seguito, nel corso dell'Ottocento, a dimostrazione del fatto che la storia della famiglia non segue un cammino rettilineo, Stone registra una forte inversione di tendenza e, rispetto alle aperture settecentesche, il ritorno in grande stile dell'autoritarismo (paterno) e della repressione sessuale.

La nuova fase si apre con l'avvento di un nuovo puritanesimo, le cui origini affondano nella situazione sociale e politica dell'Inghilterra di primo Ottocento. Già nel 1787, Giorgio III aveva ingaggiato battaglia contro l'alcolismo, le bestemmie, le case da gioco, i bordelli, la stampa «licenziosa». L'obiettivo era il disciplinamento di una popolazione – soprattutto rurale – estranea alle esigenze di ordine sociale e di lavoro produttivo imposte dal processo di sviluppo in corso (rivoluzione industriale). Si trattava di indurre i poveri – e i lavoratori in genere – ad essere «sobri, industriosi, frugali, temperanti, virtuosi e felici», per usare le parole della propaganda evangelica[24].

Ma la ripresa del rigorismo morale finisce per influenzare il modello domestico e specialmente i comportamenti privati dei ceti medi. L'Inghilterra vittoriana assiste alla drastica restaurazione delle gerarchie familiari. I nuovi ideali di comportamento – pubblico e privato – ruotano attorno al rigore del *pater familias* e alle sue prescrizioni. Il padre torna a dirigere in modo inflessibile la morale domestica. Decadono, parallelamente, i margini di autonomia della donna, a cui si chiedono ora virtù casalinghe, spirito religioso, obbedienza, modestia nei comportamenti e il silenzio. Sull'onda di un nuovo formalismo, le mogli del primo Ottocento riprendono a dare del «signore» ai propri mariti. La donna, nell'ideale e nella pratica, diventa pallida, fragile, smagrita dalla dieta insufficiente e dai busti stretti, estranea alle passioni (che sono per definizione virili) e frigida. La sua subalternità sconfina nelle patologie psicosomatiche, tanto che una testimone di metà Ottocento potrà scrivere che «in questo paese le due malattie più diffuse tra le femmine sono l'ipocondria e l'isteria»[25].

Per parte loro, i giovani (i figli) tornano a soffrire dei vecchi rigorismi, perché la pedagogia ottocentesca li considera poco più che selvaggi e dunque naturalmente malvagi, da punire e imbrigliare. Partendo da simili premesse, i genitori rifiutano ad essi l'affetto e la stessa vicinanza fisica, li privano di gratificazioni materiali, controllano ed assottigliano le loro diete, ritengono di *civilizzarli* attraverso le sofferenze morali e fisiche e l'abitudine alla rinuncia. La figlia di un deputato scozzese ricorderà il rito mattutino del bagno nell'acqua fredda, quando, «spesso, prima del nostro orribile tuffo, occorreva rompere il ghiaccio in superficie»[26]. Il padre torna ad essere un personaggio temuto e lontano, che i figli chiamano *the governor*. I giovani sono controllati (da istitutori e genitori) ben oltre l'adolescenza e i loro matrimoni nuovamente decisi a tavolino. Per non parlare di quella sorta di ossessione collettiva che è l'atteggiamento verso il sesso: mentre le strade buone delle città vengono ripulite dalle prostitute e la stessa letteratura si sottopone ad un'autocensura talvolta grottesca (sicché «sdraiarsi» può diventare «lavorare», nell'edizione di un testo shakespeariano...), nelle famiglie ogni accenno alla sessualità viene represso con durezza, nei collegi punito con una severità divenuta celebre. Alle donne, ritenute fisiologicamente prive di impulsi erotici, un manuale ottocentesco di buone maniere prescriverà senz'altro: «subìte e rimanete immobili»[27].

La ventata dell'autoritarismo familiare è intensa, e non manca chi, a metà secolo, teorizza che «la forma di governo di una famiglia, per il bene di chi vi partecipa, deve essere la monarchia, ma una monarchia limitata; di tutte le forme di governo, la democrazia è quella che meno si presta alla vita domestica»[28].

Ma la famiglia ottocentesca, nata dalla tensione rigorista dei ceti dirigenti e dal loro desiderio di controllare gli effetti politici delle trasformazioni economiche, finisce per presentare curiose dissonanze rispetto al proprio contesto. Essa – ha rilevato Eric J. Hobsbawm – *non* è lo specchio della società del tempo ma di essa presenta, al contrario, un'immagine rovesciata. Mentre la società (dell'Inghilterra vittoriana) è liberale, contrattuale, moderna, la famiglia conserva rapporti sperequati, personali, arcaici. Padroni e servitù non hanno certo i caratteri dell'industriale e dell'operaio: fra «signori» e domestici vigono regole consuetudinarie – protezione e paternalismo, deferenza e affettività – più che una norma contrattuale precisa. Il forte potere del capofamiglia o l'abisso gerarchico che divide maschi e femmine appaiono smentire gli stessi principi di un sistema politico basato sull'eguaglianza dei diritti individuali. «La struttura della famiglia borghese contraddiceva brutalmente quella della società borghese»[29]. Il fatto è che quella società è solo formalmente libera ed egualitaria, rileva Hobsbawm: in realtà, essa appare segnata da dipendenze e da asimmetrie profonde, contenendo al proprio interno, seppure dissimulati, meccanismi di dominio e di sfruttamento. In questo senso, tra la società liberale e la rigida famiglia ottocentesca esiste un gioco continuo di rispecchiamenti.

La traiettoria giunge così alle soglie del Novecento e ad una nuova inversione di tendenza. Cadute le paranoie sociali e politiche che avevano caratterizzato il XIX secolo, sembrano venir meno anche le tendenze della morale pubblica al controllo dei comportamenti privati. Nel frattempo, la diffusione delle pratiche anticoncezionali ed il forte costo dell'istruzione dei figli hanno dato vita a nuclei familiari dalle dimensioni ridotte e slegato le scelte procreative dagli impulsi sessuali. L'aumento della vita media e la (moderata) caduta dell'età alle nozze, del resto, finiscono per prolungare la durata del matrimonio a molti decenni – ciò che era impensabile un secolo prima –, obbligando gli individui a scelte coniugali ben ponderate ed affettivamente valide: non a caso, dal secondo Ottocento, si vanno diffondendo le legislazioni divorziste, che offrono l'opportunità di interrompere i legami divenuti difficili. Infine, non sono da sottovalutare gli effetti di una laicizzazione della cultura occidentale, che ridimensiona la tradizionale ostilità cattolica verso la libertà sessuale, né la portata dei movimenti e delle culture di emancipazione femminile, che tendono ad azzerare vecchi pregiudizi, né il peso di un *individualismo* il quale, sull'onda di un generale processo di modernizzazione, delegittima i sistemi di autorità fondati sulla consuetudine.

Ma la situazione presente non è che una fase di un percorso articolato, il cui stesso andamento così poco lineare vieta di fare previsioni. «Non si ha alcun motivo di credere – conclude Lawrence Stone – che il prodotto finale, l'individualismo affettivo, il tipo di famiglia intensamente rivolta verso se stessa, emotivamente legata, sessualmente emancipata, attenta alle esigenze dei figli, tipica del terzo venticinquennio del XX secolo, possa essere un istituto più permanente di quanto non lo siano stati i molti tipi di famiglia che l'hanno preceduto»[30].

4. *Elites e patrimoni*

A lato della «storiografia dei sentimenti», un altro filone di studi ha analizzato la famiglia come luogo in cui vengono prodotte, gestite e consumate le risorse economiche. Anche su questo piano, la famiglia si presenta spesso come un insieme di individui legati da rapporti gerarchici e diseguali, i quali appaiono tuttavia orientati da una strategia comune e da comuni obiettivi. A lungo, nell'esperienza storica europea, accade che siano i gruppi domestici a controllare, organizzare e redistribuire i redditi individuali, il patrimonio immobiliare, le attività produttive o commerciali di casa, le scelte professionali dei propri membri ecc. Fino a tempi recenti, i margini di discrezionalità che la legge riconosce ai capifamiglia sono molto ampi. Ed è usuale, del resto, che le strategie e i valori dei gruppi domestici si impongano anche al di là del dettato dei codici civili.

Vediamo anzitutto il nesso fra famiglie e patrimoni. Il problema di conservare uniti i beni patrimoniali di casa, evitandone alienazioni e smembramenti, assilla tradizionalmente quelle nobiltà europee che, dai grandi possedimenti terrieri e dalle proprietà immobiliari urbane, ricavano redditi e prestigio. La questione riguarda soprattutto il rischio di una dispersione patrimoniale, al momento del passaggio ereditario dei beni da una generazione alla successiva. Per quanto la nobiltà si sforzi spesso di essere cauta sul piano demografico e tenda inoltre a limitare il numero dei figli che si sposano, il problema rimane aperto. Alla conservazione del patrimonio immobiliare è legata la stessa *sopravvivenza sociale* di quelle *élites* che non hanno altre fonti di reddito, come commerci, operazioni finanziarie, attività professionali o prebende burocratiche. È quel che accade, ad esempio, alle *élites* veneziane o milanesi, tra Cinquecento e Seicento, quando gli introiti provenienti dai traffici mercantili si inaridiscono e tutte le risorse familiari si trovano ad essere investite in proprietà fondiarie. Ma nel momento in cui un casato finisce per identificarsi e fondarsi su un patrimonio immobiliare, diventa essenziale controllarne non soltanto la gestione presente ma anche i destini futuri. Decisivo è dunque il sistema successorio.

Al momento di far testamento, i genitori devono risolvere

il dilemma di come dare soddisfazione alle aspettative dei figli ed evitare al tempo stesso la cattiva gestione o, peggio, lo smembramento dei beni ad opera degli eredi. Un dilemma in parte insolubile, che viene scavalcato sacrificando le ragioni familiari a quelle patrimoniali. La strategia che scelgono le *élites* proprietarie europee è infatti basata su due meccanismi successori – il maggiorascato e il fedecommesso –, che garantiscono la conservazione delle ricchezze ma a costo di privarne la maggior parte dei figli. «La primogenitura imponeva che i titoli [nobiliari] dovessero passare solo al primogenito, come pure i relativi feudi, che non dovevano essere divisi per alcun motivo. Il fedecommesso, dal momento stesso della sua costituzione, vincolava un patrimonio immobiliare alla più assoluta integrità per tutti i futuri passaggi di generazione in generazione, senza che i successivi eredi potessero apportarvi alcuna modificazione»[31]. In sostanza, fedecommessi e maggioraschi finiscono per concentrare la base immobiliare del casato su una sola linea successoria (maschile).

Una simile prassi di conservazione *per legge* dei patrimoni è antica, derivando direttamente dalle clausole che proibivano ai signori feudali di alienare e di disporre liberamente delle terre avute in possesso dall'autorità sovrana. Essa tuttavia si diffonde a macchia d'olio, nell'Europa moderna. «I proprietari terrieri scoprirono che lo stesso principio della inalienabilità e della linea fissa di successione, che era stato utile al potere del re o del principe, poteva ora servire ad arricchire e rafforzare anche le loro famiglie. L'adozione di questo sistema da parte di un gran numero di proprietari terrieri ebbe luogo in Spagna nel XV e XVI secolo, in Francia e in Italia nel XVI secolo, e in Inghilterra, Austria e Germania nel XVII secolo»[32]. Nell'Inghilterra seicentesca, un'aristocrazia preoccupata dalla cattiva gestione patrimoniale dei figli e dai rischi di frammentazione del patrimonio provocati dalle divisioni ereditarie elabora un accorto sistema di conservazione della ricchezza (lo *strict settlement*) il quale avrà tanto successo da resistere fino al primo Novecento. Lo *strict settlement* prevede che, all'atto delle nozze del primogenito, il genitore trasferisca sul figlio il grosso dei beni di casa, vincolandolo però ad una serie di clausole assai rigide. Il contratto di matrimonio specifica infatti che la proprietà viene ceduta come vitalizio indivisibile, sicché, in pratica, il figlio riceve un semplice usufrutto e non ha alcun potere di vendere il patrimonio e di riutilizzarne in altro modo il ricavato. Il contratto specifica anzi puntigliosamente quali siano le rendite annuali disponibili per lo sposo, quali per la moglie (laddove essa rimanga vedova) e per i futuri figli della coppia. Insomma, proprio nel momento in cui riceve dal padre i beni di casa, «il possessore del patrimonio si trova ormai con le mani legate»[33]. Proprio perché devono garantire la continuità della ricchezza, gli eredi ne possono disporre molto parzialmente. In Germania, le *élites* aristocratiche riescono a conservare una forza patrimoniale cospicua fino ai primi decenni del Novecento, grazie ad un regime successorio che concede agli eredi il semplice usufrutto. Anche i nobili tedeschi non hanno modo di sfruttare a proprio piacimento le loro proprietà, essendo tenuti a trasferirle intatte ai discendenti.

La prassi dei maggiorascati e dei fedecommessi getta una luce sulle condizioni economiche, gli obiettivi sociali e le stesse coordinate culturali al cui interno vive, per lunghi periodi, gran parte della nobiltà europea. E non manca di importanti ricadute anche sul piano politico. Il lungo potere delle *élites* di origine feudale, che secondo taluni giunge alle soglie del XX secolo[34], si spiega anche con questa sorta di arroccamento attorno ad una linea genealogica e ad un patrimonio. Sul piano delle relazioni familiari, invece, vantaggi e svantaggi del sistema si distribuiscono talvolta diversamente da quel che sembrerebbe all'apparenza. I cadetti, per dirne una, sembrano godere di una libertà di azione – e talvolta di innovazione – tassativamente proibita a quei primogeniti cui è stato affidato un titolo nobiliare e un patrimonio.

Il secondo tassello della politica patrimoniale delle *élites* è la strategia dei matrimoni. L'uso di concentrare su un solo maschio i beni di casa impone ovviamente di contenere il numero dei figli (da qui la precoce diffusione fra le *élites* delle pratiche anticoncezionali) e di spingere una parte di essi al celibato. Le casate nobiliari vedono invariabilmente, al proprio interno, ecclesiastici e monache, mentre altri cadetti sono avviati alla carriera militare, alla giurisprudenza, alle cariche burocratiche. Ma è importante soprattutto che chi si sposa concluda matrimoni adeguati sul piano patrimoniale. Strategie patrimoniali e strategie matrimoniali fanno tutt'uno.

La forte endogamia che, in talune fasi, caratterizza le nobiltà europee è il risultato di politiche familiari che tendono a far unire in matrimonio i diversi rami di una stessa parentela, al fine di rafforzare la consistenza e la compattezza patrimoniale del casato. I legami tra famiglie nobili sono costituiti spesso da complessi scambi di doti, che passano da un ramo all'altro, per tornare, prima o poi, a quello di partenza. Tutto questo sacrifica le scelte affettive dei singoli. La divaricazione fra «interessi» e «sentimenti» appare forte, sebbene probabilmente sia l'uno che l'altro termine non abbiano, nel passato, i medesimi significati odierni. Sta di fatto che, ancora nel secondo Ottocento, un nobile napoletano, preoccupato per l'assottigliarsi delle proprie rendite, rammenterà al figlio, ormai in età di matrimonio, che «è necessario *sposare una dote* di seicentomila franchi, congiunta a delle qualità morali, e se trovi una *Demoiselle* che abbia queste qualità, e che per giunta ti piaccia, tanto meglio»[35].

L'importanza delle politiche familiari è dimostrata dal fatto che la crisi epocale di molta parte delle aristocrazie europee esplode allorquando, sulla spinta della rivoluzione francese e del Codice Civile napoleonico, le rinnovate legislazioni degli Stati europei aboliranno progressivamente fedecommessi e primogeniture, obbligando i nobili a dividere i propri beni in parti eguali fra tutti gli eredi (primogeniti o cadetti, maschi o femmine). Nel frattempo, l'uso di tramandare in linea maschile i patrimoni e di spingere i cadetti al celibato ha provocato pericolosi fenomeni di assottigliamento delle grandi famiglie nobiliari. In un sistema demografico d'Antico Regime, puntare tutto su un unico figlio può essere rischioso. La morte del primogenito ed erede designato può portare all'estinzione genealogica e all'incameramento del patrimonio da parte dello Stato. Sta di fatto che, nel corso del XIX secolo, dalla Francia alla Spagna, dall'Italia all'Inghilterra, quella cruciale continuità di famiglie e di patrimoni – le une incrollabilmente legate agli altri – sembra venir meno. Diminuisce sensibilmente il celibato e si allentano le rigide politiche matrimoniali di un tempo. Al sistema della *primogenitura* tende a sostituirsi un egualitarismo successorio che la legge impone e che, ancor prima, la morale corrente ha adottato. Gli storici hanno rilevato il diffondersi di una «autentica ripugnanza a valersi, nel XIX secolo, del diritto di favorire un figlio a spese degli altri, constatabile nella nobiltà come nelle altre classi sociali»[36].

Tuttavia i complessi legami che storicamente identificano patrimoni e famiglie non si limitano alle *élites* aristocratiche né si fermano alle soglie dell'età contemporanea. Nella Napoli di fine Ottocento, non solo la nobiltà terriera ma tutta un'ampia fascia di borghesia usa privilegiare, nei testamenti, la discendenza maschile (e, non di rado, il solo primogenito), sebbene il diritto di famiglia del 1865 abbia frattanto sancito l'eguaglianza assoluta tra i figli[37].

Quali sono, al di là della conservazione del patrimonio, le conseguenze di queste strategie familiari? Esse producono diseguaglianze invalicabili e gerarchie profonde. Tra i figli, anzitutto: primogeniti e cadetti hanno destini radicalmente divaricati, e appartengono a culture e *milieux* sociali ben distinti. «Nous n'étions dans le fait que les miniatures de cet original», scriverà nel primo Ottocento il cadetto Michele Palmieri, a proposito del fratello maggiore[38]. Altrettanto profonda è la distanza che separa maschi e femmine. Gli usi testamentari si traducono, di fatto, in una sorta di espropriazione collettiva delle donne dai beni di casa. La loro condizione in seno alla famiglia ne stimola peraltro una sorta di cultura specifica e separata, una specie di solidarietà fra le figure femminili domestiche (madri, figlie, zie, domestiche) che è il *pendant* della tradizionale cultura patriarcale della famiglia. Cadetti e donne, del resto, proprio perché tenuti lontani dal patrimonio di casa, finiscono per essere alleggeriti anche dagli oneri che esso comporta: per quanto sottoposti alla volontà del padre o del fratello maggiore, «è probabile che essi abbiano sempre goduto una certa maggiore libertà in confronto al primogenito»[39].

Gerarchie e spaccature interne, dunque, ma anche ricadute di tipo sociale vengono prodotte dalla politica familiare delle *élites*. La presenza di un patrimonio da salvaguardare irrigidisce i ruoli dentro le famiglie ma irrigidisce anche, ad esempio, il mercato delle terre – tenendo al riparo da esso tutte le proprietà «inalienabili» – e condiziona i fenomeni di mobilità sociale, attraverso le pratiche dell'endogamia e, nondimeno, attraverso l'uso di decidere a livello familiare e non individuale le professioni dei figli. Il futuro dei giovani resta a lungo un affare di famiglia, né si spiegherebbero altrimenti certe forti continuità di mestiere fra padri e figli e fra suoceri e generi.

Quanto tutto questo costituisca un freno alla crescita di sistemi sociali moderni e razionali, costruiti sulla scala di scelte personali, è materia di discussione. Talvolta le politiche familiari appaiono efficaci, anche sul piano dell'impresa economica. Ne sono testimonianza le vicende delle grandi famiglie imprenditoriali ottocentesche, in Germania, in Italia, in Francia. Ma resta il fatto che le pratiche «familistiche» costituiscono, anche in età contemporanea, un elemento culturale che condiziona e indirizza i comportamenti individuali, assorbendoli all'interno di coerenze di gruppo e gerarchizzando importanti aree sociali a seconda dell'età, del grado di parentela, del sesso. La cultura della famiglia si mescola con i sistemi anonimi e contrattuali del mercato e della città moderna. Le identità familiari concorrono a formare le identità individuali. Il senso del cognome – la continuità della famiglia paterna, delle sue gerarchie, del suo patrimonio, del suo luogo di residenza – non sembra spazzato via *tout court* dall'onda della «modernizzazione» otto-novecentesca. Esso resiste a lungo «e con esso tutto un modo d'intendere i comportamenti – sul doppio versante della vita privata e della vita pubblica –, che spesso sembra ridurre ad una strategia di gruppo (familiare) le opzioni dei singoli»[40].

5. *I contadini e la terra*

Rispetto al problema del patrimonio e della sua divisione ereditaria, questioni e comportamenti analoghi si riscontrano fra le famiglie contadine, in un contesto assai distante dalle *élites* ma accomunato ad esse dal possesso della medesima risorsa, la terra.

Partiamo da uno schema (molto semplificato) di famiglia contadina. Nell'esperienza europea dell'Antico Regime e della prima età contemporanea, la famiglia contadina appare come l'unità sociale ed economica di base delle comunità rurali, un microcosmo ampiamente autonomo, anche se collegato alle altre famiglie del villaggio da vincoli stretti. La famiglia è il luogo della produzione e del consumo: essa si identifica con l'azienda agricola. Il suo obiettivo primario è la sussistenza: quella contadina è un'economia prevalentemente di autoconsumo. La sua finalità di base consiste nella produzione di quei beni che servono alla sussistenza dei propri membri e alla continuazione del lavoro nei campi. In una economia per uso proprio, né la moneta né il profitto valgono a misurare la situazione economica, quanto invece la quantità dei beni necessari e la quantità dei beni prodotti. Tutti lavorano, nell'unità familiare contadina: agli uomini, il capofamiglia e i figli adulti, è riservato il lavoro nei campi, durante i grandi cicli stagionali, l'aratura, la semina, la raccolta. E poi la cura del bestiame grosso, il cavallo o il bue, che sono l'orgoglio e la ricchezza del contadino: con la comparsa del cavallo, rileva J. Robinson, inizia una embrionale spaccatura tra ricchi e poveri, signori e sudditi e «ancora oggi parliamo di "un pezzo *grosso*" per indicare qualcuno che possegga grandi ricchezze»[41]. Alla sposa ed eventualmente alle figlie è affidata la cura della casa (è la sposa che in genere ne ha l'amministrazione) ma, allo stesso tempo, una quantità di altri compiti, dal lavoro nell'orto e dall'allevamento del bestiame piccolo alla confezione del vestiario. L'età lavorativa inizia e finisce con i limiti biologici della persona: non c'è scolarizzazione che ritardi l'entrata nel mondo del lavoro e non ci si cura della bassa produttività lavorativa dei vecchi; essi pure contribuiscono ad un'economia domestica che è, nel complesso, lontana dai criteri odierni della gestione aziendale. «La famiglia non tiene la contabilità dei costi. Non sa quanto vale il suo lavoro»[42].

Essa ragiona in base ai propri bisogni. Famiglie che, aumentando il numero dei figli, hanno bisogno di più terra, sono disposte a pagarla più di quanto valga in termini di mercato. «I contadini con poca terra pagano prezzi che significativamente eccedono la rendita capitalizzata», notava, nel primo Novecento, Alexandre Chayanov[43]. La famiglia contadina, del resto, ha rapporti scarsi con il mercato e con la città (per procurarsi beni che non possono essere prodotti in famiglia, o per raccogliere denaro attraverso la vendita di qualche derrata e, con questo, pagare le tasse o l'affitto della terra) «La vendita dei surplus non distrugge necessariamente le basi dell'economia familiare [...]; i mercati e il denaro restano semplici accessori»[44].

Azienda e famiglia coincidono. I problemi dell'azienda sono i problemi della famiglia, e solo qui possono essere risolti. I conti della famiglia possono essere messi in crisi da un raccolto cattivo ma anche da un figlio in più, o egualmente da un figlio in meno. L'azienda contadina dipende dal ciclo di vita della famiglia. La nascita dei primi figli, ad esempio, fa aumentare i consumi (le bocche da sfamare) mentre rimane invariata la forza-lavoro (le braccia). In seguito, quando i figli diventano grandi, la tendenza si capovolge: rimangono stabili i consumi e aumenta la disponibilità di forza-lavoro. Il problema dell'equilibrio tra la terra di cui si dispone e il numero dei familiari è tutt'altro che semplice. I contadini possono affrettarsi a convolare a nuove nozze, se sono rimasti vedovi, perché la sposa ha funzioni troppo importanti per poter essere assolte dal capofamiglia o dai figli maschi: «spesso la differenza fra il morire quasi di fame e la sopravvivenza era determinata dal lavoro femminile»[45]. Ma, sul versante della prudenza, non sono pochi coloro che ritardano l'età del matrimonio o che scelgono donne di una certa età (magari vedove, e con qualche po' di terra avuta in eredità).

La famiglia contadina deve comunque far quadrare i conti, con pochi mezzi a disposizione. Raramente è possibile, se le bocche aumentano, prendere altre terre in affitto, o acquistarne, o dissodare zone incolte. Resta la scappatoia di ridurre i consumi, che pure non sono, anche in tempi normali, consumi abbondanti. L'elasticità del «ventre contadino» è una risorsa cruciale, per quanto amara, che permette ai ceti rurali di far fronte ai raccolti cattivi o alle pretese di signori e di mercanti, di usurai e di agricoltori ricchi. Se la cultura contadina sopravvive tanto a lungo anche in Occidente, è grazie alla sua stessa povertà e alla sua capacità di resistenza[46].

Ma vi sono altre scadenze del ciclo familiare che affliggono l'azienda contadina. Il matrimonio di figli e figlie costituisce, non diversamente che fra le *élites* terriere, un pericolo e, al tempo stesso, un'occasione. Nel Piemonte del Settecento, le famiglie preparano le nozze delle figlie, accumulando, nel decennio precedente, le risorse necessarie per dare ad esse l'usuale dote[47]. Spesso gli scambi di beni che avvengono attraverso i matrimoni sono più importanti di quelli che avvengono attraverso le compravendite sul mercato. Le strategie per ottenere (da parte della famiglia dello sposo) doti proficue o per recuperare (da parte della famiglia della sposa), attraverso successivi matrimoni incrociati, le doti sborsate, sono l'indice di problemi pressanti ma anche della capacità di escogitare comportamenti adeguati al bisogno.

Ma è soprattutto la morte e, con essa, la successione nel possesso della terra, che pone gravi problemi. La famiglia contadina generalmente è composta da chi realmente abita la casa e lavora sulla terra: è un'unità sociologica ed economica, prima che biologica. La vita in comune vale più della consanguineità: in taluni sistemi di eredità della Francia medievale e moderna, i figli che abbandonano la casa paterna vengono provvisti di una dote, in beni o in denaro, ma sono esclusi dall'eredità della terra. Le consuetudini successorie sono indulgenti solo con coloro che continuano a risiedere con i genitori, e che li accudiranno durante la vecchiaia: gli altri, quelli che vanno a lavorare fuori casa e lontano dal villaggio, o le figlie che si sposano, non hanno più nulla a che vedere con la terra paterna. È necessario mantenere il più possibile accorpate le risorse familiari. Alla metà del XIX secolo, ad esempio, nelle valli del Biellese

> il sistema consuetudinario distingueva nettamente tra figli maschi e figlie femmine: i primi, nominati eredi universali, succedevano al padre nella proprietà dei beni immobili – dell'abitazione e della terra – e le seconde erano liquidate in denaro dai fratelli, in base all'ammontare della loro quota stabilita per legge. Le donne, sposandosi, uscivano dalla casa paterna e si trasferivano in quella della famiglia del marito; gli uomini invece erano patrilocali. La casa, i poderi [...] e il nome della famiglia, che i figli maschi avrebbero continuato, erano strettamente associati[48].

Anche nei villaggi contadini l'accoppiata fra patrimonio e famiglia costituisce un intero sistema culturale e sociale, oltre che un modo per garantire la conservazione delle risorse economiche. E come fra le *élites* aristocratiche tedesche o inglesi, essa giunge fin dentro l'età contemporanea, variamente mescolandosi al «nuovo».

6. *Famiglia, lavoro e industrializzazione*

La classica interpretazione evolutiva della storia della famiglia sottolineava il ruolo svolto dal processo di crescita urbana e industriale. Seguendo il tragitto comunità-società, la famiglia occidentale era stata trasformata dai grandi flussi migratori ottocenteschi e dalla diffusione del lavoro di fabbrica, che ne avevano distrutto gli antichi legami comunitari e solidali, collocandola in nuove culture (cittadine) e nuovi sistemi di vita. Donne e fanciulli erano stati strappati dalle proprie case e assoldati al lavoro dei filatoi meccanici. La tradizionale unità di produzione e consumo era stata sostituita dal sistema salariale, le relazioni di villaggio rimpiazzate dall'anonima vita dei quartieri operai cittadini. La Manchester descritta alla metà degli anni Quaranta da Engels illustrava il quadro di una disgregazione sociale la cui prima vittima era stata la famiglia contadina.

La storiografia recente ha messo in dubbio questa interpretazione, rilevando le continuità che legano il periodo preindustriale alla fase dello sviluppo economico e il sistema familiare rurale alle culture e strategie delle famiglie cittadine. In secondo luogo, pur senza negare l'influenza del nuovo «mondo» della fabbrica sui modelli familiari tradizionali, essa ha analizzato il processo inverso, ovvero la capacità che hanno quei modelli di resistere e reagire al fenomeno della crescita industriale e urbana.

Che lo sviluppo della fabbrica abbia costituito una svolta radicale nella storia della famiglia è stato messo in dubbio da più d'uno. Si è ricordato che, già prima dell'industrializzazione, l'esperienza del lavoro extradomestico è tutt'altro che sconosciuta a uomini, donne e fanciulli. Si pensi, ad esempio, ai numerosi lavoratori dell'edilizia, che spesso sono contadini bisognosi di arrotondare, in talune fasi dell'anno, i propri magri redditi; alle donne (in genere non sposate) che vanno fuori casa a prestare servizio come domestiche; alle madri che collaborano al lavoro agricolo e portano con sé, sui campi, i figli piccoli. È un fatto, del resto, che lo stesso lavoro femminile nelle nuove fabbriche è generalmente limitato alle donne non sposate e soprattutto senza figli. E comunque appare opportuno distinguere fra caso e caso. L'impatto dell'industrializzazione sui sistemi familiari è, ad esempio, assai differente se si considerano le regioni tessili (dove le donne vanno in gran numero nelle fabbriche, cercando di limitare le proprie gravidanze, per non perdere il salario, e lasciando i vecchi ad occuparsi della casa) o si prendono in esame le regioni minerarie, dove al contrario manca il lavoro femminile di fabbrica e le donne tendono ad avere molti figli, destinati anch'essi, presumibilmente, a lavorare in miniera.

Ma è soprattutto l'immagine di una popolazione (femminile e infantile) strappata dalle proprie case e dispersa nelle «sataniche» nuove fabbriche, ad essere messa in discussione. Non che i riformatori sociali ottocenteschi, nel denunciare il fenomeno, non mettessero il dito su una piaga reale e dolorosa. Ma la visione della proletarizzazione come una grande ondata che travolge senza scampo la volontà delle persone appare una forzatura interpretativa. La storiografia ha ricostruito modi e tempi attraverso i quali i contadini si spostano in città, talvolta affrontando lunghi viaggi, e si avviano – maschi, donne, fanciulli – al lavoro nei nuovi capannoni industriali. E ha messo in rilievo che un simile processo è il frutto di scelte e strategie familiari, le quali rendono quei percorsi meno passivi, meno obbligati e forse meno traumatici di quanto non si sia creduto. La decisione di emigrare sembra seguire una logica di gruppo (il gruppo familiare). Le famiglie organizzano le proprie risorse lavorative, seguendo strategie attente e ragionevoli: ad emigrare sono uomini e donne giovani, che vogliono accumulare un reddito sufficiente per metter su casa e sposarsi; o i fratelli maggiori, che decidono di lasciare il villaggio, per sostenere i fratelli più piccoli e i genitori vecchi. In altri casi, è il capofamiglia che decide di trasferirsi con tutta la famiglia in città, al fine di ricavare reddito dal lavoro di giovani e giovanissimi, i quali in campagna sarebbero male utilizzati e che vengono invece richiesti nelle nuove fabbriche. Ma si tratta pur sempre di *scelte*, nate usualmente all'interno di una famiglia, decisioni collettive che spesso coinvolgono non solo il nucleo coniugale ma intere parentele.

Uomini e donne elaborano le proprie strategie e le proprie scelte anche nelle situazioni più difficili. Le ricerche storiche mostrano non soltanto che il processo della proletarizzazione e dell'urbanizzazione cammina sulle gambe di coloro che, consapevolmente e razionalmente, ne sono gli attori, ma anche che la strada che porta dalla campagna alla città e dal lavoro dei campi al lavoro di fabbrica è, per coloro che la percorrono, meno sconosciuta di quanto si possa pensare. Non necessariamente un salto nel buio, dettato dalla disperazione. Spesso chi lascia il villaggio sa dove andare e cosa troverà al suo arrivo, perché altri hanno già fatto quel cammino. Chi emigra, seguendo precise strategie familiari, si ricongiungerà in città con parenti e amici. Approderà in determinate occupazioni e in particolari quartieri dove già lavorano e vivono fratelli, cugini, compaesani. Il rapido formarsi, nei luoghi di arrivo, di aree etnicamente omogenee – il quartiere dei tedeschi, o dei polacchi, o degli italiani, le strade dei siciliani ecc. – ha origine nel carattere non cieco ma ben strutturato dei processi migratori.

Il quadro che emerge da questi studi mette insomma in rilievo le continuità familiari, culturali e sociali fra campagna e città. Sottolinea la flessibilità delle risposte che le singole famiglie danno all'impulso delle trasformazioni strutturali.

Gli storici sembrano prendere le distanze da una visione dell'agire umano come risultato passivo e necessario di condizioni esterne, mettendone al contrario in risalto le ragioni e la volontarietà.

Gli stessi processi strutturali classici, come la diffusione del sistema di fabbrica e delle macchine, appaiono il frutto di dinamiche complesse fra spinte economiche e reazioni sociali e individuali. Un classico studio di Neil Smelser del 1959 ricostruisce, ad esempio, la diffusione della tecnologia sette-ottocentesca alla luce di una dialettica fra le ragioni dell'industrializzazione e le ragioni delle famiglie operaie[49].

Tradizionalmente, la famiglia aveva rappresentato il punto focale delle attività produttive. Esisteva un'identità spaziale tra l'abitazione e il luogo del lavoro.

> Il luogo di lavoro non era fuori delle mura domestiche e il posto di ciascuno era in casa. Nella famiglia del tessitore, ad esempio, erano i bambini a eseguire la cardatura e la pettinatura, mentre le figlie e le mogli filavano e il padre tesseva. In casa del lavoratore urbano esisteva spesso un'analoga divisione dei compiti. Nelle famiglie dei lavandai di Parigi, per esempio, era previsto che ogni membro lavorasse, sebbene le donne fossero responsabili solo dell'insaponatura e della stiratura [...]. Le mogli degli artigiani aiutavano talvolta i mariti nella loro attività di sarto, di calzolaio, di fornaio. A volte si occupavano del negozio vendendo la merce e tenendo i conti[50].

La rottura della famiglia come unità di produzione è tra i fenomeni socialmente più importanti della rivoluzione industriale. Il problema di adattare la famiglia tradizionale al nuovo sistema delle macchine e nei nuovi tempi della fabbrica è fra i più spinosi.

Spesso già nel primo Settecento, rileva Smelser, la famiglia tessile del Lancashire ha perduto la propria autonomia e svolge lavori per conto d'altri. E tuttavia essa mantiene le tradizionali caratteristiche: l'unità di produzione, una divisione antica di ruoli con il padre messo alla tessitura, un patriarcato sottolineato dall'uso del capofamiglia di addestrare i figli al lavoro ecc.

A fine secolo (1770-1790) si registrano importanti innovazioni: la comparsa della *jenny* e del filatoio multiplo provoca una ristrutturazione del lavoro di filatura casalingo; le prime fabbriche, mosse da energia idrica, attirano fuori delle mura domestiche quote di lavoratori. Ma certi equilibri tendono a mantenersi. La meccanizzazione della filatura casalinga determina piuttosto uno spostamento di ruoli: è il capofamiglia che si applica alla macchina, mentre le donne sono addette alla tessitura a mano. Vengono fatti salvi gli equilibri maschio-femmina: l'uomo resta la figura principale, dal punto di vista delle capacità manuali ed economiche. Per quanto riguarda la comparsa delle prime filande, si assiste ad analoghe tendenze «conservatrici»: di norma, vengono assunte in fabbrica intere famiglie, in modo che non si dissolva l'antica unità lavorativa; il lavoro infantile è svolto alla presenza delle madri, esse pure operaie; i figli sono spesso gli assistenti dei padri-operai, i quali perciò continuano a svolgere nei loro confronti un ruolo gelosissimo di addestramento; la moralità della fabbrica viene garantita dalla frequenza delle presenze familiari. Solo così, dice Smelser, la nuova tecnologia e il sistema di fabbrica possono affermarsi senza traumi insopportabili, senza provocare conflitti sociali: il problema è di evitare alla famiglia «gravi e irreparabili fratture».

La situazione peggiora negli anni seguenti: già durante il ventennio a cavallo fra XVIII e XIX secolo, le trasformazioni della fabbrica e della tecnologia provocano un maggior reclutamento di donne e bambini, rischiando di spezzare l'unità della famiglia, mentre si allarga la disoccupazione maschile e, con ciò, viene minacciato il tradizionale status del capofamiglia, il suo ruolo di guida del nucleo familiare e di maestro del mestiere dei figli. Dal 1820 al 1845 circa, la tendenza subisce un'altra accelerazione. Contro la famiglia tradizionale sembrano cospirare sia la diffusione di fabbriche che occupano ormai molte decine o centinaia di operai, sia la crescita delle città, la forte mobilità territoriale, la concorrenza internazionale e, con essa, la ricerca padronale di una più alta produttività del lavoro. Si allarga a macchia d'olio la disoccupazione tecnologica. Sono proprio i vecchi filatori che vengono licenziati. Si spezza la precedente compatibilità fra macchina e famiglia: nella filatura cotoniera del primo Ottocento, vi erano due assistenti per ogni filatore; negli anni Trenta, gli assistenti sono aumentati in modo drastico: ora il rapporto è di uno a sei. In altre parole, attorno al filatore sta un gruppo di giovani operai che non corrisponde più all'unità familiare.

Secondo Smelser, per lungo tempo «una rete di controlli basati sui legami di parentela, di affinità e di comunità permeava la fabbrica, così apparentemente impersonale»[51], mentre, in seguito, quando la nuova industria avrebbe spazzato via l'unità della famiglia, sarebbero stati questi traumi culturali a determinare l'ondata delle agitazioni sociali tra il 1825 e il 1850 circa.

La storia della famiglia, su cui ci siamo fermati a lungo, mostra la ricchezza dei nessi che collegano pubblico e privato, grandi fenomeni storici e scelte individuali, macroprocessi di ordine economico, sociale, politico e comportamenti, culture, mentalità. Essa ha messo in crisi non soltanto le vecchie idee ottocentesche sulla famiglia (allargata o nucleare che sia) ma anche le interpretazioni semplificatrici dei processi otto-novecenteschi di urbanizzazione, di crescita economica e di sviluppo di nuovi sistemi sociali. Riferendosi agli Stati Uniti del secondo Novecento, Marvin Sussman ha sostenuto che anche la società industriale avanzata può fondarsi su sistemi di rapporti interpersonali, al cui interno larga parte hanno i vincoli di parentela[52].

Di questi processi di trasformazione sociale ed economica – essi pure spesso più complicati e ambigui di quanto usualmente si pensi – e delle interpretazioni che ne ha dato la storiografia recente, ci occuperemo nei capitoli che seguono.

Note al capitolo quarto

[1] M. Barbagli, *Sotto lo stesso tetto. Mutamenti della famiglia in Italia dal XV al XX secolo*, Bologna, Il Mulino, 1984.

[2] F. Héritier, *Famiglia*, in *Enciclopedia Einaudi*, Torino, Einaudi, 1977-1984, vol. VI, p. 3.

[3] *Ibidem*, p. 7.

[4] *Ibidem*.

[5] *Ibidem*, p. 9.

[6] L. Stone, *Viaggio nella storia*, trad. it., Bari, Laterza, 1987, p. 231.

[7] M. Anderson, *Interpretazioni storiche della famiglia*, trad. it., Rosenberg & Sellier, Torino, 1982, pp. 44-45.

[8] R.A. Nisbet, *La tradizione sociologica*, trad. it., Firenze, La Nuova Italia, 1977, p. 68.

[9] M.B. Sussman, *Famiglia e parentela negli Stati Uniti*, in M. Barbagli (a cura di), *Famiglia e mutamento sociale*, Bologna, Il Mulino, 1977, pp. 388-389.

[10] P. Laslett (a cura di), *Household and Family in Past Time*, Cambridge, Cambridge University Press, 1972, p. XI.

[11] P. Laslett, *La famiglia e l'aggregato domestico come gruppo di lavoro e gruppo di parenti: aree dell'Europa tradizionale a confronto*, in R. Wall, J. Robin e P. Laslett (a cura di), *Forme di famiglia nella storia europea*, trad. it., Bologna, Il Mulino, 1984, pp. 253-304; J. Hajnal, *Due tipi di sistema di formazione dell'aggregato domestico preindustriale*, *ibidem*, pp. 99-142.

[12] M. Barbagli, *Sotto lo stesso tetto. Mutamenti della famiglia in Italia dal XV al XX secolo*, cit.

[13] *Ibidem*, p. 107.

[14] F. Piva, *Contadini in fabbrica. Marghera 1920-1945*, Roma, Edizioni Lavoro, 1991.

[15] L.K. Berkner, *La famiglia-ceppo e il ciclo di sviluppo della famiglia contadina*, in M. Barbagli (a cura di), *Famiglia e mutamento sociale*, cit., p. 123. Il corsivo è mio.

[16] M. Anderson, *Interpretazioni storiche della famiglia*, cit., p. 65.

[17] Tre importanti saggi, che affrontano anche i temi in questione e che sono stati pubblicati in Inghilterra rispettivamente nel 1965, nel 1977 e nel 1984, sono: L. Stone, *La crisi dell'aristocrazia. L'Inghilterra da Elisabetta a Cromwell*, trad. it., Torino, Einaudi, 1972; Id., *Famiglia, sesso e matrimonio in Inghilterra tra Cinque e Ottocento*, trad. it., Torino, Einaudi, 1985; L. Stone e J.C. Fawtier Stone, *Una élite aperta? L'Inghilterra fra 1540 e 1880*, trad. it., Bologna, Il Mulino, 1989.

[18] L. Stone, *Famiglia, sesso e matrimonio*, cit., p. 96.

[19] *Ibidem*, p. 93.

[20] *Ibidem*, p. 105.

[21] *Ibidem*, p. 120.

[22] L. Stone, *La nascita della famiglia nucleare agli albori dell'Inghilterra moderna: lo stadio patriarcale*, in C.E. Rosenberg (a cura di), *La famiglia nella storia. Comportamenti sociali e ideali domestici*, trad. it., Torino, Einaudi, 1979, pp. 17-73.

[23] L. Stone, *Famiglia, sesso e matrimonio*, cit., p. 144.

[24] *Ibidem*, p. 754.

[25] *Ibidem*, p. 763.

[26] *Ibidem*, p. 757.

[27] *Ibidem*, p. 764.

[28] Sono parole dell'autore anonimo di *The English Matron* (1846), cit., *ibidem*, p. 755.

[29] E.J. Hobsbawm, *Il trionfo della borghesia 1848-1875*, Roma-Bari, Laterza, 1976, p. 294.

[30] L. Stone, *Famiglia, sesso e matrimonio*, cit., p. 771.

[31] D.E. Zanetti, *La famiglia patrizia milanese*, in A. Manoukian (a cura di), *I vincoli famigliari in Italia. Dal secolo XI al secolo XX*, Bologna, Il Mulino, 1983, pp. 236-237.

[32] J.C. Davis, *Una famiglia veneziana e la conservazione della ricchezza. I Donà dal '500 al '900*, trad. it., Roma, Jouvence, 1980, p. 112.

[33] L. Stone, *La crisi dell'aristocrazia*, cit., p. 196.

[34] È la tesi, peraltro discutibile, di Arno Mayer.

[35] P. Macry, *Ottocento. Famiglia, élites e patrimoni a Napoli*, Torino, Einaudi, 1988, p. 184.

[36] G. Delille (a cura di), *Premessa* a *Aristocrazie europee dell'Ottocento*, in «Quaderni storici», 62 (1986), p. 349.

[37] P. Macry, *Ottocento. Famiglia, élites e patrimoni a Napoli*, cit., *passim*.

[38] *Ibidem*, p. 15.

[39] L. Stone, *La crisi dell'aristocrazia*, cit., p. 193.

[40] P. Macry, *Ottocento. Famiglia, élites e patrimoni a Napoli*, cit., p. 261.

[41] J. Robinson, *Libertà e necessità. Un'introduzione allo studio della società*, trad. it., Torino, Einaudi, 1971, p. 49.

[42] E.R. Wolf, *Tipi di comunità contadine latino-americane*, in E. Grendi (a cura di), *L'antropologia economica*, Torino, Einaudi, 1972, p. 79.

[43] Citato in G. Levi, *Economia contadina e mercato della terra nel Piemonte di Antico Regime*, in P. Bevilacqua (a cura di), *Storia dell'agricoltura italiana in età contemporanea*, vol. II: *Uomini e classi*, Venezia, Marsilio, 1990, p. 539.

[44] K. Polanyi, *La grande trasformazione*, trad. it., Torino, Einaudi, 1974, p. 71.

[45] J.W. Scott e L.A. Tilly, *Lavoro femminile e famiglia nell'Europa del XIX secolo*, in C.E. Rosenberg (a cura di), *La famiglia nella storia*, cit., p. 200.

[46] W. Kula e J. Kochanowicz, *Contadini*, in *Enciclopedia Einaudi*, cit., vol. III.

[47] G. Levi, *Terra e strutture familiari in una comunità piemontese del '700*, in «Quaderni storici», 33 (1976), p. 1102.

[48] F. Ramella, *Terra e telai*, Torino, Einaudi, 1984, p. 72.

[49] N.J. Smelser, *Il mutamento sociale nella rivoluzione industriale*, trad. it., Milano, Etas Libri, 1978, specialmente pp. 179 ss.

[50] J.W. Scott e L.A. Tilly, *Lavoro femminile e famiglia nell'Europa del XIX secolo*, in C.E. Rosenberg (a cura di), *La famiglia nella storia*, cit., pp. 200-201.

[51] N.J. Smelser, *Il mutamento sociale*, cit., p. 191.

[52] M.B. Sussman, *Famiglia e parentela negli Stati Uniti*, in M. Barbagli (a cura di), *Famiglia e mutamento sociale*, cit., pp. 387-418.

Capitolo quinto

L'economia e la società: ideologie fra Ottocento e Novecento

Una delle questioni più rilevanti e controverse, nell'analisi dell'età contemporanea, è il nesso che collega il modo di produzione dei beni materiali agli istituti e ai comportamenti di tipo sociale, politico e culturale; in una parola, la relazione tra economia e società.

S'è già detto, nel primo capitolo, quanto gli storici del XX secolo siano stati influenzati da un «paradigma economico» che assegnava alle strutture e ai fatti economici un ruolo (sociale, politico, culturale) preminente. Quel paradigma prendeva le mosse da una definizione dell'economia – e dei suoi rapporti con la società – che era stata elaborata, tra la fine del Settecento e il XIX secolo, dal pensiero economico «classico» e dal pensiero marxista (e che pretendeva di avere valore universale, di essere buona per tutte le stagioni).

Attualmente, una concezione *forte* dell'economia resta abbastanza diffusa nel senso comune e, talvolta, nell'impostazione delle scienze dell'uomo; al tempo stesso, fra gli storici, il «paradigma economico» è oggi meno popolare di una ventina di anni fa.

1. *L'economia politica: la naturalità dell'economia borghese*

«Nelle società precedenti a quella "capitalistica" i rapporti economici si trovano intrinsecamente frammisti ai rapporti sociali e politici ed appaiono regolati da questi ultimi»[1]. Nella sostanza, l'uomo è «animale politico». Sua caratteristica, aveva scritto Aristotele, è d'essere «il solo ad avere il sentimento del bene e del male, del giusto e dell'ingiusto e di altre consimili nozioni morali, ed è appunto sull'insieme di questi sentimenti, sulla loro comunanza e comunicabilità, che si fondano la famiglia e la *polis*»[2]. La supremazia spetta alla politica. L'economia resta confinata tra le mura domestiche, subordinata alla politica e all'etica: è *economia familiare*, produzione per uso proprio.

Attorno al XVII secolo questa prospettiva viene rovesciata. È lo stesso contesto storico che richiede nuove categorie o una diversa sistemazione di quelle tradizionali. Siamo nell'età del mercantilismo. Cresce il commercio internazionale di Francia, Olanda, Inghilterra. Si allargano le rotte. L'Atlantico, il Baltico, il Mediterraneo sono formidabili vie di comunicazione per derrate e manufatti. L'Occidente europeo instaura forti legami con l'America settentrionale e meridionale, con le terre africane tra Guinea e Capo, con il Vicino e l'Estremo Oriente. Teorie economiche e pratiche politiche esprimono bene simili processi.

> I mercantilisti ritenevano che la ricchezza consistesse essenzialmente nel profitto dei mercanti e dei «manifatturieri», il quale a sua volta, accumulandosi, veniva a produrre nuovi profitti. La massa dei profitti dipendeva dunque dallo sviluppo delle esportazioni e delle industrie esportatrici; ma la condizione di un simile sviluppo dipendeva allora, evidentemente, dall'abbondanza di mano d'opera sul mercato del lavoro e da un'abbondanza di denaro, che garantisse facilità di credito e che permettesse quindi di finanziare le operazioni industriali e commerciali. Ora, un'abbondanza di uomini e di denaro era precisamente anche il fine dello Stato, la cui potenza dipendeva appunto dalla facilità stessa con cui poteva formare degli eserciti e costituire riserve e «tesori di guerra». La ricchezza dei mercanti si poteva dunque ottenere con quei medesimi mezzi che assicuravano la forza dello Stato[3].

In questo contesto, l'economia entra esplicitamente a far parte della sfera d'attività degli Stati, diventa elemento essenziale della politica. Antoine de Montchrestien (1576-1621) parla per la prima volta di *economia politica*, contrapposta giusto all'economia familiare di Aristotele.

L'economia diventa un terreno politico e dunque una scienza sociale. Tende a sganciarsi dai precedenti imperativi etici. Anzi, dimostra di poter essa stessa produrre modelli di comportamento, un sistema di valori, un codice morale. Già alla metà del XVI secolo, l'inglese John Hales aveva distinto tra morale pubblica e morale privata: la società nel suo complesso non poteva ritenersi legata agli imperativi etici del singolo.

Se dunque è giusto che, dal punto di vista puramente morale, il privato debba cercare di astenersi, nella misura del possibile, dall'uso del denaro, non è certo giusto né utile, per la repubblica, che tutti agiscano in simile maniera: non è obbligatorio infatti che tutti si mantengano casti, anche se, per l'individuo, è questa la cosa migliore [...]; l'uomo si volge sempre da quella parte in cui si trova il suo maggior profitto[4].

Il terreno economico, per un verso, saldava la politica dei grandi Stati europei agli interessi di mercanti, finanzieri e manifatturieri; per altro, diventava un vero e proprio codice morale. Quel primo «arricchitevi!» di Hales stava a giustificare un processo storico di accumulazione capitalistica che rompeva i meccanismi tradizionali e statici delle economie d'Antico Regime: era il fenomeno della privatizzazione delle terre, partito giusto nell'Inghilterra cinquecentesca; l'imposizione di prezzi di tipo monopolistico da parte del grande commercio; la minaccia portata all'azienda contadina dal prestito usuraio; la rottura dei vincoli corporativi a protezione del lavoro, attraverso il sistema della manifattura decentrata...

Il pensiero economico classico (1750-1870 circa) emerge in un Occidente europeo che vede la trasformazione di modi e rapporti di produzione nelle campagne e nelle città. «La scienza economica nasce come disciplina autonoma distaccandosi dal gran coacervo della "filosofia morale" quando, con la rivoluzione industriale, i rapporti economici acquistano una più sensibile autonomia rispetto ai rapporti sociali e politici e risultano esercitare una più spiccata influenza su di essi»[5].

La cronologia dei classici dell'economia politica coincide significativamente con lo sviluppo agricolo-manifatturiero settecentesco: nel 1758 François Quesnay pubblica il *Tableau économique*; del 1776 è la *Ricchezza delle nazioni* di Adam Smith; del 1798 il *Saggio sul principio di popolazione* di Thomas Robert Malthus; del 1817 i *Principi di economia politica* di David Ricardo.

Non è il caso di ripercorrere qui gli apporti teorici dell'economia classica. Basti notare quanto insistente ed esplicita si trovi in essa la questione del rapporto tra economia e società, interpretato prevalentemente in un'ottica che vuole la supremazia della prima sulla seconda.

Indagando il nesso tra le leggi che regolano la crescita della produzione e quelle che determinano l'aumento demografico, Malthus mette il dito sulla piaga sociale del suo tempo, la povertà diffusa (tanto più scandalosa in quanto prodotta dallo sviluppo economico). Ma la soluzione malthusiana del dilemma non mostra alcun afflato sociale; piuttosto è la constatazione che la povertà è inevitabile, economicamente utile. Né a Malthus appare in sostanza contestabile una società che ha un meccanismo di crescita economica garantito dalla miseria.

La società viene scomposta dai «classici» in gruppi economicamente funzionali. Quesnay descrive nel suo *Tableau économique*, il processo di formazione del reddito e la sua distribuzione e riproduzione, individuando una classe di produttori (i fittavoli), una classe di proprietari terrieri e la cosiddetta «classe sterile» (produttori non agricoli). Smith ne supera l'impostazione «agricolturista» e parla di una classe che vive di rendita, una che vive di profitto e una terza che vive di salario. L'economia tende a divenire il criterio fondamentale di analisi della società. Le classi sono classi economiche.

Rispondendo alle sollecitazioni del proprio tempo, il pensiero economico classico cerca di dare una spiegazione al meccanismo dello sviluppo. Al centro della riflessione sta il problema del *surplus*, ovvero della quantità di ricchezza che, sopravanzando i bisogni di sussistenza di coloro che l'hanno prodotta, può essere reinvestita. Come si forma il surplus? Dalla valorizzazione degli elementi naturali che s'ottiene attraverso il lavoro, sembra rispondere Quesnay (che fa riferimento al lavoro agricolo e solo sulla terra vede formazione di surplus). E Smith: «il valore che gli operai aggiungono alla materia prima viene di necessità a dividersi in due parti, l'una delle quali paga i salari e l'altra i profitti realizzati dall'imprenditore»[6]. Il tema del surplus richiama dunque quello del *valore*. Il valore delle merci, rileva Ricardo, sta nella quantità di *lavoro* necessaria alla loro produzione. Si afferma così il carattere sociale della produzione di ricchezza. Si inizia a valutare il significato politico del meccanismo stesso dello sviluppo. Se è chiaro che sono i lavoratori a valorizzare terra e materie prime industriali, è necessario spiegare l'utilizzo del surplus e, prima ancora, i meccanismi della sua appropriazione. Dove finisce la ricchezza prodotta dal valore-lavoro? Ai possessori delle terre e ai gestori delle aziende agricole con manodopera salariata (che ricevono rispettivamente rendite e profitti), agli imprenditori della manifattura decentrata e delle prime fabbriche. Un meccanismo del genere appare ovvio e positivo. «La base di questo ordine naturale era la *divisione sociale del lavoro*. Si poteva provare scientificamente che l'esistenza di una classe di capitalisti aventi nelle loro mani i mezzi di produzione avrebbe recato beneficio a tutti, compresa la classe lavoratrice che prestava la propria opera»[7].

Marx, poco più tardi, parlerà invece di sfruttamento (e di lotta di classe): il surplus capitalistico non è altro che un'espropriazione ai danni della maggioranza della popolazione (i lavoratori proletari) da parte di una minoranza (possessori di terre, imprese industriali ecc.).

Nel tentativo di cogliere le modalità dello sviluppo economico e di chiarire le leggi che permettono la perpetuazione della crescita, il pensiero economico classico affonda con evidenza le radici nel proprio tempo. L'attenzione al problema delle merci, beni prodotti per lo scambio, riflette la riduzione delle aree di autoconsumo; l'insistenza sul tema del valore si collega al fenomeno storico della crescita della produttività agricola e poi industriale. Il concetto di *economia politica* tradisce la tendenza del mercato capitalistico a divenire non più solo un tipo di gestione della produzione, ma una compiuta *formazione economico-sociale*, un modo d'essere della società intera.

L'economia classica d'altronde viene a integrarsi in un vasto corpo teorico dov'è presente sia l'assioma illuministico del *progresso* (che si adatta bene all'utopia dello sviluppo economico) sia, più in generale, la grande tradizione del liberalismo sei-settecentesco, da Thomas Hobbes (1588-1679) a John Locke (1632-1704), da Jeremy Bentham (1748-1832) a James Mill (1773-1836). Il pensiero politico liberale, razionalista e antimetafisico, laico ed empirico, imparentato con la scienza fisico-matematica del tempo, completa e dà respiro alla teoria economica classica. Individualista e utilitarista, esso pure finisce per subordinare la questione della società ai diritti personali naturali e può concepire il livello sociale come pura somma di istanze singole e atomizzate, spontaneamente tese alla ricerca della felicità.

Pensiero politico e pensiero economico concorrono a elaborare un compiuto modello di società liberale che in parte troverà applicazione nella vicenda otto-novecentesca dell'Occidente europeo ed atlantico, in parte resterà nel regno delle tipologie ideali.

Il modello liberale ruota attorno ad alcuni assiomi: 1) un'esigenza a più dimensioni di *libertà*; 2) il richiamo a leggi sociali che sono legittime in quanto *naturali*; 3) la fiducia che il rispetto di un quadro di libertà naturali garantisca lo *sviluppo* (anzitutto economico) e l'*equilibrio* interno del sistema.

Contro la società degli ordini, scandita dai privilegi del sangue e dal perpetuarsi delle *élites* di generazione in generazione, il modello liberale vuole eguaglianza giuridica degli individui e parità delle condizioni di partenza. Contro il sistema di regolazione tradizionale dei rapporti di lavoro, codificato negli statuti delle corporazioni artigiane, domanda libertà contrattuale: imprenditori e lavoratori pattuiscano liberamente le condizioni (salariali, orarie ecc.) del proprio rapporto di lavoro. La richiesta di un quadro istituzionale e sociale idoneo allo sviluppo dei nuovi ceti capitalistici è fin troppo esplicita. Non si tratta solo di rivendicare, tra i dogmi più fermi, da Locke a Ricardo, la libertà della proprietà privata (e anzitutto un libero mercato delle terre); né solo di rivendicare la dignità di colui che investe capitali, superando i numerosi pregiudizi che avevano tradizionalmente privilegiato, rispetto al *borghese*, i gruppi spesso improduttivi della nobiltà di sangue e del clero. È necessario assicurare al padronato il più ampio dominio dentro l'azienda, rompendo i regolamenti che vincolano in mille maniere il ciclo produttivo. Si vuole libertà di ridurre o aumentare la produzione, a seconda delle esigenze di mercato, di assumere e licenziare, di modificare orari di lavoro e salari, mansioni e ritmi, di utilizzare macchine e materiali volta a volta ritenuti i più convenienti, di abbassare la qualità del prodotto ecc. Gli imperativi della produzione devono poter esulare da regole e consuetudini tradizionali.

Contro il sistema dei prezzi «politici» per i generi di prima necessità e l'uso di garantire, attraverso ammassi pubblici, il vettovagliamento urbano, si chiede la libertà degli scambi. I prodotti troveranno sul mercato, attraverso un equilibrio automatico tra domanda e offerta, il proprio prezzo. Sarà questo il meccanismo per adattare alle richieste dei consumatori il tipo e la quantità dei beni prodotti. Aboliti i monopoli commerciali e l'ingerenza pubblica sul mercato, la libera concorrenza tra produttori e il confronto fra domanda e offerta impediranno gravi squilibri o, comunque, gli squilibri si avvieranno naturalmente verso un nuovo punto di equilibrio.

Infine, il tema delle libertà politiche, che devono rompere le strutture chiuse dell'Antico Regime. Va superato il modello dello Stato assoluto, gestito da burocrazie di corte e governato da *élites* aristocratiche. Dunque, un liberalismo politico fondato sul riconoscimento dei diritti individuali, su una divisione dei poteri che garantisca la neutralità delle amministrazioni rispetto al potere politico, sul controllo da parte di assemblee elettive delle funzioni legislative ed esecutive.

Il modello liberale pretende universalità. Vuol essere l'applicazione, alla scala della società, di un ordine naturale e originario. In secondo luogo, la società liberale – razionale, economica, utilitaria – si presenta come una società in sviluppo, destinata perciò ad esplicarsi ben oltre i propri confini territoriali.

La previsione dello sviluppo economico è, al tempo stesso, un problema e un obiettivo dei «classici». La stessa categoria di sviluppo nasce con l'economia politica. Il suo meccanismo basilare, la creazione di valore ad opera del lavoro, viene indagato a fondo. Si analizzano le modalità e le motivazioni economiche degli investimenti produttivi, dall'agricoltura all'industria e al commercio. Si intravede, attraverso i fenomeni di scambio a livello internazionale (ricerca di sbocchi per le merci, necessità di materie prime), un espansionismo che di fatto sarà tra i caratteri salienti dell'Occidente otto-novecentesco.

Benché tesi a descrivere un'economia dinamica, i «classici» non ignorano i possibili limiti dello sviluppo. Ricardo, ad esempio, dopo aver detto con chiarezza che la crescita economica risiede nella percentuale di reddito che va ai capitalisti (rispetto alla quota destinata ai salari), può formulare la teoria dei rendimenti decrescenti: con l'aumento della popolazione (e quindi della domanda alimentare), vengono messe a coltura nuove terre, ancora allo stato naturale, evidentemente le meno fertili; in questo modo, i rendimenti agricoli decrescono e rischia d'incepparsi una delle principali fonti di surplus (Ricardo tuttavia indica anche alcune vie d'uscita: la scienza agronomica può aumentare le rese, l'importazione di derrate ritardare la messa a coltura delle terre peggiori ecc.).

La «nuova economia» (e la società liberale) vuol essere equilibrata e naturale. I due termini sono collegati: la naturalità garantisce l'equilibrio. L'ordine liberista si propone come il riflesso di uno stato di natura dove, se pure esistono forze in antagonismo, esse sono comunque capaci di pervenire all'equilibrio. «Vi è insomma una società naturale – scrive il fisiocratico Dupont de Nemours nel 1768 –, anteriore a ogni convenzione tra gli uomini, e fondata invece sulla loro costituzione intrinseca, sui loro bisogni fisici, sul loro interesse evidentemente comune»[8].

La società non deve far altro che rispettare la propria sostanza «naturale». Basta questo a garantire l'equilibrio tra gli elementi del sistema. Nel tardo Settecento, William Townsend aveva indicato nel teorema delle capre e dei cani un esempio paradigmatico di ordine naturale (ed era un suggerimento pratico al governo inglese, preoccupato dal diffuso pauperismo e dalla crescita demografica):

> La scena è l'isola di Robinson Crusoe nell'Oceano Pacifico, al largo della costa del Cile. Su quest'isola Juan Fernández portò qualche capra allo scopo di provvedere carne nel caso di visite future. Le capre si erano moltiplicate in una misura biblica ed erano diventate una comoda riserva di cibo per i corsari, soprattutto inglesi, che molestavano il commercio spagnolo. Per distruggerle, le autorità spagnole vi portarono un cane e una cagna che anch'essi, nel corso del tempo, si moltiplicarono notevolmente e fecero così diminuire il numero delle capre che essi mangiavano[9].

L'ordine naturale della società avrebbe richiesto delle vittime: i più deboli. Il dogma della libertà era rigido e perfino crudele: bisognava comunque *laisser faire, laisser passer*. Malthus, dopo aver osservato che la popolazione cresce a ritmi superiori rispetto alle disponibilità materiali, non ha dubbi sulla terapia: sono la povertà e la diseguaglianza che garantiscono un equilibrio, disincentivando le nascite tra i ceti popolari. Come nel ragionamento di Townsend, solo i più forti avranno famiglie numerose e potranno procreare; i più deboli verranno in qualche modo mangiati dagli altri.

Anche qui, lo Stato si guardi dall'intervenire: dare sussidi di povertà (ciò che realmente accade, per antica tradizione, nell'Inghilterra di Malthus) significa mantenere artificialmente alta la fecondità dei poveri. È la natura che deve provvedere e selezionare.

Il naturalismo sociale di Malthus viene spesso preso a esempio dell'estremismo dottrinario dei teorici della società liberale. Nel 1829, Thomas Carlyle aveva scritto polemicamente: «La bella Sally del nostro vicolo si dimostra tanto piena di fascino da eccitare Tom, del vostro: si può chiedere a Tom di fermarsi e calcolare, prima, la richiesta di mano d'opera dell'Impero britannico?... O magnifici poeti malthusiani!!»[10].

Il modello liberale, nel momento stesso in cui conquista le borghesie di tutto l'Occidente e viene messo alla prova in vecchi e nuovi Stati, riceve però critiche serrate. Accenneremo qui a due momenti di questa vasta tradizione teorica: il pensiero marxista, nella sua prevalente versione ottocentesca, e la riflessione primo-novecentesca dell'antropologo Karl Polanyi. Ambedue suggeriscono importanti approfondimenti del rapporto tra società e economia.

2. *Marx: la parzialità classista del modello liberale*

Marx e il marxismo ottocentesco affondano le proprie radici nell'Europa dell'industrializzazione, del pensiero economico classico, della teoria politica liberale, del primo parlamentarismo. Ma ne sono i principali critici.

Il marxismo vuole rimettere con i piedi per terra il sistema economico e politico che si sta affermando in Occidente, analizzandone la genesi e storicizzandolo: esso non è una sorta di stato di natura ma il risultato di processi che hanno origine nei regimi feudali, subiscono una prima accelerazione a partire dal XVI secolo e maturano nel Settecento. Visto in uno spessore storico, il capitalismo è frutto di un doppio processo: è l'accumulazione di ricchezze e di potere da parte di un'area geografica (l'Occidente europeo) ai danni di un'altra (le colonie) e di una classe sociale (la borghesia) ai danni di un'altra (i contadini). Il processo dell'accumulazione originaria crea gerarchie e sperequazioni sia a livello internazionale (l'inizio di una spaccatura tra paesi in sviluppo e paesi che contribuiscono forzatamente a quello sviluppo), sia a livello sociale (la formazione di una borghesia capitalistica e di un proletariato). Tanto l'accumulazione originaria quanto la formazione del proletariato accadono sotto la spinta di precisi interessi e in modo traumatico: violenti sono la conquista militare e lo sfruttamento delle colonie, l'estrazione di derrate e di materie prime, l'imposizione delle merci occidentali, la riduzione a schiavitù di intere popolazioni; altrettanto, l'attacco alla terra contadina da parte di signori e fittavoli, la chiusura dei demani, l'indebitamento usuraio, la cacciata degli agricoltori dai propri *cottages*.

Tutto ciò sembra a Marx ben poco *naturale*.

Nell'economia politica quest'accumulazione originaria fa all'incirca la stessa parte del peccato originale nella teologia: Adamo dette un morso alla mela e con ciò il peccato colpì il genere umano. Se ne spiega l'origine raccontandola come aneddoto del passato. C'era una volta, in un'età da lungo tempo trascorsa, da una parte un'*élite* diligente, intelligente e soprattutto risparmiatrice, e dall'altra c'erano degli sciagurati oziosi che sperperavano tutto il proprio e anche più. Però la leggenda del peccato originale teologico ci racconta come l'uomo sia stato condannato a mangiare il suo pane nel sudore della fronte; invece la storia del peccato originale economico ci rivela come mai vi sia della gente che non ha affatto bisogno di faticare. Fa lo stesso! Così è avvenuto che i primi hanno accumulato ricchezze e che gli altri non hanno avuto all'ultimo altro da vendere che la propria pelle. E da questo peccato originale data la povertà della gran massa che, ancor sempre, non ha altro da vendere fuorché se stessa, nonostante tutto il suo lavoro, e la ricchezza di pochi che cresce continuamente, benché da gran tempo essi abbiano cessato di lavorare[11].

Il capitalismo è un sistema di armonia e di libertà? Al contrario – rileva Marx – esso funziona su meccanismi di dipendenza, asimmetria e sfruttamento. Un rapporto di dipendenza è quel che connette le due classi fondamentali, borghesia e proletariato: l'esistenza dell'una si lega a quella dell'altra. Il meccanismo del surplus parte dalla valorizzazione dei prodotti inanimati ad opera del lavoro umano: strumenti e materie prime sono di proprietà del capitalista; il lavoro è operaio. Capitale e lavoro sono intrinsecamente collegati. Senza questo nesso non si ha valore, né profitto.

Ma il rapporto tra borghesia e proletariato è asimmetrico. È fittizia l'idea che si tratti di due soggetti liberi, che liberamente definiscono sul mercato i termini del proprio contratto di lavoro. La presenza di una quantità di forza-lavoro non occupata rende cronicamente debole la posizione di chi cerca occupazione e forte la posizione di chi l'offre. Senza contare che le strutture politiche, sociali e culturali vengono modellate e influenzate dai detentori del potere economico.

Il rapporto di diseguaglianza tra borghesia e proletariato si perpetua e si aggrava attraverso il meccanismo dello sfruttamento. Nel sistema capitalistico, il surplus (o plusvalore) viene fatto proprio da chi detiene i mezzi di produzione. Esso è valore sottratto direttamente al lavoratore, essendo la differenza tra il valore del lavoro realizzato e la remunerazione totale ottenuta dai lavoratori. Il profitto, reinvestito, produce altro profitto. Il salario, grazie ai meccanismi *parziali* del mercato del lavoro, resta inchiodato al livello della sussistenza: può crescere, con l'aumento dei prezzi o con l'elevarsi del tenore di vita di una società, ma rimane un reddito capace unicamente di far vivere e riprodurre la famiglia del lavoratore; comunque non permette accumulazione e investimento produttivo.

Non può esservi armonia, date queste dinamiche. Al contrario, il sistema capitalistico è conflittuale: nato dall'affermazione violenta di una classe sociale, che ne crea e ne sottomette un'altra, sconta, se si può dire così, questo suo peccato originale poiché deve far fronte cronicamente al conflitto sociale, alla *lotta di classe*. È una lotta, quella del proletariato contro la borghesia, che parte dalle dure condizioni lavorative, dai bassi salari e, infine, dalla consapevolezza dello sfruttamento subìto. Nella sua fase matura, la lotta di classe si pone l'obiettivo del potere politico e tende a rovesciare i meccanismi che garantiscono alla borghesia il dominio dell'economia e dello Stato.

La critica marxista al sistema capitalistico investe in pieno il modello liberale, negando il valore universale dei suoi principi: la borghesia parla di libertà, ma esprime l'esigenza di *libertà borghese*. È tale la libertà concessa alla proprietà privata, la libertà d'iniziativa, la libertà del mercato del lavoro (che tende a negare agli operai la possibilità di organizzarsi per ottenere contratti migliori), l'eguaglianza giuridica, le libertà politiche. Sono istanze che di fatto ratificano l'ordine esistente, preservano una società asimmetrica, finiscono col perpetuare i meccanismi della diseguaglianza.

Il concetto di libertà, oltre le apparenze, si muta nel proprio opposto: quella liberale è la difesa di uno stato di cose, la garanzia di libertà per chi detiene il potere.

Infine, la presunzione dello sviluppo. Marx disegna un sistema capitalistico conflittuale e contraddittorio. Si tratta di contraddizioni fondamentali, che lo rendono in prospettiva debole, che ne minano le possibilità di crescere illimitatamente. È la conflittualità di classe che impedisce al padronato una gestione libera della forza-lavoro e lo mette di fronte al dilemma di una classe operaia capace di organizzarsi e di esercitare un ruolo sul mercato del lavoro (sindacato) e nel sistema politico e sociale (partito). Ma non solo: vi sono contraddizioni interne ai meccanismi economici del capitalismo, tendenze alla caduta dei tassi di profitto (per l'aumento delle macchine e la riduzione della quota salariale), pericoli di ristagno della domanda interna (per il livello basso dei salari), difficoltà di investimento (per l'esaurimento di occasioni allettanti di profitto), fenomeni di concorrenza tra settori capitalistici diversi (un capitalismo agrario e uno industriale, ad esempio) o tra Stati capitalistici ecc.

Marx ha sotto gli occhi l'andamento ciclico del mercato ottocentesco, la ricorrenza di crisi di sovrapproduzione (e di sottoconsumo), i problemi della ricerca di materie prime a basso prezzo (e dunque la questione dei rapporti economici e politici tra l'Occidente e le aree extra-europee), le ferite inferte alla stabilità politica e alla crescita economica da parte di un conflitto sociale talvolta aspro. Il sistema appare intrinsecamente fragile, e fittizia l'ipotesi di uno sviluppo lineare ed equilibrato.

Il capitalismo, nell'analisi e nella previsione del marxismo, perde ogni carattere di naturalità, anzi diventa una fase storica che tende ad essere superata dal proprio interno, grazie alle sue stesse contraddizioni, ad opera della classe antagonista che ha prodotto, il proletariato.

3. *Polanyi: l'utopia distruttiva della società di mercato*

L'intervallo tra la prima e la seconda guerra mondiale vede la trasformazione profonda del modello liberale, già messo in crisi dal conflitto del 1914-1918 e, prima ancora, dai mutamenti dell'età dell'imperialismo. Il dogma liberoscambista e concorrenziale è smentito dalla concentrazione monopolistica (produttiva e finanziaria). Lungi dall'essere la somma di azioni individuali, la società funziona piuttosto secondo una dinamica di organizzazioni e gruppi d'interessi (partiti, sindacati, associazioni professionali ecc.): il modello liberale viene inquinato da fenomeni di neocorporativismo. Questi «poteri» organizzati interagiscono continuamente con gli organi dello Stato, il cui ruolo economico e sociale cresce a vista d'occhio.

Già nei primi anni del Novecento, Rudolf Hilferding aveva descritto il passaggio dal capitalismo concorrenziale a quello che egli chiama «capitalismo organizzato».

> Il capitale finanziario – cioè il controllo da parte di un piccolo numero di grandi banche dell'industria organizzata monopolisticamente – tende ad attenuare l'anarchia della produzione e contiene i germi del passaggio da un ordine anarco-capitalista ad uno organizzato capitalistico. L'enorme rafforzamento del potere statale, provocato dal capitale finanziario e dalla sua politica, porta nella stessa direzione. Invece della vittoria del socialismo appare possibile l'affermarsi di una società ad economia organizzata, certo, ma in modo autoritario, non democratico, al cui vertice starebbero i poteri unificati dei monopoli capitalistici e dello Stato sotto i quali le masse lavoratrici si articolerebbero in modo gerarchico come funzionari della produzione[12].

Comprensibilmente, il conflitto del 1914-1918 accentua il carattere «organizzato», corporativo, statalizzato delle società europee. Le esigenze del «fronte interno» portano ad una rapida legittimazione delle organizzazioni operaie dentro il sistema liberale e provocano l'inizio di una contrattazione sindacale centralizzata e mediata dai poteri pubblici. I problemi della produzione bellica inducono lo Stato a controllare direttamente intere branche industriali, quelle d'interesse strategico, attraverso una prassi di pianificazione che smentisce il dogma del *laissez faire* e della libertà illimitata dell'impresa.

All'indomani del 1917-1918 inoltre appare con chiarezza che quello liberale non è più l'unico modello di riferimento. Emergono istituzioni sociali e politiche di altro tipo. Nel 1917, prende il via lo Stato sovietico (settant'anni dopo, alla vigilia del loro crollo, i regimi socialisti avrebbero interessato oltre un terzo della popolazione mondiale). Comincia ad incrinarsi, negli anni Venti e Trenta, il sistema coloniale e vengono alla ribalta, con i movimenti indipendentisti extraeuropei, le specificità socio-politiche e istituzionali di altri continenti, dall'Africa all'Asia. Entra in crisi il tradizionale etnocentrismo della cultura del Vecchio Continente. Non è un caso che, in questi anni, prendano slancio le discipline socio-antropologiche. Gli antichi orgogli europei sono sostituiti da un crescente relativismo. Negli anni Venti vengono edite le opere principali di Bronislaw Malinowski, l'antropologo polacco autore degli *Argonauti del Pacifico*.

Il modello liberale si scontra frattanto con il ciclo economico e politico degli anni Venti e Trenta. Nel 1926 l'economista John Maynard Keynes pubblica uno scritto dal titolo significativo: *The End of Laissez faire*. La recessione degli anni Trenta non farà che accelerare l'abbandono, da parte della teoria economica, di molti dei dogmi dei «classici». Né è consolante il ciclo politico: l'avvento del fascismo italiano e poi il regime nazista smentiscono clamorosamente quella parte del modello liberale che concerneva le libertà politiche.

In questo clima si colloca la riflessione dell'antropologo Karl Polanyi (1886-1964). Trascorrendo gli anni precedenti il 1947 fra Ungheria, Vienna e Inghilterra, egli può cogliere tanto la realtà sociologica e politica della crisi europea, quanto un'elaborazione intellettuale attorno ad essa, che proprio nella Mitteleuropa è molto vivace. Del 1944 è il testo al quale faremo riferimento, *La grande trasformazione*, aspro atto d'accusa contro quella che Polanyi chiama l'*utopia liberale*.

Adam Smith scriveva, nel 1776, che esiste nell'uomo una naturale «propensione al baratto, al commercio e allo scambio di una cosa con un'altra». Insieme all'economia politica, veniva alla luce il concetto di *uomo economico*. La vicenda storica poteva esser vista come il risultato degli sforzi di singoli individui verso un soddisfacimento sempre più ampio dei propri bisogni, attraverso un uso oculato delle risorse, l'accumulazione di ricchezza, l'investimento produttivo ecc.

L'uomo era un essere razionale e utilitarista, la società un insieme di individui tesi al perseguimento di un fine economico.

Da tale prospettiva emerge un soggetto – si tratti di un individuo, di una famiglia o di un'intera società – che ha di fronte un ambiente naturale riluttante a concedere quegli elementi necessari alla sussistenza che racchiude in sé. L'azione economica – o, più precisamente, l'azione dell'economizzare, l'essenza stessa della razionalità – viene vista come un modo di disporre del tempo e delle energie in modo da strappare un risultato massimo dal rapporto tra uomo e natura. L'economia diventa così l'insieme di tali azioni[13].

Fortemente polemico nei confronti di questo razionalismo, Polanyi nega le premesse naturalistiche dell'economia classica. L'*uomo economico* è un'invenzione. Nei millenni che precedono l'affermazione di una società dominata dal mercato e caratterizzata dalla mercificazione della stessa natura (la terra) e dell'uomo (il lavoro), «il sistema economico è in realtà una semplice funzione dell'organizzazione sociale»[14] e «l'economia dell'uomo, di regola, è immersa nei suoi rapporti sociali»[15].

La prospettiva smithiana è rovesciata. Non esiste una economicità dell'agire umano, né una tendenza naturale al guadagno e all'arricchimento. «L'uomo non agisce in modo da salvaguardare il suo interesse individuale nel possesso dei beni materiali, agisce in modo da salvaguardare la sua posizione sociale, le sue pretese sociali, i suoi vantaggi sociali»[16]. Le società primitive, al proposito, forniscono esempi eloquenti. In una tribù,

l'interesse economico dell'individuo è raramente predominante perché la comunità sostiene tutti i suoi membri a meno che non sia essa stessa abbattuta da una catastrofe, nel qual caso gli interessi sono ancora una volta minacciati collettivamente e non individualmente. La conservazione dei legami sociali d'altra parte ha un'importanza cruciale, in primo luogo perché non osservando il codice d'onore o di generosità accettato, l'individuo si taglia fuori dalla comunità e ne viene espulso, in secondo luogo perché alla distanza tutti gli obblighi sociali sono reciproci[17].

Adempiendo ad essi, ciascuno è sicuro di ricevere altrettante prestazioni e risorse. Insomma esiste, nelle società primitive, in forme tra loro molto varie, un sistema di divisione del lavoro e delle risorse che non è individuale ma collettivo, non è libero ma vincolato da complesse e intoccabili consuetudini, non è governato da interessi personali ma serve semplicemente a scambiare oggetti e funzioni tra gruppi (familiari, tribali ecc.) i quali svolgono attività differenti e hanno perciò bisogno ciascuno dell'altro. I moderni sistemi di scambio, l'istituto del mercato, la moneta, i prezzi sono spesso inesistenti e, laddove esistano, non hanno le stesse funzioni cui noi siamo abituati.

Il motivo del profitto non sembra aver luogo. Manca la pratica del commercio a fine di guadagno e prevale il consumo diretto del bene scambiato. Le transazioni sono equivalenti, o ritenute tali. Anche laddove esistono forme di baratto, rileva Polanyi, non esiste «quello che appariva come il carattere essenziale dello scambio nel pensiero del diciottesimo secolo, l'elemento volontaristico della contrattazione ed il discutere sul prezzo»: «il modo abituale di comportamento è piuttosto quello di dare espressione alla motivazione opposta. Il datore può semplicemente lasciar cadere l'oggetto per terra e colui che lo riceve farà finta di raccoglierlo casualmente o anche di lasciare che venga raccolto da uno del suo seguito»[18].

Gli aspetti utilitaristici dei rapporti sociali, quando esistono, vuole intendere Polanyi, sono vissuti con una sorta di imbarazzo e dissimulati.

Spesso d'altronde lo scambio avviene sotto forma di dono, durante «una cerimonia in cui un capo e il suo gruppo ricevevano come ospiti altri capi e altri gruppi e offrivano loro beni non edibili»[19]. L'atto del donare è di estrema importanza, ma non per finalità economiche bensì sociali: «il donare accresceva il prestigio del donatore»[20]. Nell'arcipelago melanesiano, il *kula trade* è un complesso sistema di scambi che avviene tra molte isole, attraverso spedizioni annuali o biennali: un modo per rendere complementari isole a produzione agricola con isole a produzione manifatturiera. Anche qui non esistono scambi individuali, casuali o a fine di profitto: i prodotti passano da gruppo a gruppo sotto forma di dono, secondo una precisa ritualità, e «tutto il procedimento è interamente regolato dall'etichetta e dalla magia»[21].

Forme del genere eliminano il baratto o la compravendita e rendono consuetudinaria, sacra, significativa dal punto di vista sociale quella che noi diremmo una funzione economica. Resta la sicurezza di ciascun donatore di ricevere, entro un certo lasso di tempo, una contropartita all'oggetto donato, magari da un altro gruppo o da un'altra famiglia. L'etichetta prevede una reciprocità organizzata degli scambi. La società è compatta, dice Polanyi, proprio perché è al suo interno, sottostando alle sue regole, che i bisogni possono essere soddisfatti. Al di fuori di essa non esiste nulla. Siamo agli antipodi dei comportamenti utilitaristici di cui aveva parlato l'economia politica: quel che importa è essere nel gruppo, svolgervi la propria funzione, venirne accettati. La «predilezione dell'uomo primitivo per le occupazioni lucrose», postulata da Smith, è falsa: la società tribale esercita

> una pressione continua sull'individuo in modo da eliminare l'interesse economico personale dalla sua coscienza fino al punto di renderlo incapace, in molti casi (ma non certamente in tutti), anche di comprendere le implicazioni delle sue azioni in termini di un simile interesse. Questo atteggiamento è rafforzato dalla frequenza delle attività comunitarie come il prendere il cibo dal recipiente comune o la divisione del bottino di qualche azzardata e pericolosa spedizione tribale. Il premio attribuito alla generosità è così grande, misurato in termini di prestigio sociale, da rendere semplicemente non conveniente qualunque altro comportamento diverso dalla estrema dimenticanza di sé. Il carattere personale ha poco a che fare con la questione [...]. Le passioni umane, buone o cattive, sono semplicemente dirette verso fini non economici, l'ostentazione cerimoniale serve a spronare al massimo l'emulazione e la consuetudine del lavoro tende a spingere gli standard quantitativi e qualitativi ai valori più alti. La prestazione di tutti gli atti di scambio come doni spontanei che ci si attende che vengano ricambiati anche se non necessariamente da parte dello stesso individuo, una procedura minutamente articolata e perfettamente salvaguardata da elaborati metodi di pubblicità, da riti magici e dall'istituzione di «dualità» nelle quali i gruppi sono legati da obblighi reciproci, dovrebbe da sola spiegare l'assenza della nozione del guadagno o anche della ricchezza tranne che per quegli oggetti che tradizionalmente elevano il prestigio sociale[22].

Ecco dunque un approccio interdisciplinare concreto. Per sottoporre a critica la pretesa universalità del modello liberale, Polanyi prende come oggetto d'analisi le società primitive e si serve del materiale antropologico elaborato in quegli stessi anni da Malinowski, da R.C. Thurnwald

(*Economics in Primitive Communities*, 1932), da R. Firth (*Primitive Polynesian Economics*, 1939). Nel confronto con le società primitive o premoderne, il modello europeo e tutt'intera una tradizione razionalistica di oltre due secoli vengono relativizzati e messi in forse. *La grande trasformazione* è un segno dei tempi.

Secondo Polanyi, le leggi dell'economia – l'affermazione di un sistema di prezzi e di mercato – tendono, in età moderna e poi compiutamente nel XIX secolo, a spezzare le strutture sociali tradizionali, cercando di stabilire un vero e proprio dominio dell'economia sulla «sostanza naturale della società» e riducendo quest'ultima a semplice «accessorio del sistema economico». Si tratta di un meccanismo autodistruttivo: «gli effetti sulla vita della gente erano tremendi al di là di ogni descrizione»[23]. Urbanesimo, cacciata dei contadini dalle proprie terre, crollo dell'artigianato tradizionale, migrazioni e pauperismo: sottoposta alle leggi del mercato, la società rischia l'annientamento.

Ma la piena affermazione delle leggi del mercato incontra ostacoli e resistenze. La società infatti si difende e riesce quanto meno a frenare i fenomeni dello sviluppo economico, diluendone nel tempo gli effetti e permettendo a individui e gruppi di adattarvisi.

Prendiamo un esempio che è anche di Polanyi, la vicenda dell'agricoltura inglese fra Cinque e Settecento. In Inghilterra, a quei tempi, «la proprietà di ogni singolo contadino era suddivisa in una serie di strisce strettissime sparse alla rinfusa tra quelle degli altri contadini nei campi aperti e non recintati. Poiché il bestiame pascolava su questi campi dopo il raccolto, questo doveva aver luogo pressappoco nello stesso tempo in tutte le strisce, e le operazioni agricole dovevano perciò essere più o meno coordinate»[24].

Ma, fin dal XIII secolo, e poi di più nel XIV e nel XVII secolo, una serie di opportunità economiche nuove scuote la tradizionale gestione comunitaria delle terre: i proprietari hanno l'occasione di entrare nel giro di un mercato della lana che si sta espandendo e dove l'Inghilterra può giocare un ruolo importante, avendo condizioni ambientali, climatiche, lavorative favorevoli, ovvero costi di produzione minori che altrove. In questo contesto, diventano fatalmente anacronistici gli usi comuni, la gestione collettiva dei campi, l'apertura delle terre al pascolo, alla raccolta delle legne, all'uso delle acque. Le terre tendono, con metodi più o meno leciti, a essere chiuse e recintate. I contadini, privati dei redditi complementari che avevano ricavato dagli usi comuni, rischiano di andare in rovina e spesso sono costretti ad abbandonare il proprio *cottage*. Il pascolo e l'allevamento ovino si espandono. «Detto col linguaggio dell'epoca, le pecore mangiarono gli uomini. I contadini furono cacciati dalla terra: le strisce arate e le terre comuni furono trasformate ugualmente in pascoli. Un solo pastore poteva sorvegliare e accudire greggi che pascolavano in terre che un tempo avevano nutrito molti uomini»[25].

Era un processo violento. «Il tessuto sociale veniva spezzato, villaggi abbandonati e rovine di abitazioni testimoniavano la ferocia con la quale la rivoluzione infuriava mettendo a repentaglio le difese del paese, devastandone le città, decimando la sua popolazione di dignitosi contadini in una folla di mendicanti e di ladri»[26].

Il risultato fu niente di meno che la distruzione della classe contadina, la sua scomparsa dalla vita economica e dal sistema politico inglese.

Ma il progresso economico, rappresentato dallo sviluppo di un'agricoltura più produttiva e di una solida manifattura laniera, non passa senza resistenza. La gente reagisce. La corona, per parte sua, cerca di frenare l'ondata delle recinzioni e organizza sistemi protettivi, come le leggi contro la povertà o quella sulla residenza, ad evitare lo spopolamento di talune zone a vantaggio di altre, fissa ciascun individuo al proprio luogo di nascita. Tutto questo non impedisce che si consumi la rovina dei contadini e che si affermi un capitalismo agrario, ma diluisce nel tempo processi socialmente dolorosi. E, ricorda Polanyi, «il ritmo del cambiamento spesso non ha minore importanza della direzione del cambiamento»: dal ritmo dipende «la possibilità per coloro che venivano spossessati di adattarsi alle mutate condizioni senza danni fatali per la loro sostanza umana ed economica, fisica e morale»[27].

Polanyi parla di un «doppio movimento»: per un verso, l'emergere di leggi economiche che tendono a farsi autonome rispetto al tessuto sociale; per l'altro, la reazione della società, che cerca di proteggersene. Nel 1795, ricorda Polanyi, prende il via in Inghilterra un sistema di sussidi alla povertà che sono generalizzati e indicizzati sul costo della vita: ne usufruiscono coloro che, maschi o femmine, lavoratori o disoccupati, non raggiungono un dato reddito. Tutto ciò accade proprio quando sarebbe interesse del padronato poter disporre di ampie riserve di manodopera, meglio se disoccupata e affamata. Invece, il sistema del 1795 (*Speenhamland System*) tende a migliorare la condizione dei poveri e dunque la loro posizione contrattuale di fronte ai datori di lavoro. È una misura di protezionismo sociale che si richiama alla tradizione dello Stato paternalistico, proprio nel bel mezzo della crescita di una società di mercato.

La riflessione di Polanyi riporta l'attenzione al ruolo svolto da un complesso di fattori non economici, troppo spesso sacrificati sull'altare di una gerarchia fra struttura e sovrastruttura. La grande cautela con la quale il padronato tessile inglese introdurrà le nuove tecnologie sette-ottocentesche si spiega anche con l'esigenza di non rompere in modo troppo drastico la qualità della vita delle classi lavoratrici. Non diversamente, il fenomeno del luddismo costituisce una reazione della società (operai, artigiani, piccoli imprenditori, una stessa opinione pubblica tutt'altro che «moderna») all'affermazione di un sistema economico che comporta un nuovo modo di lavorare e di svagarsi, di andar sposi e di fare figli, di consumare e abitare. L'entrata, nelle prime fabbriche inglesi, di ampi gruppi di artigiani (già indipendenti) provoca interessanti fenomeni di compromesso tra società tradizionale e nuovo sistema economico: per decenni, il salario, i tempi di lavoro, la qualità del prodotto non vengono determinati in base alle pure leggi del mercato. Vi sono gruppi artigiani che rinunciano a chiedere salari maggiori (come potrebbero fare, sulla base di una considerazione della domanda e dell'offerta) perché rimangono legati ad un concetto precapitalistico di «guadagno equo». Ma sono quegli stessi artigiani, più del padrone o delle macchine, che determinano gli esiti del processo di produzione, utilizzando la propria forza contrattuale per difendere i tradizionali ritmi di lavoro; che, nella fabbrica moderna, portano le vecchie solidarietà corporative; che impongono una qualità del prodotto talvolta superiore alle esigenze di standardizzazione dettate dal mercato.

Le leggi economiche, rileva Polanyi, passano attraverso la

società, la sua autonomia, le sue tradizioni, anche quando l'economia sembra affermare un dominio diretto sul corpo sociale. Pochi, oggi, sarebbero disposti ad avallare il dogma liberista che domanda e offerta si autoregolino, garantendo sviluppo ed equilibrio. È stato Keynes a dire, tra le due guerre, che non necessariamente l'offerta crea una propria domanda e che può essere necessario – da parte dello Stato o del capitale – redistribuire ricchezza, sotto forma di salari, al fine di aumentare il potere d'acquisto e di stimolare, per questa strada, una crescita produttiva. La teoria keynesiana è di quelle che rifiutano ogni idea di naturalità del processo economico.

Note al capitolo quinto

[1] M. Carmagnani e A. Vercelli (a cura di), *Il mondo contemporaneo. Economia e storia*, Firenze, La Nuova Italia, 1978, vol. I, p. 4.

[2] H. Denis, *Storia del pensiero economico*, trad. it., Milano, Mondadori, 1968, vol. I, p. 58.

[3] *Ibidem*, p. 128.

[4] *Ibidem*, p. 122.

[5] M. Carmagnani e A. Vercelli (a cura di), *Il mondo contemporaneo. Economia e storia*, cit., vol. I, p. 4.

[6] H. Denis, *Storia del pensiero economico*, cit., vol. I, p. 234.

[7] E.J. Hobsbawm, *Le rivoluzioni borghesi 1789-1848*, trad. it., Milano, Il Saggiatore, 1963, p. 329.

[8] H. Denis, *Storia del pensiero economico*, cit., vol. I, p. 210.

[9] K. Polanyi, *La grande trasformazione*, trad. it., Torino, Einaudi, 1974, p. 143.

[10] R. Williams, *Cultura e rivoluzione industriale. Inghilterra 1780-1950*, trad. it., Torino, Einaudi, 1968, p. 112.

[11] Citato in J. Eaton, *Economia politica. Introduzione alla teoria economica marxista*, trad. it., Torino, Einaudi, 1950, pp. 64-65.

[12] Citato in G.E. Rusconi, *La crisi di Weimar. Crisi di sistema e sconfitta operaia*, Torino, Einaudi, 1977, p. 179.

[13] K. Polanyi (a cura di), *Traffici e mercati negli antichi imperi*, Torino, Einaudi, 1978, pp. 291-292.

[14] Id., *La grande trasformazione*, cit., p. 65.

[15] *Ibidem*, p. 61.

[16] *Ibidem*.

[17] *Ibidem*.

[18] *Ibidem*, pp. 79-80.

[19] E. Grendi (a cura di), *L'antropologia economica*, Torino, Einaudi, 1972, p. XXXIII.

[20] *Ibidem*, p. XXXIV.

[21] K. Polanyi, *La grande trasformazione*, cit., p. 66.

[22] *Ibidem*, pp. 61-62.

[23] *Ibidem*, p. 98.

[24] B. Moore jr., *Le origini sociali della dittatura e della democrazia. Proprietari e contadini nella formazione del mondo moderno*, trad. it., Torino, Einaudi, 1969, p. 14.

[25] *Ibidem*, p. 15.

[26] K. Polanyi, *La grande trasformazione*, cit., p. 47.

[27] *Ibidem*, p. 50.

Capitolo sesto

Trasformazioni economiche

1. *Il decollo dell'Occidente*

Lo sviluppo economico è forse il fenomeno che più di ogni altro caratterizza, nella coscienza comune, l'età contemporanea. I limiti *polanyiani* della società di mercato non tolgono nulla all'evidenza di un processo storico che segna profondamente la vicenda dell'Occidente e del mondo intero, dal tardo Settecento in poi.

Non che esso sia esclusivo degli ultimi due secoli, ma è un fatto che le fasi di crescita, che pure si registrano numerose lungo i secoli dell'*Ancien Régime*, appaiono qualitativamente diverse. Non hanno caratteristiche strutturali e non sono quindi durature ma, al contrario, congiunturali, episodiche, casuali. Più che di un aumento della produttività – dovuto a innovazioni organizzative e tecnologiche – sono spesso il risultato di un semplice aumento estensivo della produzione, dovuto alla crescita demografica e al dissodamento di nuove terre. Di conseguenza, si scontrano tipicamente con quel circolo vizioso malthusiano (se n'è parlato nel capitolo terzo) che sembra incatenare ogni crescita economica alla tendenziale sovrappopolazione europea. Sono episodi di sviluppo che risultano per lo più confinati ad aree ristrette e che non tendono a diffondersi sul territorio. Appaiono fondamentalmente incapaci di dar vita ad un meccanismo di *sviluppo autosostenuto*, che permetta una accumulazione e una riproduzione allargata delle risorse. Insomma, all'indomani di una sequenza crisi-sviluppo-crisi, il punto d'arrivo somiglia a quello di partenza.

Rispetto alla sostanziale staticità che segna nel lungo periodo l'Antico Regime, il «decollo» dell'Occidente fra Sette e Novecento appare un fenomeno completamente diverso.

Quella che viene detta la «rivoluzione industriale» porterà ad un forte incremento della produttività umana, a causa delle innovazioni nella tecnologia, nell'organizzazione del lavoro, nei sistemi di mercato, nelle funzioni finanziarie ecc. Ma soprattutto

questo rapido sviluppo cresceva su se stesso. Mentre in precedenza un miglioramento delle condizioni di esistenza, e quindi di sopravvivenza, e l'aumento delle possibilità economiche erano sempre stati seguiti da aumenti di popolazione che finivano per annullare i guadagni ottenuti, adesso, per la prima volta nella storia, economia e conoscenza crebbero entrambe abbastanza rapidamente per generare un flusso continuo di investimenti e di innovazioni tecnologiche, un flusso che alzava oltre i limiti del visibile il tetto dei «freni positivi» di Malthus[1].

Lo sviluppo ottocentesco appare come una frattura profonda: «la più grande discontinuità della storia», è stato detto[2]. «L'incremento di benessere materiale che ebbe origine nel XVIII secolo – rilevano W.A. Cole e Ph. Deane – si differenzia da ogni esperienza precedente del genere per essersi dimostrato irreversibile nel lungo periodo»[3]. I suoi risultati saranno impressionanti. È stato calcolato che, nel corso degli ultimi due secoli, i paesi sviluppati hanno visto crescere la produzione industriale *pro capite* di cinquanta volte, mentre le quote degli occupati in agricoltura venivano polverizzate, passando da un 70% circa a meno del 10%[4]. Inoltre, la crescita ottocentesca rompe ben presto i confini originari del Lancashire, allargandosi dapprima nelle terre dell'Occidente europeo (da nord a sud), poi oltre Atlantico (negli USA), nell'Europa orientale e russa, nel lontano Giappone. Frattanto, l'area interessata dal mercato si espande ben oltre i paesi sviluppati, sull'onda della penetrazione coloniale in Asia e in Africa e delle innovazioni tecnologiche, prime fra tutte la navigazione a vapore, le ferrovie, il telegrafo. Sebbene non risultino equamente distribuiti gli utili di tanto fervore, i continenti vengono avvicinati dal fitto scambio di merci e (in seguito) di uomini. Nel 1872, il flemmatico Phileas Fogg intraprenderà il suo giro del mondo in ottanta giorni – da Londra a Suez, Bombay, Hong Kong, San Francisco, New York e infine Liverpool –, utilizzando le nuove linee ferroviarie e i grandi piroscafi a vapore (e che non si tratti di fantasticherie letterarie lo dimostra il fatto che di lì a poco un'intraprendente agenzia di viaggi americana offrirà ai propri clienti un giro del mondo del tutto simile). Vent'anni prima, il gentiluomo narrato da Jules Verne avrebbe impiegato circa un anno per portare a termine l'impresa (ma oggi, utilizzando le normali linee aeree, essa richiede un paio di giorni)[5].

La crescita economica appare un fenomeno diseguale ma planetario. Benché la mappa dello sviluppo riguardi tuttora solo una minoranza dei popoli della terra, esso possiede una forza cui è difficile sottrarsi: il sistema della crescita ha imposto a intere regioni del mondo rapporti di dipendenza economica e, se necessario, di dominio politico, aumentando così ulteriormente la propria forza.

Inoltre, ci sono pochi dubbi sul fatto che il modello occidentale dello sviluppo economico abbia assunto, fin dall'Ottocento, la dignità di una cultura: non solo un modo di produzione ma una forma di società, una qualità di vita, un insieme capillare di valori. E anche la *cultura dello sviluppo* mostra – che piaccia o meno – forti capacità espansionistiche.

2. *La storiografia economica*

2.1. *Gli storici e lo sviluppo economico*

La nascita di una storiografia economica – dotata di proprie ipotesi, metodi, riviste specializzate, riconoscimenti accademici – può farsi risalire all'intervallo fra le due guerre mondiali. Non che il rapporto fra storia ed economia fosse ignoto agli storici ottocenteschi né ovviamente ad economisti come Smith, Malthus, Marx. Ma è significativo che ancora nel 1929, per sottolineare la propria rottura con la storiografia precedente, Bloch e Febvre decidessero di intitolare le «Annales» alla «histoire économique et sociale».

Fino al primo Novecento, mentre gli storici restano, per di più, ancorati ad una tradizione di storia politica e diplomatica, che dei fatti e dei sistemi economici si limita a studiare semmai il contesto giuridico ed istituzionale, gli economisti sembrano avere scarso interesse per le analisi diacroniche (storiche). Essi sono in qualche misura ammaliati dalla grande prova di forza fornita da un'Europa che tocca in questi decenni il proprio apogeo economico, e appaiono lontani dai crucci di un Malthus o dalle previsioni *crolliste* del marxismo. Dal secondo Ottocento all'inizio del XX secolo, la teoria neoclassica (il marginalismo dell'inglese William S. Jevons, dell'austriaco Carl Menger e del francese Léon Walras) interpreta i sistemi economici come sistemi in equilibrio, riflettendo in modo evidente l'ottimismo dei paesi sviluppati e generalizzando l'esperienza europea. «Gli economisti (o perlomeno gli economisti non-marxisti) si concentravano sulla costruzione di un sistema di relazioni economiche presunto fuori dal tempo, e considerato universalmente applicabile»[6]. Analizzata come sistema in equilibrio e non come processo diacronico, l'economia accentua il proprio carattere di astrazione e viene decontestualizzata. L'*economia politica pura* di Walras aspira ad essere, «come la meccanica, come l'idraulica, una scienza fisico-matematica»[7] ed è riassunta in un modello astratto (e universale) di equilibrio. La storia, con i suoi contesti concreti e con i suoi processi di crescita o di recessione, viene implicitamente messa alla porta dai teorici marginalisti.

In seguito, il quadro cambia. La difficile riconversione europea dall'economia di guerra all'economia di pace, dopo il conflitto del 1914-1918, e poi il crollo finanziario del 1929 e gli sconvolgimenti produttivi degli anni Trenta spostano bruscamente l'attenzione degli economisti dalle teorie dell'equilibrio al problema dei cicli commerciali, della loro dinamica e del loro difficile controllo. In questo quadro, la storia torna ad essere utile. Strutture e sistemi economici vengono analizzati adesso nelle loro tendenze di medio e lungo periodo, collocati nel tempo. Sono organismi in movimento. Fra economisti e storici si stabiliscono nuovi rapporti. Mentre gli economisti si dedicano alla ricerca di efficaci politiche anticicliche (Keynes), gli storici sondano nel passato fenomeni analoghi di fluttuazione produttiva e finanziaria, cercando di coglierne le ragioni. È su questa base che prenderanno l'avvio, di lì a poco, intense ricerche sugli andamenti storici dei prezzi, dei redditi nazionali, dei circuiti monetari, delle relazioni commerciali. L'analisi dettagliata di fasi di recessione economica verificatesi nel passato – come la cosiddetta «crisi del Seicento», ad esempio – introdurrà a pieno titolo gli storici in aree ad essi non usuali.

Frattanto, con un pessimismo che è il chiaro segno dei tempi, gli economisti riflettono in termini nuovi sulla stessa esperienza storica dello sviluppo atlantico otto-novecentesco.

Non si può fare a meno di pensare – osserverà, alla vigilia della seconda guerra mondiale, J.R. Hicks – che la Rivoluzione industriale dei due secoli scorsi non è riuscita a essere altro che un'immensa espansione secolare provocata in gran parte dall'aumento eccezionale della popolazione. Se questo è vero, ci è più facile capire perché i saggi ritengano così deludente questo periodo della storia umana[8].

All'indomani del 1945, il ciclo economico muta decisamente di segno, con le occasioni offerte dalla ricostruzione europea, il boom dell'economia americana, l'ondata di formidabili innovazioni tecnologiche (chimica, nucleare ecc.). Tutto ciò innesca una lunga fase di ripresa economica, rafforzando le aree già sviluppate e introducendo allo sviluppo altre regioni. Ma questa stessa espansione dell'Occidente e l'acutizzarsi dei dislivelli economici su scala planetaria mettono all'ordine del giorno le strategie di politica economica necessarie per risolvere i problemi strutturali del cosiddetto Terzo Mondo. In questo clima, dalla metà degli anni Cinquanta, economisti e storici studiano il meccanismo della crescita, con lo scopo, più o meno esplicito, di esportarlo nei paesi extraeuropei. I primi, gli economisti, a partire dalla teoria keynesiana, cercano ricette di politica economica che siano adeguate a superare i dislivelli economici, ovvero a promuovere lo sviluppo nel Terzo Mondo, e spesso, nel dar vita ai propri modelli teorici, si avvalgono degli esempi concreti tratti dal passato, come materiale grezzo da sistematizzare e generalizzare. I secondi, gli storici, partono da quegli stessi esempi empirici e non di rado, utilizzando le teorie economiche, tentano anch'essi di pervenire ad interpretazioni generali (modelli) dello sviluppo.

Il riferimento classico degli uni e degli altri è l'Inghilterra, il primo esempio di crescita industriale e, al tempo stesso, un caso già ampiamente analizzato, alla metà del Novecento, da una vasta letteratura storiografica, che parte dai lavori di Arnold Toynbee (*Lectures on the Industrial Revolution*, 1884), di Paul Mantoux (*La révolution industrielle au XVIII*e *siècle*, 1906) o di J.H. Clapham (*An Economic History of England*, 1926) e arriva a T.S. Ashton (*The Industrial Revolution*, 1948).

I materiali raccolti sulla rivoluzione industriale inglese saranno il punto di partenza per la costruzione di modelli generali di crescita economica. Il salto di qualità è considerevole. Passando dall'analisi dei fatti economici e dei casi concreti all'elaborazione di sistemi di sviluppo, gli storici compiono uno sforzo di teorizzazione che per essi è inusuale. Nel 1953, W.W. Rostow pubblica *The Process of Economic Growth*, proponendo

> un semplice modello di passaggio da un'economia prevalentemente agricola a una economia industrializzata, il quale si basava sul concetto di *take-off* (decollo), un termine metaforico che ebbe subito molta fortuna e che voleva indicare una fase decisiva – nella storia della economia di un paese o di una regione – di incremento nel volume e nella produttività dell'investimento, tale da determinare, in un certo numero di anni, un corrispondente incremento nel reddito *pro capite*, sufficiente a sua volta a consentire, per il seguito, lo stabile mantenimento di un elevato volume di investimenti annui e quindi, in conclusione, una crescita ormai capace di autoalimentarsi (*self sustained growth*)[9].

All'origine del *take-off*, Rostow indica talune condizioni, che vanno dall'aumento della produttività agricola alla formazione di «capitale fisso sociale», dalla presenza di imprenditori aperti all'innovazione tecnica al diffondersi di spinte sociali verso la mobilità e i consumi, fino alle opportunità del mercato (possibilità di esportare i prodotti industriali). Date queste premesse, Rostow elenca una serie di stadi attraverso i quali passerebbe il processo della crescita economica (*The Stages of Economic Growth*, 1960). Sebbene il suo autore sia assai lontano dal marxismo (il sottotitolo del saggio del 1960 è *A Non-Communist Manifest*), la teoria degli stadi sembra seguire l'osservazione di Marx secondo cui «il paese industrialmente più sviluppato non fa che mostrare a quello meno sviluppato l'immagine del suo avvenire»[10].

Una simile impostazione non è tuttavia priva di rischi. Rostow, in sostanza, fa assurgere l'esperienza storica della rivoluzione industriale inglese a modello generale, indicandola come percorso obbligato, e sembra proporre, alla fine dei conti, «un'uniformità nelle forme e nei ritmi di sviluppo, quali che siano i regimi sociali, gli ambienti intellettuali e gli avvenimenti politici»[11]. Il passaggio dal caso specifico alla teoria risulta poco realistico e verrà aspramente criticato. «Dopo essersi convinti che era ragionevolmente possibile affermare che alcuni fattori avevano precondizionato l'industrializzazione dell'Inghilterra – osserva uno di questi critici –, si ebbe la tendenza ad elevare quei fattori al livello di prerequisiti universali dell'industrializzazione di tutti i paesi d'Europa»[12]. Ma una simile generalizzazione appare dubbia tanto sul piano storiografico quanto sul piano delle terapie del sottosviluppo: le politiche pubbliche promosse dall'Occidente nei paesi del Terzo Mondo confermeranno quanto sia illusorio il tentativo di esportare *tout court*, fuori dal proprio contesto d'origine, i meccanismi propri della crescita europea. Per dirla con Ronald Hartwell, «la storia non è scienza sociale profetica [perché] non si ripete e non può ripetersi»[13].

Negli stessi anni, un altro storico ed economista, Alexander Gerschenkron, analizza l'esperienza dell'industrializzazione europea, cercando di ricavarne indicazioni utili alla problematica dello sviluppo economico (*Economic Backwardness in Historical Perspective*, 1962). Ma Gerschenkron, in polemica proprio con Rostow, non crede alla possibilità di elaborare uno schema unico di sviluppo e sottolinea che esiste una differenza qualitativa fra i percorsi seguiti dai diversi paesi europei. Essa deriva, in primo luogo, dalle specifiche condizioni di partenza e, in secondo luogo, dal momento in cui si verifica la crescita economica. Quanto più un paese giunge in ritardo all'industrializzazione, tanto più il suo sviluppo sarà veloce e assumerà caratteristiche diverse dal primitivo caso inglese. I *late comers* infatti potranno usufruire dell'esperienza accumulata dai paesi già sviluppati ma dovranno, al tempo stesso, difendersi dalla loro concorrenza. In breve, al modello unitario di sviluppo formulato da Rostow e alle sue «precondizioni», Gerschenkron sostituisce più percorsi, in ciascuno dei quali quelle precondizioni vengono ad essere sostituite da altre. Se, ad esempio, in Inghilterra le risorse necessarie allo sviluppo sono state fornite da un ceto diffuso di piccoli imprenditori, i quali riuscivano ad autofinanziarsi grazie agli alti tassi di profitto, qualche decennio più tardi, in Francia o in Germania, i capitali per l'industrializzazione (nel frattempo ne servono in quantità assai maggiori) verranno resi disponibili dalle banche, mentre, ancora più tardi, in Russia – mancando sia gli imprenditori che le banche, ed essendo necessari capitali ancor più cospicui – essi saranno erogati dallo Stato e dai suoi istituti finanziari. In altri termini, sono artigiani, commercianti, agrari ad autofinanziare le prime modeste fabbriche tessili nell'Inghilterra tardo-settecentesca; sono le potenti banche private (come il Crédit Mobilier) a finanziare la grande industria delle ferrovie nella Francia di metà Ottocento; è lo Stato infine a rastrellare capitali attraverso il fisco e a promuovere con essi la nascita della siderurgia russa del primo Novecento. Nel ragionamento di Gerschenkron le carte vengono continuamente rimescolate, a seconda dello spazio e del tempo.

I risultati di questa stagione di studi sullo sviluppo economico sono talvolta brillanti, altre volte controversi. Non c'è dubbio che il procedere comune di storici ed economisti abbia arricchito il bagaglio teorico degli storici, permettendo loro di passare da una ricostruzione dei fatti economici di stampo positivistico ad una analisi dei problemi dell'economia e del suo funzionamento (modelli). Teorizzazioni e modelli, inoltre, hanno portato gli storici a comparare i propri casi empirici, con tutta l'utilità che questo comporta. Infine, la ricerca di modelli complessivi ha permesso di istituire nessi di grande interesse: il sistema storico-teorico proposto da Gerschenkron, ad esempio, dà spazio a fattori economici classici (tecnologie, prodotto interno lordo, ragioni di scambio ecc.), ma associa ad essi fattori di ordine sociale (il ruolo degli imprenditori) e di ordine istituzionale (i vincoli o gli stimoli forniti dagli Stati e dalle politiche pubbliche). Gli steccati della storia economica tendono ad aprirsi, facendo spazio ad elementi socio-culturali e politici.

Per converso, aumentano l'ampiezza e la complessità del materiale empirico su cui si basa il ragionamento degli economisti, molti dei quali non potranno non tener conto di quelle variabili non-economiche dello sviluppo che emergono evidenti dall'analisi dei casi storici concreti. Ciò nonostante, l'obiettivo di costruire una teoria *realistica* dello sviluppo economico – mettendo assieme quindi la ricerca empirica e la teoria – non sembra raggiunto. «I "fatti" che interesserebbero il teorico non riguardano quel che accadde, ma perché accadde; e la storia, mentre può registrare quello che è accaduto, è raramente in grado di registrarne il perché», osservava nel 1965 l'economista A. Lewis[14], con un pessimismo che non tutti gli storici, peraltro, sarebbero disposti a sottoscrivere.

2.2. *Tendenze recenti della storiografia economica*

All'inizio degli anni Settanta, il ciclo economico internazionale registra un'inversione di tendenza che sembra intaccare la fiducia (o le illusioni) del primo ventennio del dopoguerra. Già nel 1971, alcuni scienziati del Massachusetts Institute of Technology hanno elaborato un modello di «stato di equilibrio globale» che smentisce ogni ipotesi di crescita economica illimitata. A loro parere, il vigente sistema di sviluppo – fondato su industrializzazione, aumento demografico rapido, sottoalimentazione, depauperamento delle risorse ambientali – mostra le proprie crepe profonde, non soltanto perché il meccanismo di diffusione territoriale della crescita appare ormai inceppato, ma anche per le sue conseguenze distruttive sul piano dell'ecosistema[15]. «Nell'ipotesi che l'attuale linea di sviluppo continui inalterata [...] – scrivono gli scienziati del MIT – il risultato più probabile sarà un improvviso, incontrollabile declino del livello di popolazione e del sistema industriale». Date queste premesse, essi chiedono che i governi programmino «una condizione di stabilità ecologica ed economica in grado di protrarsi nel futuro»[16]. Propongono insomma un *blocco dello sviluppo* che, solo qualche anno prima, sarebbe apparso paradossale.

Gli stessi paesi ricchi vengono frattanto investiti da una crisi congiunturale e strutturale. I problemi petroliferi del 1974 e il rincaro delle materie prime assottigliano i tassi di accumulazione, mentre non sembra arrestarsi una crescita dei consumi che provoca fenomeni d'inquinamento e tensioni inflazionistiche. L'inconsueto miscuglio di stagnazione e inflazione diventa il nuovo fantasma degli economisti. La crisi restringe, al tempo stesso, la disponibilità dell'Occidente a promuovere politiche di sviluppo nel Terzo Mondo.

Un simile contesto, pervaso da profondi dubbi sulla categoria stessa di «crescita», finisce per influenzare ampiamente anche gli storici economici. Del loro tradizionale modo di interpretare le grandi trasformazioni otto-novecentesche viene messa in discussione, in primo luogo, una deformazione per così dire «industrialista», ovvero la tendenza a concentrarsi sull'analisi del binomio fabbrica-città, sottovalutando il ruolo svolto dai mutamenti verificatisi nelle campagne europee del tempo, tanto sul piano propriamente produttivo che sul piano sociale. Fin dal 1963, Paul Bairoch propone un modello di sviluppo che collega invece, in modo organico, la rivoluzione industriale alla crescita agricola. Secondo Bairoch, che utilizza come casi empirici l'Inghilterra e la Francia (ma anche Belgio, Giappone e USA), l'industrializzazione è stata sempre preceduta da uno sviluppo delle campagne e, all'inverso, un basso livello della *produttività agricola* ha sempre costituito – e costituisce tuttora – un grave ostacolo all'industrializzazione. È insomma l'agricoltura «il fattore determinante d'avvio dello sviluppo»[17]. Le nuove fabbriche hanno necessità di forza-lavoro e di capitali che solo una crescita economica delle campagne può mettere a disposizione. Un'agricoltura ammodernata e arricchita, inoltre, assorbe quote importanti della produzione industriale (si pensi alle macchine agricole), stimolando ulteriormente la crescita del settore secondario.

La frattura storiografica tra agricoltura e industria viene superata anche su un altro piano d'analisi, qualche anno più tardi, quando l'olandese Franklin Mendels pubblica un articolo dal titolo *Proto-industrialization: The First Phase of the Industrialization* (1972). Mendels rileva che, prima dello sviluppo sette-ottocentesco, diverse regioni europee hanno goduto di robuste attrezzature industriali, capaci di dar vita a produzioni di massa. Questa *protoindustria*, che precede l'industrializzazione, è dislocata nelle campagne e fondata prevalentemente sul lavoro domestico delle famiglie contadine.

I concetti di protoindustria e di protoindustrializzazione legano organicamente lo studio dell'agricoltura e delle campagne allo studio dell'industria. L'industria, nell'esperienza europea di lungo periodo, è spesso industria rurale. I confini fra lavoro contadino e lavoro manufatturiero sono labili e sfuggenti. Allungando inoltre indietro – in un tempo plurisecolare – l'analisi delle attività manifatturiere, Mendels tende a spezzare i confini della storia contemporanea, tradizionalmente arroccati sulla «grande discontinuità» della rivoluzione industriale: al contrario, i fenomeni e i processi dell'età contemporanea e dell'età moderna risultano collegati in modo organico. La nuova categoria della protoindustria, del resto, superando le visioni *progressiste* e teleologiche degli storici dello sviluppo e riflettendo i crucci degli anni Settanta sui «limiti dello sviluppo», conferma che la crescita economica non è lineare né illimitata: l'esperienza europea mostra con chiarezza che la protoindustria *non evolve* necessariamente nel processo di industrializzazione. Fra l'una e l'altra forma di produzione non vi è alcun cammino obbligato.

Altri studi e altri «revisionismi» stanno frattanto modificando il quadro della storiografia dell'industrializzazione. Se fino alla metà degli anni Cinquanta essa appariva interessata prevalentemente al caso inglese, negli ultimi decenni il campo dell'analisi si allarga considerevolmente. Lo stesso Gerschenkron aveva messo a confronto lo sviluppo inglese con quello francese, tedesco e russo. Altri processi di industrializzazione verranno indagati, dal caso svizzero a quello italiano, dal Belgio alla Spagna e al Giappone. In tal modo, il quadro empirico dei meccanismi della crescita – economici, sociali, istituzionali – si articola e si complica, riducendo implicitamente la possibilità di costruire modelli universali. E quel che perde in generalizzazione, la ricostruzione storica guadagna in complessità e realismo: sviluppo e non-sviluppo sono ricondotti alla propria ricca casistica.

Il passaggio dall'Inghilterra ai *second comers* mette in sordina la disputa su quali siano i fattori che determinano lo sviluppo. È evidente che essi variano a seconda del contesto in cui lo sviluppo ha origine. Sidney Pollard (*La conquista pacifica. L'industrializzazione in Europa dal 1760 al 1970*, 1981) rileva, ad esempio, che «non tutte le "cause" hanno effetti positivi» e questi ultimi dipendono da una quantità assai variabile di fattori, che diversamente s'intrecciano e si combinano, nelle singole realtà storiche. Il risultato di tutto ciò «è spesso una questione di equilibrio mantenuto sul filo del rasoio»[18].

A Sidney Pollard si deve un'ulteriore puntualizzazione del problema. Polemizzando con una tradizione di storia economica che aveva analizzato il fenomeno dello sviluppo su scala nazionale (il caso inglese, il caso francese ecc.) e mostrava di ritenere che i confini statali e i confini della crescita economica coincidessero, Pollard osserva che lo sviluppo si presenta piuttosto come un fenomeno a base regionale. Sono *singole aree* dell'Inghilterra, dell'Italia ecc. ad industrializzarsi. La crescita non è compatta, a macchia d'olio, ma *a pelle di leopardo*. Quale che sia il ruolo degli Stati in un simile processo di sviluppo, esso non sembra capace di uniformare tutto il territorio nazionale. Le aree industriali, del resto, tenderanno ad integrarsi progressivamente in un'economia mondiale che ignora anch'essa i confini politici: si passa insomma dallo sviluppo regionale a mercati integrati su scala internazionale. Alcuni anni più tardi, l'americano Charles Sabel ribadirà il concetto, ricordando che, storicamente, «l'economia nazionale costituiva una categoria del pensiero dei mercantilisti e dei loro eredi, gli economisti classici. Ma in realtà l'economia di una nazione era la somma delle sue parti»[19].

Questo ampio ventaglio di temi e di concetti ha finito per modificare in profondità la storiografia economica, complicandone non solo i livelli d'analisi ma gli stessi presupposti metodologici e teorici.

In primo luogo, benché si tratti di autori assai diversi, sia Pollard che Mendels hanno finito per proporre una riduzione della scala nell'analisi dei fenomeni economici. Non più l'Inghilterra di un Ashton, né le comparazioni fra modelli nazionali di un Rostow, ma regioni omogenee, territori molto più circoscritti o addirittura grappoli di villaggi. E la riduzione della scala, come s'è ripetuto più volte, se riduce anche il raggio dell'interpretazione, permette comunque un'analisi ravvicinata e più realistica.

In secondo luogo, una volta ricucita la separazione fra agricoltura e industria (grazie soprattutto agli studi sulla protoindustria), gli storici economici si sono trovati a contatto non soltanto con il problema dello sviluppo agricolo ma anche con i temi complessi delle società rurali, sui quali lavoravano nel frattempo sociologi, etnologi, antropologi. Gli studi socio-antropologici sulle economie contadine mostravano l'impossibilità di applicare ad esse, in modo rigido, quelle teorie economiche classiche che erano state il punto di riferimento prevalente degli storici economici. Fra *primitivi* e contadini, le leggi di Smith, di Ricardo o di Pareto apparivano assai poco realistiche. Il sistema di mercato nei villaggi rurali dell'Europa ottocentesca (o dell'Africa odierna) mostrava un miscuglio inestricabile fra variabili economiche, come la domanda e l'offerta, e fattori socio-culturali (la contrapposizione di clan e fazioni, i sistemi di parentela, la pratica del dono o della «remissione dei debiti» ecc.).

Fatto sta che le categorie della storia economica si sono complicate non poco e l'economia smithiana è diventata il mercato *embedded* di Polanyi, l'insieme dei fenomeni culturali studiati dall'antropologia economica, il luogo della «razionalità limitata» di Simon o delle «passioni» e delle «rilassatezze» di Hirschman[20]. Seguendo, seppure a distanza, un percorso analogo alla teoria economica, la storia dell'economia tende a diventare storia della società e della sua cultura.

3. *Prima dello sviluppo: economie contadine*

Al di là delle apparenze, la società rurale costituisce un elemento strategico del mondo contemporaneo. Tuttora i contadini costituiscono una percentuale importante della popolazione dell'Asia, dell'America centro-meridionale, dell'Africa. Le stesse società industrializzate, dove pure lo sviluppo economico otto-novecentesco ha progressivamente disperso le popolazioni rurali, hanno mantenuto, fino a tempi recenti, una «questione contadina»: così nella Francia della Terza Repubblica, nella Germania di Hitler, nell'Italia di De Gasperi. Sul piano storiografico, poi, sarebbe ben difficile spiegare la vicenda dell'Occidente e le sue differenze sostanziali rispetto ad altre vicende, come quelle asiatiche o latino-americane, senza considerare il mondo delle campagne. Un saggio ormai classico del sociologo americano Barrington Moore jr., dedicato ai sistemi politico-sociali contemporanei, ha per sottotitolo *Proprietari e contadini nella formazione del mondo moderno*[21]. Proprietari e contadini: non è esagerato dire che dall'età neolitica al XVIII secolo dell'era cristiana la storia ruoti essenzialmente attorno a questo binomio.

Partiamo dalla definizione antropologica di società semplice, che peraltro può essere applicata alle campagne storiche dell'Occidente solo per analogia. Nelle società semplici, secondo Percy Cohen, esiste una tecnologia domestica che non muta da una generazione all'altra e che fa da supporto a una economia di sussistenza in ciascuna famiglia, gruppo domestico o associazione. L'intera società si compone di un certo numero di questi gruppi domestici o di associazioni locali, legati tra loro da vincoli incrociati di parentela o di affinità [...]. Per ciascun membro individuale la società consiste in un certo numero di categorie di parenti. Questa rete di vincoli di parentela fornisce quasi completamente il quadro dell'azione sociale all'interno del quale si svolgono le varie attività [...]. Le differenti attività sono regolate da differenti norme: tutti interiorizzano nel corso della loro vita l'intero complesso di norme [...]. Un aspetto di tutto ciò è una condizione di intensa coesione sociale giacché tutte le relazioni sociali sono governate da un certo numero di norme e interessi differenti: le forze potenti del controllo sociale sono quindi inerenti alle relazioni interpersonali. Inoltre, in tali società esiste un alto grado di circolazione delle persone, soprattutto attraverso i matrimoni; questo promuove l'uniformità culturale e serve a restringere il campo dell'individualità. In tali società il livello tecnologico fissa angusti limiti alla scelta dei mezzi adottati per il raggiungimento di taluni scopi [...]; la razionalità economica è severamente limitata. Le norme sul comportamento economico sono inserite in un complesso totale di norme[22].

Uno schema del genere mette l'accento opportunamente sulle fitte relazioni che, nei contesti analizzati dagli antropologi, si instaurano fra economie, società e culture: nessi a cui il nostro senso comune, legato ad una concezione classica del mercato, non è sempre abituato. Ebbene, anche nelle società rurali europee accadono mescolanze simili. Gli storici dell'età medievale e moderna rilevano che quello dei contadini non è un mestiere qualunque ma una condizione sociale e culturale complessiva[23], e che egualmente frammista di variabili sociali e culturali appare, per lunghi secoli e spesso oltre il classico spartiacque sette-ottocentesco, l'economia contadina occidentale.

Predominante, nei villaggi rurali, è il nesso fra terra e famiglia, di cui s'è già parlato[24]. I contadini proprietari di quote sia pur minime di campagna cercano, per quanto possibile, di non smembrarle, al momento della successione, ed evitano di metterle sul mercato. Stretti dalle difficoltà di bilancio, gli abitanti di un villaggio dell'Italia meridionale ricorrono semmai, nel primo Ottocento, all'*anticrèsi*, dando in usufrutto, per alcuni anni, la propria terra in cambio di denaro. Un rigido principio, culturale ed economico al tempo stesso, ispira le strategie delle famiglie rurali: «la terra si compra ma non si vende»[25].

Nella comunità di villaggio, la precarietà delle condizioni di vita suggerisce grande cautela. «Quanto più stringenti sono i problemi relativi alle necessità primarie che assediano le società primitive e rurali, tanto più queste tendono ad organizzarsi in forme rigidamente strutturate, che mirano a ridurre il margine di causalità e di errore nelle scelte e nei comportamenti individuali»[26]. Spesso, nelle campagne europee d'Antico Regime, le scelte innovative appaiono pericolose perché è difficile prevederne gli effetti. Il *tradizionalismo* contadino si spiega anche con la fragilità della sua economia: i contadini devono affrontare con strumenti poveri il rischio naturale insito nel loro mestiere. «Le vicissitudini del vento, della pioggia, del gelo e del sole provocano ampie oscillazioni nei tempi annuali di raccolta» e nella quantità della produzione[27]. «Dove si vive al limite della sussistenza, non c'è posto per la sperimentazione», è stato detto[28]. Un'innovazione agronomica che non vada a buon fine, ad esempio, può avere conseguenze catastrofiche.

Gli antropologi hanno spesso rilevato con quanta attenzione le comunità contadine controllino i meccanismi della ricchezza, la sua distribuzione, l'emergere di nuove fortune e di nuovi *ricchi*. Costrette sul filo del rasoio di un contesto povero di risorse, sembrano non potersi consentire gli scompensi di un processo di accumulazione delle ricchezze e mostrano, al contrario, una tendenza «democratica» al livellamento economico. Esistono numerosi esempi di norme e riti elaborati per contenere il lusso e perequare le condizioni economiche individuali. Gli antropologi hanno illustrato le grandi feste che si organizzano nell'isola di Rossel, dove risulta *vincitore* (e acquista prestigio) colui che riesce a dissipare la maggiore quantità di ricchezze; o i costumi degli indiani del Canada nord-occidentale, che durante una cerimonia (il *potlatch*) consumano, redistribuiscono o semplicemente distruggono i beni accumulati nel periodo precedente. In America Latina, vi sono comunità dove le cariche pubbliche, costosissime, vengono assunte a turno dai capifamiglia e si traducono in salassi feroci dei beni familiari[29]. Né parlano diversamente le religioni storiche, nate anch'esse in contesti rurali: contro il rischio, l'usura e i guadagni «smodati» si pronuncia il Corano[30], mentre fra gli ebrei vige, nella tradizione originaria, l'anno del Giubileo, durante il quale sono rimessi i debiti ai debitori.

Anche nelle campagne occidentali «l'opinione comune del villaggio non [vede] di buon occhio i contadini troppo ricchi e in particolare quelli che lo [diventano] troppo in fretta»[31]. Wolf ha parlato, al proposito, di un vero e proprio «culto della povertà»[32]. Siamo comunque assai lontani dall'*uomo economico* di Adam Smith.

La comunità contadina – la costellazione di famiglie che compone il villaggio – ha d'altronde forti poteri normativi. Non di rado, le vengono attribuite dallo Stato funzioni giurisdizionali e politico-amministrative, come in Russia, all'indomani della riforma agraria (1861). Ma, anche al di là dei suoi poteri formali, essa si presenta alle soglie dell'età contemporanea come un mondo compatto e *totalizzante*: un compiuto sistema sociale e culturale. Gli antropologi ci ricordano che è solidale e protettiva: le famiglie si scambiano aiuti durante il tempo del raccolto, soccorrono chi ha avuto difficoltà impreviste, svolgono funzioni di sostegno in caso di malattia. Nell'Europa del XIX secolo, i villaggi contadini praticano spesso la gestione comune di importanti risorse, come il pascolo nelle terre demaniali, il consumo dell'acqua, la raccolta della legna ecc. L'esistenza di spazi aperti – boschi e prati – impone, a sua volta, un coordinamento tra le famiglie e comportamenti economici sufficientemente coesi. Del resto la comunità appare fornita di un capillare controllo sui singoli individui, attraverso la quotidiana rete di incontri e conversazioni al mercato, sul sagrato, nell'osteria, dal barbiere, presso il lavatoio. L'agire di ciascuno è vagliato da tutti gli altri. Le comunità contadine, rilevano gli antropologi, hanno codici di comportamento rigorosi e sanzionano ogni devianza.

Anche il bagaglio di conoscenze su cui si fondano le scelte economiche è collettivo e tradizionale. Data la scarsa alfabetizzazione, quella contadina è una cultura orale, un filo rosso di esperienze e racconti che corrono di bocca in bocca, da padre a figlio, da suocera a nuora, o per mezzo di «narratori di professione». È una cultura stratificata per generazioni, un modo per accumulare e utilizzare l'esperienza degli avi, un vero e proprio percorso epistemologico. Gli innumerevoli proverbi tuttora in uso nelle campagne del meridione italiano sono una miniera di notizie utili: insegnano a interpretare le lune e i cicli climatici, mettono in guardia da erbe venefiche, danno consigli pratici di agronomia, regolano i comportamenti amorosi e quelli d'affari ecc. Comprensibilmente, un simile sistema di informazioni – concreto, locale – rende tuttavia difficili le scelte innovative.

Radicati in contesti così culturalmente densi, i comportamenti economici si dissociano spesso dalle *regole auree* del mercato. Sebbene liberata dai vincoli formali d'Antico Regime, la circolazione della terra – ovvero della principale risorsa del villaggio contadino – rimane a lungo stretta nelle maglie della normativa comunitaria e del sistema relazionale di cui ciascuno fa parte. S'è già detto dei limiti che alla compravendita di beni rurali impone la logica patrimoniale della famiglia contadina. Ma non basta. Nelle comunità rurali, le transazioni economiche risultano ampiamente influenzate da rapporti di parentela, di vicinato, di clientela politica, di lavoro ecc. L'economia è lo specchio fedele delle asimmetrie di potere di cui s'intesse il villaggio.

Al tempo stesso, è improprio parlare di un'economia contadina come fosse un mondo autonomo e separato. In Antico Regime e tanto più in età contemporanea, le campagne europee appaiono saldamente inserite all'interno di *sistemi di potere*, dei quali esse costituiscono la periferia e a cui sono legate da imprescindibili vincoli.

«Fra questi poteri – o forze – che coesistono o si succedono l'uno all'altro, possiamo citare la feudalità, le città, gli Stati, il commercio e l'industria, il capitalismo, le burocrazie di partito o di tipo poliziesco ecc.»[33]. L'esperienza storica europea mostra che i villaggi rurali sono collegati a sistemi istituzionali, giuridici, politici ed economici, che di regola essi subiscono più che scegliere. Dai contadini si prelevano imposte sul prodotto agricolo e sui consumi (da parte dello Stato) e canoni in natura o in denaro (da parte del proprietario terriero). Storicamente sperequato è anche il rapporto che lega il villaggio alla città, come dimostrano i bassi prezzi a cui i contadini vendono, sui mercati cittadini, i loro prodotti agricoli e gli alti prezzi a cui essi stessi acquistano, sugli stessi mercati, taluni generi manufatti. La città prevale in ragione della sua forza organizzativa e della sua maggiore ricchezza, della più alta specializzazione e produttività del lavoro, del differente grado di alfabetizzazione, di una varietà di figure sociali incomparabilmente maggiore rispetto allo scarno e *democratico* villaggio rurale.

4. *Dalla «rivoluzione agricola» alla «fine dei contadini»*

L'economia contadina sembra chiusa in un circolo vizioso di povertà. «Finché in seno a una società la produzione media di generi alimentari di una famiglia agricola media basta appena al suo nutrimento, è impossibile qualsivoglia valido sviluppo di altre attività economiche o intellettuali»[34]. Il quadro comincia a modificarsi fra Sei e Settecento, quando alcune regioni dell'Occidente europeo riescono ad aumentare la produzione di beni alimentari, pur senza accrescere in proporzione il numero delle braccia addette al lavoro dei campi: si apre la possibilità che quote più numerose di popolazione vivano nei centri urbani, occupate nella manifattura e nel commercio, disponibili alla *scienza*.

Che lo sviluppo agricolo sei-ottocentesco sia un momento netto di rottura – una «rivoluzione agricola» – è questione controversa. Slicher van Bath, ad esempio, divide la vicenda dell'agricoltura europea in due grandi fasi: un periodo caratterizzato dal «consumo agricolo diretto», che si colloca nel cuore del sistema feudale (500-1150 circa), e un secondo periodo caratterizzato dal «consumo agricolo indiretto» (1150-1850), quando l'agricoltura si trasforma da economia naturale e di sussistenza in economia mercantile. Il salto della produzione e della produttività, che si registra nei Paesi Bassi e in Inghilterra tra Seicento e Settecento, rientrerebbe dunque in un ciclo lungo di sviluppi economici, demografici e sociali. L'autore della *Storia agraria dell'Europa occidentale* parla di «nuova agricoltura», non di «rivoluzione agricola»[35].

Altri individuano una sequenza cronologica più corta. Paul Bairoch ha notato che la crescita economica occidentale va situata «negli anni in cui l'agricoltura, dopo aver progredito con grande lentezza e in modo quasi impercettibile [...], comincia a svilupparsi rapidamente»[36]. Secondo Bairoch, è possibile indicare con precisione il momento dello sviluppo:

«si tratta, per l'Inghilterra, dei primissimi anni del XVIII secolo, per la Francia, degli anni intorno al 1790»[37].

Quali che siano le opinioni, la «nuova agricoltura» segna una svolta per le campagne europee. In un sistema ad economia naturale, l'agricoltura era stata afflitta da una serie di strozzature produttive. In primo luogo, la scarsità delle comunicazioni e il carattere locale del mercato avevano costretto i contadini a concentrarsi su generi di primo consumo, senza tener conto della vocazione della terra e della possibilità di coltivare derrate più lucrative: ciascuna «isola produttiva» doveva in qualche modo bastare a se stessa. In secondo luogo, restava insoluto il problema cruciale della rifertilizzazione dei terreni, se non a costo di lasciarli inutilizzati per lunghi periodi. La fertilità del suolo infatti subisce cadute periodiche, dopo il raccolto, e può essere reintegrata in due modi: il riposo della terra o l'arricchimento per mezzo di concimi. Il primo metodo era molto dispendioso, perché lasciava incolte grandi estensioni di campagna. Il secondo si rivelava spesso impraticabile: il concime proveniva dal bestiame, il bestiame a sua volta doveva essere nutrito con una parte del raccolto, ma un raccolto adeguato alle esigenze dell'allevamento non poteva essere ottenuto senza già disporre di concime. Era un altro circolo vizioso.

È nei Paesi Bassi, nel XVII secolo, che prende forma la «nuova agricoltura». Il contesto è molto particolare. Si tratta di una regione a forte densità demografica, che tuttavia è collocata vicino ad un'area ricca di cereali (il Baltico) e possiede un'efficiente flotta mercantile. I Paesi Bassi perciò possono rifornirsi, per il proprio consumo interno, di grano baltico: è un caso unico, per quei tempi, di dipendenza alimentare di un paese da un altro. Rotta la trappola dell'autoconsumo, gli agricoltori della regione sono liberi di specializzare le loro terre in produzioni più remunerative: il lino per le telerie, la robbia come colorante, l'orzo e il luppolo per la fabbricazione della birra, la canapa per le funi, il tabacco. L'agricoltura olandese diventa un'agricoltura di mercato: i generi prodotti sono consumati nelle città o esportati. Crescono anche orticoltura e frutticoltura, e non più ad uso della famiglia contadina, ma con destinazione urbana e mercantile. Il concime proviene dalle numerose città: letame e cenere sono carichi preziosi, che si spostano per le vie d'acqua. Del resto le colture industriali, che stanno facendo la fortuna degli agricoltori olandesi, vogliono terre ben più fertili di quelle addette alla tradizionale cerealicoltura.

Ma quello dei Paesi Bassi, rileva Bairoch, rimaneva un modello a forte rendimento, più che a forte produttività. Si trattava di una popolazione numerosa che applicava grosse quantità di lavoro alla terra, ma la produttività *pro capite* stentava a prendere il volo. Ciò si sarebbe verificato solo in Inghilterra, qualche decennio più tardi, all'inizio del XVIII secolo: qui il «modello olandese» sarebbe stato il punto di partenza per un processo cumulativo di crescita economica. «Schematizzando, si può dire che, all'inizio, la rivoluzione agricola consisté nell'applicazione accelerata, su terre relativamente poco popolate, di tecniche agricole lentamente perfezionate in regioni ad alta densità di popolamento, cioè nel trasferimento di tali tecniche dai Paesi Bassi all'Inghilterra»[38].

Oltre Manica, la «nuova agricoltura» ruppe anzitutto la strozzatura costituita dai vecchi sistemi di rotazione. La terra venne coltivata a ciclo continuo, invece che un anno su due o su tre. E l'impoverimento del suolo venne evitato introducendo nella rotazione, al posto del maggese, colture che hanno la capacità di rigenerare la terra e che forniscono il foraggio per l'allevamento degli animali (e dunque permettono di disporre di quantità maggiori di concime). Le nuove foraggere (trifoglio e rapa, luppolo, colza, grano saraceno, mais) furono l'elemento nodale della svolta e misero in moto un processo a catena: coltivazione a ciclo continuo, maggiore disponibiltà di foraggio, più allevamento, più concime, maggiore fertilità. Scattava un meccanismo di *feedback* positivo.

Al tempo stesso, diventavano d'uso comune colture prima sconosciute o poco popolari. La patata, anzitutto, un tubero prezioso perché ha rendimenti – e capacità nutritive – molto superiori rispetto al frumento. Giunta in età moderna dall'America meridionale, la patata era stata analizzata a lungo dai botanici e non aveva avuto vita facile fra la gente. Si temeva che sortisse effetti patologici, che potesse essere velenosa, che fosse in relazione con malattie temibili come la lebbra o la tubercolosi. Si stentava ad inserirla in un ricettario quotidiano: venne cotta e condita con olio, aceto e pepe, o fritta e poi inzuppata nel vino e nel succo di limone, o mangiata insieme al latte con burro, sale e zucchero. Erano tentativi che sarebbero venuti a maturazione solo nel secondo Settecento, sotto la pressione demografica e l'urgenza di nuovi cibi: da questo momento in poi, la patata corse per le terre più povere dell'Europa, a sostenere gente stremata dal peso di famiglie numerose, dai debiti, dalla chiusura delle terre comuni. I contadini di un famoso dipinto di van Gogh sono indicati icasticamente come «i mangiatori di patate». Mangiatori di patate per eccellenza diventano gli irlandesi, altra gente povera per antonomasia. Non si spiegherebbe il loro boom demografico senza l'aiuto della patata (poi, con la crisi di questa cultura, gli irlandesi avrebbero sofferto un'epopea tragica di fame, morte ed emigrazioni, a partire dalla metà degli anni Quaranta dell'Ottocento)[39].

Altri elementi caratterizzano la «rivoluzione agricola»: le sementi e gli animali da riproduzione vengono adesso selezionati con cura, l'aratro in ferro soppianta in parte l'aratro in legno e assume una forma più funzionale, l'aumento del bestiame migliora le diete alimentari (carni, latticini) e aumenta la quantità di energia di cui il contadino può disporre (animali da tiro). Fra questi, si diffonde nell'Europa settentrionale il cavallo, che consuma più foraggio del bue ma ha una velocità (e dunque una produttività) di alcune volte superiore.

Un processo di largo respiro come questo non nasce ovviamente dal nulla. La «nuova agricoltura» assume la sua forma compiuta in un paese come l'Inghilterra, dove esistono proprietari terrieri attenti alla gestione delle aziende, disposti a leggere quei trattati di agronomia che si stanno moltiplicando e pronti a investire capitali nell'acquisto di falci, aratri, sementi selezionate, animali da riproduzione. L'Inghilterra è anche il paese dove, rispetto al continente, la forza-lavoro è più costosa, il che non è tra i motivi ultimi che inducono ad una razionalizzazione agricola e quindi ad un risparmio di manodopera. È il paese che conta la città più popolosa d'Europa, Londra, un prezioso mercato di assorbimento delle derrate agricole. È il paese delle recinzioni e delle grandi tenute a gestione moderna e con impiego ormai ampio di braccianti. La «nuova agricoltura» affonda le proprie radici nella storia sociale e politica dell'Inghilterra, se è vero che gli intraprendenti signori terrieri del Norfolk, del Sussex, dell'Essex sono i figli della Gloriosa Rivoluzione seicentesca.

I risultati della crescita agricola occidentale sono vastissimi e s'intrecciano con gli effetti dell'industrializzazione, con lo sviluppo dei mercati su scala regionale e internazionale, con la modernizzazione dei regimi politici.

La maggiore disponibilità di alimenti permette di sostenere quote crescenti di popolazione urbana; sono molti quelli che lasciano la campagna, espulsi dalla razionalizzazione dei processi produttivi. L'urbanesimo, carattere basilare delle società contemporanee, prende le mosse dalla «nuova agricoltura». Grazie ad essa, città e fabbrica possono decollare. In Inghilterra, tra il 1700 e il 1800, mentre la popolazione cresce del 57%, la popolazione agricola può diminuire dal 70% al 37% del totale[40]. Altrove, i processi di urbanizzazione sono più lenti: la campagna *resiste* per buona parte dell'Ottocento sia in Francia (fino alla prima guerra mondiale vive sulla terra circa il 50% della sua popolazione) che in Germania e, a maggior ragione, nei paesi meridionali, Italia in testa[41]. Ma verso la fine del secolo, il passaggio dalla campagna alla città si accelera. Una crisi agraria di vaste proporzioni si abbatte sulle terre del Vecchio Continente, a partire dagli anni Settanta, provocata soprattutto dalla caduta dei costi di trasporto e dall'immissione sui mercati europei di forti quantità di derrate agricole a basso prezzo, provenienti dalle Americhe e dalla Russia. Le aree meno robuste della campagna occidentale crollano, milioni di contadini emigrano verso la città o verso paesi stranieri. Sta di fatto che attorno al 1700 quasi l'80% degli europei viveva sull'agricoltura, nel 1910 la quota s'è ridotta al 47%, nel 1965 al 23%[42].

Nei confronti della crescita industriale, le campagne svolgono anche altre funzioni: sono un momento importante della domanda di manufatti (la richiesta di macchine agricole, secondo Bairoch, è tra gli stimoli maggiori all'industrializzazione) e forniscono quote non indifferenti di capitali all'investimento manifatturiero. Una nota tesi storiografica sostiene che i capitali raccolti in «preparazione» dell'industrializzazione italiana provennero in buona misura dal settore agricolo, grazie al suo sviluppo nel primo ventennio postunitario (R. Romeo). Anche in Russia, nel secondo Ottocento, si cerca di aumentare la produzione agricola, contando di esportarne il surplus e finanziare così la crescita industriale dell'impero zarista.

Per altro verso, si trasforma il *mondo* delle campagne. Il passaggio dal regime dell'autoconsumo alla produzione per il mercato strappa intere regioni dall'isolamento. Le terre della «nuova agricoltura» vengono collegate alla città da strade e ferrovie, vi giungono la moneta e i sistemi moderni di misurazione, lo Stato vi costruisce le proprie scuole. È un generale processo di acculturazione sociale e politica. Inserire la campagna nell'economia di mercato significa permetterne l'ingresso nel quadro politico e istituzionale. E questo è quanto accade in Europa fra l'Ottocento e il primo Novecento. Nell'impero asburgico dopo il 1848 e nella Russia dopo la sconfitta di Crimea, vengono varate riforme agrarie di vasta portata, almeno sulla carta: progetti di liberazione dei contadini dalla servitù personale e di redistribuzione delle terre. Il problema è duplice: innescare un meccanismo di sviluppo economico delle campagne, stimolando la formazione di aziende moderne, e raccogliere consenso nei vasti strati contadini, prima che qualche gruppo politico (di ispirazione «sociale» o nazionalista) riesca ad ottenerne l'appoggio in funzione antigovernativa. L'inserimento dei contadini nella vita degli Stati sarà uno dei grandi obiettivi dell'Europa contemporanea e, comprensibilmente, si realizzerà secondo una cronologia che varia da paese a paese. Ancora nel 1931, in alcune regioni della Polonia i contadini, «interrogati circa la loro nazionalità dai funzionari del censimento, non riuscivano a capire la domanda. Rispondevano: "Siamo di queste parti", oppure: "Siamo del posto"»[43].

Anche l'ammodernamento economico delle campagne occidentali non procede su un fronte compatto. Le variazioni regionali sono forti. Fra tardo Ottocento e primo Novecento, le terre dell'autoconsumo costituiscono ancora buona parte dell'agricoltura europea. Grandi aziende di tipo capitalistico, con forti quote di lavoro salariato (il cosiddetto «modello prussiano»), possono trovarsi nella Germania orientale o in Inghilterra, nella Francia del nord o nella pianura padana. Altrove, il paesaggio rurale è caratterizzato da aziende medie e piccole, autonome, coltivate dalle famiglie degli agricoltori e da poca forza-lavoro stagionale (il cosiddetto «modello americano»).

Solo i paesi più sviluppati, del resto, assistono alla rapida riduzione della quota di reddito nazionale proveniente dalle campagne. Solo in questi paesi l'agricoltura, per quanto ammodernata, presenta rendimenti più bassi rispetto al settore secondario e terziario, sicché risulta conveniente importare da altre zone e continenti le derrate alimentari. Anche a questo livello, è la Gran Bretagna a fare da battistrada: con l'abolizione delle *Corn Laws* (1846), essa sceglie di ridurre la quota di capitale e di popolazione addetta all'agricoltura, venendo così a dipendere dalle derrate d'importazione (dagli USA e dal resto del continente americano, dall'Australia e dalla Nuova Zelanda, dall'Oriente). Sull'esempio inglese, nel corso dell'età contemporanea, si instaurerà una sorta di divisione internazionale della produzione: il rapporto città-campagna si sposta a livello mondiale e diventa un rapporto tra aree sviluppate – consumatrici di materie prime alimentari e industriali, esportatrici di merci e di servizi – e aree non sviluppate, produttrici di materie prime e importatrici di merci e servizi.

Resta il fatto che, al termine di un lungo e complesso percorso, la vittima più illustre della «nuova agricoltura» sarà quella società rurale di cui s'è detto nel paragrafo precedente: non solo un'organizzazione produttiva ma un intero modo di vita. Lavorare in campagna diventa infine un mestiere come gli altri[44].

5. *Prima dell'industria: il modello protoindustriale*

L'uso della categoria di «rivoluzione» non è infrequente da parte degli storici. Ma se sul piano della storia politica il giudizio è abbastanza unanime (la rivoluzione francese o la rivoluzione bolscevica individuano la fine di regimi politici ed istituzionali), le «rivoluzioni» di tipo socio-economico appaiono meno realistiche e sembrano destinate a suscitare discussioni, prima o poi. Le trasformazioni dei sistemi sociali, dell'organizzazione produttiva, dei comportamenti collettivi viaggiano su tempi assai più lunghi dei ritmi talvolta fulminei della politica. Sono pachidermi paragonati a lepri. Nette cesure e forti discontinuità di tipo economico e sociale appaiono di conseguenza difficili da identificare e, talvolta, si rivelano scorciatoie imboccate dagli storici più che dalla realtà.

La «rivoluzione agricola», come s'è detto, è categoria discutibile. Ma anche la «rivoluzione industriale», un altro classico elemento del giudizio storiografico, è stata sottoposta a critica. Anzitutto, il suo significato di cesura radicale *non* sembra corrispondere all'esperienza collettiva di coloro che si trovano a viverla. Allo sviluppo delle macchine e del lavoro salariato di fabbrica la gente reagisce in vario modo, le famiglie fanno resistenza o cercano di diluirne gli effetti, i governi non esitano ad intervenire per frenarne in qualche modo le conseguenze sociali e politiche, per non parlare delle bande di uomini che di notte vanno ad incendiare filatoi meccanici e trebbiatrici meccaniche, ritardandone obiettivamente la diffusione. Insomma, l'industrializzazione appare come un processo lungo, limitato a talune aree territoriali e sociali, in qualche modo contrattato fra chi lo promuove e chi lo teme, frutto di spinte e controspinte: una sorta di compromesso. Il rostowiano *take-off*, che metaforicamente sottolinea la forte discontinuità del fenomeno, non riceverebbe al giorno d'oggi il consenso unanime degli storici.

Ma è soprattutto la tematica della protoindustria che cambia il quadro del giudizio. Franklin Mendels e gli altri storici della protoindustria mettono infatti in chiaro come anche nei secoli che precedono la «rivoluzione» inglese sette-ottocentesca sia presente, in Europa, il fenomeno della produzione manifatturiera di massa.

La protoindustria ha caratteristiche assai lontane dal «modello inglese» classico. Si fonda sul lavoro a domicilio svolto dalle famiglie contadine e organizzato da mercanti imprenditori, che forniscono i contadini del materiale grezzo – e talvolta degli strumenti di lavoro – e a loro pagano (a cottimo) il prodotto finito. È un sistema basato su poca tecnologia e molto lavoro. Non prevede salari né fabbriche.

Il merito di Mendels e compagni del resto non sta nell'aver scoperto il lavoro a domicilio, fenomeno assai diffuso nell'Europa preindustriale e altrettanto conosciuto, ma nell'aver rilevato che esso ha una storia articolata, ricca di fasi di crescita e di crisi, e che è possibile costruire, accanto ai vari modelli di industrializzazione, un modello di protoindustrializzazione.

Il fenomeno della protoindustrializzazione si verifica in presenza di una serie di condizioni, sul doppio versante dell'offerta e della domanda. I contadini si rendono disponibili ad affiancare al lavoro sui campi il lavoro a cottimo, nelle proprie abitazioni, soltanto se sono poveri ed hanno poca terra: in un'economia familiare precaria, i redditi che possono essere ricavati dall'attività manifatturiera, per quanto modesti, appaiono preziosi, perché riescono in qualche modo a ripianare il cronico deficit del bilancio casalingo. I mercanti, da parte loro, possono pagare il lavoro dei contadini con retribuzioni assai basse, perché i contadini non hanno alcun potere contrattuale nei loro confronti e soprattutto perché, per la famiglia contadina, i proventi ricavati dall'attività manifatturiera costituiscono un'entrata complementare del bilancio familiare. «Il capitale mercantile [utilizza] una manodopera rurale la cui sussistenza [è] in parte garantita da un reddito diverso dal salario», ovvero dal reddito agricolo[45]: è la produzione agricola che sostiene e riproduce le famiglie contadine, le quali proprio per questo possono *accontentarsi* degli infimi guadagni che loro offrono i mercanti. L'industria rurale si appoggia in modo parassitario sulla campagna. Il suo asso nella manica sono i bassi salari.

La disponibilità dei contadini al lavoro a domicilio dipende inoltre da una quantità di altri fattori, che ribadiscono il nesso organico tra agricoltura e industria. La protoindustria potrà diffondersi, ad esempio, in aree cerealicole, dove i contadini, all'indomani del raccolto, godono di un lungo periodo di inattività (tardo autunno e inverno), durante il quale possono svolgere il lavoro manifatturiero. Essa non prenderà piede invece nelle zone viticole, perché la coltura della vite è di quelle che impegnano i contadini lungo tutto l'arco dei dodici mesi. La protoindustria, insomma, è una funzione del paesaggio agrario.

Essa dipende nondimeno dal regime fondiario e dai rapporti di produzione agricoli. Le più propense al lavoro domestico saranno le famiglie di piccoli proprietari o piccoli affittuari, mentre i braccianti agricoli, potendo già contare su un salario e spostandosi abitualmente da zona a zona, alla ricerca di ingaggi migliori, sembrano meno interessati alla manifattura domestica.

La protoindustrializzazione infine si sviluppa se il ceto

dei mercanti ha relazioni commerciali sufficientemente ampie, che gli permettano di collocare in modo profittevole i manufatti raccolti in campagna, ovvero se esiste una domanda esterna su cui contare.

Il modello di Mendels rovescia molte prospettive storiografiche. In precedenza, l'agricoltura era vista come il luogo dell'accumulazione dei capitali necessari allo sviluppo dell'industria cittadina e come la classica fornitrice (alla città) di derrate e di contadini pronti al lavoro di fabbrica. Ora si ricostruisce un'esperienza opposta, dove sono «le campagne e le regioni agricole che producono beni industriali per il mercato mondiale»[46].

In secondo luogo, Mendels finisce per spostare all'indietro di secoli il tema dello sviluppo industriale, classico appannaggio degli storici dell'Ottocento e del Novecento. Il suo modello protoindustriale è stato verificato, in Europa, per un arco di tempo che va dall'età medievale al XIX secolo.

Infine, esso sembra far giustizia di ogni lettura unilineare e *progressiva* della crescita economica. L'esperienza occidentale è ricca di processi di protoindustrializzazione ma anche di (successive) fasi di deindustrializzazione. Lo sviluppo è un continuo va-e-vieni. Periodi anche prolungati di crescita possono approdare, in età contemporanea, al modello industriale ma anche perdersi per strada. Durante il Settecento, ad esempio, in Galizia, nel cuore dell'Europa, si sviluppa un potente apparato protoindustriale. Caratterizzata da un'agricoltura montagnosa e popolata da contadini forniti di poca e mediocre terra, la Galizia sembra un luogo ideale per gli insediamenti dell'industria rurale, che difatti si diffondono capillarmente su tutto il territorio. Nelle pause dell'attività agricola, i contadini lavorano al legno (producendo doghe per botti e mobili), ai metalli, alla cantieristica (battelli per la navigazione fluviale) e soprattutto, come sempre, al tessile (lino). A fine Settecento, le telerie galiziane si vendono in mezza Europa e vanno dai tessuti grezzi di uso popolare alle raffinate tovaglierie e biancherie per i signori. Ma già ai primi dell'Ottocento il quadro muta. Mentre nelle vicine regioni della Slesia, della Boemia, della Moravia analoghe strutture protoindustriali vengono aggiornate, con l'introduzione di nuove macchine e soprattutto con il passaggio dal lino al cotone (i tessuti di cotone sono morbidi, colorati, più economici), la Galizia resta ferma al suo vecchio sistema. Non ha i capitali necessari, né gli imprenditori, né le conoscenze tecniche, né l'autonomia politica (è sotto il dominio dell'impero viennese) per passare da un sistema protoindustriale ad una struttura industriale. La concorrenza del cotone però diventerà presto insostenibile e manderà in rovina il lino dei contadini polacchi, i quali, risultando sempre meno redditizio il lavoro manifatturiero domestico, finiranno per abbandonarlo, concentrandosi nuovamente sulla sola attività agricola. Nella seconda metà dell'Ottocento, la fiorente manifattura galiziana è ormai un ricordo del passato[47].

I processi della crescita industriale non sono dunque una prerogativa dell'età contemporanea, né sembrano strade obbligate e senza ritorno: accanto ai fenomeni dell'industrializzazione, è necessario considerare l'ipotesi della deindustrializzazione.

6. *Alcune questioni sull'industrializzazione fra Ottocento e Novecento*

Pur con tutti i distinguo di cui s'è detto nelle pagine precedenti, l'industrializzazione mantiene forti caratteri epocali e s'intreccia in modo caratteristico alla storia dell'Occidente contemporaneo.

Quello industriale è un complesso sistema di interrelazioni fra fattori di diverso ordine. Cercarne una «causa prima» diventa fuorviante. Chi, ad esempio, voglia vederne la genesi nell'invenzione di nuove macchine, si trova di fronte al fatto che l'Inghilterra *non* ha alcuna preminenza a livello tecnologico, almeno fino alla metà del Settecento: alle soglie dello sviluppo, sono gli olandesi che sembrano intendersi di tessitura e di opere pubbliche, i tedeschi di metallurgia, gli italiani di vetreria e setifici, francesi svizzeri e ancora italiani di edilizia[48]. Chi invece vede alle origini dell'industrialismo il peso di esperienze manifatturiere precedenti dovrebbe spiegare perché lo sviluppo si verifichi oltre Manica e non nelle Fiandre o in Italia. Chi infine collega lo sviluppo all'«accumulazione originaria», cioè ad un processo lungo di accumulo commerciale di ricchezza, deve poi constatare che, storicamente, fruttifica solo l'«accumulazione originaria» inglese e non quella olandese, spagnola, portoghese o italiana. La verità è che il fenomeno sfugge ad ogni semplificazione. Al proposito, prendiamo due argomenti classici della storiografia della rivoluzione industriale: il tema della nuova tecnologia e il tema dei capitali d'avviamento.

Lo sviluppo della tecnologia è fenomeno ben poco schematizzabile, che va collocato nel proprio specifico contesto. «Le invenzioni compaiono in ogni fase della storia umana – osserva T.S. Ashton – ma è raro che fioriscano in una comunità di semplici contadini o di puri manovali»[49]. Esse sembrano in diretta relazione con il grado di complessità della struttura sociale. Il rapporto tecnologia-società rimanda, a sua volta, alla dinamica fra domanda e offerta. «L'introduzione di una nuova tecnica, anche alquanto costosa – nota Paul Bairoch – si rivela possibile e redditizia a partire da un certo livello della domanda»[50]. La macchina filatrice del lino, messa a punto in Francia attorno al 1810, non ha inizialmente alcun successo in patria, poi *sbarca* in Inghilterra, dove invece viene ampiamente utilizzata, e da qui ritorna oltre Manica solo dopo il 1840, quando il consumo francese di lino è cresciuto in misura considerevole ed è perciò necessario incrementare la produttività del settore. Non diversamente, la tecnologia cotoniera sette-ottocentesca sembra procedere a sbalzi, fra lo stadio della filatura e quello della tessitura, rispondendo alle strozzature produttive che si creano ora su questo ora su quel versante: la filatrice idraulica di Arkwright (1769), ad esempio, nasce in un momento di forte domanda di filati da parte della tessitura. Sono «lunghi periodi di domanda crescente»[51] a determinare i progressi del macchinismo, e interessi specifici a spiegare l'applicazione industriale delle nuove conoscenze oppure il loro mancato utilizzo. Quando, nel 1878-79, l'inglese Sidney Gilchrist Thomas mette a punto un forno che permette di ottenere acciaio basico, depurato dal fosforo, egli risolve il grave problema dell'utilizzo (fino ad allora scarso) del minerale ferroso della Ruhr, abbondante ma ad alto contenuto di fosforo. La sua invenzione, attesissima, vale in certo senso il successivo sviluppo della potenza siderurgica del Secondo Reich. «Thomas fu assediato dalle offerte; i postulanti non lo lasciavano neppure far colazione in pace. Si racconta che i rappresentanti di due delle principali ditte siderurgiche tedesche si impegnarono per raggiungere

Middlesbrough in una sorta di gara alla Phileas Fogg, vinta da quello dei due che non si fermò a dormire»[52].

Le innovazioni che si registrano nell'Inghilterra della prima rivoluzione industriale devono non poco alle caratteristiche generali di quella società, meno gerarchica delle società continentali, con redditi più perequati, con una tradizione «onorevole» di manualità artigiana. Fatto sta che in Gran Bretagna numerosi fattori finiscono per determinare una diffusa disponibilità all'adozione delle nuove tecniche. Il costo del lavoro relativamente alto è uno di questi fattori, perché permette di sostituire il vecchio artigiano, «ostinato e intrattabile»[53], con processi parzialmente automatici. All'opposto, la Francia, con la sua abbondanza demografica e con livelli inferiori di reddito, avrà una propensione minore all'aggiornamento tecnologico. D'altronde la struttura relativamente aperta della società inglese sembra aver stimolato settori artigiani o di ceto medio a tentar la fortuna con le nuove tecnologie.

Colpisce il fatto che la maggior parte dei creatori delle prime macchine tessili provenisse dalla classe media. John Kay era figlio di un «substantial yeoman», ossia di un piccolo proprietario facoltoso; Lewis Paul, figlio di un medico; le origini di John Wyatt sono incerte: ma aveva frequentato la scuola secondaria, e probabilmente apparteneva al tipo di famiglia che considerava l'istruzione desiderabile. Il padre di Samuel Crompton era un agricoltore che *a latere* produceva panni, e sembra fosse di condizione agiata; Edmund Cartwright era figlio di un gentiluomo, e si era laureato a Oxford. Non era disdicevole, nel XVIII secolo, che i rampolli di buona famiglia fossero mandati come apprendisti presso tessitori o falegnami; il lavoro e l'abilità manuale non erano stigmate del popolano in contrapposto al borghese[54].

Inoltre, come ha rilevato Ashton, «le invenzioni sorgono più facilmente in una collettività che faccia gran conto dei valori intellettuali»[55]. La tecnologia inglese nasce dunque dalla tradizione scientifica cinque-settecentesca, sul terreno delle ideologie di matrice protestante e delle sette dissenzienti? Per quanto suggestiva, la tesi è controversa e di difficile verifica. Quel che è certo è il nesso che lega il livello intellettuale e scientifico d'un paese al suo quadro sociale, economico e politico. Il grosso sviluppo della ricerca scientifica nelle regioni industrializzate, fra il tardo Ottocento e i giorni nostri, spesso risulta patrocinato in modo diretto dai gruppi del potere economico. Nel Reich bismarckiano e poi guglielmino, fioriscono le accademie industriali e i politecnici, gli uffici di progettazione industriale, i laboratori aziendali di ricerca. Gruppi tecnico-scientifici lavorano alla Krupp dal 1862, alla Siemens & Halske dal 1872, alla Bayer dal 1891[56]. Tecnologia e ricerca scientifica, al di là del modello inglese, relativamente *spontaneo*, trovano forme organizzate ed istituzionali. Ci pensa lo Stato, oltre che l'impresa privata. Sono i tecnici e i laureati che vengono fuori dalla francese École Polytechnique o dal Gewerbe Institut di Berlino. L'epoca dell'inventore dilettante insomma non dura molto.

Un altro tema è quello dei capitali d'avviamento. Non è lo stesso che dire «accumulazione originaria», formula marxiana che intende il processo plurisecolare d'arricchimento dell'Occidente ai danni delle colonie e, dentro l'Occidente, di una nascente borghesia ai danni delle classi subalterne (anzitutto i contadini). La questione che ci interessa riguarda piuttosto la quantità e la provenienza dei capitali necessari per avviare l'industrializzazione.

L'interpretazione storiografica corrente rileva che, al riguardo, è necessario uno spostamento di parte del reddito nazionale dai consumi agli investimenti produttivi. Ma in che misura? E con quali conseguenze sociali? In Inghilterra, a fine Settecento, i costi d'impianto sono molto bassi. Rileva D.S. Landes che le prime macchine, per quanto apparissero complicate ai contemporanei,

erano nondimeno modesti e rudimentali congegni di legno, che si potevano costruire con una spesa sorprendentemente esigua. Una primitiva macchina per filare (la *jenny*, o «giannetta») a quaranta fusi poteva costare nel 1792 un 6 sterline; le macchine per la prima e la seconda carda costavano una sterlina per ogni pollice di larghezza del rullo; un torcitoio (lo *slubbing billy*) a trenta fusi costava 10 sterline e 10 scellini. E questi erano i prezzi delle macchine nuove; spesso attrezzi analoghi venivano offerti di seconda mano molto più a buon mercato. I soli investimenti fissi realmente costosi erano in questo periodo quelli per gli edifici e per la forza motrice; ma qui lo storico deve ricordare che i grandi stabilimenti a più piani che incutevano timore ai contemporanei erano un'eccezione. La maggior parte delle cosiddette fabbriche non erano che botteghe un po' ingrandite: una dozzina di operai o anche meno, forse un paio di *jennies* o di *mules*; e una cardatrice per preparare gli stoppini. La forza motrice di questi primi arnesi erano gli uomini e le donne che li manovravano. Soffitte e *cottages* venivano trasformati per quest'uso[57].

Al basso costo della prima industrializzazione corrisponde la possibilità che si apre a vasti strati sociali di accedere alla condizione d'imprenditore. La prima borghesia di fabbrica (lo vedremo meglio parlando di classi sociali, nel capitolo seguente) ha estrazioni eterogenee: proviene dal commercio e dall'agricoltura, dall'aristocrazia e dalla piccola borghesia, dall'artigianato e perfino dagli strati del lavoro a domicilio.

La «democratica» industrializzazione dell'Inghilterra, tuttavia, si rivela un'eccezione e, del resto, nella stessa Inghilterra, con il passare del tempo, i nuovi imprenditori verranno progressivamente passati al setaccio di una dura selezione: l'andamento ciclico dell'economia, con le sue ricorrenti crisi, ne sfoltirà il numero, tagliando senza molti complimenti i rami secchi. E sul continente? Anche in Germania, la prima borghesia industriale comprende «maestri artigiani o apprendisti, mercanti, bottegai o appaltatori, tecnici o figli di un maestro di bottega»[58]. Poi, nel secondo Ottocento, le cose cambieranno: concentrazioni orizzontali e verticali, finanziarie e produttive, accordi di mercato e una nuova costosissima tecnologia renderanno estremamente elitario il gruppo degli industriali. «All'inizio della guerra, due delle principali imprese, la Krupp e la Gelsenkirchener Bergwerks AG, contavano un capitale azionario di 180 milioni di marchi per ciascuna e davano lavoro rispettivamente a 80.000 e 30.000 dipendenti»[59]. Viene meno il carattere familiare delle prime industrie. Si diffondono le società per azioni. Le banche intervengono largamente a finanziare le imprese. L'*élite* economica diventa un gruppo chiuso, restio ad ogni intrusione, una categoria che si autorecluta.

Il fenomeno non è solo tedesco. L'aumento di scala delle imprese, fra la prima e la seconda industrializzazione, la crescita vertiginosa dei capitali necessari per l'avviamento di unità produttive, la tecnologia progressivamente più complessa cambiano il volto delle borghesie occidentali. Il tragitto sta tutto in due cifre: attorno al 1810, in Inghilterra, per creare un posto di lavoro occorre un investimento pari a quattro mesi di salario (nel settore tessile); nel 1950 circa, il capitale richiesto equivale a oltre trenta mesi di salario[60]. Inutile dire che la mutata qualità della struttura produttiva e le nuove figure imprenditoriali provocheranno modifiche nel rapporto fra economia e società: si pensi all'importanza politica assunta dal *big business* e alla sua capacità di influenzare indirettamente o direttamente i governi, nell'Europa dell'età dell'imperialismo.

La questione tecnologica e il problema dei capitali d'avviamento possono dare un'idea della complessità del problema dello sviluppo economico. Ma è opportuno aggiungere un'altra considerazione: in un sistema di mercato, non si ha sviluppo a porte chiuse. Esiste un *territorio della crescita economica* che storicamente si espande ben oltre i confini occidentali. Sarebbe stato possibile lo sviluppo britannico senza la preventiva formazione di un impero coloniale, senza la battaglia vinta con la Francia sui mari e oltre Atlantico, senza l'acquisizione degli «interessi indiani»? Un mercato interno sia pure in fase espansiva come quello inglese non avrebbe potuto, probabilmente, assorbire l'offerta crescente dell'industria. «Se occorreva una scintilla, fu dal mercato estero che essa scaturì»[61]. I legami internazionali del cotonificio inglese sono noti: la materia prima (il cotone greggio) giunge a Liverpool dalle Indie occidentali e, più tardi, dalle piantagioni schiaviste del *profondo Sud* statunitense; le cotonate ripartono da Liverpool dirette in Africa e in America, poi, verso la metà dell'Ottocento, in India e in Estremo Oriente. Alla fine del XIX secolo, il 90% circa di tutto il cotone britannico è destinato all'esportazione.

Anche altrove il contesto internazionale svolge un ruolo strategico. Francia e Germania, ad esempio, utilizzeranno ampiamente tecnici e macchine d'importazione britannica, alle soglie del loro sviluppo. In seguito, l'industria tedesca cercherà con ogni mezzo di conquistare adeguati sbocchi alle proprie merci in Europa e nei paesi oltreoceano. Gli USA stringeranno rapporti fitti con il subcontinente latino-americano. Il Giappone del secondo Ottocento chiederà all'Occidente capitali e tecnologie.

Lo sviluppo dunque coinvolge, spesso attraverso rapporti di dipendenza, regioni sempre più estese. Ma l'allargamento territoriale dell'industrialismo complica ulteriormente le cose. La crescita economica si differenzia a seconda dei contesti. Non esiste un modello unico di sviluppo ma una quantità di esperienze «nazionali» e regionali. Prendiamo la Francia. Le questioni che il caso francese pone sono molte. Si tratta di chiedersi qual è il portato della Grande Rivoluzione in termini di crescita economica, quale il ruolo svolto dal periodo napoleonico. Cioè, per fare un esempio soltanto, che tipo di struttura agraria emerge dalla redistribuzione rivoluzionaria delle terre della Chiesa e degli emigrati, che si attua rispettivamente a partire dal 1789 e dal 1792? Una società di liberi agricoltori con aziende di medie dimensioni? Una campagna socialmente quieta ma economicamente conservatrice? Certo è che il rapporto città-campagna e sviluppo industriale - sviluppo agricolo sembra essere molto diverso, se si passa dalle terre inglesi a quelle francesi. È diverso il comportamento demografico, molto più cauto, con una crescita particolarmente lenta; e ciò comporta altri interrogativi: il basso tasso di natalità deriva dal frazionamento della proprietà agraria (frutto della Grande Rivoluzione) e dalla cautela procreativa dei piccoli e medi agricoltori, ossessionati dalla divisione delle terre alla propria morte? È più scarno il mercato interno, l'urbanizzazione lenta, la società più povera che oltre Manica, gli abiti più corti e più leggeri, gli zoccoli invece delle scarpe di cuoio. È più difficile trovare braccia da lavoro: la gente è *trattenuta* nelle campagne, gli imprenditori ottocenteschi non di rado devono importare manodopera non qualificata dalla Spagna, dalla Germania. Però è anche più basso il costo del lavoro, il che può spiegare la minore prontezza nell'adottare tecnologie aggiornate, che facciano risparmiare manodopera. È diverso il mercato dei capitali che sembra scontare una certa riluttanza all'investimento rischioso e non sono molte le ricchezze che dalla campagna si trasferiscono alla città: gli agricoltori sono diffidenti nei confronti della modernizzazione e lo Stato, per parte sua, conoscendo il peso politico delle campagne, appare riluttante a spremerle fiscalmente (come invece farà, in Italia, la dirigenza liberale, nei primi decenni postunitari). Un'agricoltura diffusa, sopravvivenze contadine, una demografia cauta, poche città (nel 1910, sono solo 15 quelle con oltre centomila abitanti, contro le cinquanta inglesi, altrettante negli USA, quarantotto in Germania), tecnologie non aggiornate e una manifattura tradizionale per nulla sconfitta (si pensi al settore tessile), molti risparmi ma difficoltà di circolazione dei capitali, diffidenza verso il rischio d'investimento non solo fra agricoltori e borghesia di villaggio ma anche tra le file dell'alta finanza (i Rothschild francesi saranno tirati per i capelli nel settore delle costruzioni ferroviarie e uno di loro usava dire che un modo sicuro per perdere il proprio denaro, ancor più delle donne e del gioco, era l'industria): le caratteristiche del «caso francese» non sono ovviamente soltanto queste, ma tanto basta per chiarire che le diversità rispetto al modello inglese non mancano.

Oppure, prendiamo il caso nordamericano, un esempio di sviluppo più tardivo rispetto alla stessa Francia. Un primo elemento caratteristico è che gli USA partono, nel Settecento, da una condizione coloniale e la mantengono, nella sostanza, anche dopo l'indipendenza. La finanza e il commercio degli Stati dell'est dipendono mani e piedi da Londra, mentre l'economia degli Stati meridionali, cotonieri e schiavisti, vive sulle capacità d'assorbimento del proprio cotone da parte dell'industria tessile inglese. In secondo luogo, gli Stati Uniti hanno caratteri sociali molto specifici: la disponibilità di terre, ad ovest, favorisce un'alta mobilità sociale ed esclude l'antica fame di terra dei contadini europei, mentre l'insediamento, ad est, degli immigrati del Vecchio Continente impedisce di sguarnire il mercato del lavoro e soddisfa le esigenze degli imprenditori della costa atlantica. Infine, gli USA si caratterizzano per una tripartizione sociale economica e politica del territorio che, negli anni Sessanta dell'Ottocento, si rivelerà esplosiva: il nord-est sviluppa, a metà secolo, un apparato industriale e, con esso, assiste ai tipici fenomeni di urbanizzazione e di proletarizzazione, si pone il problema degli sbocchi per le proprie merci, tiene d'occhio il mercato dei capitali, cerca di garantirsi un sistema bancario efficiente; il sud invece è una società aristocratica e schiavista, vive contraddizioni pesanti: una terra impoverita dalla monocoltura del cotone e una produttività stagnante; l'impossibilità di ammodernamenti tecnologici, perché il lavoro servile non li rende economicamente utili, ma anche l'impossibilità di sbarazzarsi del sistema schiavistico (nel 1860, sono circa tre milioni di dollari ad essere immobilizzati nel lavoro servile); la conseguente debolezza del mercato interno, dal momento che manca (insieme con una classe operaia libera) anche la massa monetaria dei salari. Insomma un circolo vizioso, dal quale si tenta d'uscire scaricando verso i nuovi

Stati dell'ovest quell'istituzione ormai antieconomica che è la schiavitù; ed ecco dunque l'ovest, il terzo elemento del territorio statunitense, conteso dal sud che vuole uniformarlo al proprio sistema sociale (anche allo scopo di creare un'alleanza politica che possa avere la preminenza nelle scelte federali), ma conteso pure dal nord che lo sta legando a sé attraverso solidi rapporti di mercato, con una rete di ferrovie e strade, e per mezzo di scambi sempre più importanti di uomini, prodotti agricoli e beni manufatti. Il contrasto sfocia nella guerra civile.

Dopo la guerra, lo sviluppo industriale riparte e si avvia alla maturità: gli USA dispongono di un buon mercato interno, molti hanno fatto fortuna speculando sui terreni dove sono state costruite e continuano a crescere le nuove città, altri con le ferrovie e con l'edilizia (due settori di prim'ordine in un paese che sta organizzando dal nulla il proprio territorio mercantile e urbano), altri ancora con il petrolio (da quando, nel 1850, un tale Drake ha perforato con successo le montagne della Pennsylvania), altri infine con l'oro della California. «Mentre nel 1860 il lavoro della terra impiegava il 60% della popolazione e quello dell'industria e dei trasporti solo il 26%, nel 1900 la proporzione si era rovesciata»[62]. Le nuove ricchezze, nate dalle ferrovie e dall'acciaio, dall'industria alimentare e dalle attività immobiliari, erano clamorose e ostentate, nulla a che vedere con quanto accadeva in Europa. «Uomini in cilindro e gilet fantasia emergevano da palazzi della Fifth Avenue che ricordavano i castelli della Loira». C'era chi leggeva il quotidiano del mattino seduto su un trono della Rinascenza, attorniato da capolavori dell'arte europea, chi spendeva per ville con quaranta camere da letto più di quanto facesse il Congresso per l'agricoltura dell'intero paese, chi come Carnegie aveva una *rendita* annuale di 25 milioni di dollari (dell'epoca)[63].

Il caso nordamericano ha strette relazioni con lo sviluppo del Vecchio Continente, non foss'altro che per quei sei miliardi di dollari che nel 1910 costituivano il capitale europeo investito negli USA. Ma il modello economico e sociale dell'industrialismo è molto diverso, fra le due sponde dell'Atlantico.

Con il passare del tempo, del resto, il quadro è destinato a complicarsi perché aumentano i partner dell'Inghilterra nel club dei paesi industriali (o in via di industrializzazione). Nel secondo Ottocento non è solo la Germania che decolla, gli USA che pongono le basi della futura *leadership* occidentale, la Francia che, seppure lentamente, svecchia le proprie strutture produttive. La Svezia e la Danimarca si stanno attrezzando con le nuove tecnologie, l'Italia a partire dagli anni Ottanta mette mano alla propria «base industriale», nell'Est europeo emerge la Russia, in Asia cresce a ritmi intensi il Giappone, in India acquista consistenza l'industria tessile.

È possibile andare alla ricerca di elementi caratterizzanti queste successive ondate d'industrialismo? Con molta cautela (poiché comunque sono le variabili territoriali che hanno il maggior peso), si può far riferimento ad un ciclo economico internazionale e a grandi fasi storiche: prima e seconda rivoluzione industriale, prima e seconda tecnologia, età del libero scambio ed età del protezionismo, mercato concorrenziale o monopolistico. Il tempo rappresenta – nel caso di un sistema economico a carattere internazionale qual è il nostro – un elemento in qualche misura unificante.

L'età dell'imperialismo (1880-1918), ad esempio, ha caratteri propri, diversi dal *periodo inglese* della libera concorrenza: uno specifico quadro merceologico, non più cotone ma ferro e ghisa per le ferrovie, poi acciaio, chimica, elettricità, petrolio per il motore a scoppio; nuova tecnologia e nuove dimensioni dell'impresa, un clima di concorrenza fra «grandi» che impone cartelli, *trusts*, *holdings* e pone le basi di aspri conflitti interimperialistici; un ruolo nodale svolto dal sistema finanziario (le banche) e dagli Stati (protezionismo, commesse statali, attività coloniale); una diversa qualità del lavoro, con la prima diffusione dei sistemi d'automazione e di un'organizzazione scientifica della manualità (Ford, Taylor); la standardizzazione progressiva della produzione e nuovi consumi, il telefono e il telegrafo senza fili, le macchine per scrivere, le biciclette, la prima plastica, i prototipi delle automobili ma anche l'aspirina (1899) e gli antibiotici (1909). Le questioni poste dal periodo dell'imperialismo risultano abbastanza omogenee: questioni di tecnologie e di reperimento di capitali, di sbocco per merci e investimenti, rapporti fra potere economico e potere politico ecc. Ma, com'è ovvio, ai grandi problemi sollevati dal ciclo internazionale del mercato ciascun paese darà poi la sua risposta.

Note al capitolo sesto

[1] D.S. Landes, *Cambiamenti tecnologici e sviluppo industriale nell'Europa occidentale, 1750-1914*, in *Storia economica Cambridge*, Torino, Einaudi, 1974-1980, vol. VI, t. I, p. 296. Il corsivo è mio.

[2] R.H. Hartwell, *La rivoluzione industriale inglese*, trad. it., Bari, Laterza, 1973, p. 59.

[3] W.A. Cole, *La crescita dei redditi nazionali*, in *Storia economica Cambridge*, cit., vol. VI, t. I, p. 7.

[4] P. Bairoch, *Industria*, in *Enciclopedia Einaudi*, Torino, Einaudi, 1977-1984, vol. VII, p. 316.

[5] E.J. Hobsbawm, *Il trionfo della borghesia 1848-1875*, trad. it., Bari, Laterza, 1976, p. 64.

[6] G. Barraclough, *Atlante della storia 1945-1975*, trad. it., Bari, Laterza, 1977, p. 113.

[7] Citato in H. Denis, *Storia del pensiero economico*, trad. it., Milano, Mondadori, 1968, vol. II, p. 195.

[8] P. Vilar, *Sviluppo economico e analisi storica*, trad. it., Bari, Laterza, 1970, p. 25.

[9] L. Cafagna, *Dualismo e sviluppo nella storia d'Italia*, Venezia, Marsilio, 1989, p. XVII.

[10] K. Marx, *Il capitale*, trad. it., Roma, Editori Riuniti, 1970[6], p. 16.

[11] P. Vilar, *Sviluppo economico e analisi storica*, cit., p. 30.

[12] A. Gerschenkron, *Il problema storico dell'arretratezza economica*, trad. it., Torino, Einaudi, 1965, p. 338.

[13] R.H. Hartwell, *La rivoluzione industriale inglese*, cit., p. 33.

[14] Citato in R.H. Hartwell, *La rivoluzione industriale inglese*, cit., p. 32.

[15] D.H. Meadows *et al.*, *I limiti dello sviluppo*, trad. it., Milano, Mondadori, 1974, pp. 126 ss.

[16] *Ibidem*, p. 32.

[17] P. Bairoch, *Rivoluzione industriale e sottosviluppo*, trad. it., Torino, Einaudi, 1967, p. XXXIV.

[18] S. Pollard, *La conquista pacifica. L'industrializzazione in Europa dal 1760 al 1970*, trad. it., Bologna, Il Mulino, 1989, pp. 13-14.

[19] C.F. Sabel, *La riscoperta delle economie regionali*, in «Meridiana», 3 (1988), p. 13.

[20] H.A. Simon, *La ragione nelle vicende umane*, trad. it., Bologna, Il Mulino, 1984; A.O. Hirschman, *Come complicare l'economia*, trad. it., Bologna, Il Mulino, 1988; su Polanyi, cfr. il cap. V.

[21] B. Moore jr., *Le origini sociali della dittatura e della democrazia*, cit.

[22] P. Cohen, *Analisi economica e uomo economico*, in E. Grendi (a cura di), *L'antropologia economica*, Torino, Einaudi, 1972, pp. 22-23.

[23] W. Kula e J. Kochanowicz, *Contadini*, in *Enciclopedia Einaudi*, cit., vol. III, p. 930.

[24] Cfr. cap. IV, § 5.

[25] G. Civile, *Il comune rustico. Storia sociale di un paese del Mezzogiorno nell'800*, Bologna, Il Mulino, 1990, p. 45.

[26] *Ibidem*, p. 33.

[27] M. Nash, *Il contesto sociale della scelta economica in una piccola società*, in E. Grendi (a cura di), *L'antropologia economica*, cit., p. 201.

[28] W. Kula e J. Kochanowicz, *Contadini*, cit., p. 921.

[29] M. Nash, *Il contesto sociale della scelta economica in una piccola società*, cit., p. 213; E.R. Wolf, *Tipi di comunità contadine latino-americane*, in E. Grendi (a cura di), *L'antropologia economica*, cit., p. 77.

[30] J. Robinson, *Libertà e necessità. Un'introduzione allo studio della società*, trad. it., Torino, Einaudi, 1971, p. 41.

[31] *Ibidem*, p. 912.

[32] E.R. Wolf, *Tipi di comunità contadine latino-americane*, cit. p. 78.

[33] E. Le Roy Ladurie, *Le frontiere dello storico*, trad. it., Bari, Laterza, 1976, p. 19.

[34] P. Bairoch, *Agricoltura*, in *Enciclopedia Einaudi*, cit., vol. I, p. 244.

[35] B.H. Slicher van Bath, *Storia agraria dell'Europa occidentale (500-1850)*, trad. it., Torino, Einaudi, 1972.

[36] P. Bairoch, *Rivoluzione industriale e sottosviluppo*, cit., p. 98.

[37] *Ibidem*.

[38] P. Bairoch, *Agricoltura*, cit., p. 246.

[39] R.N. Salaman, *Storia sociale della patata*, ed. riv. a cura di J.G. Hawkes, Milano, Garzanti, 1989.

[40] P. Bairoch, *Rivoluzione industriale e sottosviluppo*, cit., p. 238.

[41] F. Dovring, *La trasformazione dell'agricoltura europea*, in *Storia economica Cambridge*, cit., vol. VI, t. I, pp. 653 ss.

[42] P. Bairoch, *Agricoltura*, cit., p. 251; P. Jalée, *Il terzo mondo in cifre*, trad. it., Milano, Jaca Book, 1971, p. 19.

[43] E.J. Hobsbawm, *Il trionfo della borghesia*, cit., p. 261.

[44] W. Kula e J. Kochanowicz, *Contadini*, cit., p. 932.

[45] C. Keyder, *Protoindustrializzazione e aree periferiche*, in «Quaderni storici», 52 (1983), p. 106.

[46] C. Poni, *Premessa* a *Protoindustria*, *ibidem*.

[47] M. Kulczyknowski, *Problemi di ricerca sulla deindustrializzazione: la Galizia del XIX secolo*, *ibidem*, pp. 119-34.

[48] P. Bairoch, *Rivoluzione industriale e sottosviluppo*, cit., p. 15.

[49] T.S. Ashton, *La rivoluzione industriale 1760-1830*, cit., p. 21.

[50] P. Bairoch, *Rivoluzione industriale e sottosviluppo*, cit., p. 13.

[51] *Ibidem*, p. 14.

52 D.S. Landes, *Cambiamenti tecnologici e sviluppo industriale nell'Europa occidentale, 1750-1914*, cit., p. 525.

53 Sono parole di Andrew Ure, autore di *The Philosophy of Manufacturers*, 1835.

54 D.S. Landes, *Cambiamenti tecnologici e sviluppo industriale nell'Europa occidentale, 1750-1914*, cit., pp. 318-319.

55 T.S. Ashton, *La rivoluzione industriale 1760-1830*, cit., p. 21.

56 J. Kocka, *Impresa e organizzazione manageriale nell'industrializzazione tedesca*, in *Storia economica Cambridge*, cit., vol. VII, t. I, p. 744.

57 D.S. Landes, *Cambiamenti tecnologici e sviluppo industriale nell'Europa occidentale, 1750-1914*, cit., p. 321.

58 J. Kocka, *Impresa e organizzazione manageriale nell'industrializzazione tedesca*, cit., p. 682.

59 *Ibidem*, p. 731.

60 P. Bairoch, *Rivoluzione industriale e sottosviluppo*, cit., pp. 49 ss.

61 E.J. Hobsbawm, *La rivoluzione industriale e l'impero*, trad. it., Torino, Einaudi, 1972, p. 45.

62 F. Thistlethwaite, *Storia degli Stati Uniti*, trad. it., Bologna, Cappelli, 1967, p. 204.

63 *Ibidem*, p. 206.

Capitolo settimo

Classi, professioni, stili di vita. Elementi di sociologia storica

1. *Definizioni sociologiche fra Ottocento e Novecento*

Fra Ottocento e Novecento, lasciati per strada i contadini e indossati i panni della città e della fabbrica, le società occidentali appaiono sottoposte a profondi mutamenti. Una lunga tradizione intellettuale, che dal secolo dei Lumi arriva a Tönnies, Durkheim, Simmel, Weber, s'incaricherà di sistemare all'interno di teorie e modelli generali le trasformazioni sociali empiricamente osservabili. Le differenti chiavi di lettura proposte dalle scuole sociologiche sono la testimonianza, esse stesse, del *social change*.

Alexis de Tocqueville, nel suo *De la démocratie en Amérique* (1835-1840), aveva descritto i processi di disgregazione che accompagnano la nascita di una società non tradizionale, fondata sul progresso economico, dominata da spinte alla mobilità sociale, tendenzialmente egualitaria. «Scomparso il prestigio che si attribuiva alle vecchie cose, non sono più la nascita, le condizioni sociali, la professione a distinguere gli uomini, oppure li distinguono a malapena; resta così solo il denaro a creare differenze evidenti tra loro»[1]. La fine dell'Antico Regime equivaleva, per Tocqueville, al passaggio da una società compatta e gerarchica ad una società dinamica, non omogenea, molecolare, individualistica. La modernizzazione aveva disperso i vecchi ordini, ma *non* sembrava aver sostituito ad essi nuove forme di aggregazione.

Al fondo di queste opinioni, stava l'idea liberale che, dopo le «rivoluzioni borghesi» degli Stati Uniti e della Francia, seppellito il sistema feudale e le gerarchie sociali da esso sancite per legge, la società sarebbe rimasta segnata dalle diversità *naturali* fra individuo e individuo ma non più da diseguaglianze formali e collettive, stabilite in base alla nascita.

Le grandi trasformazioni ottocentesche, però, s'incaricano di smentire certi ottimismi. L'eguaglianza formale non produce *tout court* eguaglianza sostanziale. Il riconoscimento dei diritti individuali non elimina le fratture sociali. La categoria di «classe» diventa così uno dei cardini dell'interpretazione sociologica. Essa era già stata usata nel Settecento. Malthus, ad esempio, aveva parlato di una «classe di proprietari» e di una «classe di lavoratori».

Ma è nel 1848 che Marx ed Engels avrebbero illustrato la transizione dall'Antico Regime al capitalismo industriale con queste parole:

> Nelle *epoche anteriori* della storia troviamo quasi dappertutto una completa articolazione della società in differenti *ordini*, una molteplice graduazione delle posizioni sociali [...]. *La società borghese*, sorta dal tramonto della società feudale, non ha eliminato gli antagonismi fra le classi. Essa ha soltanto sostituito alle antiche, nuove classi, nuove condizioni di oppressione, nuove forme di lotta. La nostra epoca, l'epoca della borghesia, si distingue però dalle altre per aver *semplificato gli antagonismi di classe*. L'intera società si va scindendo sempre più in due campi nemici, in due grandi classi direttamente contrapposte l'una all'altra: borghesia e proletariato[2].

Le classi, in Marx, sono definite a seconda della loro posizione all'interno del sistema produttivo: la proprietà dei mezzi di produzione serve a identificare la borghesia, mentre l'assenza di proprietà (e la conseguente necessità di vendere la propria forza-lavoro) è quel che caratterizza il proletariato. Il sistema sociologico marxiano, pur consapevole dell'esistenza di classi di transizione o marginali, è essenzialmente dicotomico; com'è dicotomica l'interpretazione della società nel suo complesso, dal momento che alla separazione tra le classi corrisponde una separazione sul piano politico-culturale: il sistema politico appare come l'espressione dei gruppi che controllano il processo produttivo e la cultura dominante è lo strumento attraverso il quale essi si legittimano.

Il riferimento sul quale Marx costruisce il proprio modello è ancora l'Inghilterra, «terreno classico» – per usare le sue parole – del modo di produzione capitalistico[3]. Qui non esistono, come nell'Europa continentale, masse di contadini proprietari o corpose burocrazie pubbliche che complichino la dialettica classista fra capitale e lavoro, né la borghesia deve vedersela, come in Germania, con un potere illiberale e con il suo «seguito di preti, maestri di scuola, gentiluomini di campagna e burocrati»[4].

E se Marx, invece che sui volumi del British Museum, avesse lavorato alla Biblioteca del Congresso di Washington? Il paradosso è di uno storico australiano, che ha rilevato – come altri – il legame inscindibile tra la sociologia marxiana e il caso storico concreto della Gran Bretagna e della fase del mercato concorrenziale[5].

In effetti, pochi decenni più tardi, alle soglie del Novecento, l'osservazione sociologica si trova a fare i conti con realtà empiriche che sembrano complicare o smentire lo schema marxiano. I «revisionisti» della Seconda Internazionale, da Eduard Bernstein a Paul Kampffmeyer, e la sociologia di Weber anticipano temi e problemi che saranno propri del dibattito teorico e della ricerca empirica delle scienze sociali per tutto il nostro secolo. Nel 1905, Bernstein scrive:

> Nella vita sociale reale *il livello del reddito*, *la posizione sociale* e *il tenore di vita* con esso connesso e da esso condizionato diventano la misura più caratteristica dell'appartenenza di classe, mentre la deduzione dal reddito, dal capitale o dalla proprietà fondiaria rimane anch'essa un contrassegno distintivo, ma più per l'osservazione specificamente economica che per la distinzione sociale in generale. Ciò *particolarmente* anche perché il corpo sociale non diviene più semplice ma *sempre più complesso*, perché alle classi che il capitalismo fa scomparire se ne sostituiscono altre più numerose, perché soprattutto *l'esercito degli impiegati di ogni tipo s'ingrossa a dismisura*, contemporaneamente a quello delle cosiddette *professioni libere*, ecc.; si tratta di strati e classi nei quali il rapporto con il plusvalore, sebbene [...] non scompaia completamente, diviene però spesso molto mediato[6].

Redditi, posizione sociale, tenore di vita. Per identificare le classi, i loro caratteri oggettivi, i comportamenti sociali, Bernstein giudica riduttivo limitarsi alla categoria della proprietà dei mezzi di produzione. La dicotomia marxiana diventa una stratificazione. Si articola per professioni e per modelli di consumo. Il referente reale di Bernstein, del resto, non è più quello di Marx: è la Germania degli impiegati e dei ceti medi, oltre che degli operai e dei capitalisti. Rispetto al modello inglese, da cui era partita l'analisi di Marx, il quadro empirico s'è complicato. E Bernstein empiricamente sottolinea l'esigenza di utilizzare *insieme*, nell'analisi sociale, una quantità di variabili, poiché non è sufficiente, da solo, né il criterio della proprietà capitalistica, né il reddito, né il tipo di professione. Valori, modelli di vita, ideologie sono variabili che non possono essere ignorate. Esistono, testimonia Bernstein, «*salariati che vivono in condizioni piccolo-borghesi* e hanno un modo di sentire corrispondente a questo loro Stato, e *piccoli borghesi che si sentono appieno proletari*»[7]: le classi si formano anche su un terreno di «residui religiosi e nazionalistici del passato», avvertono l'influenza di «usanze radicate», riflettono una «dinamica politica» oltre che una condizione economica[8].

Negli stessi anni, facendo riferimento al medesimo contesto, Max Weber renderà sistematiche queste distinzioni. Secondo Weber, le classi individuano gruppi che sono accomunati dal possesso di talune rendite economiche (*classi possidenti* con terre, immobili urbani, titoli finanziari, denaro) o dal possesso di particolari capacità – economiche o professionali – utilizzabili sul mercato (*classi acquisitive* di imprenditori e professionisti). Esistono inoltre gruppi che si caratterizzano per il fatto di agire all'unisono e che diventano *classi sociali* attraverso i propri comportamenti collettivi (è il caso dei lavoratori, che assumono le caratteristiche di una classe nel momento in cui organizzano la propria lotta contro gli imprenditori di fabbrica o i proprietari terrieri). Alle classi Weber affianca inoltre i *ceti*, gruppi di individui che godono di una specifica considerazione sociale, talvolta fondata sulla nascita, altre volte sul potere politico o sulla condotta di vita. Mentre le classi nascono sul terreno del mercato, i ceti appaiono legati a processi politici, giuridici, patrimoniali, culturali: sono aggregazioni che si identificano per la nascita, le scelte matrimoniali, il tipo di educazione, la qualità dei consumi[9]. Essi costituiscono vere e proprie «comunità», con un proprio «onore», un proprio stile di vita che ne delimita la cerchia, una tendenziale endogamia che li rende esclusivi[10].

Secondo Weber, ceti e classi non sono due momenti successivi della storia della società ma possono coesistere e sovrapporsi. I ceti sono presenti lungo tutto il processo storico occidentale. Sono i guerrieri dell'età classica, i feudatari del XV secolo, i nobili d'Antico Regime ma anche la cerchia esclusiva (la *society*) di un certo quartiere newyorkese novecentesco. Aggregazioni fondate sulle tradizioni e sul sentimento della distinzione, i ceti non di rado ostacolano i processi di modernizzazione. «I gruppi privilegiati in base al ceto non hanno mai realmente accettato personalmente senza riserve il *parvenu* – per quanto la sua condotta di vita si fosse completamente adattata alla loro – ma soltanto i suoi discendenti, che sono stati educati nelle convenzioni di ceto del loro strato sociale»[11]. Le tradizioni cetuali, in altri termini, complicano con variabili non-economiche il pieno dispiegarsi del mercato e delle trasformazioni che esso produce. Il senso dell'«onore» delle aristocrazie europee ottocentesche, ad esempio, potrà contrapporsi all'etica del profitto e dell'impresa. «Molto spesso – rileva Weber – ogni attività acquisitiva razionale – specialmente l'"attività imprenditoriale" – è qualificante dal punto di vista del ceto»[12].

Anche al di fuori della sociologia tedesca si avverte l'esigenza di analisi non economicistiche. Il fatto che gli stili di vita siano un elemento cruciale dei moderni sistemi di stratificazione sociale è rilevato, fra gli altri, dall'americano Thorstein Veblen (1857-1929), il quale misurerà lo status dei gruppi in base ai «consumi vistosi» e ad una pratica delle apparenze.

L'analisi sociologica del primo Novecento finisce per articolare anche il concetto ottocentesco di potere sociale e politico, liberandolo da talune sue valenze economiche troppo rigide. Appare chiaro che la dislocazione del potere non rispecchia soltanto i rapporti di forza fra le «classi economiche», ma segue piuttosto il tendenziale policentrismo delle società contemporanee. Il potere si è spersonalizzato: non identifica più soltanto colui che possiede talune risorse rare ma anche i numerosi gruppi che *gestiscono* quelle risorse.

La società – dirà Ralf Dahrendorf – si compone fra chi ha e chi non ha diritti di proprietà ma anche fra chi ha e chi non ha porzioni di *autorità*. La società «post-capitalistica» si presenta come una piramide di funzioni d'autorità, progressivamente decentrate dall'alto al basso. Questo il principale criterio d'individuazione delle classi. Il riferimento storico, in Dahrendorf, è alle strutture sociali medio-novecentesche (la prima edizione di *Classe e conflitto di classe nella società industriale* risale al 1957): se nel modello marxiano la proprietà e la gestione dei beni di produzione coincidevano in un'unica figura sociale, adesso i ruoli si differenziano e il capitalista si scinde in «azionista» (il proprietario) e «dirigente» (il gestore). Proprietà e autorità non collimano più: l'autorità di un manager non deriva dai diritti di proprietà sull'azienda (di cui, in genere, egli non dispone). Il potere politico, il controllo sociale, la conduzione delle attività produttive sono nelle mani di quadri burocratici, tecnici privati e pubblici, organizzazioni sindacali e politiche.

Posta di fronte al progressivo ampliamento delle competenze statali (un *trend* che, in Europa, inizia nel secondo Ottocento), la sociologia contemporanea non ignora inoltre quanto le cospicue risorse che, attraverso la leva fiscale, lo Stato controlla, costituiscano un ulteriore fattore di autorità, per un verso, e di differenziazione sociale, per l'altro. Il che vale non solo nell'esperienza dei sistemi politici totalitari, come i fascismi del primo Novecento o i regimi leninisti, ma anche nelle democrazie liberali. In questo quadro, sembrano diventare obsoleti non solo gli schemi dicotomici marxiani ma anche i successivi modelli di stratificazione sociale. Scrive Stanislaw Ossowski:

> La concezione ottocentesca della classe sociale, sia nell'interpretazione marxiana che in quella liberale, [...] ha perduto nel mondo odierno una parte della sua attualità. Là dove i cambiamenti della struttura sociale sono in maggiore o minore misura diretti da una decisione dell'autorità politica, siamo lontani dalle classi sociali nell'interpretazione di Marx, Ward, Veblen o Weber, dalle classi come gruppi determinati dai rapporti di produzione oppure – come diranno altri – dai rapporti di mercato, dalle classi concepite come gruppi che si creano in seguito alle azioni spontanee degli individui [...]. Là dove il potere politico può apertamente ed efficacemente cambiare la struttura di classe, là dove i privilegi decisivi per la posizione sociale [...] vengono conferiti per decisione del potere politico, là dove una notevole o addirittura la maggior parte della popolazione è inquadrata in una stratificazione del tipo delle gerarchie burocratiche, il concetto ottocentesco della classe sociale diventa in una misura più o meno grande un anacronismo, e gli antagonismi di classe possono cedere il posto ad altre forme di antagonismi sociali[13].

Se nel XIX secolo si poteva ritenere che la diseguaglianza nascesse sul terreno della *società civile* (rapporti di proprietà, qualifiche professionali, stili di vita ecc.), il Novecento assiste alle profonde trasformazioni sociali indotte dagli Stati e dal potere politico.

2. *Gli storici e l'analisi della società*

La storiografia ha dialogato con questa tradizione sociologica in modo parziale e discontinuo oltre che tardivamente. Per lungo tempo, come s'è detto, gli storici si sono concentrati sulla dimensione politica del passato, limitandosi ad includere in tale dimensione (spesso implicitamente e impropriamente) anche il piano sociologico. Ad una forte *politicizzazione* (per così dire) sono state sottoposte le due classi marxiane di borghesia e di proletariato. Gli studi sull'età contemporanea hanno privilegiato (e privilegiano tuttora) la storia politica delle *élites* (partiti, ceto di governo ecc.), sottovalutando il problema di definire in termini sociologici le classi dirigenti, o identificandole con una generica categoria di borghesia. La numerosa storiografia dedicata all'Italia liberale, ad esempio, ha analizzato le vicende parlamentari seguite al 1860, i diversi gruppi che nel parlamento nazionale si scontrano o si mescolano (trasformismo), il profilo ideologico e la pratica di governo della Destra e della Sinistra, ma ne ha lasciato in ombra il quadro sociologico, sottintendendo che lo studio del ceto politico coincidesse *tout court* con quello della borghesia italiana. Gli studi sulla classe operaia, per parte loro, si sono risolti in indagini sul «movimento operaio», ovvero sulle vicende dei partiti politici e dei sindacati, nati (per lo più) in ambito socialista e comunista. Scritta spesso da storici provenienti essi stessi dalle file di queste organizzazioni, la storia delle classi lavoratrici ha finito per «identificare la "classe operaia" con il "movimento operaio", o addirittura con un'organizzazione, un partito o un'ideologia particolare»[14]. Alle opere di storia del socialismo e del sindacalismo (di G.D.H. Cole e di F. Mehring, di P. Spriano e di H. Pelling) non hanno fatto riscontro altrettante analisi sociologiche della *working class.*

Non manca peraltro, nel secondo dopoguerra, chi mostra interesse per l'analisi dei sistemi sociali e per le tematiche agitate della sociologia contemporanea. Si tratta anzitutto degli storici economici e degli studiosi di «storia urbana».

Le numerose indagini dedicate alla rivoluzione industriale inglese (di cui s'è detto nel capitolo precedente) portano infatti, com'è ovvio, a prendere in considerazione i gruppi sociali coinvolti nel processo della crescita economica. È per questa strada che l'analisi empirica delle classi sociali entra a pieno titolo nella ricerca storica. Studiando la nascita del moderno cotonificio e delle prime fabbriche di Manchester, gli storici si imbattono in una *middle class* imprenditoriale fatta di industriali, commercianti, fittavoli. Nello stesso tempo, gli studiosi mettono sotto osservazione le classi lavoratrici e la loro specifica esperienza, nei decenni cruciali dell'industrializzazione. Uno dei dibattiti più accesi nella storiografia anglosassone degli anni Sessanta, ad esempio, riguarda il miglioramento o il peggioramento del tenore di vita delle classi lavoratrici britanniche nella prima fase dell'industrializzazione. L'interesse degli storici economici per temi del genere aiuta ad uscire dalle secche della storia politica e mette a disposizione materiali empirici di grande utilità. Gli studi sulla rivoluzione industriale cominceranno a chiarire l'estrazione sociale, la consistenza numerica e le fortune di quegli imprenditori che hanno fatto della Gran Bretagna l'«officina del mondo». Le analisi sui destini della classe operaia sono documentate da serie storiche di prezzi e salari, da ricostruzioni quantitative dei consumi, da notizie su professioni, settori lavorativi, disoccupazione ecc.

Frattanto, negli anni Sessanta e soprattutto in area anglosassone, emerge una branca storiografica specializzata nello studio delle città, la quale produrrà una mole ragguardevole di studi empirici, contribuendo ulteriormente ad arricchire la conoscenza delle società contemporanee. Negli Stati Uniti la storiografia urbana si sviluppa sul terreno dissodato, a partire dagli anni Venti, dalla Chicago School of Urban Sociology di Robert E. Park. In Inghilterra, una fiorente *urban history* nasce a Leicester e a Glasgow, dove Jim Dyos e Sidney Checkland danno vita rispettivamente alle riviste «Urban History Yearbook» e «Urban Studies», mettendo assieme storici, geografi, urbanisti, sociologi.

Gli studi di storia urbana ricostruiscono i caratteri di un fenomeno che, almeno sul piano demografico, esplode nel XIX secolo, quando la città sembra diventata il cuore stesso dei processi di modernizzazione. La crescita urbana è certamente tra i processi più appariscenti dell'Otto-Novecento. Londra passa dal mezzo milione di abitanti del 1700 al milione del 1800 e ai cinque del 1885. Alla fine del XIX secolo, più della metà della popolazione inglese, tedesca, francese, sviz-

TAB. 2. *Tassi di urbanizzazione (% della popolazione urbana sul totale)*

	1800	1850	1910	1970
Inghilterra e Galles	23	50	75	78
Francia	13	20	39	68
Belgio	18	34	57	71
Germania	10	16	49	68
Italia	31	42	62	66
Russia	6	8	20	54

Fonte: P. Bairoch, *Population urbaine et taille des villes en Europe de 1600 à 1970*, in «Revue d'histoire économique et sociale», 54 (1976), n. 3, p. 312.

zera vive in centri urbani. Nel 1975 si tratta ormai della grande maggioranza (tab. 2). Il rapporto che lega la crescita urbana e le trasformazioni sociali otto-novecentesche viene ripetutamente sottolineato. «Le grandi città sono la culla del movimento operaio», scriveva Engels[15]. «Chi dice borghesia intende soprattutto un ambiente urbano», ha rilevato anni fa Adeline Daumard[16].

Alcuni storici tuttavia hanno sottolineato come il fenomeno dell'urbanesimo in età contemporanea comprenda un insieme articolato di fenomeni e mal si presti ad essere collocato all'interno di una teoria generale o di una tipologia unitaria. In questo senso, identificare la città con la modernizzazione e con l'industrializzazione può essere riduttivo: è un fatto che gli insediamenti industriali di mezza Europa vengano spesso collocati al di fuori delle grandi concentrazioni demografiche. Gli storici hanno studiato città artigiane come la Parigi del 1848, città di grandi industrie come Düsseldorf o Essen, città intellettuali e città portuali, città collocate lungo assi viari, città dormitorio (per i contadini della campagna circostante), città capitali ed ex capitali. Nel 1963, in uno studio pionieristico dedicato alla società urbana britannica (*Victorian Cities*), Asa Briggs passava in rassegna una ricca tipologia, che va dalla *moderna*, industriale e conflittuale Liverpool alla grande Londra, metropoli di commerci e di bottegai, dalla Sheffield dei piccoli opifici e della vita di paese a Birmingham, un centro sociologicamente abbastanza omogeneo e con scarse tensioni classiste[17]. Le città di Briggs sono «profondamente diverse per vita economica, struttura sociale e politica»[18].

Del resto, una società urbana e una *cultura della città* esistono in Europa ben prima del XIX secolo e dell'industrializzazione e si collegano piuttosto allo sviluppo dei mercati e degli scambi commerciali, al diffondersi di economie monetarie, alla crescita burocratica degli Stati nazionali, insomma a processi di lungo periodo che occupano buona parte dell'età moderna. È nell'Antico Regime che la città si differenzia dal mondo rurale, conquistando privilegi giuridici, monopoli economici, margini di sovranità che sono negati agli abitanti del *contado*. La forma città è «un'agglomerazione privilegiata del territorio *preindustriale*»[19]. L'età contemporanea assisterà piuttosto alla progressiva integrazione fra città e campagna, con il riconoscimento a tutti degli stessi diritti (tutti insomma sono *cittadini*), con l'intensificarsi della circolazione di uomini e merci, con la tendenza odierna ad insediare in campagna attività tecnologicamente avanzate (la californiana Silicon Valley, la contea inglese di Cambridge ecc.) o complessi residenziali dedicati a chi vuole evadere dalle grandi conurbazioni. La *città industriale* ottocentesca, insomma, è un fenomeno, in parte almeno, amplificato dalla percezione (spesso dalla drammatizzazione) dei contemporanei.

Come che sia, questo tipo di studi contribuisce a familiarizzare gli storici con problemi e temi di tipo sociologico. Numerose ricerche illustrano la stratificazione sociale e occupazionale delle città ottocentesche, la quantità dei mestieri artigiani e delle botteghe dei dettaglianti, quantificano i ceti medi della burocrazia pubblica e privata, dei professionisti, misurano il fenomeno della proletarizzazione, la crescita del lavoro di fabbrica, il dislocarsi per quartiere delle diverse condizioni sociali, e via dicendo.

Ma anche questa relativamente nuova storiografia di argomento sociologico non mancherà di suscitare discussioni (in particolare sui criteri per definire una stratificazione sociale e i singoli gruppi che la compongono), riflettendo peraltro quella frattura tra storici di stampo economico e strutturale e storici di tendenza politica e culturale, a cui, esplicitamente o implicitamente, si è fatto più volte riferimento nei capitoli precedenti. È stato rilevato, ad esempio, che, in reazione al prevalente taglio politico-ideologico della storiografia, le analisi della sociologia storica appaiono spesso orientate –

e, secondo alcuni, sbilanciate – verso una concezione, per così dire, *oggettivistica* della società. Classi, ceti e gruppi sociali vengono ricostruiti sulla base di criteri oggettivi di appartenenza: il posto occupato nel processo produttivo (capitale o lavoro), il tipo di reddito, la quantità delle ricchezze possedute, l'attività lavorativa, il grado di istruzione e via dicendo. Appaiono, in quest'ottica, come fenomeni oggettivi, empiricamente osservabili, in genere caratterizzati da una base economica (e dunque determinati dal piano economico). Vengono ricostruiti e quantificati attraverso l'uso di fonti seriali come i censimenti delle popolazioni, le statistiche industriali, i ruoli delle imposte, gli elenchi degli appartenenti agli ordini professionali ecc. Fin dal 1955, Ernest Labrousse aveva invitato gli storici a mettere mano alla ricerca empirica, senza attardarsi intorno a questioni di teoria sociale. «Definire la borghesia? – aveva detto – Non sarei d'accordo. Andiamo piuttosto a individuare sul posto, nei suoi luoghi di esistenza, nelle città, questa specie urbana, e mettiamola sotto osservazione. Prima l'inchiesta. Prima l'osservazione. Soltanto dopo ci porremo il problema di definire»[20]. Sulla base delle sue indicazioni, un gruppo di studiosi diretto da Adeline Daumard avrebbe ricostruito la piramide dei patrimoni nella Francia ottocentesca, individuando una stratificazione sociale fondata sull'ammontare e sulla qualità della ricchezza delle famiglie[21].

Ma fino a che punto taluni indicatori (professione, patrimonio, reddito) sono sufficienti a dar ragione di un sistema di stratificazione sociale e del suo sistema dei valori? Sebbene abbiano il pregio di dare concretezza alle analisi storico-sociali, essi rischiano di restare ad un livello descrittivo che non va oltre le apparenze. Le società otto-novecentesche presentano dislivelli culturali e politici, oltre che sociologici, e un sistema di relazioni fra le varie parti che le compongono, che non è realistico valutare in base a *misurazioni* troppo semplici o troppo aggregate. All'inizio del Novecento, Karl Kautsky, dividendo la popolazione tedesca secondo il criterio del possesso di capitali, poteva calcolare che in Germania «gli strati della popolazione interessati al mantenimento della proprietà privata dei mezzi di produzione, già nel 1895 cosituivano poco più di *un quarto* di tutta la popolazione attiva»[22]. Dunque il sistema capitalistico era fortemente minoritario e aveva presumibilmente i giorni contati. In realtà, quel *proletariato* risultava composto da gruppi del tutto eterogenei: lavoratori a domicilio, operai di fabbrica, schiere impiegatizie. Che tutti costoro potessero essere assimilati dal solo fatto di non aver proprietà era ovviamente una pia illusione. La modernizzazione provoca fenomeni strutturali di amalgama (la mancanza di proprietà, la dipendenza da un datore di lavoro) ma, al tempo stesso, ribadisce antiche gerarchie o ne crea di nuove, economiche, politiche, culturali. Ciò che in superficie pare semplificarsi, in realtà si apre a ventaglio. Il fenomeno della stratificazione sociale – rilevano alcuni storici – è eminentemente soggettivo e dunque inseparabile dalla consapevolezza che i singoli hanno di appartenere ad un gruppo (*coscienza di classe*). «La classe nel pieno senso della parola viene ad esistere nel momento storico in cui le classi cominciano ad acquistare coscienza di se stesse in quanto tali»[23]. I gruppi sociali si caratterizzerebbero insomma per la propria soggettività e per la propria capacità di operare scelte collettive (soprattutto sul terreno politico e organizzativo).

Ma anche il collegamento fra classe e *coscienza* non è così meccanico e lineare come spesso si è creduto. Al momento di analizzare la consapevolezza di un gruppo sociale, gli storici si imbattono in una quantità di variabili ideologiche e culturali che sono difficili da tenere insieme e che non sempre sfociano in un processo di tipo politico. Se il marxismo aveva indicato nello sfruttamento capitalistico l'elemento intorno al quale il proletariato avrebbe preso coscienza del proprio ruolo e avrebbe costruito gli strumenti organizzativi (il partito) per combattere la propria battaglia, la storiografia deve registrare i numerosi altri elementi che, concretamente, concorrono a formare l'identità delle nuove classi operaie nell'Europa ottocentesca: più che nel proletariato, gli operai polacchi appaiono identificarsi in un forte sentimento cattolico, gli operai irlandesi in un tenace senso della propria appartenenza nazionale. Le culture storiche (religiose, nazionali, etniche ecc.) si sovrappongono alla *coscienza di classe*, la complicano, la frammentano, interferiscono nella storia politica del proletariato europeo. Il patriottismo infliggerà duri colpi all'utopia classista. «La coscienza di classe, se non può essere eliminata, di certo non esclude i sentimenti nazionali e neanche per solito li domina», ha scritto recentemente uno storico marxista[24].

Tanto più il discorso diventa complesso quando si voglia analizzare in termini di *coscienza* l'insieme dei gruppi che svolgono attività non manuali, le *élites* capitalistiche, gli impiegati pubblici e privati, i settori professionistici. Diversamente da quanto accade per le classi lavoratrici, non esistono, nell'esperienza europea otto-novecentesca, partiti politici e organizzazioni sindacali che pretendano di rappresentare *tout court* la classe borghese. E dunque gli storici devono arrendersi all'evidenza: la borghesia appare fenomeno volatile, sfuggente, mal definito. Se gli operai possono essere unificati da una comune condizione – la vita di fabbrica – e da una coscienza collettiva – la coscienza dello sfruttamento economico –, cosa permette di catalogare in un'unica classe i padroni delle ferriere e i colletti bianchi della Germania di Weimar, i mezzadri toscani e gli avvocati napoletani dell'Italia di Cavour, i commercianti newyorkesi e i piantatori schiavisti degli Stati Uniti di metà Ottocento?

Quale che sia la chiave di lettura utilizzata, la sociologia storica rischia insomma di approdare ad un'interpretazione semplificata e ideologica dei reali processi che investono le società contemporanee. Pur collocandosi dall'interno della storiografia marxista, Edward P. Thompson rileva che tanto la categoria oggettiva ed economica di classe, quanto la categoria soggettiva e politica di coscienza di classe appaiono spesso insoddisfacenti perché sostanzialmente irrealistiche. Quel che, anche sul piano logico, viene *prima* dell'una e dell'altra è infatti un terzo fenomeno: la lotta di classe. Scrive Thompson:

> Si è concessa un'attenzione di gran lunga eccessiva al concetto di classe e troppo poca a quello di lotta di classe. In realtà quest'ultimo è antecedente, e anche più universale. Per porla in termini grossolani: le classi non esistono come entità separate, non si guardano attorno, individuano una classe nemica e poi cominciano la lotta. Al contrario, le persone si ritrovano in una società strutturata in certi modi (tra cui, determinanti ma non unici, i rapporti di produzione), individuano i momenti di conflitto di interessi, incominciano la lotta attorno a questi elementi di controversia, e nel corso della lotta si scoprono in quanto classe e giungono a riconoscere in questa scoperta la coscienza di classe. La classe e la coscienza di classe sono sempre l'ultimo stadio – e non il primo – nel reale processo storico[25].

Dunque, sono i comportamenti collettivi che vanno messi al centro dell'analisi storica, perché è qui che si può ritrovare la logica secondo la quale una società si struttura in gruppi e questi gruppi si organizzano e diventano soggetti politici. Ma, per questa strada, lo storico si allontana dai temi propri della sociologia e sconfina nel campo dei fenomeni culturali e psicologici. Ne parleremo nel capitolo seguente.

3. *Classi lavoratrici, classe operaia*

3.1. *Le origini multiformi delle prime generazioni*

Quella di classe operaia è una categoria controversa e dalle forti implicazioni ideologiche. Taluni caratteri sembrano farne un segmento sociale omogeneo, altri la scompongono. Le variabili sono numerose e le generalizzazioni difficili, sebbene usuali.

Indubbiamente, esistono dei caratteri comuni alla condizione operaia, quale che sia il paese o il periodo a cui ci riferiamo. La comparsa della fabbrica e l'incremento di scala delle imprese portano, com'è avvertito con chiarezza dalle prime generazioni operaie, «alla crescente distanza fra datore di lavoro e prestatore d'opera; alla trasparenza dello sfruttamento che è alla base della nuova ricchezza e del nuovo potere padronale, alla perdita di prestigio e, soprattutto, di autonomia dell'operaio, alla sua riduzione a una dipendenza completa dagli strumenti di produzione altrui; alla parzialità della legge; allo sgretolamento della tradizionale economia familiare; alla disciplina, alla monotonia, all'orario e alle condizioni di lavoro asfissianti; alla mancanza di riposo e di svago; alla degradazione dell'uomo a semplice "strumento"»[26].

All'interno della fabbrica, come vedremo, lavorano manovali e specializzati, artigiani e fanciulli, cittadini e contadini. Le differenze sono profonde. Ma la fabbrica tende ad essere una *comunità*, il luogo dove si intrecciano legami interpersonali, si condividono esperienze, si costruiscono valori. Anche la fabbrica e chi vi lavora, tuttavia, non possono essere isolati dal proprio contesto storico. Non sono soltanto un fattore produttivo. Né una comunità chiusa. Scrive Thompson:

Il nascere della classe operaia è un fatto di storia politica e culturale oltre che economica. Essa non fu una generazione spontanea del sistema di fabbrica; né la «rivoluzione industriale» agì come forza estranea su un generico e indifferenziato materiale umano, trasformandolo, al termine del processo, in un «nuovo tipo d'uomo». No, i rapporti produttivi e le condizioni di lavoro tipici della rivoluzione industriale vennero imposti non a una materia grezza, ma agli «inglesi nati liberi» cresciuti alla scuola di Tom Paine o forgiati dal metodismo. L'operaio di fabbrica, o il calzettaio, era anche l'erede di Bunyan, di non dimenticati diritti di villaggio, di concetti di eguaglianza di fronte alla legge, di tradizioni di mestiere; oggetto di un massiccio indottrinamento religioso da un lato, esso fu il creatore di nuove tradizioni politiche dall'altro. La classe operaia «si fece» almeno nella stessa misura in cui «venne fatta»[27].

Una prima questione, le origini. Che le classi operaie sorgano contemporaneamente ad una forte disponibilità di manodopera (la crisi dell'azienda contadina determinerebbe un flusso migratorio dalla campagna alla città e dunque la formazione di un *esercito industriale di riserva*) è uno schema interpretativo da non prendere alla lettera. Le modalità di un simile processo infatti variano da periodo a periodo, da paese a paese. Nell'esperienza inglese, almeno fino agli anni Venti dell'Ottocento, la proletarizzazione agricola non provoca fenomeni di inurbamento ma piuttosto costringe contadini e piccoli proprietari a svolgere lavori salariati in quelle stesse campagne che li avevano visti indipendenti. Soltanto nei decenni seguenti, quando il sistema di fabbrica ha già messo radici, si registreranno spostamenti considerevoli verso la città. In Francia, per tutto l'Ottocento, tra il settore agricolo e quello industriale non si verificano grosse migrazioni: lo sviluppo o la decadenza di singoli settori produttivi sono fenomeni locali e provocano spostamenti limitati di manodopera, nulla di simile al drammatico processo di mobilitazione di un «esercito di riserva»[28]. In Italia, almeno fino al tardo Ottocento e alla crisi agraria, sopravvive una struttura industriale «caratterizzata dalla tenace resistenza della piccola azienda, del *Kleinbetrieb* di tipo artigianale e familiare. Ora, chi dice piccola azienda dice anche scarsa meccanizzazione e quindi largo impiego della manodopera generica. Ma dice anche maestranza di formazione artigiana, larga sopravvivenza del mestiere, dice insomma lavoro qualificato»[29]. In Italia *non* esiste un rapporto diretto e causale tra spopolamento delle campagne e formazione di un moderno proletariato: la forza-lavoro entra piuttosto in un mercato internazionale, europeo e soprattutto americano. Insomma, sono le campagne che cacciano quote di popolazioni, non sono le città che le attraggono[30]. Anche nel caso tedesco

> l'idea, comunemente accettata, che l'industrializzazione abbia comportato l'emigrazione in massa dei contadini verso le fabbriche, esagera la repentinità dell'adattamento ai ritmi di lavoro imposti dal processo d'industrializzazione. La maggior parte delle migrazioni interne agì sulla breve distanza, sia in senso occupazionale che geografico. Due terzi degli emigranti interni si riversarono verso occupazioni con cui erano già in familiarità. La tendenza a generalizzare sulla base di eccezioni clamorose ha finito per nascondere il fatto che lo spostamento «dalla fattoria alla fabbrica» rappresentava un itinerario di emigrazione piuttosto atipico[31].

Il rapporto campagna-città non è dunque la chiave di volta per la comprensione delle origini sociali delle nuove classi operaie, anche se è fuor di dubbio che un mercato del lavoro su scala nazionale e internazionale si crea in Occidente (e inizia a dilagare oltre l'Europa) nel XIX secolo, ristrutturando, a lungo andare, i rapporti demografici tra campagna e città.

Gli ostacoli ad un passaggio progressivo e generalizzato di forza-lavoro dalle vecchie alle nuove attività produttive, del resto, sono numerosi. I tempi e i costi dei trasferimenti, nell'Ottocento, sono altissimi. All'inizio del XIX secolo, «i trasporti terrestri procedevano al passo del carrettiere che camminava a piedi accanto alla sua cavalcatura» e «ancora nel 1861, nove persone su dieci in settanta dei novanta dipartimenti della Francia passavano tutta la vita nel loro dipartimento natale»[32]. Solo i traffici marittimi mostravano una certa efficienza: «Londra era di fatto più vicina a Plymouth o a Leith che ai villaggi situati nel Breckland del Norfolk»[33]. Comprensibilmente, del resto, il trasferimento in città era ostacolato da atteggiamenti *tradizionalistici*, riluttanza al cambiamento d'ambiente, diffidenza verso un lavoro di fabbrica che rappresentava, agli occhi dei contadini, la rottura drastica con gli usi del passato. «Da questo punto di vista, l'emigrazione nel Canada rurale poteva portare un uomo di campagna in un ambiente più familiare di quanto avrebbe potuto fare il trapianto a Manchester»[34].

Certo, fra le file della nuova classe operaia non mancano gli ex contadini. Essi portano nelle fabbriche le proprie difficoltà di adattamento, un'abitudine a ritmi lavorativi dettati dal ciclo delle stagioni, la diversità propria di abitanti di *un altro mondo*. Ne sanno qualcosa gli imprenditori tedeschi, che più di altri sperimentano il fenomeno dell'immigrazione rurale e, con essa, devono affrontare un difficile problema di controllo della manodopera. Da qui l'utilizzo, nelle grandi fabbriche della Germania guglielmina, di quel ch'è stato detto il «modello burocratico»: rapporti di lavoro formalizzati e codificati, figure di capi operai e supervisori che sono addetti gerarchicamente al controllo della manodopera, relazioni impersonali dentro l'azienda.

Ma le origini sociologiche della fabbrica ottocentesca appaiono multiformi. Spesso i nuovi operai sono stranieri: irlandesi in Inghilterra, tedeschi negli Stati Uniti, slavi in Germania, italiani in Francia. Anche in questo caso, le difficoltà di acculturazione, per gli immigrati, e di controllo, per il padronato, non sono poche. Né sono insignificanti i problemi che questo «esercito di riserva» crea per i nuclei operai locali, in genere più organizzati e meglio pagati: la concorrenza degli immigrati sul mercato del lavoro sarà spesso deleteria. Un imprenditore di Manchester dirà, nel primo Ottocento: «Appena mi capita uno sciopero e sono a corto di braccia, mando a cercare dieci, quindici o venti famiglie in Irlanda»[35]. Agli irlandesi, del resto, vanno i lavori più pesanti, i più «sporchi», quelli meno pagati.

> Giunti a formare una cospicua comunità straniera, talvolta adoperata deliberatamente per azioni di crumiraggio, altre volte postasi alla testa dei moti di ribellione, gli Irlandesi vennero spesso odiati e attaccati, ma sostanzialmente erano accettati poiché il loro lavoro vigoroso e indisciplinato costituiva una preziosa componente della manodopera e consentì ai lavoratori inglesi, che altrimenti si sarebbero trovati ai gradini più bassi della scala sociale, di salire a una posizione superiore[36].

Estranei alle tradizioni del mondo artigiano e operaio inglese, gli irlandesi sono un mare di braccia a cui attingere ma anche una vera e propria cultura, un modo di vivere, un segmento preciso e distinto, all'interno delle *working classes* britanniche. La pubblicistica ottocentesca li descrive con toni apocalittici, esprimendo bene il senso di estraneità verso un gruppo etnico che pure sta contribuendo allo sviluppo economico del paese. Un funzionario di polizia di Manchester scrive, nel 1839:

> Per arrestare un solo irlandese, nei quartieri irlandesi della città, siamo costretti a prendere da dieci a venti guardie o anche più. L'intero vicinato scende in armi; anche le donne, seminude, portano tegole e sassi perché gli uomini li lancino. Un individuo resisterà lottando e divincolandosi, per guadagnar tempo finché gli amici vengano alla riscossa[37].

Analogamente, in Germania, «il forte raggruppamento polacco, che nella Rhur crebbe da trentamila unità del 1890 a circa 400.000 del 1913, provocò tensioni particolarmente aspre, spesso associate con insofferenze etniche, in cui si avvertivano le reazioni negative dell'immigrato alla società industriale»[38].

Contadini di fresco urbanizzati o minoranze etniche (con un passato egualmente rurale) non contribuiscono certo a rendere omogenea la nuova classe operaia di fabbrica. Al contrario, essi formano spesso gruppi emarginati, separati dal resto dei lavoratori, e mantengono sul territorio, nella vita sociale, nelle città, questa loro diversità. Nella Manchester di Engels esiste una *Little Ireland* tristemente famosa. Nella Londra di Mayhew, alla metà del secolo, gli irlandesi vivono «nel labirinto di viuzze di Rosmary Lane»[39].

Ma la nuova classe operaia nasce soprattutto *all'interno stesso delle città* e delle aree che si sviluppano, senza aver bisogno, almeno nelle prime fasi, di consistenti apporti demografici dall'esterno. In parte, si tratta dell'attivazione di donne e di minorenni, anche fanciulli. In parte, della proletarizzazione di interi settori di artigianato, che vengono dirottati verso un lavoro dipendente, nelle nuove fabbriche o a domicilio, spesso conservando le mansioni e la professionalità originarie.

> I fanciulli si rivelarono utili nelle prime fabbriche tessili non soltanto come manodopera a basso costo, ma anche perché erano indispensabili per raccogliere i fili letteralmente con le dita [...]. I maschi fornivano la forza dei muscoli, le donne e i fanciulli le loro abili dita. Nell'industria non meno che nelle attività criminali, «non si può scambiare a piacere la mano leggera e la mano pesante»[40].

Nel 1894, le donne costituiscono il 56% della manodopera del cotonificio inglese e il 70% nel settore della lana, della seta e del lino[41]. In Germania, tra Otto e Novecento, la percentuale si aggira attorno al 20% dell'intera forza-lavoro[42]. Frattanto, interi mestieri artigiani vengono messi in crisi dal progredire della meccanizzazione e dalla nuova qualità dei sistemi distributivi. Il crollo dell'artigianato tessile è un caso classico ma certamente non isolato.

Processi del genere non vanno intesi, tuttavia, in modo indifferenziato. Il lavoro femminile non è certo una novità della fase industriale e si collega piuttosto ad un'antica tradizione di contadine che vanno a prestare servizio domestico presso le famiglie benestanti (per non parlare delle fatiche agricole comunemente riservate alle donne)[43]. Né è una novità il lavoro minorile: nelle comunità rurali, l'età lavorativa coincide con quella biologica e alla «maledizione di Adamo» non sfuggono di certo i fanciulli. D'altronde il loro impiego nelle fabbriche è direttamente ereditato «dal sistema della manifattura a base familiare»[44]. Una novità sta piuttosto nel fatto, già rilevato, che il nuovo regime industriale scompone il tradizionale istituto della famiglia e rompe l'unità fra vita domestica e vita lavorativa. Non a caso la polemica della pubblicistica sociale del primo Ottocento verte sulla questione della moralità in fabbrica o della separazione forzata di mariti e mogli, e di genitori e figli, almeno altrettanto che sul tema dello sfruttamento economico.

Né è possibile generalizzare la decadenza dei mestieri. Fenomeni strutturali di crisi colpiscono alcune fasce dell'artigianato tradizionale, non altre. E la meccanizzazione, se standardizza talune fasi lavorative, non provoca in assoluto, almeno per un lungo periodo, una diminuzione nella richiesta di prestazioni specializzate. I vecchi gruppi di lavoratori autonomi non sempre sono fagocitati dallo sviluppo tecnologico. In Gran Bretagna, esistono settori artigianali che, nel corso del secolo XIX, vengono soppiantati dai nuovi modi di produzione e distribuzione. È il destino dei sarti, dei calzolai, dell'artigianato dei metalli, dei settori tessili. Ma altri mestieri non sono toccati, e non lo saranno a lungo, dalla concorrenza dell'industria, oppure vengono in qualche modo integrati in essa e – per quanto indeboliti sul piano del mercato – mantengono uno status autonomo. È il caso dei falegnami e dei tipografi. Anzi, se non esiste una concorrenza diretta, i settori artigiani possono trarre vantaggio dall'industrializzazione e dallo sviluppo della domanda: anche per essi, la crescita economica e la crescita urbana possono rivelarsi un buon affare.

La fabbrica attinge dunque ai serbatoi della povertà rurale e dell'emigrazione, mobilita e riconverte al lavoro meccanizzato donne e bambini, costringe alla disciplina e al salario interi gruppi di ex artigiani. Ce n'è quanto basta per farsi un'idea della scarsa omogeneità della nuova classe operaia.

Essa inoltre è circondata da settori proletari o semi-proletari, ma non di fabbrica. Il lavoro a domicilio riceve spesso un impulso dalla crescita economica. La piccola azienda autonoma non si dissolve dall'oggi al domani, con l'industrializzazione: non in Inghilterra, tantomeno in Francia, Germania, Italia.

Lo sviluppo della fabbrica e di una classe operaia di fabbrica restano a lungo, dal punto di vista quantitativo, un fatto fortemente minoritario. Nella stessa Gran Bretagna, ancora nel 1831, su dodici milioni e mezzo di lavoratori, gli operai di fabbrica non superano il mezzo milione. A quel tempo, l'«officina del mondo» conta più calzolai e sarti che minatori. Nel 1851, vi sono oltre 110.000 fabbri ferrai e neppure 80.000 operai siderurgici. Tolti i pochi settori moderni, gli altri sono lavoratori agricoli, servitori domestici, lavoranti a domicilio, edili, artigiani, manovali dall'occupazione precaria, sarte e cucitrici. Tutto un universo di mestieri magari sconvolti dal nuovo sistema di mercato, costretti a dipendere da mercanti o imprenditori, spesso subalterni al nuovo modo di produzione meccanizzato: ma pur sempre settori e mestieri che non conoscono ancora la realtà economica, sociale e politica della fabbrica, e la sua capacità di amalgama.

3.2. *Mestieri, qualifiche, modi di vita*

E, d'altronde, fino a che punto i lavoratori di fabbrica possono essere considerati un gruppo omogeneo? La classe operaia dei paesi industrializzati presenta, fin dalle origini, e in parte mantiene, numerose articolazioni o vere e proprie spaccature interne. Sono, ad esempio, le dimensioni dell'azienda che differenziano in modo netto la condizione operaia. Gli addetti all'industria cotoniera del Lancashire hanno salari, condizioni lavorative, livelli di sindacalizzazione, idee politiche che sono di natura completamente diversa rispetto agli operai di Birmingham o di Londra, dove non esistono ancora, nel primo Ottocento, fabbriche di dimensioni apprezzabili. Manchester è il cuore di un sindacalismo precoce e di una conflittualità di classe che risponde bene al modello dicotomico marxiano. Birmingham, con le sue piccole unità produttive, vede un rapporto molto più stretto e *tradizionale* tra padroni e operai: qui sopravvivono cospicue realtà artigiane, pur se trasferite in fabbrica, codici di comportamento antichi, identificazioni sociali sulla base dei mestieri e non su base classista. Il diverso livello di concentrazione delle imprese costituisce un indice importante per definire la qualità delle classi operaie.

Ancora più nettamente, i lavoratori di fabbrica si differenziano a seconda dei settori nei quali lavorano, della quota di specializzazione che posseggono, dei redditi e della continuità occupazionale di cui godono. Differenze, queste, che nascono sul mercato del lavoro e si riflettono poi sul piano sociale, come qualità della vita, tipo di consumi, maggiore o minore scolarizzazione, dimensioni e funzioni dei nuclei familiari, scelte politiche e sindacali, ideologie.

Tra specializzati e non specializzati, «artigiani» e *labourers*, «prime mani» e manovali la divisione è netta almeno fino ai primi del Novecento. La crescita economica *non* standardizza la qualità del lavoro in modo indiscriminato e rapido. L'industrializzazione, oltre a mantenere in vita numerosi mestieri tradizionali, crea settori dov'è richiesta una quota rilevante di specializzazione, soprattutto nella fase medio- e tardo-ottocentesca. Lo sviluppo di attività siderurgico-meccaniche, la nascita della chimica, la comparsa di un'industria elettrica sono tappe a cui corrisponde un aumento deciso dei settori qualificati e, parallelamente, un minor peso del tessile (caratterizzato da livelli più bassi di qualificazione). Il rafforzamento degli strati medio-alti della classe operaia appare in tutta evidenza nel caso tedesco (tab. 3). La spaccatura tra qualificati e operai semplici riprende d'altronde un'articolazione tipica delle classi lavoratrici pre-fabbrichiste. Nell'uni-

TAB. 3. *Distribuzione della forza-lavoro industriale in Germania (in percentuale)*

	1846	1913	1939
tessili e vestiario	47	19	17
legname	11	6	5
siderurgico-meccanica	12	33	37
chimica, gas, acqua	–	3	6

Fonte: J.J. Lee, *La forza-lavoro e l'industrializzazione tedesca*, in *Storia economica Cambridge*, Torino, Einaudi, 1974-1980, vol. VII, t. I, p. 590.

verso dei mestieri artigiani esistevano sperequazioni nette tra capibottega e apprendisti o lavoratori senza qualifica. Ed egualmente esistevano gerarchie nette, codificate dagli statuti delle corporazioni, tra i diversi mestieri.

Prendiamo il caso inglese. Nell'Inghilterra preindustriale, esiste un mondo di piccoli produttori che conserverà a lungo – anche dopo lo sviluppo della fabbrica – una propria compattezza sociale e culturale. Ciò che lo caratterizza è l'orgoglio del mestiere, l'enfasi posta sull'abilità manuale, la coscienza della propria superiorità rispetto all'operaio non qualificato. Esistono vere e proprie sub-culture professionali, che distinguono mestiere da mestiere e che, al tempo stesso, sono unificate da un'eguale ideologia della rispettabilità, dell'indipendenza, del timore di Dio. La bottega artigiana non è soltanto un luogo di lavoro: vi si cucina e vi si mangia, vi si beve e vi si coltivano fiori. Attorno, il territorio è omogeneo: gli artigiani occupano quartieri specifici, i singoli mestieri sono spesso raggruppati in strade particolari.

Dalle botteghe artigiane, come si è detto, questi gruppi passano spesso in fabbrica. Altri sopravvivono, autonomi, allo sviluppo macchinista. Certo è che, per tutto l'Ottocento, la loro cultura non muore, anche se le vecchie identità di tipo occupazionale s'indeboliscono progressivamente e decade, almeno in parte, l'ideologia del mestiere, vanificata dalla nuova realtà livellatrice della fabbrica. Ma non viene meno, e anzi si consolida, la distinzione generale tra i «rispettabili» e gli «altri». È una spaccatura che la fabbrica non colma e, al contrario, spesso accentua. Deborda dal terreno lavorativo a quello sociale e culturale. Il divario tra specializzati e *labourers* sopravvive nel livello dei redditi, nella maggiore o minore continuità dell'occupazione, nelle prospettive di sicurezza sociale, nel rapporto col padronato, nel modello di vita sociale e nelle relazioni con gli altri gruppi, nelle possibilità di mobilità sociale.

La distanza sociale che separa i settori operai alti dal resto delle classi lavoratrici è spesso superiore a quella che li separa dalla piccola borghesia. «Lo strato meglio pagato della classe lavoratrice – rileva Eric Hobsbawm – si confondeva con quello che si può definire "classe media inferiore"» e anzi «l'aristocrazia operaia possedeva uno status sociale superiore a quello di molti colletti bianchi»[45]. Parlando della classe operaia, un artigiano meccanico scrive, nel 1873:

> C'è una sezione educata e intelligente e un'altra ignorante e incolta; una sezione politica [...] e una sezione non-politica; una sezione sindacale e una non organizzata; una sezione sobria, costante e risparmiatrice e una ubriacona, incostante e prodiga [...]. Fra l'artigiano e il lavorante non specializzato esiste un baratro [...]. L'opinione dell'artigiano riguardo ai lavoranti è questa, che costoro siano una classe inferiore e che essi debbano essere forzati a riconoscerlo e mantenuti al loro posto[46].

Le scelte matrimoniali ribadiscono queste spaccature (tab. 4). Salta agli occhi la frequenza dei matrimoni tra famiglie «artigiane» e, al contrario, la difficoltà di amalgama tra qualificati e non qualificati. Sono addirittura più usuali gli scambi matrimoniali con settori imprenditoriali e impiegatizi, che quelli con la classe operaia non specializzata. La segregazione dei *labourers* è ben chiara nel caso degli edili, che per l'80%

TAB. 4. *Matrimoni di operai a Edimburgo, 1865-1869 (in percentuale)*

professione dello sposo	professione del padre della sposa				
	borghesia	impiegati	manuali specializz.	manuali non specializz.	rurali
tipografi	17	4	55	7	7
falegnami	16	7	37	9	18
imbianchini	14	8	38	21	8
meccanici	11	4	48	13	16
edili	3	2	13	52	19

Fonte: R.Q. Gray, *The Labour Aristocracy in Victorian Edinburgh*, Oxford, Oxford University Press, 1976, p. 112.

si sposano in contesti omogenei o in ambiente rurale; la condizione dell'*aristocrazia operaia* risalta invece tra i tipografi, che hanno legami matrimoniali non rari con impiegati, imprenditori, commercianti, professionisti e, al contrario, contatti fragili e sporadici con i *labourers* e con l'ambiente rurale.

Le spaccature dentro le classi lavoratrici, almeno per tutto l'Ottocento, sono insomma di una qualità che coinvolge egualmente fabbrica e territorio, lavoro e vita sociale. Gli operai «rispettabili» della Edimburgo vittoriana rifiutano la vita di strada e la socialità promiscua dei lavoratori poveri, hanno il culto della casa e difendono un'ideologia severa della *privacy*. La famiglia – essi scrivono nei loro giornali – è «il piccolo regno della pace e dell'ordine sociale da cui dipendono i più grandi regni del mondo». Non bevono e non si ubriacano, non spendono al *pub* i propri risparmi, sono temperanti e parsimoniosi. Piuttosto si associano in club di varia natura, sempre esclusivi, aperti magari ai membri dei ceti medi, impiegati, piccoli imprenditori ecc. Organizzano pomeriggi di ricreazione, *soirées* dove si cantano canzoni popolari, si recitano poesie, si svolgono forme di didattica. La cultura è importante, è un modo per evitare di essere «uomini parziali». La socialità artigiana si svolge alla presenza delle donne: mogli e fidanzate sono lì, a moralizzare ogni attività ricreativa.

Un modo di vita del genere è borghese o *proletario*? Difficile dirlo. Certo, nella cultura dell'*aristocrazia operaia* esiste sempre un forte attaccamento alla propria capacità lavorativa e alla manualità dell'occupazione che può sconfinare nel disprezzo per coloro che svolgono lavori non manuali. E rimangono valori di gruppo, solidarietà, uno spirito comunitario che sopravvive anche nel mezzo del culto della famiglia e nel rigoroso rifiuto di una cultura della strada tipica degli *slums*. Al tempo stesso, il modello di vita dell'*aristocrazia operaia* è vicino a quello della *middle class* e non è detto che tra i due settori sociali non vi sia uno scambio vicendevole di valori. Anche in questo caso, la verifica empirica suggerisce di evitare schematismi: la cultura dominante entra negli strati alti della classe operaia, ma qui viene contaminata e modificata, a volte stravolta. Viceversa, i valori del mondo artigiano permeano la società inglese ben al di là di quel mondo.

Sul piano economico e occupazionale, i settori specializzati, in Inghilterra come in Germania o in Francia, usufruiscono di una situazione relativamente favorevole. E la difendono, con un processo di organizzazione sindacale precoce ed efficace. Tipica è la conquista del controllo sulle assunzioni e sulla qualità del lavoro (in Inghilterra, è il sistema del *closed shop*). Gli «artigiani» inoltre pretendono il rispetto dei modi tradizionali di lavoro, di una certa accuratezza dei processi produttivi, di una qualità minima delle materie impiegate e dei prodotti finiti, di una qualche flessibilità dei ritmi di produzione. In cambio, offrono un attaccamento al lavoro che garantisce al padronato, specie in Inghilterra e in Francia, livelli di affidabilità della manodopera dei quali altri gruppi imprenditoriali, quelli tedeschi ad esempio, godono solo in parte, avendo alle proprie dipendenze quote maggiori di ex contadini, insofferenti delle loro mansioni ed estranei ovviamente all'etica professionale artigiana.

Il segno della forza di questi settori qualificati e, al tempo stesso, della loro tendenziale omogeneità sociale è dato dalle vicende politiche: l'evoluzione dell'Occidente europeo verso regimi di tipo liberal-democratico si snoda lungo la strada degli «artigiani». Alle *aristocrazie operaie*, in Inghilterra, in Francia, in Italia, sarà aperta la porta del sistema elettorale e ai partiti che li rappresentano verrà proposto, tra secondo Ottocento e primo Novecento, di entrare nell'area governativa.

Né si deve pensare che si tratti di settori quantitativamente marginali. Nell'Inghilterra del tardo Ottocento, i settori «artigiani» costituiscono il 15-20% delle classi lavoratrici[47] e sono numerosi soprattutto nei settori nuovi: il 40% nella siderurgia, il 50-60% nella cantieristica, il 70-75% nella meccanica[48]. E nella meccanica tedesca di primo Novecento, la manodopera qualificata supera il 50% del totale[49].

È un fatto, insomma, che la classe operaia cresce economicamente e socialmente, culturalmente e politicamente su un fronte tutt'altro che compatto. Ne fanno parte tanto gli artigiani edimburghesi che si riuniscono in club patriottici o scoutistici, o gli operai londinesi che dopo la riforma elettorale del 1867 votano *tory*, quanto i gruppi di lavoratori nomadi che si spostano lungo la frontiera nordamericana a costruire ferrovie, o i contadini che vanno a lavorare nelle fabbriche della pianura padana a fine Ottocento, o ancora tutto un proletariato parigino che esprime endemicamente, al tempo di Luigi Filippo, «la violenza nevrotica della gente malnutrita e che indulge troppo al bere[50].

Tuttavia, l'esigenza di differenziare empiricamente la categoria di classe operaia non può far dimenticare che esistono elementi unificanti sia all'interno del mercato del lavoro otto-novecentesco sia dentro le fabbriche. È tendenzialmente generale l'esperienza operaia di un ciclo economico dagli effetti drammatici (disoccupazione congiunturale), di un andamento salariale esposto a cadute pericolose (recuperabili solo attraverso pressioni organizzate sul padronato), di una presenza più o meno rilevante di «lavoratori di riserva» che indeboliscono la posizione contrattuale degli operai occupati.

Non è possibile, infine, ignorare la parte avuta, nella dinamica sociale e politica dell'età contemporanea, dalle organizzazioni operaie e dalle ideologie socialiste. Sono socialisti e operai i primi partiti di massa che nascono in Occidente, rimescolando profondamente le carte del sistema politico liberale. Dalle organizzazioni socialiste e marxiste degli anni Ottanta e Novanta dell'Ottocento alle organizzazioni comuniste e leniniste degli anni Venti del Novecento, il ruolo svolto dalla *classe per sé* contribuisce a spiegare fenomeni nodali come il tipo di democrazia politica tuttora prevalente nell'Occidente atlantico, il passaggio dal liberismo primo-ottocentesco alle politiche sociali tardo-ottocentesche e novecentesche, la formazione di vere e proprie sub-culture dov'è forte l'influenza delle dottrine socialiste. E poi, ovviamente, tutta una vicenda di conflittualità sociale organizzata che arriverà agli scioperi della Ruhr del 1912 (mezzo milione di minatori a braccia incrociate), allo sciopero generale inglese del 1926, agli scioperi politici nell'Italia del 1943.

Seguire la diffusione del marxismo permette di costruire una mappa su scala mondiale di questa sorta di ricucitura delle spaccature che abbiamo visto aprirsi nel corpo delle classi lavoratrici. La figura 6 fornisce un'idea del percorso compiuto dal marxismo tardo-ottocentesco, a partire dalla Germania di Kautsky e Bebel. «Con la fine del secolo il nome di Marx ha ormai fatto il giro del mondo», nota Franco Andreucci[51]. La *classe per sé* – una classe operaia rappresentata da organizzazioni politiche e inserita in un programma

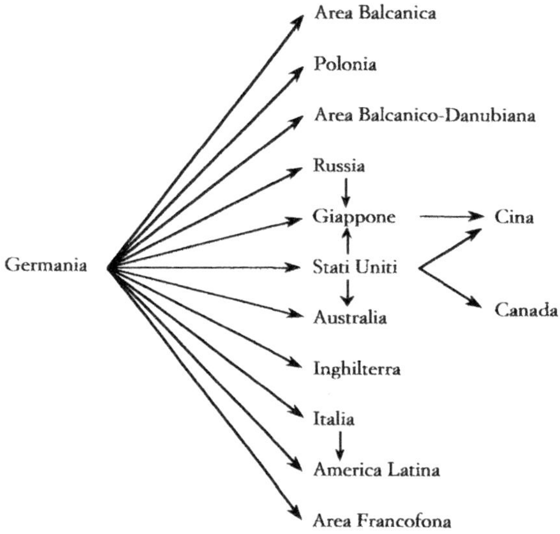

FIG. 6. La geografia del marxismo.

Fonte: F. Andreucci, *La diffusione e la volgarizzazione del marxismo*, in *Storia del marxismo*, Torino, Einaudi, 1979, vol. II, p. 57.

di trasformazione della società – cresce attraverso i canali dei partiti e dei sindacati, delle cooperative e delle società di mutuo soccorso, propagandata in conferenze e comizi, maturata per mezzo di università popolari e cattedre ambulanti, circoli di lettura e biblioteche operaie, centinaia di periodici e innumerevoli stampe, ristampe e traduzioni dei classici marxisti o di loro volgarizzazioni. È capace di influenzare ampie frange di intellettuali, dal liberale inglese J.A. Hobson, autore di studi sull'imperialismo cui attingerà poi Lenin, fino a Max Weber e a Georg Simmel, a Bernard Shaw e a William Morris. «Alla vigilia della prima guerra mondiale, il marxismo avrà raggiunto la massaia di Chicago, gruppi di intellettuali cinesi, ovunque numerosi studenti, ma, soprattutto, milioni di operai in tutto il mondo»[52].

Un campo storiografico di grande interesse, ma tuttora poco esplorato, è proprio il rapporto fra le frammentate classi operaie otto-novecentesche, partecipi di ruoli sociali o economici ben diversificati, e questa classe operaia *politica* che diventa un soggetto di primo piano nella Germania guglielmina o nella Francia di Jaurès o nell'Italia di Giolitti, si esprime nella storia di tre Internazionali, si caratterizza per un ambizioso progetto di egemonia sul resto della società.

4. *Le borghesie*

4.1. *Tipi ideali, casi empirici*

Parlando delle origini della borghesia, nella Francia del XVI secolo, Lucien Febvre scrive: «la nobiltà feudale andava declinando. E mentre, senza volerselo sempre confessare, vedeva sfuggirsi di mano cariche, favori e ricchezze, un popolo di uomini nuovi, accaniti nelle loro attività, duri e sottili nel guadagno, si elevava a poco a poco, arrivando sino al potere grazie al denaro»[53].

Alle origini del modello sociale e culturale dell'Occidente, sembra esservi la nascita di una borghesia imprenditoriale che si differenzia con nettezza dal vecchio ordine e conquista con strumenti inconsueti un posto importante sul piano economico, sociale e politico. Sono i mercanti che riforniscono le città di derrate e manufatti e che, grazie ad un sistema commerciale concentrato e oligarchico, possono dettare le proprie condizioni ai consumatori o alle autorità pubbliche che governano l'approvvigionamento alimentare urbano; sono i mediatori che organizzano la rete del lavoro a domicilio, fornendo alle famiglie contadine le materie prime per attività di filatura, tessitura, sartoria ecc.; sono coloro che approfittano della miseria dei contadini per imporre loro prestiti ad alti tassi d'interesse e, un giorno, cacciarli dalle loro terre per insolvenza; sono i maestri artigiani che, riuniti i gruppi di mestiere gelosi delle proprie prerogative professionali, riescono a controllare il mercato del lavoro e a monopolizzare la vendita dei loro prodotti. Quel che li accomuna sembra essere un comportamento razionale e utilitaristico, teso al massimo profitto e all'accumulazione dei capitali.

Da Marx a Weber, la nascita della borghesia assume i contorni di un fenomeno epocale, di ampio respiro, di lungo periodo. Viene messo in relazione con l'emergere di una nuova «formazione economico-sociale» o di un nuovo *spirito* capitalistico, comunque con processi di trasformazione delle strutture economiche, dei sistemi sociali e politici, dei valori. La borghesia, in altri termini, diventa un *tipo ideale* che riassume e simbolizza un'altra categoria *ideale*: la modernizzazione. L'una non sembra poter esistere senza l'altra.

Andando a rileggere le opere morali di età moderna o frugando nei testamenti, nelle disposizioni dotali, nelle biblioteche private, storici come Lucien Febvre o sociologi come Werner Sombart hanno cercato di identificare i caratteri innovativi di un gruppo sociale, il cui successo sembra consistere proprio nella sua radicale estraneità rispetto all'Antico Regime. Il borghese è uomo «d'azione e d'iniziativa»[54]. Si muove e viaggia in un mondo dove gli spazi sembrano invalicabili, i trasporti difficili e costosi. E già questa mobilità territoriale allude ad un rifiuto della propria condizione di nascita, che è l'esatto opposto delle norme – scritte e non scritte – che regolano la società cetuale. Lo spirito d'intrapresa appare poco meno che una sfida all'ordine costituito. «Il classico imprenditore è il vecchio Faust», afferma enfaticamente Sombart: è colui che sa calcolare, decidere e dirigere. E cita Goethe:

> A severo ordine, a rapida industria
> segue il più ambìto premio;
> affinché la più grande opra si compia,
> sola una mente basta a mille braccia[55].

Borghese è chi usa la ricchezza per conquistare una posizione sociale che altrimenti gli sarebbe negata. Nelle sue mani, denari e terre non restano immobili ma vengono messi a frutto affinché si moltiplichino. Si acquista per rivendere, si accumula per reinvestire. «L'attività del borghese, tutta la sua attività, ha un fine, ed egli lo dichiara: il profitto»[56].

Si tratta di comportamenti che sembrano implicare un modo innovativo d'intendere il lavoro e il tempo libero, la sfera privata e la sfera pubblica, le relazioni sociali e politiche e i rapporti familiari. In primo luogo, c'è il valore delle opere: «mai mi lascio stare in otio, fuggo il sonno, né giaccio se non vinto dalla stanchezza», annota nel XVI secolo Leon Battista Alberti[57]. Il borghese ha un senso specifico del tempo, l'attitudine a misurare i comportamenti, a dividere la quotidianità in modo ordinato, a razionalizzare l'esistenza attraverso un ideale di moderazione. «Se la vita ti è cara, allora non sprecare il tempo, perché esso è la stoffa della vita», dice Benjamin Franklin[58]. E prende nota, con minuzia pedante, di tutte le funzioni da compiere nella giornata: il mattino, dalle cinque alle sette, dopo le preghiere, uno sguardo alle cose da fare, le decisioni del caso, un po' di studio e la colazione; dalle nove a mezzogiorno, il lavoro; dall'una alle due, letture, libri commerciali e pasto; dalle tre alle cinque, ancora il lavoro; dalle sei alle nove, il riordino delle cose e delle idee, la cena, qualche distrazione; alle dieci, infine, il riposo[59]. Regolarità e razionalità chiamano parsimonia. L'uso del denaro è oculato, attentissimo: «che le vostre uscite non siano mai maggiori delle vostre entrate», raccomanda Leon Battista Alberti[60], mentre Samuel Smiles, in pieno Ottocento, inviterà gli inglesi al tenace lungimirante risparmio: «un bicchiere di birra al giorno equivale a quarantacinque scellini l'anno. Con questa somma si può fare un'assicurazione sulla vita di centotrenta sterline, pagabili al momento della morte. Oppure, messa in banca, in venti anni questa somma può tramutarsi in cento sterline»[61]. Il tipo ideale del borghese consuma ma non spreca. Lo stesso lusso, ricorda Febvre, dei suoi borghesi cinquecenteschi è «un lusso serio»[62], l'investimento in gioielli e ori un modo come un altro per non disperdere le ricchezze ma, allo stesso tempo, «la vistosa insegna della fortuna raggiunta», quello che oggi diremmo un consumo inteso come *status symbol*[63].

Borghese è chi valuta e coglie le opportunità, aderisce con realismo al contesto in cui vive, adegua il proprio comportamento al mutare della situazione. È il mercante che sa come rispondere alle esigenze dei propri clienti ma che pure non esita a creare nuovi bisogni e ad usare a fini di profitto una intelligenza spregiudicata: «pare che voglia nevicare, ragazzi», va dicendo, in una saga norvegese del Mille, un commerciante di attrezzi per sciare[64].

Ma un simile quadro delle origini e dei caratteri della borghesia europea appare datato e soprattutto unilaterale. La categoria di borghesia a cui fa riferimento Sombart è, con ogni evidenza, un prodotto del XIX secolo e di certa cultura ottocentesca orientata verso il *progresso* e verso il mito della trasformazione sociale. Da Sombart a Weber e Schumpeter, la sociologia tende a proiettare in un lungo periodo spesso indistinto taluni caratteri della società ottocentesca, fornendo loro una sorta di legittimità storica. Quel quadro è troppo *ideale* perché possa essere di molta utilità, sul piano storiografico. Opportunamente, alcuni storici hanno rilevato come sia impossibile includere in un'unica categoria interpretativa «una borghesia volta a volta commerciale, terriera, funzionariale, industriale», mettendo sullo stesso piano le figure «del borghese conquistatore delle città medievali, degli *yeomen* antiregalisti e della *gentry* agraria, dei sanculotti barricaderi e del capitalista che amplia la base della produzione»[65].

Anche a voler limitare il discorso alla borghesia occidentale otto-novecentesca, ogni verifica empirica ne mette in rilievo la scarsa unitarietà. Essa appare piuttosto come un arcipelago di condizioni diverse, segnato da origini e da meccanismi di reclutamento altrettanto differenti, assai poco omogeneo in termini sociologici, spesso opaco sul piano culturale, difficilmente identificabile come entità politica.

La stessa borghesia imprenditoriale ottocentesca – che della borghesia è solo un frammento, quantitativamente molto modesto – mal si presta ad una definizione unitaria. Commercio, terra, manifattura e industria: basterebbe solo riflettere ai diversi settori nei quali opera la nuova *élite* degli affari, per rendersi conto che anch'essa va sezionata e articolata. Nell'Inghilterra del primo Ottocento, ad esempio, lo scontro sociale più acuto passa probabilmente all'interno della borghesia imprenditoriale: è la battaglia combattuta fra un capitalismo agrario e un capitalismo industriale, due settori produttivi e sociali con obiettivi ben poco omogenei, il primo protezionista e il secondo liberoscambista, gli agrari attaccati al vecchio sistema politico ed elettorale, i manifatturieri decisi a chiedere una revisione profonda degli equilibri parlamentari e governativi ecc. E ovviamente ai diversi obiettivi economici e politici corrispondono modelli socio-culturali tra di loro lontani e talvolta antitetici, che si esprimono, per un verso, in un mondo rurale modernizzato e capitalistico ma ancora largamente apparentato con la tradizionale cultura di villaggio e, sul versante manifatturiero, in un contesto urbano segnato dalla fabbrica *sporca* e dalla *pericolosità* di chi vi lavora. Né si giungerebbe a conclusioni diverse se nuovi industriali o grandi fittavoli fossero messi a confronto con i loro «cugini borghesi» del commercio e della finanza, che vivono nelle capitali ottocentesche, nei centri degli affari, nei grandi porti, nelle borse, alle prese non già con braccianti o operai ma con impiegati e commessi, ben più uomini di mondo, più omogenei culturalmente alle vecchie classi nobiliari e da queste infatti più accettati e stimati, più vicini per lunga tradizione alle *élites* della politica e ai circoli governativi.

Frammentato e disomogeneo appare quello che è forse il principale archetipo della modernizzazione occidentale: la *bourgeoisie* francese della Grande Rivoluzione. Nel 1789, a dirigere l'assalto al regime di Luigi XVI, c'è un Terzo Stato dai contorni sociali poco netti, comprendente, come rileva Albert Soboul, una somma eterogenea di gruppi:

quello dei «borghesi» propriamente detti, borghesia passiva di redditieri, che viveva del profitto capitalizzato o delle rendite della proprietà fondiaria; il gruppo delle professioni liberali, degli uomini di legge, dei funzionari, categoria complessa e molto varia; il gruppo degli artigiani e bottegai, piccola o media borghesia, legata al sistema tradizionale di produzione e di scambio; il gruppo della grande borghesia d'affari, categoria attiva che viveva direttamente del profitto, ala marciante della borghesia[66].

In Inghilterra, concorrono a formare la mitica borghesia di fabbrica della prima rivoluzione industriale settori altrettanto differenti per consistenza economica ed estrazione sociale: sono «mercanti che l'esperienza fatta vendendo merci rendeva avvertiti delle possibilità di una produzione meccanica su larga scala», «imprenditori dell'industria a domicilio», «piccoli produttori indipendenti» forniti di qualche mezzo finanziario, per non dire che «alcuni senza dubbio cominciarono senza altro capitale che quello accumulato con il piccolo commercio locale di panno e di filati; altri edificarono le loro fortune sul mercato nero dei materiali sottratti di frodo» in quanto lavoranti a domicilio[67]. La nuova borghesia industriale, in altri termini, emerge «da tutti gli orizzonti della vita economica»: in Francia, gli imprenditori tessili sono «ex mercanti, ex artigiani o figli di artigiani, gioiellieri, ex operai meccanici, fabbricanti di vecchio tipo, liberi professionisti»[68]. Molti hanno un'estrazione rurale: gli industriali, rileva Paul

Mantoux, «provengono dalla classe per metà agricola, per metà industriale che aveva sino ad allora costituito una parte considerevole, forse la maggioranza, della popolazione inglese. E se si cerca di risalire più indietro, si arriva quasi sempre a un ceppo contadino»[69]. Robert Peel, il più grande cotoniere del primo Ottocento, il cui figlio sarebbe diventato primo ministro, viene da una famiglia di agricoltori, che nel Seicento era vissuta di poca terra e di una modesta attività tessile svolta fra le pareti domestiche.

C'è da aggiungere che, ovviamente, l'*élite* imprenditoriale assume caratteristiche specifiche, a seconda dei contesti in cui opera e del periodo in cui emerge. È difficile mettere sullo stesso piano la borghesia che cresce nell'Inghilterra della manifattura laniera, tra le fattorie innovatrici di Jethro Tull e le ciminiere delle Midlands, o nella Francia di nobili, notai e funzionari, o nella Prussia dominata da *élites* agrarie e burocratiche. Differenze profonde esistono fra il modello sociale della prima rivoluzione industriale e quello successivo del «capitalismo organizzato»: più frammentate e minute le borghesie sette-ottocentesche, più compatti i gruppi dirigenti tardo-ottocenteschi, meno burocratiche le prime, frammisti a schiere di impiegati e afflitti dai complessi problemi dell'organizzazione aziendale i secondi, liberiste e spesso politicamente deboli le prime, abituati a intrattenere rapporti talvolta strategici con i governi e con le autorità pubbliche i secondi.

Del resto, pur con tutte le sue variabili cui s'è fatto cenno, l'area degli imprenditori non conclude certo la categoria di borghesia. L'identificazione fra borghesia e gruppi imprenditoriali è una semplificazione storica (sebbene dura a morire), anzitutto sul piano quantitativo. Le modalità dello sviluppo economico e sociale otto-novecentesco selezionano le *élites* imprenditoriali, assottigliando progressivamente e radicalmente il gruppo di coloro che hanno il controllo dei processi produttivi e favorendo invece la crescita di altri settori borghesi: professionisti, impiegati privati, burocrazie pubbliche. Ma è ragionevole includere tutti costoro all'interno di una medesima classe sociale? O sarà preferibile rispettare l'articolazione ricca della società contemporanea, parlando piuttosto di *borghesie*?

Gente dalle origini disparate, gruppi frammentati per

settori produttivi, attività professionali, redditi, le borghesie si differenziano profondamente anche sul terreno dei valori e dei modi di vita. Seguiamo i ricordi di due famiglie inglesi di primo Novecento, raccolti dallo storico Paul Thompson[70]. Si tratta di due famiglie borghesi. I Fulford abitano nei sobborghi-bene di Londra, in una bella casa a tre piani con giardino. Hanno cinque figli, una cameriera, un cuoco. Lui è un professionista, lavora in una compagnia di assicurazioni, svolge la stessa occupazione che era stata del padre e del nonno. La moglie ha delegato quasi tutto il lavoro casalingo ai domestici (cui vanno aggiunti un giardiniere e una lavandaia, che però non vivono in famiglia), sicché le resta molto tempo libero. «Troppo», osserverà sua figlia Grace. La signora Fulford suona il piano, passeggia con i piccoli nel parco pubblico, va al teatro e ai concerti, d'estate si trasferisce in campagna o al mare. I figli, li ha mandati in scuole private, socialmente selezionate, dove, tra le cose più importanti, verrà loro insegnato a parlare con pronuncia impeccabile. Le distinzioni di classe, ricorda Grace, si coglievano appena uno apriva bocca. E poi, il portamento: Grace imparerà a camminare portando in equilibrio sul capo una pila di libri. Contemporanea ai Fulford, la famiglia Ford ha solo due figli. Evidentemente, le preoccupazioni di bilancio hanno suggerito ai coniugi grande prudenza. Il marito ha un impiego nel terziario, di quelli poco remunerati e insicuri. Collocato in un quartiere non ricco ma *rispettabile*, il loro appartamento è piccolo: un soggiorno, una cucina, una camera da letto. Ma quando il signor Ford verrà licenziato, la famiglia sarà costretta a traslocare e dovrà accontentarsi di una soluzione ancora più modesta. Lei è di estrazione operaia (prima del matrimonio era domestica) e tornerà a lavorare, come cuoca o come commessa, ogni volta che le vicende economiche della famiglia lo renderanno necessario. La signora Ford ha sempre molte cose da fare, il suo tempo libero è ridotto all'osso. Non ha servitù. I redditi sono bassi e Sidney, la figlia, ricorda di aver pianto per la fame, da piccola. Anche in tempi normali, del resto, la dieta è stretta, prudente, il *bacon* è una delizia riservata ai giorni di festa, il burro non è burro ma margarina, il pasto serale ridotto ai minimi termini.

Inutile aggiungere che simili divergenze biografiche affondano le radici in terreni strutturali e culturali che sono assai lontani. Dentro la categoria di borghesia vengono usualmente collocati gruppi capitalistici, che controllano il sistema produttivo e finanziario, e gruppi privi di qualunque titolo di proprietà; grande e piccola impresa; lavoratori autonomi e lavoratori dipendenti; settori che hanno quote consistenti di autorità e settori con funzioni puramente esecutive; aree professionali di differente consistenza e fortuna; impiegati pubblici e impiegati privati. Un arcipelago che si riflette nel ventaglio di culture spesso del tutto estranee l'una all'altra: tipologie familiari e residenziali, sistemi di consumi, gradi d'istruzione, attitudini politiche, capacità organizzative, scelte ideologiche e religiose. Di questo mondo, la borghesia imprenditoriale costituisce solo un segmento, destinato per di più ad assottigliarsi con il passare del tempo. E gli altri, a quale titolo sono borghesia? Esiste forse un'*élite* imprenditoriale che si presenta come una sorta di nocciolo duro (dominante ed egemone) attorno al quale ruotano – subalterne e ideologicamente soggiogate – le *borghesie numerose* senza proprietà e senza potere? Difficile rispondere. È un fatto, però, che tali gruppi svolgono spesso ruoli sociali e politici che stupiscono per il loro grado di autonomia. Non sembrano puri e semplici satelliti della *classe madre*.

4.2. *Borghesie numerose*

In verità, le *borghesie numerose* non sono un fenomeno tipico dell'età contemporanea. In Antico Regime esistono e prosperano professionisti, burocrati e soprattutto una vasta piccola borghesia autonoma, formata da artigiani, dettaglianti, agricoltori (ma, per tornare al solito problema, ha senso includerli all'interno di un'unica categoria?). Alcuni soltanto di questi gruppi tuttavia crescono in quantità e rafforzano il proprio ruolo, in coincidenza con i processi di modernizzazione sociale, di trasformazione produttiva, di modifica del quadro normativo e politico. Diventano insomma un fenomeno tipico degli ultimi 100-150 anni. Sono gli impiegati assunti dalle imprese industriali, commerciali, finanziarie man mano che la loro dimensione aumenta e che il lavoro al loro interno si specializza e si diversifica. Sono le burocrazie pubbliche, chiamate ad eseguire le sempre più complesse funzioni amministrative, educative, giudiziarie che gli Stati assumono, tra Ottocento e primo Novecento. In questi decenni, le società occidentali sono caratterizzate da una burocratizzazione delle funzioni – pubbliche e private – che non ha precedenti nella storia.

Ceti medi, dunque, vecchi e nuovi. Sul loro conto, la storiografia non ha indagato quanto sarebbe stato opportuno, attirata com'era dalle vicende *trionfanti* della borghesia imprenditoriale o suggestionata dalle profezie di coloro che, ripetutamente, hanno preconizzato la decadenza e comunque la marginalità di artigiani, dettaglianti ecc. Per altro canto, lo scarso interesse verso queste aree sociali si spiega con la difficoltà di includerle all'interno di una categoria sociologica definita, con una certa loro indeterminatezza tanto economica quanto sociale e politica.

Cominciamo dallo strato più alto dei ceti medi urbani. I professionisti forniscono una quantità di prestazioni – giuridiche, educative, sanitarie – indispensabili alla società urbana di età contemporanea (ma le professioni esistono anche in Antico Regime, benché spesso subalterne alle *élites* signorili e al potere politico). Di regola estranei alla gestione dei mezzi di produzione, costituiscono nondimeno un segmento nodale del sistema sociale e delle relazioni tra i gruppi. Sono il luogo di formazione, applicazione e divulgazione delle conoscenze scientifiche, della cultura scritta, delle ideologie. Sono gruppi che, per svolgere tali funzioni, hanno alle spalle un training generalmente lungo, costoso e selettivo.

Più volte storici e sociologi hanno rilevato che un classico carattere originario della borghesia occidentale è l'acquisizione e la vendita sul mercato di funzioni che presuppongono conoscenze complesse e specializzate. Già in Antico Regime, per chi ne ha le possibilità, questa sembra essere «la grande porta, l'entrata ampia e comoda sulla via degli onori e della fortuna»[71]. La borghesia europea in età moderna è «una società istruita, di cui il sapere costituiva la forza»[72]. La sua è una cultura utilitaria, razionale, finalizzata: nelle biblioteche cinquecentesche o seicentesche di notai, alti funzionari, avvocati, trovano posto pochi testi di poesie, pochi romanzi d'avventura, «nessun sorriso»[73], piuttosto le orazioni di Cicerone, i trattati morali, i manuali di diritto, insomma letture austere e strumenti di lavoro. La cultura è una professione, il luogo dove s'acquista un potere sociale. «Il borghese è figlio del libro – dice Febvre –. La scienza è il suo guadagno, anzi meglio ancora, la fonte del suo potere, della sua dignità, del trionfo collettivo della sua classe sociale»[74].

In età contemporanea, l'accesso agli istituti di acculturazione e di professionalizzazione tende indubbiamente ad aprirsi. Ma certo non in modo completo e socialmente indifferenziato. Se i livelli elementari si democratizzano (per quanto lentamente e contraddittoriamente), altre barriere educative nascono in modo spontaneo o vengono organizzate dallo stesso potere politico. È fra Ottocento e Novecento che l'istruzione diventa un metro di riconoscimento infallibile delle condizioni sociali, lo specchio fedele (e, anzi, uno dei principali momenti genetici) dei *cleavages* che spezzano la società industrializzata. Le istituzioni educative di livello superiore sono tipicamente riservate e gerarchizzate. Fra gli studenti delle università tedesche, attorno al 1900, non esistono quelli di estrazione operaia e sono assai pochi quelli piccolo-borghesi: vi si trovano invece, in schiacciante maggioranza, figli di gruppi imprenditoriali, di agrari e ufficiali, di professionisti e burocrati[75]. Ma anche nelle scuole secondarie, i figli di lavoratori manuali sono una minoranza ridotta: non più del dieci per cento, in una città della Ruhr di primo Novecento[76]. In Francia o nel mondo anglosassone, le scuole private rimangono a lungo territorio riservato alle *élites*. Anche quando, tra Otto e Novecento, gli Stati provvederanno ad aprire il sistema scolastico e finanzieranno sistemi scolastici di massa, imponendo per legge la frequenza dei primi corsi, le *public schools* inglesi, i *lycées* francesi, i *gymnasia* tedeschi rimarranno luoghi inavvicinabili, costosissimi, superqualificati. Queste istituzioni costituiranno inoltre un momento tipico della socialità borghese, non solo perché le norme correnti verranno impartite, oltre che in famiglia, nei luoghi di studio ma anche perché – in scuole, collegi, accademie militari – i rampolli della borghesia useranno costruire la propria rete di conoscenze personali e di relazioni sociali, un vero e proprio *milieu*, naturalmente esclusivo, da cui attendersi, un domani, solidarietà sociale, aiuto economico, appoggio politico.

A differenza dei professionisti, i gruppi artigiano-manifatturieri e i commercianti al dettaglio svolgono attività imprenditoriali e, in genere, hanno alle proprie dipendenze qualche lavoratore salariato. Ma restano assai lontani dalla borghesia d'impresa vera e propria. Gruppo numeroso e articolato, che affonda le proprie radici nella storia plurisecolare delle città europee e nel sistema delle corporazioni, il cosiddetto «ceto medio autonomo» sembra vedere nei processi di modernizzazione delle strutture produttive e sociali una minaccia diretta alla propria esistenza: dettaglianti o imprenditori semi-artigianali sono preoccupati per le tendenze alla concentrazione che, nel secondo Ottocento, si vanno affermando nel settore industriale e nel settore della distribuzione. Sono destinati a proletarizzarsi, avevano scritto Marx ed Engels, «in parte per il fatto che il loro piccolo capitale non è sufficiente per l'esercizio della grande industria e soccombe nella concorrenza con i capitalisti più forti, in parte per il fatto che la loro abilità viene svalutata dai nuovi sistemi di produzione»[77]. Sta di fatto che la loro polemica contro la *modernità* è continua, ambiguamente svolta sul duplice versante anticapitalistico e antioperaio, capace di esprimersi in opzioni politiche conservatrici quando non reazionarie. Peraltro, come si è già detto, le previsioni di un crollo sociale e di una proletarizzazione si avverano solo in parte. La piccola impresa resiste a lungo, con il suo modello di vita spesso arcaico e con la sua cultura talvolta paranoica, anacronisticamente tesa a chiedere – in pieno capitalismo monopolistico – il rispetto della libera concorrenza ma anche, al tempo stesso, il ripristino dei privilegi corporativi. Lungo tutta l'età contemporanea, dettaglianti, artigiani, agricoltori cercheranno di organizzarsi (ma non sarà facile) e di stabilire rapporti proficui con quei settori politici e sociali che promettono loro – spesso per finalità meramente elettorali – di proteggere sistemi lavorativi e sistemi di valori ormai fatiscenti.

Malgrado questi elementi di instabilità (o forse proprio a causa di essi), il ceto medio autonomo finisce per giocare un ruolo di grande importanza, nell'Europa otto-novecentesca. In Francia, dove i processi dello sviluppo economico procedono con una certa lentezza e l'aumento di scala delle imprese appare *in ritardo* rispetto ad altri paesi, i settori della piccola impresa costituiscono gran parte di un sistema sociopolitico stabile, tendenzialmente conservatore, sospettoso nei confronti della modernizzazione. La Terza Repubblica raccoglie il consenso di agricoltori, dettaglianti, artigiani. Sono essi che contribuiscono in modo decisivo a formare l'opinione pubblica e che cronicamente riequilibrano il radicalismo dei lavoratori parigini. Non che, in Francia, il ceto medio autonomo sia immune da crisi e da paure: alla vigilia del 1914 è ormai chiaro che commercianti e piccoli imprenditori hanno perso terreno, e non poco, rispetto alla grande impresa. L'aumento dei redditi da capitale che s'è registrato nel paese non li ha toccati se non in piccola parte e non c'è da stupirsi se nascono, in questi anni, vere e proprie organizzazioni «in difesa delle classi medie». Anche in Francia, peraltro, la concorrenza del grande capitale marginalizza talune fasce di ceto medio ma ne inserisce altre – proficuamente – all'interno del nuovo sistema produttivo e distributivo[78].

In Germania, ancor più nettamente, i vecchi gruppi di artigiani, agricoltori e dettaglianti vengono chiamati dalle *élites* capitalistiche e burocratico-militari ad un'importante funzione stabilizzatrice, nel momento della crescita economica e del mutamento sociale. Il ceto medio autonomo diventa simbolo dei valori premoderni, diga eretta a sostenere l'urto della modernizzazione (ovvero, in ultima analisi, del conflitto sociale). In cambio, i governi guglielmini attuano un vero e proprio programma di protezionismo sociale a vantaggio del *Mittelstand*: viene ristabilito un sistema di corporazioni artigiane, i grandi magazzini (che fanno concorrenza ai dettaglianti) sono colpiti con tasse pesanti. La difesa dei settori autonomi si rivela un'operazione economicamente costosa ma proficua per gli equilibri politici del Reich. Il *Mittelstand* sopravvive ai processi di concentrazione capitalistica. Ad esso è affidata, in funzione di stabilizzazione antioperaia, l'ultima difesa di una Germania *antica*, solidaristica, corporativa, senza conflitto sociale[79].

Un mondo a parte è quello degli impiegati, un segmento borghese che, a differenza del «vecchio ceto medio», non entra in contraddizione con i processi di crescita economica e di modernizzazione, anzi ne è in qualche modo un tratto distintivo e un simbolo. Le nuove dimensioni dell'impresa e le aumentate funzioni degli apparati statali spiegano a sufficienza i motivi di un processo di burocratizzazione che coinvolge, tra Otto e Novecento, l'intero Occidente europeo e atlantico. La crescita dei colletti bianchi assume rilevanza nella stessa Gran Bretagna, dove pure si afferma un modello industriale basato su aziende di dimensioni medie e dove le funzioni statali sono meno sviluppate che sul continente: gli impiegati inglesi sono vicini al mezzo milione nel 1851 e sfiorano il milione alla vigilia della prima guerra mondiale. Oltre Manica, le dimensioni di questa crescita assumono proporzioni enormi: in Germania, tra la fine dell'Ottocento e la seconda guerra mondiale (1882-1939), mentre il numero dei lavoratori manuali raddoppia, i colletti bianchi aumentano di sette volte, passando da 1,2 a 7,7 milioni[80]; in Francia, nel periodo 1876-1911, parallelamente alla crescita molto contenuta degli operai (+ 17%), si registra una forte avanzata degli impiegati (+ 142%)[81].

Gli impiegati sono gruppi senza proprietà, diversamente da artigiani e commercianti, ma neppure possono essere assimilati ai settori delle professioni libere, perché non ne hanno l'autonomia (dipendendo da imprese private o dallo Stato) né i redditi. Sono settori *socialmente anfibi*, ai confini della borghesia. Come il resto della borghesia, sono distinti dal lavoro manuale; come gli operai, sono dipendenti e fanno parte di un mercato del lavoro che non controllano. Non hanno redditi tali da collocarsi automaticamente nei gruppi alti della società: un confronto tra operai specializzati e impiegati dimostra che spesso salari e stipendi si equivalgono, o che magari i salari sono superiori. Né si può assimilare la qualità della vita di una famiglia di professionisti come i Fulford a quella di una famiglia d'impiegati come i Ford.

Però una quantità di tessere riesce, anche per gli impiegati, a comporre un mosaico omogeneo e significativo. Innanzi tutto il lavoro: gli impiegati svolgono un lavoro *pulito* e infatti sono «colletti bianchi» (contrapposti ai «colletti blu», alla classe operaia), sono i *black-coated*, quelli che vanno in giacca nera. Spesso, nelle piccole aziende del XIX secolo, svolgono la loro attività a diretto contatto con il personale dirigente e con i proprietari. E, anche quando l'ufficio diventerà di grandi dimensioni e le mansioni impiegatizie si frammenteranno in una quantità di livelli, resterà comunque la divisione, anzitutto fisica, tra il luogo degli impiegati e quello degli operai. Resterà differente il pagamento del lavoro: lo stipendio diventa presto mensile, mentre il salario, quasi a sottolinearne la funzione di immediata sussistenza, è settimanale; i redditi impiegatizi inoltre sono progressivi (con scatti di anzianità) e l'occupazione stabile, a differenza degli operai, più esposti al ciclo economico e privi di scatti d'anzianità per lungo tempo, anzi minacciati da un calo delle retribuzioni, col venir meno della forza o dell'abilità fisica.

E poi i consumi, i modelli di vita, il tipo di famiglia. A livello sociale, tra impiegati e operai il fossato è incolmabile. La piccola borghesia inglese dell'età medio-vittoriana si stabilirà in quei *suburbia*, puliti e decorosi benché scomodi e lontani dal centro, dai quali è esclusa per lungo tempo la classe operaia. E quando arriveranno i lavoratori manuali, gli impiegati non avranno dubbi ad emigrare verso quartieri più esclusivi. In Germania, nel tardo Ottocento, le grandi aziende predisporranno programmi di edilizia per i propri dipendenti, ma non dimenticheranno la distinzione tra colletti bianchi e colletti blu, segregando i primi dai secondi in modo rigoroso.

Gli impiegati fanno parte della borghesia più su un terreno di aspirazioni e ideologie, che non per motivi sociali ed economici. La loro ricerca di uno status borghese è continua, attenta, ansiosa. Le abitazioni sono una copia, modesta e mediocre, delle case e degli ambienti familiari della *middle class*. I consumi seguono alcune indicazioni precise, una priorità sociale accurata, un vero e proprio «paniere» di *status symbols*, spesso ottenuti con sacrifici che gli operai non sono motivati a fare, spesso acquistati a rate e sul mercato dell'usato. E sono consumi moderni, aderenti alle proposte che il *marketing* diffonde nei nuovi grandi magazzini del Louvre o di Selfridges: gli impiegati non hanno le tradizioni dei vecchi ceti medi, né le radici artigiane dei lavoratori di fabbrica. I colletti bianchi mancano di radici.

Ma, nell'insieme della stratificazione sociale, essi sono il luogo di giuntura tra una borghesia vera e propria e le classi lavoratrici. Forse qui sta la ragione della loro importanza sociale e politica. Tesi ad assumere un modello di vita che li legittimi come parte della *middle class*, i loro comportamenti e le loro scelte politiche divergono spesso, e spesso consapevolmente, da quelli operai. E nulla fanno i governi per smorzare queste tensioni sociali della piccola borghesia. Essa costituisce un elemento importante di stabilità per i regimi borghesi, è la principale base di consenso, la massa su cui poggiano i sistemi liberal-democratici. Le politiche scolastiche e le politiche di assicurazioni sociali, che prendono corpo nel corso dell'Ottocento, sembrano dedicate a quest'area sociale, quasi a voler sottolineare il fossato ideologico e culturale che divide impiegati e operai, ceti medi e lavoratori manuali. L'appoggio politico che le piccole borghesie forniscono ai sistemi otto-novecenteschi viene insomma ripagato, seppure non sempre con generosità.

Nella Germania del tardo Ottocento, ad esempio, i gruppi impiegatizi vedono deteriorarsi la propria condizione economica e il proprio status sociale. La prospettiva di acquisire, nel corso di una o due generazioni, qualche forma di proprietà e, con essa, l'indipendenza economica, si allontana, man mano che aumenta la complessità del sistema economico. La burocratizzazione dell'impresa provoca il frazionamento di gerarchie e di qualifiche, lo sventagliamento dei salari, la standardizzazione del lavoro, la caduta delle funzioni d'autorità di cui i colletti bianchi avevano creduto di godere. La piccola borghesia dipendente si sente schiacciata dalla duplice minaccia dell'internazionale *rossa* e dell'internazionale *aurea*. Ma, se sono chiari i pericoli di una «proletarizzazione», altrettanto decisa è la reazione degli interessati, la cui principale preoccupazione sembra essere quella di sviluppare ogni forma di separazione rispetto alla classe operaia. Per parte loro, i governi del Reich assecondano questa tensione verso una *identità non manuale*, concedendo agli impiegati vantaggi (non di rado simbolici) che ne assecondano la spinta verso la distinzione sociale. Nel 1911, ad esempio, gli impiegati tedeschi ottengono un sistema di assicurazioni che è formalmente separato da quello dei lavoratori manuali, benché eguale nella sostanza[82].

In tal modo, fratture economiche e sociali e differenziazioni culturali si sommano, rafforzandosi a vicenda. Il discorso può sembrare generico. Ma non è generica la differenza tra una pratica solidaristica, di gruppo, più o meno saldamente comunitaria, che caratterizza le classi operaie, dagli «artigiani» ai manovali, dall'Ottocento ai giorni nostri, e l'ideologia delle fasce piccolo-borghesi che sembra più individualistica, nucleare, portatrice seppure disarmata e talvolta velleitaria di un vangelo del *self-help*, ansiosamente alla ricerca di una protezione dall'alto, altre volte.

Note al capitolo settimo

[1] R.A. Nisbet, *La tradizione sociologica*, trad. it., Firenze, La Nuova Italia, 1977, pp. 255 ss.

[2] K. Marx e F. Engels, *Manifesto del partito comunista*, trad. it., Torino, Einaudi, 1962, pp. 100-101.

[3] K. Marx, *Il capitale*, trad. it., Roma, Editori Riuniti, 1970^6, vol. I, parte I, p. 16.

[4] K. Marx e F. Engels, *Manifesto*, cit., p. 100.

[5] W.D. Rubinstein, *Wealth, Elites and the Class Structure of Modern Britain*, in «Past and Present», 76 (1977), pp. 99-126.

[6] Citato in I. Fetscher, *Il marxismo. Storia documentaria*, Milano, Feltrinelli, 1970, vol. II, p. 304.

[7] *Ibidem*.

[8] *Ibidem*, p. 305.

[9] M. Weber, *Economia e società*, trad. it., Milano, Comunità, 1974, vol. I, pp. 299-304.

[10] *Ibidem*, vol. II, p. 236.

[11] *Ibidem*, p. 241.

[12] *Ibidem*, p. 240.

[13] G. Ossowski, *Struttura di classe e coscienza sociale*, trad. it., Torino, Einaudi, 1969.

[14] E.J. Hobsbawm, *Lavoro, cultura e mentalità nella società industriale*, trad. it., Bari, Laterza, 1986, pp. 4-5.

[15] Citato in C. De Seta, *L'ideologia della città nella cultura pre-marxista*, in «Quaderni storici», 27 (1974), p. 717.

[16] A. Daumard, *Problemi relativi allo studio della borghesia francese nel XIX secolo*, in «Quaderni storici», 56 (1984), p. 526.

[17] Citato in A. Briggs, *L'Inghilterra vittoriana*, trad. it., Roma, Editori Riuniti, 1978, p. 315.

[18] *Ibidem*, p. 325.

[19] S. Lanaro, *La campagna organizza la città?*, in «Meridiana», 5 (1989), p. 50. Il corsivo è mio.

[20] Citato in E. Grendi, *Il «daumardismo»: una via senza uscita?*, in «Quaderni storici», 29-30 (1975), p. 729.

[21] A. Daumard (a cura di), *Les fortunes françaises au XIXème siècle*, La Haye - Paris, Mouton, 1973.

[22] K. Kautsky, *La via al potere. Considerazioni politiche sulla maturazione della rivoluzione*, trad. it., Bari, Laterza, 1969, p. 95.

[23] E.J. Hobsbawm, *Lavoro, cultura*, cit., p. 21.

[24] *Ibidem*, p. 69.

[25] E.P. Thompson, *Società patrizia, cultura plebea. Otto saggi di antropologia storica sull'Inghilterra del Settecento*, trad. it., Torino, Einaudi, 1981, p. 359.

[26] Id., *Rivoluzione industriale e classe operaia in Inghilterra*, trad. it., Milano, Il Saggiatore, 1969, vol. I, p. 201.

[27] *Ibidem*, p. 194.

[28] Y. Lequin, *La forza-lavoro nell'economia francese dopo la Rivoluzione*, in *Storia economica Cambridge*, Torino, Einaudi, 1974-1980, vol. VII, t. I, p. 423.

[29] G. Procacci, *La lotta di classe in Italia agli inizi del secolo XX*, cit., pp. 15-16.

[30] A. De Clementi, *Appunti sulla formazione della classe operaia in Italia,* in «Quaderni storici», 32 (1976), pp. 684-728.

[31] J.J. Lee, *La forza-lavoro e l'industrializzazione tedesca*, in *Storia economica Cambridge*, cit., vol. VII, t. I, p. 617.

[32] *Ibidem*, p. 23.

[33] E.J. Hobsbawm, *Le rivoluzioni borghesi 1789-1848*, trad. it., Milano, Il Saggiatore, 1963, p. 22.

[34] S. Pollard, *La forza-lavoro in Gran Bretagna*, in *Storia economica Cambridge*, cit., vol. VII, t. I, p. 152.

[35] E.P. Thompson, *Rivoluzione industriale*, cit., vol. I, p. 434.

[36] S. Pollard, *La forza-lavoro*, cit., p. 159.

[37] E.P. Thompson, *Rivoluzione industriale*, cit., vol. I, p. 438.

[38] J.J. Lee, *La forza-lavoro*, cit., p. 618.

[39] E.P. Thompson, *Rivoluzione industriale*, cit., vol. I, p. 439.

[40] J.J. Lee, *La forza-lavoro*, cit., p. 615.

[41] S. Pollard, *La forza-lavoro*, cit., p. 179.

[42] J.J. Lee, *La forza-lavoro*, cit., p. 589.

[43] J.W. Scott e L.A. Tilly, *Lavoro femminile e famiglia nell'Europa del XIX secolo*, in C.E. Rosenberg (a cura di), *La famiglia nella storia. Comportamenti sociali e ideali domestici*, trad. it., Torino, Einaudi, 1979, pp. 185-227.

[44] R.H. Tilly, *La formazione del capitale in Germania nel secolo XIX*, in *Storia economica Cambridge*, cit., vol. VII, t. I, p. 615.

[45] E.J. Hobsbawm, *Studi di storia del movimento operaio*, trad. it., Torino, Einaudi, 1972, p. 319.

[46] Citato in E. Grendi, *L'Inghilterra vittoriana*, Firenze, Sansoni, 1975, p. 98.

[47] E.J. Hobsbawm, *Studi di storia*, cit., p. 325.

[48] *Ibidem*, p. 331.

[49] J.J. Lee, *La forza-lavoro*, cit., p. 592.

[50] L. Chevalier, *Classi lavoratrici e classi pericolose. Parigi nella rivoluzione industriale*, trad. it., Bari, Laterza, 1976, p. 546.

[51] F. Andreucci, *La diffusione e la volgarizzazione del marxismo*, in *Storia del marxismo*, Torino, Einaudi, 1979, vol. II, p. 29.

[52] *Ibidem*, p. 56.

[53] L. Febvre, *Studi su Riforma e Rinascimento e altri scritti su problemi di metodo e di geografia storica*, trad. it., Torino, Einaudi, 1966, p. 235.

[54] *Ibidem*, p. 296.

[55] W. Sombart, *Il borghese. Lo sviluppo e le fonti dello spirito capitalistico*, trad. it., Milano, Longanesi, 1978, p. 43.

[56] L. Febvre, *Studi su Riforma e Rinascimento*, cit., p. 299.

[57] W. Sombart, *Il borghese*, cit., p. 85.

[58] *Ibidem*, p. 90.

[59] *Ibidem*, p. 122.

[60] *Ibidem*, p. 83.

[61] A. Briggs, *L'Inghilterra vittoriana*, cit., p. 134.

[62] L. Febvre, *Studi su Riforma e Rinascimento*, cit., p. 312.

[63] *Ibidem*, p. 313.

[64] W. Sombart, *Il borghese*, cit., p. 42.

[65] E. Grendi, *Del senso comune storiografico*, in «Quaderni storici», 41 (1979), pp. 700-701.

[66] A. Soboul, *La Rivoluzione francese*, trad. it., Bari, Laterza, 1966, vol. I, p. 31.

[67] D.S. Landes, *Cambiamenti tecnologici e sviluppo industriale nell'Europa occidentale, 1750-1914*, in *Storia economica Cambridge*, cit., vol. VI, t. I, p. 322.

[68] A. Chabert, citato in P. Bairoch, *Rivoluzione industriale e sottosviluppo*, trad. it., Torino, Einaudi, 1967, p. 46

[69] P. Mantoux, citato in P. Bairoch, *Rivoluzione industriale*, cit., p. 45.

[70] P. Thompson, *The Edwardians*, London, Weidenfeld & Nicholson, 1976, pp. 92 ss.

[71] L. Febvre, *Studi su Riforma e Rinascimento*, cit., p. 266.

[72] *Ibidem*, p. 306.

[73] *Ibidem*, p. 308.

[74] *Ibidem*, p. 309.

[75] H. Kaelble, *Social Mobility in Germany, 1900-1960*, in «Journal of Modern History», 50 (1978), n. 3, p. 449.

[76] D. Crew, *Definitions of Modernity: Social Mobility in a German Town, 1880-1901*, in «Journal of Social History», 7 (1973), n. 1, p. 64.

[77] K. Marx e F. Engels, *Manifesto*, cit., p. 110.

[78] A. Daumard, *L'évolution des structures sociales en France à l'époque de l'industrialisation (1815-1914)*, in «Revue Historique», (1972), n. 1, p. 345.

[79] D. Blackbourn, *The Mittelstand in Germany Society and Politics, 1871-1914*, in «Social History», (1977), n. 4.

[80] J.J. Lee, *La forza-lavoro*, cit., p. 592. Per la Gran Bretagna, G. Crossick (a cura di), *The Lower Middle Class in Britain 1870-1914*, London, Croom Helm, 1977.

[81] A. Daumard, *L'évolution des structures*, cit., p. 330.

[82] J. Kocka, *The first World War and the «Mittelstand»: German Artisans and White-Collar Workers*, in «Journal of Contemporary History», n. 1 (1973), pp. 101 ss. Sui temi trattati nel capitolo cfr. P.N. Stearns, *European Society in Upheaval. Social History since 1750*, New York - London, Macmillan, 1975.

Capitolo ottavo

Comportamenti collettivi

1. *Le «classi pericolose» e la percezione della conflittualità sociale*

I profondi mutamenti economici, sociali e culturali che segnano l'età contemporanea si ripercuotono su individui e gruppi, con effetti spesso traumatici, dando vita a comportamenti reattivi. Nella lunga fase di transizione che va da metà Ottocento al primo Novecento, le trasformazioni strutturali provocano ciclicamente fenomeni di crisi produttiva e finanziaria e momenti di conflittualità sociale. Sono i decenni durante i quali i partiti socialisti e le Internazionali operaie discutono se il sistema capitalistico sia destinato a crollare sotto il peso delle proprie contraddizioni economiche o delle lotte sociali. «Stiamo dormendo su un vulcano. Soffia un vento di rivoluzione, la tempesta cova all'orizzonte», rileva Tocqueville, all'inizio di quel drammatico 1848 che soltanto nella capitale francese, durante le Giornate di Giugno, farà più di millequattrocento morti[1]. Poca cosa, tuttavia, rispetto al 1871, quando aspre lotte sociali e politiche avrebbero lasciato sulle strade parigine i corpi senza vita di oltre ventimila comunardi[2].

L'Occidente sembra diventato il campo di una instabilità acuta. Su pochi altri temi la coscienza delle classi dirigenti europee appare più avvertita, talvolta fino alla paranoia. La città e il conflitto sociale vengono stretti in un'equivalenza ferrea. La crudele Manchester, che Engels analizza con rigore anatomico nel 1844 (*La situazione della classe operaia in Inghilterra*) e che Charles Dickens trasfigurerà nella Coketown di *Tempi difficili* (1854), diventa il simbolo di un vero e proprio incubo collettivo. «Che posto! la porta dell'inferno fatta realtà», aveva esclamato nel 1839 il generale sir Charles

James Napier, visitandola[3]. Per reazione, in mezza Europa, ampi strati d'opinione pubblica avrebbero contrapposto alle immagini della disgregazione urbana un'ondata di nostalgie ruraliste. La paura del conflitto sociale favoriva la nascita di una rappresentazione stereotipata del passato, come luogo di armonie, e la diffusione di ideologie anti-urbane. «Le campagne dovevano rappresentare tutto quello che la vita moderna non offriva più, una sorta di contrappeso interiore e di rifugio»[4]. I paesaggi del Wessex descritti da Thomas Hardy – il cui romanzo di maggior successo s'intitola significativamente *Via dalla pazza folla* (1874) – divennero oggetto di un vero e proprio culto popolare, con tanto di guide turistiche e «pellegrinaggi»[5]. Quel che si rimpiangeva era, in sostanza, la coesione sociale del mondo rurale, dove – si favoleggiava – proprietari e contadini si erano scambiati reciprocamente protezione e deferenza.

In verità, lungo i secoli trascorsi, le campagne erano state il teatro di relazioni sociali non sempre lineari e pacifiche. Ne sapevano qualcosa i signori della terra, i mercanti di grano, i magistrati, gli ufficiali del dazio che periodicamente, nella *Merry England* del Settecento, ricevevano le infuocate lettere anonime dei propri nemici giurati. «Se non farai come comandiamo – diceva una delle tante, diretta nel 1763 ad un mercante di vino – noi Ti faremo le peggiori torture... Tu canaglia figlio di zoccola ladro ti faccio saltare il cervello. Maledetto il tuo sangue, cane»[6]. La mitica deferenza delle plebi preindustriali era spesso simulazione. Scrive Edward P. Thompson:

> È proprio in una società rurale nella quale qualsiasi resistenza manifesta, identificabile, al potere può trasformarsi in immediata rappresaglia – perdita della casa, del lavoro, dell'affitto, se non addirittura persecuzione legale – che troviamo un maggior numero di azioni nell'ombra: la lettera anonima, l'incendio doloso del pagliaio o della rimessa, l'azzoppamento del bestiame, lo sparo o la pietra attraverso la finestra, la cancellata divelta dai cardini, il frutteto abbattuto, le chiuse dei vivai di pesci aperte durante la notte. Lo stesso uomo che di giorno si toglie il cappello di fronte al signore del villaggio – e che passa alla storia come un esempio di deferenza –, di notte può ammazzare le sue pecore, prendere in trappola i fagiani o avvelenare i cani[7].

Non di rado, del resto, le tensioni sociali si erano manifestate apertamente. Dal Cinquecento al Settecento, in Andalusia come in Francia, nei Paesi Bassi o in Grecia, in Inghilterra o in Ucraina, l'Europa aveva conosciuto occupazioni collettive di terre demaniali, dissodamenti abusivi di boschi, proteste violente contro il caroviveri, saccheggi, incendi dimostrativi. Grandi rivolte contadine, che sembravano nascere da un'antica coscienza di sfruttamento e da un'idea radicale di riscatto, avevano insanguinato la Germania della Riforma o la Russia del Sei-Settecento. Anche nelle campagne occidentali insomma sembrava covare, sotto le ceneri della deferenza, lo spirito di quel programma agrario che sarebbe stato enunciato in Cina, a metà Ottocento, dal movimento T'ai-p'ing: «La terra sarà proprietà di tutti, tutti mangeranno riso, tutti porteranno abiti, tutti spenderanno denaro [...]. Nella grande famiglia del Cielo, tutti i posti sono uguali e ognuno vive nell'abbondanza»[8].

Innumerevoli erano state le bande armate che vivevano nelle montagne e nei boschi, minacciavano le mandrie padronali, insidiavano i carri che percorrevano strade ripide e tortuose. «Noi siamo tristi, è vero, ma ci hanno sempre perseguitati; i galantuomini si servono della penna e noi del fucile, essi sono i signori del paese e noi della montagna»[9], dirà un brigante molisano dell'Ottocento. Ribelli e banditi vestivano spesso panni contadini. E la ribellione contro i signori della terra sembra il *Leitmotiv* delle loro storie, da Robin Hood a Musolino a Lampiao, il *cangaçeiro* del Nordeste brasiliano.

In seguito, lungo il difficile cammino della modernizzazione, le società occidentali conosceranno tensioni e conflitti di diversa natura, più intensi, apparentemente meno controllabili, concentrati nelle città, Milano, Manchester, Parigi, Vienna, Berlino. E, al confronto con la minaccia delle nuove plebi urbane, l'antico conflitto fra proprietari e contadini sembrerà poca cosa. A metà Ottocento, il tempo delle figure mitiche della ribellione e del crimine non è più che un ricordo. La nuova società perde la solida simbologia delle culture preindustriali. Non più il ladro gentiluomo, né Vidocq né Jesse James. Né la speranza millenaristica nell'arrivo del mitico vendicatore, tra la miseria del *sertão* brasiliano. Il conflitto sociale sembra generalizzarsi. Esso rispecchia, in un primo momento, il malessere per i drastici cambiamenti indotti dallo sviluppo economico, è una violenza diffusa che nasce spontaneamente dalla disgregazione sociale delle popolazioni urbane; ed è sempre più, col passare del tempo, conflitto organizzato da istituzioni stabili, sindacati e partiti. Un'espressione classica dell'Ottocento francese – *classes laborieuses, classes dangereuses* – indica bene l'ansioso timore delle *élites* dirigenti che il vasto mondo del lavoro manuale stia perdendo la (presunta) tradizionale etica dell'obbedienza e vada degenerando nell'illegalità.

È la stessa città moderna che appare ai contemporanei turbolenta, pericolosa, ingestibile e che pone alle autorità problemi repressivi di nuovo tipo. Rispondendo all'esigenza di controllare la massa anonima delle «classi pericolose» (irregolari, *oziosi*, immigrati, criminali), lo scienziato inglese Francis Galton proporrà nel 1888 un metodo per identificare gli individui, che è basato sulle impronte digitali e che avrà larga fortuna. Frattanto nelle città – a cominciare dalla Parigi dell'urbanista Georges-Eugène Haussmann – il vecchio «groviglio di straducole, passaggi, cortili e vicoli ciechi»[10] viene demolito e sostituito dai grandi viali, i quali devono alleviare le condizioni malsane della vita plebea, ma soprattutto impedire che esso continui ad essere il teatro di borseggi e aggressioni, di proteste collettive e barricate.

I settori più infelici del nuovo proletariato appaiono come una palpabile minaccia all'ordine tradizionale. E non a torto, dal momento che si tratta di soggetti sradicati dalle proprie culture d'origine, né riaggregati da motivi economici o da nuovi sistemi ideologici. Contadini inurbati, minoranze etniche che neppure comprendono la lingua della città in cui vivono, orgogliosi artigiani che hanno perso la possibilità di lavorare e d'insegnare ai figli il *mistery*: sono coloro che danno vita ad una «cultura della strada» vivace quanto disperata, priva di strutture di riferimento come erano state in altri tempi le comunità di villaggio o la famiglia. È una cultura spesso alcolizzata, la socialità del *pub* e del gin. Sono gruppi malnutriti, malvestiti, pullulano di illegittimi, entrano ed escono dal mercato del lavoro insieme con l'andamento alterno del ciclo economico. Scrive Honoré de Balzac:

> Posti fra il delitto e la mendicità, essi non hanno più alcun rimorso, e si aggirano cautamente intorno al patibolo senza caderci,

> innocenti nel vizio, viziosi nonostante la propria innocenza [...]; un popolo superlativamente cattivo, come tutte le masse che hanno sofferto, abituato a sopportare mali incredibili e che un fatale potere costringe in perpetuo al livello del fango[11].

La criminalità sembra confondersi con il pauperismo, è un fenomeno di massa: «40.000 truffatori, 15.000 borsaioli, 10.000 scassinatori, 40.000 buone donne che vivono del denaro altrui – calcolerà Balzac – costituiscono una massa di 110-120.000 personaggi abbastanza difficile da amministrare. Considerando che la popolazione di Parigi assomma a 1.200.000 anime, il calcolo è presto fatto: questi 120.000 ladruncoli equivalgono a un lestofante ogni 10 persone oneste»[12]. Tutto questo rappresenta la risposta al paradosso dell'Ottocento: il contemporaneo aumento della ricchezza e della povertà, *Poverty amidst Plenty*, *luxe ou misère*...

La degradazione della vita urbana rischia di unificare aree sociali e interi quartieri, molto più di quanto non faccia, all'inizio almeno, la fabbrica. «Questa imponente folla di affamati, di malati e di corrotti iloti – scriverà della Londra ottocentesca George Sims, non immemore del dramma della Comune – si va facendo pericolosa; pericolosa fisicamente, moralmente e politicamente. La loro febbre e la loro corruzione può estendersi alle abitazioni dei sani, il loro esercito senza leggi può insorgere»[13]. A Parigi, frattanto, la ghigliottina è stata trasferita dalla centrale place de Grève alla periferica barriera Saint-Jacques e le esecuzioni spostate dalle quattro del pomeriggio alle prime luci dell'alba: siamo nel 1832 e il governo cittadino avverte il bisogno di occultare il momento cruciale dei meccanismi giudiziari. Scompare la festa della morte, cui partecipavano folle numerose, niente più corteo con il condannato in bella mostra e finestre stipate di spettatori. Le esecuzioni di place de Grève erano state il momento culminante di famose carriere criminali, la celebrazione rituale di figure mitiche di ladri e assassini. Le esecuzioni alla barriera Saint-Jacques non hanno più nulla di spettacolare, sono sordide, nascoste nella triste periferia parigina. Vi si compie il destino di criminali comuni, soggetti pericolosi, gente come tante altre. La ghigliottina diventa la prospettiva dei *miserabili*, non più degli eroi del male.

Scrive Louis Chevalier:

Il delitto non è più pittoresco ed eccezionale, non si configura più in qualche celebre brigante da strada o in un regicida, e diventa quotidiano, anonimo, impersonale, oscuro; non imprime più il proprio marchio ai quartieri riservatigli dalla legge o dal costume, ma invade tutta la città; non si esprime più, infine, nella clamorosa espiazione in place de Grève – spettacolo grandioso e datato, altrettanto popolare dell'ingresso del re in città o della celebrazione di una vittoria – ma si trasforma in una vaga minaccia, sempre e dovunque presente, mentre perfino la pena capitale diventa un regolamento di conti come tanti altri. Si può dire che, da pittoresco, il delitto diventa sociale[14].

Parigi del resto non è un caso isolato. I tumulti del *mob* londinese (la «canaglia», la «piazza») non sono certo una rarità, nel XIX secolo. Il *popolino* fa paura anche oltre Manica: entra nella vita politica, più o meno strumentalizzato dai partiti, è attento alla politica economica delle autorità e reagisce immediatamente a quelle misure governative che lo danneggino, sembra avere in odio l'ordine costituito e tutti coloro che portano una divisa. L'uso di acquartierare le truppe in abitazioni private verrà smesso, ai primi dell'Ottocento, perché non è prudente lasciare i soldati tra gente che nutre, nei loro confronti, ostilità e disprezzo. La comparsa delle caserme, in Inghilterra, indica bene il livello di una spaccatura tra governati e governanti che raramente era stata così acuta.

In mezza Europa, in tutte le grandi città, il *social change* sembra esprimersi negli alti tassi di criminalità dei quartieri più poveri e nella disponibilità di decine di migliaia di persone ad una trasgressione che è determinata dai bisogni immediati, dalla fame, ma altrettanto dal sentirsi estranei rispetto alla cultura dei ceti dirigenti, all'ordine costituito e alle sue leggi.

2. *I comportamenti collettivi nell'analisi delle scienze sociali: istinti e razionalità*

Al tema del nuovo urbanesimo e del conflitto sociale che esso sembra fisiologicamente covare, s'interessano istituzioni statali ed enti religiosi, uomini politici, leader sindacali, intellettuali, tutta quanta l'opinione pubblica dell'Europa occidentale.

Il problema attira l'attenzione anche degli scienziati sociali e sembra smentire le concezioni statiche e organicistiche di tendenza positivistica. Se le teorie comtiane supponevano con forte ottimismo che, sulle ceneri dell'Antico Regime, si sarebbe realizzato l'avvento di una armonica società industriale (retta da moderni ceti produttivi e da valori collettivi consensuali), il marxismo rileva invece l'insopprimibilità del conflitto fra le classi, costruendo una teoria sociale fondata sul succedersi di sistemi politici ed economici che rispecchino il dominio di una classe sulle altre e non il consenso intorno a valori comuni. «La storia di ogni società esistita fino a questo momento – afferma il *Manifesto del partito comunista* (1848) – è la storia di lotte di classe»[15]. Ma anche la teoria marxista di un conflitto fra classi coscienti e organizzate non sembra rispecchiare la realtà dei fatti, la disgregazione delle città, l'andamento spontaneo delle tensioni sociali e della violenza di piazza. Numerosi sociologi, psicologi, politologi appaiono colpiti soprattutto dalle nuove dimensioni demografiche dei fenomeni sociali, dal moltiplicarsi di città abitate da centinaia di migliaia di persone. Nei trattati tardo-ottocenteschi di sociologia e di psicologia sociale si comincia a parlare di «folla» e di «massa», termini sostanzialmente estranei alla precedente cultura europea e i cui etimi sono di per sé significativi. La folla (dal latino *follare*, strizzare i panni del bucato) allude ad una situazione di mancanza di spazio, di vicinanza eccessiva. La massa (dal greco *masa*, pasta del pane) indica una situazione collettiva informe e facilmente malleabile.

Nel 1895, il francese Gustave Le Bon pubblica *La psicologia della folla*, un saggio destinato ad avere grande successo (venticinque edizioni in altrettanti anni e innumerevoli traduzioni). L'ambito intellettuale in cui si muove Le Bon è conservatore e antigiacobino. Il contesto politico, del resto, è una Francia stretta fra le crisi nazionalistiche, i tentativi golpisti di Boulanger e un antisemitismo diffuso, di cui il caso Dreyfus è la pietra miliare. In polemica con lo scientismo razionalistico, la *Psicologia* di Le Bon presta attenzione ai moventi profondi – latenti, inconsci – dell'agire umano e contrappone alla razionalità del comportamento individuale l'istintualità dei comportamenti collettivi. Le folle sono affettive, mistiche, eccitabili, mutevoli, primitive. In una parola, irrazionali. La loro psicologia è determinata da sentimenti e credenze, da eredità culturali che affondano nel passato. Esse hanno motivazioni talvolta oscure da decifrare, agiscono per suggestioni, spesso sfociano nella violenza. Al loro interno, gli individui si perdono, abdicando ad una sorta di anima collettiva che non è *civilizzata*.

Da Le Bon a Pareto, da Michels a Ortega y Gasset, un bel pezzo della cultura europea otto-novecentesca esprimerà una forte avversione nei confronti delle masse (*élitismo*), non nascondendo il proprio pessimismo riguardo ai processi di democratizzazione dei sistemi sociali e politici. Dell'avanzata di collettività prive di coscienza storica, le quali si vanno sostituendo al tradizionale governo delle minoranze, parla *La ribellione delle masse* di Ortega (1930). E mentre Gaetano Mosca rileva l'*istinto* dell'uomo a «far gregge insieme e combattere con altre greggi»[16] e il sociologo tedesco Georg Simmel individua una tendenza umana generale e ineliminabile all'affiliazione, Sigmund Freud analizza il profondo rapporto affettivo che lega le masse ai «capi» e la cosiddetta «tendenza gregaria» (*Psicologia delle masse e analisi dell'Io*, 1919-1921).

Gli avvenimenti del primo Novecento sembrano confermare queste interpretazioni. La guerra del 1914-1918 è momento di forte massificazione dei comportamenti, di aggregazioni ideologiche, di collettivizzazione della produzione. Un'esperienza che unifica, come non mai, vaste regioni e interi continenti. Gli stessi morti che lascerà sul campo si contano a milioni. Sono anch'essi una massa, un numero inusitato. È un fenomeno di massa anche il processo rivoluzionario russo, allorquando un partito minoritario, facendo leva su bisogni collettivi essenziali (la pace, la fame contadina di terra), riesce a sovvertire l'impero dei Romanov. Negli avvenimenti del 1917, la cultura europea vede l'avverarsi delle teorie della folla, un caso in cui esemplarmente si è instaurato un forte rapporto «gregario» tra le masse e una leadership politica. «La rivoluzione bolscevica non avrebbe vinto – scriverà il liberale Bertrand Russell – se l'"istinto del gregge", così ironicamente incoerente con il materialismo marxista, non avesse contribuito in grande misura ad assicurare il successo di Lenin»[17].

Gli anni Venti e Trenta, con la crescita dei sistemi totalitari e le loro sapienti organizzazioni collettive, avrebbero confermato il pessimismo delle scienze sociali. È nel 1933, l'anno dell'avvento di Hitler al potere, che Wilhelm Reich pubblica la sua *Psicologia di massa del fascismo*, mettendo in relazione il forte rapporto d'identità fra le masse e i loro capi con il sistema sessualmente repressivo della famiglia e, al suo interno, con il rapporto tra figli e padri.

L'interpretazione dei comportamenti collettivi come fenomeni istintivi e irrazionali è tuttavia circoscritta all'Europa continentale. La cultura anglosassone se ne tiene lontana, rimanendo fedele alla propria matrice individualistica e antiautoritaria. Nel 1909, il sociologo americano Charles H. Cooley rileverà che «gli eccessi più noti della plebe francese o parigina [...] sembrano essere derivati da una mancanza di addestramento all'esercizio del potere, inevitabile in un paese in cui la democrazia è scaturita dalla rivoluzione»[18]. Il problema dunque non è l'originaria incontrollabilità delle folle, ma la scarsa maturazione – in Francia, ad esempio – di un sistema politico partecipativo. Più tardi, negli anni Venti, Robert Park (l'animatore della scuola sociologica di Chicago) negherà che la folla sia antitetica rispetto agli individui che la compongono, sostenendo, al contrario, che i comportamenti collettivi sono il frutto dei rapporti instauratisi fra singole persone (interazione sociale). Prodotte dall'interazione sociale, le folle hanno, secondo Park, finalità ragionevoli e, anzi, appaiono spesso dinamiche, creative, innovative.

Rispetto agli europei, del resto, gli americani hanno referenti contestuali molto diversi. Nelle loro analisi sui comportamenti collettivi, giocano in modo chiaro, ad esempio, il mito della «frontiera» e la memoria dei gruppi di pionieri che avevano intrapreso con successo la conquista delle terre dell'Ovest. Passando dal concetto di folla a quello di «piccolo gruppo», le scienze sociali d'oltre oceano finiranno per concentrarsi sulle relazioni interpersonali, sui meccanismi di adattamento degli individui al gruppo (conformismo), sui sistemi di comunicazione interni ad esso (formazione di *opinion leaders*). In questo modo, verrà recuperato un nesso fra individuo e collettività che, nella riflessione intellettuale europea, era visto come pericolosamente labile. Lungi dall'essere sinonimo di violenza e di istintualità inconsapevole, il gruppo, inteso come «stare insieme», diventa un elemento coerente con i fini dell'individuo e altamente positivo.

In seguito, questa lettura ottimistica del rapporto fra individuo e collettività tenderà ad incrinarsi. Analizzando la logica dell'agire comune, numerosi studiosi, da Elton Mayo e Kurt Lewin a John von Neumann e Mancur Olson, ne scopriranno le contraddizioni e i limiti, pur senza approdare alle inquietanti interpretazioni degli europei. Anche quei comportamenti collettivi che appaiono irrazionali e che conseguono risultati negativi (*sub-ottimali*) non verranno visti come il sintomo di istinti che si liberano nella folla, quanto piuttosto come il risultato del fatto che, dietro un'azione comune, stanno le scelte di singoli individui, ciascuno dei quali è teso al proprio bene (ed è, al tempo stesso, condizionato dalle scelte altrui). Il panico, da cui viene presa una moltitudine in una situazione di rischio, è, ad esempio, una risposta *ragionevole* che gli individui danno ad una situazione in cui sono venute meno le regole usuali del vivere insieme. «Nella situazione di panico l'individuo si trova a dover scegliere tra agire in maniera antisociale ricercando la propria salvezza (o guadagno), o adeguarsi alle norme rischiando la propria morte (o perdita)»[19]. Se il teatro va a fuoco, sarà difficile attendersi un rispetto delle precedenze e un deflusso ordinato: temendo che lo facciano gli altri, ciascuno cerca di essere il primo a fuggire. Ovviamente il risultato è disastroso in termini collettivi ma le scelte individuali appaiono logiche (razionali).

Per questa strada, riflettendo la matrice individualistica della cultura nordamericana, le scienze sociali giungeranno a teorizzare l'irrazionalità della partecipazione ad azioni collettive. Nel 1965, analizzando *La logica dell'agire collettivo*, l'americano Mancur Olson rileva che, quando si tratti di contribuire a produrre beni pubblici, ciascuno è potenzialmente – e coerentemente – un *free rider*, un viaggiatore senza biglietto. Non pagando le imposte dovute allo Stato, ad esempio, il singolo sa di ricavarne un forte vantaggio individuale e di poter utilizzare comunque i servizi pubblici (sanità, scuole ecc.) che lo Stato garantisce a tutti, grazie alle imposte versate dagli *altri* cittadini. In questo modo, Olson smonta teoricamente l'opinione che i comportamenti individuali siano coerenti con quelli collettivi. «La nozione secondo cui gruppi di individui agiscono allo scopo di conseguire i loro interessi comuni o di gruppo, lungi dal derivare logicamente dal presupposto secondo cui gli individui in un gruppo perseguono razionalmente i propri interessi individuali, contraddice di fatto tale presupposto»[20].

Dalla valutazione dei comportamenti collettivi come razionali e positivi per coloro che vi partecipano, si arriva insomma alla conclusione che, dal punto di vista del singolo, ogni azione comune è irragionevole. Ma in questo modo, ha rilevato Jean Cohen, «la dimensione sociale dell'azione scompare»[21]. Partita, in Europa, dalla preoccupazione per i minacciosi comportamenti dei diseredati ottocenteschi o delle masse naziste, la scienza sociale approda, negli Stati Uniti, ad un radicale scetticismo nei confronti del comportamento collettivo. Fra interesse comune e interesse individuale non vi è coerenza ed è quest'ultimo – con la sua logica razionale – a prevalere.

3. *Il conflitto sociale come problema storiografico*

L'analisi storica dei comportamenti collettivi in età contemporanea risente delle teorie che, in merito, hanno formulato le scienze sociali, ma non è immune da interpretazioni e da suggestioni tipicamente ottocentesche. Gli storici infatti hanno identificato talvolta la protesta popolare con le vicende dei partiti e dei sindacati operai, facendo implicitamente propria la tendenza di quelle organizzazioni a rappresentare tutto il conflitto sociale e a determinarlo con la propria politica. Altre volte, hanno collegato strettamente la protesta popolare alle condizioni materiali di vita della gente, assumendo di fatto una classica idea-forza ottocentesca: la preponderanza dell'economia sulla società. Infine, indagando i comportamenti collettivi, taluna storiografia sembra far proprio quel senso di paura dei comportamenti collettivi che – tipicamente – serpeggia fra le *élites* del XIX secolo.

Per dirla in modo schematico, queste interpretazioni hanno finito per deformare il conflitto sociale secondo un'ottica che appare, di volta in volta, troppo politica o economicistica o irrazionalistica. Cerchiamo di ripercorrere, seppure in breve, alcuni momenti della discussione storiografica.

Sono stati gli storici del movimento operaio, generalmente di estrazione socialista, a identificare il conflitto sociale con i comportamenti collettivi di tipo organizzato. Quel che veniva studiato erano le vicende dei partiti e dei sindacati delle classi lavoratrici e (meno) le azioni che essi avevano promosso. Il conflitto era letto essenzialmente sotto la specie politica e diventava scontro fra partiti o dibattito politico al loro interno.

Anche quando l'obiettivo della ricerca si spostava dalla storia dei partiti alle azioni concrete (scioperi, picchettaggi, occupazioni di fabbriche), l'identificazione fra conflitto sociale e organizzazioni politico-sindacali finiva per ridurre impropriamente il campo, dal punto di vista sociologico, restringendo l'analisi ai conflitti operai. Si sottovalutava il fatto che – a parte una precisa fase della storia occidentale che va dall'ultimo Ottocento agli anni Sessanta del Novecento – i movimenti collettivi e gli episodi di protesta popolare comprendono spesso un arco sociologico assai ampio e un articolato ventaglio di motivazioni. Non sono caratterizzate dalla centralità della classe operaia, ad esempio, le grandi turbolenze che scuotono l'Europa all'indomani delle guerre napoleoniche, intorno al 1830 e nel 1848. Né si può dimenticare il peso che, in età contemporanea, hanno i movimenti di protesta di agricoltori e impiegati, di studenti e di massaie. È noto il ruolo svolto (spesso sulle piazze) da una sorta di partito dei consumatori nella Germania guglielmina, dai viticoltori nella Linguadoca del 1907, dai reduci di guerra nelle agitazioni del primo dopoguerra, dai colletti bianchi nei movimenti fascisti degli anni Venti e Trenta, dai neri negli Stati Uniti di Martin Luther King e di Malcolm X.

La tendenza a circoscrivere l'analisi alla storia dei partiti e dei sindacati ha comportato inoltre una distinzione troppo rigida fra una fase caratterizzata da movimenti spontanei e la fase delle organizzazioni politiche. Una periodizzazione che nasconde in realtà un giudizio di valore: in questa ottica, infatti, i movimenti collettivi assumono legittimità (e attirano l'attenzione degli storici) solo se entrano consapevolmente nell'agone politico e se accettano, di volta in volta, il sistema industriale, le regole del mercato, il quadro istituzionale ecc. A seconda del proprio carattere spontaneo o invece strutturato, il fenomeno storico della protesta popolare viene qualificato come prepolitico o politico, irrazionale o razionale, reazionario o progressista, utopistico o realistico.

Negli ultimi anni, «con la graduale disintegrazione ideologica o politica dei grandi movimenti socialisti – sia socialdemocratici, sia comunisti – nella maggior parte d'Europa», anche gli storici del movimento operaio hanno preso ad occuparsi «della base tanto quanto dei leader, delle masse non organizzate quanto di quelle organizzate, degli operai "conservatori" quanto di quelli radicali o rivoluzionari»[22]. Al tempo stesso, i fenomeni collettivi non-istituzionali che hanno investito l'Occidente negli anni Sessanta (movimenti studenteschi e giovanili, lotte di fabbrica spontanee, Maggio francese, movimenti femminili ecc.) hanno indotto gli storici a dissodare il vasto territorio della protesta spontanea, della rivolta (il *riot*), della folla che tumultua (il *mob*). Ne è nata, secondo taluni, una vera e propria moda storiografica: ormai «il disertore, l'ammutinato, il ribelle primitivo, il bandito di campagna, il rivoltoso dei pubblici mercati, il criminale di città, il borsaiolo e il profeta di villaggio sono stati introdotti come membri onorati e ben accolti nelle sale dei docenti delle università inglesi»[23].

Nel frattempo, la storiografia economica ha sottolineato invece il nesso che esisterebbe fra la protesta popolare e il ciclo economico. Si deve a W.W. Rostow la prima chiara teorizzazione in merito. Nel 1948, Rostow costruisce quello che chiama il «grafico della tensione sociale», ipotizzando che le agitazioni di piazza dipendano direttamente dall'andamento dei prezzi del frumento (ovvero dalle diete popolari) e dal livello della disoccupazione: «dal 1790 al 1850 ci furono almeno tre fondamentali forze economiche che contribuirono, in tempi diversi, alle agitazioni sociali e politiche in Gran Bretagna: disoccupazione ciclica, fluttuazioni dei raccolti interni e disoccupazione tecnologica»[24]. In particolare, rileva Eric J. Hobsbawm,

> le depressioni iniziavano essenzialmente nel settore agricolo – in genere per il cattivo raccolto – e si ripercuotevano sul settore industriale attraverso la carenza di materie prime; ma soprattutto attraverso la contrazione della domanda nazionale, che era essenzialmente agricola. Di conseguenza, in periodi di prezzi da carestia, tendeva a verificarsi un alto grado di disoccupazione, creando una situazione che quasi costringeva i lavoratori all'agitazione e alla rivolta[25].

Nell'Inghilterra del tardo Settecento, è stato detto, la temperatura sociale cresce verso maggio-giugno, nelle settimane che precedono il raccolto, quando le scorte dell'anno precedente sono esaurite e i prezzi, di conseguenza, crescono. È un «modello della depressione»: il conflitto nasce dalla crisi dei bilanci familiari.

Dopo il 1850 circa, in diversi paesi occidentali, le cose tenderanno a cambiare perché, con il miglioramento dei sistemi di trasporto e con la diminuzione del ruolo economico e sociale dell'agricoltura, le popolazioni urbane dipenderanno sempre meno dalla riuscita del raccolto. Al contrario, il conflitto sociale (prevalentemente innescato dagli operai di fabbrica, ormai) tende ad aumentare proprio nei periodi di crescita economica e occupazionale: tale crescita determina infatti un aumento del potere contrattuale delle classi lavoratrici e la possibilità di affrontare meglio i costi del conflitto (perdite salariali dovute a scioperi). A fasi di sviluppo economico fa seguito, del resto, la tendenza dei lavoratori a rivendicare una parte dell'accresciuta ricchezza sociale, sotto forma di aumenti salariali.

Il nesso fra lotte sociali e condizioni economiche è tuttavia una chiave interpretativa riduttiva. Il rapporto fra economia e società, come s'è detto nel capitolo quinto, non si presta a schematizzazioni semplici. Inoltre, la distinzione fra un periodo in cui la tensione sociale sarebbe determinata dalle urgenze alimentari e un'età caratterizzata da conflitti organizzati sottintende una specie di evoluzione fra l'immediatezza e l'elementarità delle agitazioni sociali che nascono *dal prezzo del pane*, per un verso e, per un altro, la complessità delle successive lotte organizzate. In un saggio del 1958, che sembra far proprie le teorie istintualistiche della psicologia sociale, Louis Chevalier descrive una Parigi di primo Ottocento dove la crescita demografica e le ondate migratorie determinano una congestione urbana dai terribili effetti sociali. Intrappolata in una specie di morsa malthusiana, la popolazione parigina vede incrinarsi le stesse basi biologiche: è sottoalimentata, alcolizzata, malata, «orrida e repellente» nell'aspetto fisico[26], disponibile alla prostituzione e all'infanticidio, segnata dai suicidi, asociale, sistematicamente dedita alla violenza[27]. Il popolo parigino non s'interessa di politica, non è organizzato, cerca piuttosto di «farsi largo in un ambiente ostile e, non riuscendoci, si abbandona all'odio, alla violenza e a tutte le prevaricazioni possibili»[28].

Fra istinti, strutture biologiche e determinazioni economiche, i comportamenti collettivi rischiano di semplificarsi eccessivamente. *Prima* del conflitto moderno (organizzato e istituzionale), la protesta popolare appare torbida, irrazionale, spasmodica. Così, alcuni decenni or sono, J.J. Plumb poteva definire il luddismo come «una *jacquerie* industriale ottusa e frenetica»[29], mentre T. Ashton riteneva che i tumulti settecenteschi dei minatori di carbone andassero spiegati «mediante qualcosa di più elementare della politica: si trattava di una reazione istintiva della virilità alla fame»[30].

Ma il nesso puro e semplice tra fame e tensione sociale impoverisce gravemente la complessità dell'agire comune. La casistica storica mostra come le risposte della gente alle necessità economiche siano articolate e complesse. Nei comportamenti collettivi si mescolano questioni di ordine sociopolitico, questioni relative ai valori correnti e alle culture locali, problemi di ordine pubblico (la capacità di controllo dello Stato) ecc., a cui gli studi di taglio economico non hanno prestato l'attenzione dovuta. Confrontando questa storiografia delle «ribellioni della pancia» con le analisi antropologiche dedicate ai gruppi *primitivi*, Edward P. Thompson rileva ironicamente che

> noi siamo a conoscenza di tutto ciò che riguarda il delicato tessuto di norme e di scambi sociali che regola la vita degli abitanti delle Trobriand, e anche delle energie psichiche implicate nei *cargo cults* della Melanesia; ma a un certo punto quella creatura sociale infinitamente complessa che è l'uomo melanesiano si trasforma – nelle nostre analisi storiche – nel minatore inglese del XVIII secolo che si batte convulsamente le mani sullo stomaco e risponde soltanto a stimoli economici elementari[31].

Che sia spontaneo oppure organizzato, caratterizzato socialmente o diffuso, cittadino o rurale, il conflitto sociale appare difficile da racchiudere in uno schema.

Prendiamo un classico fenomeno contro cui s'è esercitata l'esecrazione degli apologeti ottocenteschi dell'industrialismo (e di taluni storici novecenteschi): quel luddismo che, distruggendo le nuove macchine, sembra voler negare alla storia medesima il suo cammino *progressivo*. Il movimento luddista nasce in realtà dalla percezione collettiva delle complesse conseguenze – economiche, sociali, culturali – provocate dal sistema di fabbrica: perdita dell'indipendenza, disoccupazione, utilizzo di donne e fanciulli, modifica della qualità del lavoro. Esso non è un fenomeno cieco e irrazionale, né (malgrado le apparenze) votato al fallimento. Quel che si mette in moto, nell'Inghilterra dei primi anni dell'Ottocento, come risposta alla minaccia rappresentata dall'emergente organizzazione industriale del lavoro, è una protesta *spontanea*, diffusa, violenta, la quale darà prova di notevoli capacità organizzative, di abilità tattica, di chiarezza strategica nel valutare obiettivi da perseguire e mezzi a disposizione e nel cercare opportune alleanze con altri settori della società.

Il movimento, per dirne una, non appare mai indiscriminato. A Nottingham, nel dicembre del 1811 – scriverà un foglio locale –, i sudditi «fracassarono soltanto i telai di coloro che hanno ridotto i salari degli operai; quelli che non li hanno ridotti conservano intatti i loro telai»[32]. Allo stesso modo, nel Lancashire, verranno risparmiati i filatoi di più modeste proporzioni e distrutti solo quelli più grandi, adottati nelle fabbriche[33]. Il conflitto ha finalità specifiche, obiettivi mirati ed è in grado di raggiungere un buon livello organizzativo. I luddisti agiscono «sotto regolari comandanti, il capo dei quali, chiunque egli sia, è chiamato *Generale Ludd*, e i suoi ordini sono implicitamente ubbiditi come se egli avesse ricevuto la sua autorità dalle mani di un Monarca»[34]. Sono organizzati in «piccole bande armate che si [spostano] con grande rapidità di villaggio in villaggio col favor delle tenebre»[35], dispongono di moschetti, pistole e asce, usano travestimenti e maschere, raccolgono denaro per le famiglie dei lavoratori che la distruzione delle macchine ha fatto licenziare, hanno un sistema di corrieri che permette loro di tenersi informati su quanto succede in zone lontane, riescono a trovare appoggio in vaste fasce di popolazione, ostili o diffidenti nei confronti del processo di meccanizzazione. Né bisogna dimenticare che, pur non riuscendo a bloccare la crescita del sistema industriale, il luddismo consegue importanti risultati, chiarendo agli imprenditori i costi sociali ed economici che essi avrebbero dovuto affrontare, se avessero introdotto le nuove tecnologie, e finendo perciò per rallentare effettivamente la diffusione delle macchine. Dopo le grandi distruzioni del 1830 ad opera dei braccianti, per fare un esempio, le trebbiatrici inglesi non sarebbero più tornate ai precedenti livelli di diffusione. Il timore di mettere in pericolo le loro macchine, i loro beni capitali e magari la loro persona indusse numerosi imprenditori a procedere con grande cautela. In questo modo i profitti erano inferiori a quanto, in teoria, avrebbero potuto essere ma in compenso, rilevavano gli stessi industriali, «la vita del distretto era quieta e pacifica»[36].

Il conflitto sociale è fenomeno permeato dalle scelte di individui o gruppi e affonda le proprie radici in contesti specifici. Esso presenta perciò una ricca articolazione nel tempo e nello spazio, che non sempre gli storici gli hanno riconosciuto. Aprendo un saggio dedicato a *Polizia e popolo. La protesta popolare in Francia (1789-1820)*, Richard Cobb ricorda «le enormi differenze esistenti da un luogo all'altro» della Francia e aggiunge: «se riuscirò a dimostrare che è impossibile scrivere una storia nazionale della protesta popolare francese, ma che si può solo scrivere quella normanna o lionese, allora avrò ottenuto uno dei risultati che mi ero proposto»[37]. Il fatto è che il mercato, al di là delle apparenze, non elimina le profonde diversità esistenti tra paese e paese, tra settori produttivi, tra mestieri ecc. Non è un fenomeno unitario il luddismo: nel Lancashire, ad esempio, è più politico e più spontaneo, nel Nottinghamshire più disciplinato e strettamente economico. Né è omogeneo il cartismo: non dal punto di vista territoriale, poiché risente di strutture sociali, culture, tradizioni di lotta, motivi di tensione che sono spesso *locali*; e non dal punto di vista di coloro che vi partecipano, divisi tra «un artigianato più progredito, che comprendeva tipografi, calzolai, sarti, ebanisti, librai, piccoli negozianti; gli operai concentrati nei distretti tessili [...]; i lavoratori a domicilio, tra cui non soltanto i tessitori a mano, ma anche produttori come i calzettai e i fabbricanti di chiodi»[38]. Insieme con la scala dei mestieri, delle condizioni lavorative, delle specificità locali, vengono a galla obiettivi differenti, attitudini più o meno radicali, specifici livelli di politicizzazione e di sindacalizzazione.

Al di là della sua articolazione contestuale, tuttavia, il conflitto sociale trova le proprie ragioni in *sistemi complessivi di valori*. Secondo Barrington Moore jr., la protesta collettiva, anche la più violenta, si inserisce all'interno di un «contratto sociale implicito», informale ma comunemente accettato: «un insieme di limiti che definiscono il raggio d'azione sia dei governanti sia dei sudditi, dei gruppi dominanti e di quelli subordinati» e, al tempo stesso, «un insieme di obblighi reciproci che vincola l'uno all'altro i due elementi»[39]. Si tratta, in genere, di norme non codificate ma ben presenti a chi difende l'ordine costituito o a chi vi si ribella, sicché, anche dietro l'apparenza di conflitti privi di regole e di limiti, «ciò che avviene, in realtà, è un tentativo continuo da parte di governanti e governati di scoprire in che misura possano farla franca, di verificare e *trovare* i limiti dell'obbedienza e della disobbedienza»[40].

Lungi dall'essere cieche e destrutturate, le rivolte contro il carovita che costellano la storia d'Europa – con la loro usuale fenomenologia di mulini assaltati, di agguati ai carri carichi di frumento, di forni saccheggiati, di incendi appiccati ai pagliai – rispondono ad una specifica idea (comune a tutti) di quel che è giusto e di quel che è ingiusto, ovvero ad una specifica nozione di legittimità. «Con nozione di legittimità – scrive Edward P. Thompson, a proposito dell'Inghilterra settecentesca – intendo che il comportamento degli uomini e delle donne era guidato dalla comune convinzione di difendere diritti e costumi tradizionali; e, più in generale, dalla convinzione di godere della più ampia approvazione della comunità»[41]. È questo sentimento della giustizia che, per secoli, permette alla gente di scendere in piazza e di far violenza a mugnai, agricoltori, mercanti quando questi sembrano approfittare di un cattivo raccolto per alzare *troppo* il prezzo del pane. Quelle proteste, spesso radicali, talvolta cruente,

> agivano all'interno della concezione popolare che definiva la legittimità o illegittimità dei modi di esercitare il commercio, la molitura del frumento, la preparazione del pane ecc. E questa concezione, a sua volta, era radicata in una consolidata visione tradizionale degli obblighi e delle norme sociali, delle corrette funzioni economiche delle rispettive parti all'interno della comunità, che, nel loro insieme, costituivano l'«economia morale» del povero. Un'offesa contro questi principi morali, *non meno di un effettivo stato di privazione*, era l'incentivo abituale per un'azione immediata[42].

È inutile aggiungere che la nozione di legittimità cambia nel tempo e nello spazio. Quel che appariva ingiusto e inaccettabile ai consumatori inglesi del secondo Settecento sarebbe rientrato nella morale corrente, un secolo dopo.

Strettamente connessa al proprio contesto culturale, politico e istituzionale, la protesta popolare cambia al cambiare di quel contesto. Secondo Charles Tilly, «la violenza collettiva è scaturita regolarmente dai processi fondamentali di trasformazione politica delle nazioni occidentali»[43] (rafforzamento fiscale degli Stati, allargamento dei mercati, urbanizzazione ecc.): tali processi hanno modificato sia le modalità di espressione che gli stessi attori del conflitto sociale. Passando in rassegna quattro secoli di storia francese, Tilly rileva come, fra Seicento e Settecento, la protesta collettiva si rivolga dapprima contro il fisco regio e i suoi esattori, e in seguito contro il libero commercio delle derrate agricole (soprattutto del grano). Queste azioni collettive – contro il fisco o per il giusto prezzo del pane – presentano taluni caratteri ricorrenti: si sviluppano su base locale (il villaggio, la parrocchia), attaccando i personaggi ritenuti immediatamente responsabili dell'«ingiustizia» (agenti del fisco, commercianti di farine, mugnai, fornai); assumono temporaneamente e impropriamente taluni poteri pubblici (fissano a furor di popolo il nuovo prezzo del pane, sequestrano con la violenza e redistribuiscono collettivamente la farina ecc.); spesso chiedono protezione a quelle autorità locali che si mostrino aperte alle istanze popolari o che abbiano interesse a sostenerle (patronato); hanno forme specifiche (assalti ai carri con il frumento, distruzione delle barriere daziarie, cacciata degli esattori fiscali ecc.).

In età contemporanea, dalla metà dell'Ottocento, la protesta popolare assumerà contenuti e modalità differenti. Le lotte sociali diventeranno soprattutto conflitti di lavoro fra padronato e salariati; saranno tendenzialmente nazionali e non locali, non più collegate alla protezione di qualche signore del posto ma decisamente autonome dalle autorità costituite, spesso organizzate da associazioni specifiche; si baseranno su programmi, slogan e simboli che indicano esplicitamente l'appartenenza dei partecipanti al gruppo; avranno un atteggiamento di contrapposizione ai poteri pubblici più che assumerne temporaneamente le funzioni; daranno vita a nuovi comportamenti, come gli scioperi, le marce per presentare petizioni, l'invasione di assemblee ufficiali, l'occupazione di suoli pubblici ecc.

Volendo sottolinearne il carattere non casuale, Tilly chiama *repertoire* l'insieme dei modi di espressione che, nei vari periodi, la protesta collettiva assume, e rileva che «ogni popolazione possiede un repertorio limitato di azioni collettive» e lo mette in scena, di volta in volta, adattandolo allo scopo del momento, come fosse una sorta di commedia dell'arte[44]. Dietro il succedersi dei repertori, si intravede il combinarsi di fattori politico-istituzionali, di trasformazioni economiche, di una complessa dialettica sociale e territoriale (il rapporto fra centro e periferia). Simili tipologie riflettono i mutamenti secolari dell'Occidente, la sua modernizzazione, il passaggio dalla *comunità* alla *società* e, al tempo stesso, s'intrecciano con questioni locali e specifici contesti. I comportamenti collettivi, direbbe E.P. Thompson, richiedono tutta l'attenzione che gli antropologi dedicano ai *primitivi* della Melanesia o dell'Amazzonia.

4. *Segregazione e mobilità sociale*

Il conflitto sociale è legato al carattere dinamico dei sistemi occidentali otto-novecenteschi e ne costituisce, in qualche modo, un elemento fisiologico. Ma le categorie di conflitto e di mutamento – sulle quali ha insistito la storiografia – non possono far dimenticare l'esistenza di fenomeni e meccanismi che vanno nella direzione opposta della *stabilizzazione sociale*. Non sarebbe possibile, altrimenti, darsi ragione della notevole capacità di sopravvivenza dimostrata da *élites* ed istituzioni negli ultimi due secoli (malgrado gli alti costi sociali della modernizzazione), né del fallimento delle ipotesi di «crollo» e di «rivoluzione» formulate spesso, nel XIX e nel XX secolo, dal movimento operaio europeo. Analizzando i meccanismi di diseguaglianza che caratterizzano i sistemi socio-politici contemporanei, Frank Parkin rileva che il problema «non è quello di domandarsi perché, spesso, i non privilegiati si ribellino contro i privilegiati, ma perché non si ribellino più spesso di quanto non facciano»[45]. Certo è che il conflitto sociale non fermerà l'avanzata del macchinismo né l'allargarsi della polanyiana società di mercato. Agitazioni di piazza e scioperi industriali non impediranno al modo di produzione capitalistico e agli Stati liberali di superare (magari trasformati) il tunnel di numerose crisi strutturali o politiche e delle gravi tensioni sociali che esse producono.

Il conflitto sociale, del resto, non procede su un fronte compatto e raramente assume il significato di uno scontro fra le due classi marxiane; più spesso si articola per aree territoriali e per settori socio-professionali, mantenendo in genere slegate le proprie istanze (economiche, sociali, politiche). Le grandi organizzazioni socialiste del XIX secolo falliranno l'obiettivo di unificare i diversi focolai della protesta sociale e di coniugare insieme rivendicazioni sindacali e strategie di partito. La Prima Internazionale non saprà collegare i nuclei artigiano-operai ad un tessuto di lavoratori ancora prevalentemente rurali, né la Seconda Internazionale riuscirà a sintetizzare le differenti valutazioni che tedeschi, francesi, russi, italiani daranno della questione dell'imperialismo e della guerra.

Inoltre, la conflittualità sociale si integra, seppure parzialmente, nei meccanismi di funzionamento delle società contemporanee. Dalla metà dell'Ottocento (e soprattutto nel XX secolo), sulla spinta delle lotte operaie, la dinamica salariale europea determina un aumento dei costi di produzione che, a sua volta, provocando una riduzione dei margini di profitto, stimola le innovazioni tecnologiche. Frattanto, la maggiore massa salariale amplia le capacità di consumo della gente e diventa dunque un fattore essenziale di crescita della produzione di massa.

Oltre a ciò, non bisogna dimenticare che gli elementi di conflittualità delle società occidentali contemporanee vengono spesso risolti – *finanziati* – a spese dei paesi extraeuropei, attraverso meccanismi di dominio politico ed economico che aggravano il divario fra aree non sviluppate ed aree sviluppate, ma rendono queste ultime più stabili. Non v'è dubbio che, nel corso del XIX e del XX secolo, l'Occidente goda di una crescente prosperità anche grazie all'uso di forza-lavoro, terre e materie prime che vengono reperite a basso costo in Asia, America Latina, Africa. Queste risorse aggiuntive – rileva l'analisi marxista del fenomeno imperialistico – permettono ai ceti dirigenti occidentali di soddisfare alcune delle rivendicazioni economiche portate avanti dalle classi lavoratrici, ammortizzando perciò le tensioni sociali. Prima di Lenin, era stato Engels a constatare che «il proletariato inglese sta diventando sempre più borghese [...]. Per una nazione che sfrutta tutto il mondo ciò è naturalmente in una certa misura giustificabile»[46].

Dunque, tre buoni motivi che attenuano tendenzialmente la conflittualità delle società contemporanee: una scarsa unificazione organizzativa dei movimenti sociali, la loro funzione di stimolo nei confronti del mercato, il trasferimento di una parte dei costi economici del conflitto al di fuori delle «metropoli» sviluppate.

Ma bastano queste ragioni a spiegare la lunga vita di un sistema economico e politico (occidentale) da molti ritenuto distruttivo, contraddittorio, parziale? Spesso le scienze sociali hanno fornito un'interpretazione «ottimistica» del *problema della continuità*: i processi di modernizzazione economico-sociale conterrebbero, al loro interno, meccanismi capaci di compensare i fenomeni di diseguaglianza e di ammortizzare le ragioni del conflitto. Fra essi, sarebbe cruciale il ruolo della *mobilità sociale*, ovvero delle opportunità che si offrono a individui, famiglie, gruppi di migliorare la propria condizione sociale attraverso avanzamenti di carriera, spostamenti da un settore d'attività ad un altro, accumulo di risparmi, passaggi dal lavoro dipendente ad attività autonome, scelte matrimoniali in contesti sociali superiori, acquisizione di capacità professionali attraverso l'istruzione ecc. In questa sorta di *promessa di miglioramento* starebbe la chiave di volta della stabilità e della stessa legittimazione dei sistemi politici occidentali otto-novecenteschi. Scrive Dahrendorf:

> La percentuale di mobilità sembra corrispondere in ciascun paese al grado di industrializzazione: perciò è più elevata in Gran Bretagna che in Francia, più negli Stati Uniti che in Italia [...]. La mobilità sociale, che per Marx costituiva l'eccezione che confermava la regola della insuperabilità delle barriere di classe, è stata istituzionalizzata nella struttura della società post-capitalistica, ed è diventata quindi un fattore che deve essere tenuto presente da ogni analisi in tema di conflitto e di mutamento sociale[47].

Non v'è dubbio che gli stessi caratteri delle trasformazioni otto-novecentesche postulino una forte mobilità sociale, fenomeno certo non assente in Antico Regime ma ben diverso sia per dimensioni che per qualità. La formazione di un moderno mercato del lavoro infatti avviene grazie a ingenti spostamenti sociali, oltre che territoriali: dalla decadenza di interi mestieri artigiani allo sfoltimento di un commercio al dettaglio ormai pletorico, dalla «fine dei contadini» alla nascita *ex novo* dei colletti bianchi. Le trasformazioni occupazionali del XIX e XX secolo sono troppo ampie perché si possa pensare a fenomeni di semplice *autoreclutamento*. Gli operai della nuova industria meccanica, ad esempio, non sono soltanto i discendenti dei vecchi artigiani del settore; né i sette milioni di impiegati della Germania nazista possono essere, tutti quanti, i figli o i nipoti del milione di colletti bianchi del Reich guglielmino. Alla svolta del secolo, per fare un altro esempio, oltre il 40% degli impiegati londinesi è di estrazione operaia[48]. La nascita di figure professionali e sociali nuove spiega, dunque, buona parte dei fenomeni di mobilità che accompagnano la storia occidentale otto-novecentesca.

Ma questo non significa che la società di mercato sia il regno felice delle opportunità. Certo, le aspettative di progresso collettivo sono radicate in vasti strati dell'opinione pubblica otto-novecentesca. *Improvement* è una parola chiave per comprendere il clima culturale dell'Inghilterra vittoriana e Samuel Smiles, con il suo *Self-help* (1859), venderà, soltanto in Gran Bretagna, oltre duecentocinquantamila copie[49]. Tuttavia, come si è visto nei capitoli precedenti, diseguaglianze e barriere sociali sono numerose nelle società contemporanee. E se, assunti i ritmi veloci del mondo contemporaneo, certe gerarchie appaiono più mobili di quanto non fossero nell'Antico Regime, resta il fatto che i sistemi otto-novecenteschi non mancano di vere e proprie segregazioni sociali.

Le *élites* riescono spesso a mantenere chiusi i canali di accesso ai propri ranghi. Di regola, nei livelli alti della gerarchia sociale, l'autoreclutamento è rigido. Anche l'aristocrazia inglese, che gode fama d'essere fra le più disponibili ad accogliere le opportunità economiche del «nuovo mondo», resta molto esclusiva: solo negli anni Ottanta del XIX secolo entreranno a far parte dei Pari alcuni esponenti dei gruppi imprenditoriali, grossi mercanti, finanzieri, siderurgici, tessili e quei birrai, come Guinness, che faranno dire con ironia che il *peerage* era ormai divenuto un *beerage*... L'autoreclutamento è egualmente forte tra l'*élite* economica continentale: nella Germania di primo Novecento, essa proviene per oltre i due terzi da famiglie d'imprenditori[50]. Le *élites* restano esclusive, d'altronde, non solo rispetto all'esterno ma anche nelle proprie tradizionali gerarchie interne. Nel Secondo Reich tedesco, «grande borghesia e nobiltà procedevano su due binari separati», sebbene gli storici abbiano spesso ritenuto che si trattasse di gruppi tendenti ad amalgamarsi in un unico ceto feudale-capitalistico. «Ricerche condotte sul periodo immediatamente precedente alla prima guerra mondiale – rileva Hartmut Kaelble – mostrano che solo pochi ricchi imprenditori contrassero matrimoni all'interno dell'aristocrazia, sebbene la maggior parte di essi provenisse da famiglie già molto ricche e rappresentasse quindi, per l'aristocrazia, già in età giovanile, un ottimo partito», e che soltanto un 10% dei figli dell'*élite* borghese multimilionaria «optava per un'attività che allora veniva considerata di tipo nobiliare: latifondista, diplomatico o ufficiale; la stragrande maggioranza seguiva il modello borghese e diventava imprenditore»[51].

A maggior ragione, risultano difficilmente valicabili talune barriere che segnano il confine delle classi sociali. Si prenda il *cleavage* che divide l'area delle occupazioni manuali da quelle non manuali. A Birmingham, a fine secolo, gli operai sposano in genere donne dello stesso quartiere o della stessa strada, mentre gli impiegati trovano moglie in un'area molto più vasta, spesso in altri quartieri o fuori città[52]: il controllo del territorio è assai diverso, da classe a classe. Nella Germania guglielmina, solo l'11% dei figli dei lavoratori manuali raggiunge una condizione piccolo-borghese, mentre, di essi, nessuno perviene ai ranghi della borghesia vera e propria: dunque, la grande maggioranza (89%) mantiene la condizione che aveva alla nascita. Simmetricamente, la piccola borghesia tedesca può conservare una sua sostanziale esclusività: appena il 18% dei suoi componenti ha un'estrazione operaia[53]. La maggiore apertura della società vittoriana sarebbe dimostrata invece dal fatto che le aristocrazie operaie inglesi hanno rapporti sociali e scambi matrimoniali con i livelli bassi del *milieu* impiegatizio[54]. Ma si tratta di relazioni poco diffuse e che tendono a diradarsi col tempo: nell'età edoardiana, l'isolamento della classe operaia rispetto ai settori del lavoro non manuale sembra più netto di cinquant'anni prima. Fra tardo Ottocento e primo Novecento, le classi lavoratrici inglesi diventano più omogenee sociologicamente e culturalmente, più compatte sindacalmente e politicamente. Emerge uno standard operaio specifico, uno stile di vita che va al di là delle differenze professionali e locali e che consiste nel weekend festivo, nei quartieri a residenza esclusivamente operaia, nei negozi che vendono cibo pronto ed economico (*fish-and-chips*), nella scoperta dei consumi di massa (calzature e abbigliamento, carne congelata, tè e frutta esotica), negli acquisti rateizzati, nelle vacanze al mare e nella passione per la locale squadra di calcio, nell'uso della stampa quotidiana popolare. E ovviamente nella *Union*, il sindacato, e nel *Labour*, il partito. Ma tutto questo riflette e sottolinea l'esistenza di un modello socio-culturale e politico separato dal resto della società.

> Ciò che più colpisce è la segregazione del mondo del lavoratore manuale britannico. Gli operai erano segregati sul terreno delle ambizioni [...]. I lavoratori venivano sempre più definiti come coloro che erano privi di istruzione o che non la mettevano a partito; e il contrasto tra chi lasciava la scuola e chi vi rimaneva, o tra chi trovava lavoro grazie all'educazione scolastica e coloro per i quali essa era irrilevante [...] acuì la differenza che si avvertiva tra lavoratori manuali e non manuali[55].

Inoltre, i percorsi di ascesa sociale, quando non sono una fantasia ideologica, si rivelano comunque mediocri. Ad esempio, coloro che dalla classe operaia riescono a passare in mestieri non manuali pervengono quasi sempre ai livelli più bassi del mondo impiegatizio. Attorno al 1900, una bella fetta dei colletti bianchi londinesi è di estrazione operaia, ma si tratta di impiegati con funzioni e redditi fra i più modesti: sono spesso di estrazione operaia gli addetti alle ferrovie (50%), molto meno gli agenti delle assicurazioni (22%) e i giornalisti (13%), raramente i ben pagati e prestigiosi impiegati di banca (7%). Più che passaggi dall'una all'altra delle due classi marxiane, sono spostamenti all'interno di una *zona di frontiera* posta fra di esse: il luogo occupato, per un verso, dalla piccola borghesia autonoma o dipendente e, per altro, dai settori alti della classe operaia.

> La maggior parte della mobilità, avendo un raggio abbastanza limitato, comporta un movimento verso l'interno e verso l'esterno di questa zona, più che un movimento tra le classi alle estremità. Questa è una ragione importante, che spiega perché generalmente la mobili-

tà non dia origine a problemi di adattamento molto acuti. I modelli di comportamento e il simbolismo sociale della classe operaia «rispettabile» non dovrebbero essere di particolare disturbo o estranei per un membro tipico della classe media inferiore [...]. Sembra probabile che gran parte di quella che viene considerata mobilità sociale consista semplicemente in fluttuazioni marginali di classe dei membri delle stesse famiglie, da una generazione all'altra[56].

È in quest'area sociale di mezzo, alla giuntura fra le due classi marxiane, che si verificano i principali processi di mobilità, si attutisce il conflitto sociale, si amalgamano le culture e i modi di vita o, al contrario, si costruiscono barriere e trincee di tipo ideologico. Qui i sistemi politico-sociali dell'Occidente contemporaneo sembrano trovare importanti motivi di stabilizzazione. Non è un caso che il peso politico dei gruppi che vi appartengono risulti spesso maggiore di quanto non farebbe pensare il loro ruolo di mercato o il loro livello organizzativo. Non si spiega altrimenti l'attenzione che governanti, politici, scienziati sociali dedicano, fra tardo Ottocento e primo Novecento, alle sparute «aristocrazie operaie», alla sfrangiata *lower-middle class* impiegatizia, alla miriade dei dettaglianti, alle fatiscenti piccole imprese artigiane.

Lo schema che attribuisce all'intensità dello sviluppo economico una proporzionale quota di mobilità sociale risulta opinabile. I processi di mobilità non sono una conseguenza necessaria della crescita economica. La società guglielmina, che pure vive un'intensa industrializzazione, si mostra relativamente immobile e segmentata: a Bochum, un centro minerario della Ruhr, nel corso dei vent'anni che vanno dal 1880 al 1900, l'80% degli operai semplici o semispecializzati e il 60% degli operai qualificati non registreranno alcun miglioramento della propria condizione[57].

Ma l'ottimismo implicito in un nesso sviluppo-mobilità viene smentito da un'altra considerazione. I processi di mobilità sono bidirezionali. Esiste tanto una mobilità ascendente quanto una mobilità discendente. A Bochum, quasi la metà dei figli di lavoratori non manuali dovrà accontentarsi di occupazioni manuali[58]. Nei primi quindici anni del Novecento, oltre il 40% della piccola borghesia tedesca viene declassato, rispetto allo status sociale delle proprie famiglie d'origine![59] Né sono soltanto i settori impiegatizi e il *Mittelstand* a sperimentare il fenomeno della caduta sociale.

Molti figli di operai specializzati non riescono a conservare il livello di qualificazione dei padri e occupano mansioni più basse e meno retribuite: a Bochum, sono più del 30%. Il fenomeno, rilevante sul piano politico e culturale oltre che sociologico, perverrà fino al secondo Novecento. «Molte società industriali – notava Parkin nel 1971 – stanno rivelando di avere tassi di mobilità discendente più alti di quelli della mobilità ascendente. In Gran Bretagna, ad esempio, più del 40% dei nati nella classe non manuale può attendersi di cadere nella classe dei lavoratori manuali»[60].

Quelle contemporanee, insomma, non sono soltanto «società di frontiera», che vivono nel mito realizzato dell'ascesa sociale, del progresso e del *self-help*: instabilità, insicurezza, paura appaiono fenomeni collettivi altrettanto plausibili, i quali riportano il discorso al tema di partenza della tensione sociale e del conflitto.

Va ricordato infine che il problema storico della conflittualità/stabilità dell'Occidente contemporaneo non può prescindere dalla considerazione dei fattori e dei processi di tipo politico-istituzionale: la formazione o l'ammodernamento degli Stati nazionali, l'organizzarsi di nuovi rapporti fra il centro politico e le periferie, la *nazionalizzazione delle masse*, l'emergere della moderna *forma partito* e dei sistemi di rappresentanza liberali. È all'interno di un dato quadro politico-istituzionale che vanno collocati tanto i conflitti sociali quanto la capacità di controllo e di stabilizzazione dei poteri costituiti. La modifica del *repertorio* della protesta popolare, che Charles Tilly colloca fra tarda età moderna e prima età contemporanea, si spiega anche con il fatto che gli Stati occidentali si vanno dotando, nell'Ottocento, di nuovi strumenti per neutralizzare coloro che – individui e gruppi – abbiano comportamenti illegali o socialmente pericolosi. Grazie a poliziotti, giudici e sussidi statali, le società contemporanee verranno svuotate delle masse di mendicanti che le attraversavano in Antico Regime. Nel frattempo, altre trasformazioni promosse dal potere statale (la burocratizzazione delle relazioni pubbliche, la diffusione dei diritti politici, la scolarizzazione di massa ecc.) finiscono per omogeneizzare i comportamenti, anche se questo non implica necessariamente la riduzione dei dislivelli socio-economici.

Al problema storico della politica e dello Stato – una

dimensione concettuale ed analitica che permette di ricucire alcune delle tematiche affrontate in questo libro – è dedicato il prossimo capitolo.

Note al capitolo ottavo

[1] Citato in E.J. Hobsbawm, *Il trionfo della borghesia 1848-1875*, trad. it., Bari, Laterza, 1976, p. 11.

[2] C. Tilly, *La Francia in rivolta*, trad. it., Napoli, Guida, 1990, p. 516.

[3] Citato in S. Marcus, *Engels, Manchester e la classe lavoratrice*, trad. it., Torino, Einaudi, 1980, p. 47.

[4] M.J. Wiener, *Il progresso senza ali. La cultura inglese e il declino dello spirito industriale (1850-1980)*, trad. it., Bologna, Il Mulino, 1985, p. 99.

[5] *Ibidem*, p. 100.

[6] Citato in E.P. Thompson, *Società patrizia, cultura plebea. Otto saggi di antropologia storica sull'Inghilterra del Settecento*, trad. it., Torino, Einaudi, 1981, p. 193.

[7] *Ibidem*, p. 298.

[8] J. Chesneaux, *L'Asia Orientale nell'età dell'imperialismo. Cina, Giappone, India e Sud-Est asiatico nei secoli XIX e XX*, trad. it., Torino, Einaudi, 1969, p. 90.

[9] E.J. Hobsbawm, *I banditi. Il banditismo sociale nell'età moderna*, trad. it., Torino, Einaudi, 1974, p. 11.

[10] L. Chevalier, *Classi lavoratrici e classi pericolose. Parigi nella rivoluzione industriale*, trad. it., Bari, Laterza, 1976, p. 4.

[11] *Ibidem*, p. 68.

[12] Citato in L. Chevalier, *Classi lavoratrici e classi pericolose*, cit., p. 87.

[13] Citato in G. Stedman Jones, *Londra nell'età vittoriana*, trad. it., Bari, De Donato, 1980, p. 215.

[14] *Ibidem*, p. 74.

[15] Anche la teoria sociale di ispirazione marxista, tuttavia, appare sensibile agli ideali ottocenteschi di progresso e di razionalità, individuando nel proletariato, nelle sue lotte e nella sua organizzazione politica, gli strumenti per rovesciare l'ordine esistente – una volta che tale ordine (borghese) avrà compiuto la propria funzione storica – e per instaurare una società libera dal conflitto di classe.

[16] Citato in M. Olson, *La logica dell'azione collettiva. I beni pubblici e la teoria dei gruppi*, trad. it., Milano, Feltrinelli, 1983, p. 30.

[17] Citato in A. Mucchi Faina, *L'abbraccio della folla. Cento anni di psicologia collettiva*, Bologna, Il Mulino, 1985, p. 89.

[18] *Ibidem*, p. 78.

[19] *Ibidem*, p. 168.

[20] M. Olson, *La logica dell'azione collettiva*, cit., p. 14.

[21] J.L. Cohen, *Strategia o identità: nuovi paradigmi teorici e movimenti sociali contemporanei*, in AA.VV., *I nuovi movimenti sociali*, Milano, Angeli, p. 39.

[22] E.J. Hobsbawm, *Lavoro, cultura e mentalità nella società industriale*, trad. it., Bari, Laterza, 1986, pp. 4-9.

[23] R. Cobb, *Polizia e popolo. La protesta popolare in Francia (1789-1820)*, trad. it., Bologna, Il Mulino, 1976, p. 18.

[24] Citato in E. Grendi, *Le origini del movimento operaio inglese 1815-1848*, Bari, Laterza, 1973, p. 122.

[25] E.J. Hobsbawm, *Studi di storia del movimento operaio*, trad. it., Torino, Einaudi, 1972, p. 154.

[26] L. Chevalier, *Classi lavoratrici e classi pericolose*, cit., p. 534.

[27] *Ibidem*, p. 546.

[28] *Ibidem*, p. 560.

[29] Citato in E.J. Hobsbawm, *Studi di storia del movimento operaio*, cit., p. 8.

[30] Citato in E.P. Thompson, *Società patrizia*, cit., p. 58.

[31] *Ibidem*, p. 59.

[32] Id., *Rivoluzione industriale e classe operaia in Inghilterra*, trad. it., Milano, Il Saggiatore, 1969, vol. II, p. 108.

[33] E.J. Hobsbawm, *Studi di storia del movimento operaio*, cit., p. 16.

[34] Sono le parole del corrispondente da Nottingham del «Leeds Mercury», citate in E.P. Thompson, *Rivoluzione industriale*, cit., vol. II, p. 108.

[35] *Ibidem*, p. 107.

[36] Citato in E.J. Hobsbawm, *Studi di storia del movimento operaio*, cit., p. 23.

[37] N.J. Smelser, *Il mutamento sociale nella rivoluzione industriale*, trad. it., Milano, Etas Libri, 1978, p. 7.

[38] A. Briggs, *Chartist Studies*, London, St. Martin, 1954, citato in E. Grendi, *Le origini del movimento operaio inglese*, cit., p. 185.

[39] B. Moore jr., *Le basi sociali dell'obbedienza e della rivolta*, trad. it., Milano, Comunità, 1983, p. 36.

[40] *Ibidem*.

[41] E.P. Thompson, *Società patrizia*, cit., p. 59.

[42] *Ibidem*, p. 60. Il corsivo è mio.

[43] Citato nell'*Introduzione* di S. Lombardini a C. Tilly, *La Vandea*, trad. it., Torino, Rosenberg & Sellier, 1976, p. XIII.

[44] C. Tilly, *La Francia in rivolta*, cit., p. 526.

[45] F. Parkin, *Diseguaglianza di classe e ordinamento politico*, trad. it., Torino, Einaudi, 1976, p. 47.

[46] Citato in E.J. Hobsbawm, *Studi di storia del movimento operaio*, cit., pp. 353-354.

[47] R. Dahrendorf, *Classi e conflitto di classe nella società industriale*, trad. it., Bari, Laterza, 1974, pp. 101-104.

[48] H. McLeod, *White Collar Values and the Role of Religion*, in G. Crossick (a cura di), *The Lower Middle Class in Britain 1870-1914*, London, Croom Helm, 1977, p. 84.

[49] Cfr. A. Briggs, *L'Inghilterra vittoriana*, trad. it., Roma, Editori Riuniti, 1978, p. 123.

[50] H. Kaelble, *Social Mobility in Germany, 1900-1960*, in «Journal of Modern History», 50 (1978), n. 3.

[51] Id., *Borghesia francese e borghesia tedesca. 1870-1914*, in J. Kocka (a cura di), *Borghesie europee dell'Ottocento*, trad. it., Venezia, Marsilio, 1989, p. 139.

[52] H. McLeod, *White Collar Values*, cit., p. 85.

[53] H. Kaelble, *Social Mobility*, cit.

[54] Cfr. sopra, cap. VII, § 4.2.

[55] E.J. Hobsbawm, *Lavoro, cultura*, cit., pp. 209-211.

[56] F. Parkin, *Diseguaglianza di classe e ordinamento politico*, cit., p. 57.

[57] D. Crew, *Definitions of Modernity: Social Mobility in a German Town, 1880-1901*, in «Journal of Social History», 7 (1973).

[58] *Ibidem.*

[59] H. Kaelble, *Social Mobility*, cit.

[60] F. Parkin, *Diseguaglianza di classe e ordinamento politico*, cit., p. 53.

Capitolo nono

Lo Stato e la politica

1. *Storia politica e scienze sociali*

Bloch e Febvre polemizzano aspramente con quegli «storici storicizzanti» che identificano la storia con la storia degli avvenimenti politici e che si limitano a ricostruire una sequenza di fatti, concatenati l'uno all'altro in una successione temporale e secondo rapporti di causa-effetto. In seguito, nel secondo dopoguerra, la storiografia francese elaborerà una esplicita gerarchia di livelli che vede al primo posto le strutture ambientali, demografiche e culturali, poi i processi economico-sociali e infine il mondo dei fatti politici. La tradizionale storia politica sembra l'antitesi perfetta di una storia intesa come scienza sociale.

Questa forte e ricorrente polemica ha prodotto, tuttavia, risultati controversi. Per un verso, l'insistenza su strutture ambientali, modelli demografici, sistemi socio-economici e via dicendo ha finito per sottovalutare la dimensione della politica e dello Stato. Per altro verso il rinnovamento metodologico del secondo dopoguerra non ha potuto evidentemente investire la storia politica e il livello politico-istituzionale: su questo piano la storiografia francese, ad esempio, ha detto molto poco, semplicemente perché se n'è poco interessata.

Inoltre, la polemica nei confronti dell'*histoire événementielle* e della dimensione politica risente della forte egemonia che la teoria economica – e la storia economica, per quel che ci riguarda – esercita sulle scienze sociali e sulla storiografia del secondo dopoguerra. Vi si può scorgere «una certa visione marxista (o pretesa tale) delle cose, che fa [...] dei fenomeni politici un *riflesso* dell'azione, più fondamentale, delle forze economiche e sociali»: insomma l'idea che «un problema politico non è mai altro che un problema economico mal posto»[1]. Alla sfera politica viene negata, di fatto, una propria autonoma ragion d'essere. Secondo Engels, con la comparsa della proprietà individuale e «con la divisione della società in classi nasce il potere politico, lo Stato, la cui funzione è essenzialmente quella di mantenere il dominio di una classe sull'altra»[2]. In questa ottica, le forme politiche corrispondono a specifici modi di produzione materiale e ne preservano gli elementi di asimmetria (sfruttamento). Lo Stato insomma è una variabile del sistema sociale e la legge dello Stato, in sostanza, «definisce e difende le pretese dei governanti sulla ricchezza, sulle risorse e sulla forza-lavoro»: non è altro che una «maschera del dominio di classe»[3].

Una visione del potere politico come puro dominio appare tuttavia opinabile. Alle soglie del Novecento, Gaetano Mosca rileverà come i governanti agiscano «non sulla sola base della forza materiale ed intellettuale ma anche su quella di un principio morale»[4], mentre Antonio Gramsci aggiungerà alla categoria di dominio quella di *egemonia*, intendendo che il governo degli uomini non può basarsi su semplici rapporti di forza.

> Il fatto è – scrive lo storico Edward Thompson – che la maggior parte degli uomini ha un forte senso della giustizia, almeno rispetto ai propri interessi. Se la legge è palesemente ingiusta e parziale, allora state pur tranquilli che essa [...] non contribuirà affatto a realizzare una qualche egemonia di classe. La condizione necessaria e sufficiente perché la legge, nella sua funzione di ideologia, sia efficace, sta tutta nella possibilità di dimostrare la sua autonomia, ovvero di essere refrattaria a manipolazioni grossolane. Deve essere ed apparire sostanzialmente giusta[5].

Il che non è facile, dal momento che, in una società, convivono spesso concezioni differenti di quel che è giusto e di quel che non lo è. Nell'Inghilterra del Settecento, ad esempio, gli abitanti delle zone boschive ritenevano loro antico diritto la libertà di caccia, mentre gli agrari difendevano il principio opposto dell'inviolabilità delle proprie terre. E se, alla fine, furono gli interessi delle *élites* a diventare legge e il governo di Robert Walpole s'incaricò di promulgare un editto contro i bracconieri, è altrettanto vero che lo Stato inglese fondava la propria legittimità «sull'equità ed il carattere universale, sulla ragionevolezza e l'indiscutibile valore della legge, delle sue norme, dei suoi organi, delle sue procedure». I governanti «giocavano una partita [...] secondo regole a loro convenienti, ma, una volta stabilite quelle regole, non potevano infrangerle, altrimenti l'intera partita sarebbe stata annullata»[6].

Lo studio della politica e dello Stato, inoltre, ha dovuto scontare talune ipoteche, per così dire, ideologiche. È tuttora abbastanza diffusa una tendenza a leggere in chiave evolutiva la storia delle istituzioni politiche europee e ad universalizzare le forme che esse assumono attualmente, ovvero lo Stato liberale e la democrazia politica. A monte di un simile pregiudizio sta un'interpretazione teleologica dei sistemi politico-statali, che vede nel corso storico una *evoluzione* da forme di potere oligarchiche a forme di democrazia. Spencer credeva in un progresso delle forme politiche (dipendente dal progresso delle strutture economico-sociali) mentre, per parte sua, il marxismo ha costruito una successione di sistemi socio-politici, giungendo a *prevedere* l'estinzione dello Stato. Le scienze sociali otto-novecentesche spesso propongono schemi evoluzionistici del genere. Nate all'ombra di Marx, Weber e Durkheim, anche «le più recenti teorie alle quali ci rivolgiamo per spiegare la formazione degli Stati nazionali hanno praticamente tutte almeno una pennellata di evoluzionismo»[7]. Non diversamente dalle teorie degli stadi dello sviluppo economico, si parla spesso di una *modernizzazione politica* e di uno *sviluppo politico*, come processi standardizzati, che passano attraverso fasi definite e sempre eguali, e che approdano infine al sistema liberaldemocratico. Ma, anche a voler ignorare l'intricato e disomogeneo quadro storico dell'Occidente, basta considerare le vicende politico-istituzionali dell'Asia contemporanea o dell'Africa o dell'America Latina per rendersi conto che la politica (come del resto l'economia) non di rado imbocca strade assolutamente difformi dal modello europeo.

Non è, del resto, di molto aiuto all'analisi dello Stato e della politica la genericità con cui, soprattutto in sede storiografica, spesso vengono usate queste categorie. Nel 1513, Niccolò Machiavelli aveva chiamato Stati «tutti 'e dominii che hanno avuto et hanno imperio sopra li uomini»[8], indicando implicitamente come loro caratteristica distintiva il comando esercitato su coloro che abitano in un certo territorio. Ma fino a che punto una definizione del genere si presta agli odierni sistemi liberaldemocratici, fondati sul suffragio universale, caratterizzati da un ampio intervento nelle più disparate sfere sociali, incaricati del benessere comune (*welfare state*)? Il fatto è che lo Stato e la politica assumono significati molto diversi, a seconda del tempo e dello spazio. Lo Stato patrimoniale cinquecentesco non è lo Stato nazionale del XIX secolo, le basi della sovranità ai tempi di Bodin non sono le stesse di re Edoardo VII, i parlamenti europei d'Antico Regime presentano caratteri del tutto differenti dai parlamenti elettivi del Novecento, le burocrazie di Luigi XIV non hanno molto a che vedere con quelle della Russia di Stalin. L'articolazione dei contesti storici si impone con evidenza sull'uniformità concettuale. L'etichetta è unica, ma i referenti diversissimi.

Nell'ultimo ventennio, l'analisi del livello politico-istituzionale registra alcune novità, sul piano delle scienze sociali e, al seguito di esse, sul piano degli studi storici.

La necessità di riportare la politica sul proscenio storiografico – *bringing the State back in*[9] – emerge per diversi motivi, fra i quali vanno ricordati, qui, i comprovati limiti di un approccio economicistico all'analisi della società, la forte crescita delle funzioni statali e delle organizzazioni politiche nell'Occidente contemporaneo e, non ultima, l'ampia fortuna che il pensiero di Weber trova nell'Europa del secondo dopoguerra. È Weber infatti (tardivamente tradotto in lingua inglese) che ha distinto fra potere sociale, potere ideologico e potere politico, restituendo a quest'ultimo – e alla politica in senso lato – una autonomia negata, in maggiore o minore misura, dalle impostazioni economicistiche o funzionalistiche.

È a partire dagli anni Cinquanta che si sviluppa una «scienza politica», come branca specifica delle scienze sociali. Dopo essersi faticosamente ritagliata un campo d'indagine all'interno del vasto territorio della sociologia, essa conosce ampia fortuna anzitutto negli Stati Uniti e in Gran Bretagna, poi – e assai meno – nel resto d'Europa.

La scienza politica si caratterizza subito per una forte tensione concettuale, dedicandosi all'elaborazione di teorie generali, capaci di dare un senso alla ricerca empirica: «se lo studio della politica non nasce e non è orientato da teorie generali vaste, coraggiose, anche se altamente vulnerabili – dirà nel 1961 R.A. Dahl –, esso sarà destinato al disastro definitivo di cadere nella banalità»[10]. Numerosi autori, da Easton a Rapaport, da Almond allo stesso Dahl, forniranno definizioni, peraltro differenti fra loro, di «sistema politico», al fine di individuare i confini al cui interno si devono muovere i politologi. Al tempo stesso la scienza politica adotta, per lo più, un approccio empirico e comportamentista, marcando in modo netto la sua distanza dalle discipline filosofiche e giuridiche, che s'erano tradizionalmente occupate dei temi politico-istituzionali. Diversamente dalla classica impostazione *événementielle*, inoltre, essa prende in considerazione «solo quei problemi che sono affrontabili mediante l'uso di modelli» e individua – dei fenomeni politici – le regolarità, le tendenze, le leggi[11]. Con procedura tipica delle scienze sociali, fenomeni e comportamenti vengono concettualizzati e formalizzati: la politica diventa analisi dei meccanismi decisionali e *policy making*; gli «avvenimenti» parlamentari sono espressi in termini di competizione, cooperazione, strategie di equilibrio ecc.; il confronto politico viene tradotto nelle categorie di *cleavages*, legittimazione, stabilità; i risultati elettorali sono elaborati in complessi diagrammi che, partendo dai dati empirici, arrivano ad individuare una prognosi della competizione politica; i partiti vengono suddivisi in classi (burocratici, patrimoniali, carismatici) e i loro sistemi interni di potere definiti come oligarchici, poliarchici, monocratici ecc. Dietro la grande quantità di categorie d'analisi, sta la convinzione che soltanto attraverso l'identificazione di modelli e sistemi sia possibile misurare una realtà così cangiante e *individuale* com'è la politica e tentare una comparazione fra contesti diversi.

Il quadro della politologia contemporanea, peraltro, non è uniforme. Gli approcci seguiti dagli studiosi sono diversi e talora divergenti. Basti dire che esistono impostazioni di tipo «economico» – che vedono i comportamenti politici come una somma di comportamenti individuali tesi alla ricerca del massimo *utile* personale e interferenti gli uni con gli altri – ed impostazioni che indagano piuttosto i contenuti simbolici e culturali della politica, prendendo a prestito le teorie dei valori. Né, a questo proposito, va dimenticato il contributo dell'antropologia e, soprattutto, il suo riconoscimento dell'esistenza di complessi sistemi politico-istituzionali anche al di fuori delle tradizioni occidentali, fra le cosiddette «società senza Stato». Un'antropologia politica delle popolazioni esotiche – a partire dall'analisi di Edward Evans-Pritchard sui Nuer – è, al tempo stesso, insegnamento anti-etnocentrico e stimolo ad analisi di tipo comparativo.

Guardando a questo ampio ventaglio di proposte concettuali e di modelli generali, anche gli storici hanno cercato di uscire dalla trappola del «racconto dei fatti», analizzando i sistemi politici più che le vicende dei singoli Stati, i processi decisionali legislativi più che la storia di governi o statisti, le tipologie dell'organizzazione politica più che la narrazione dei congressi di partito e via dicendo. Allontanandosi dalla *histoire événementielle*, insomma, la storiografia politica recente tende ad immettere, in un campo tradizionalmente descrittivo, il livello di generalizzazione e di formalizzazione che è proprio delle scienze sociali. In questa ottica, la storia dei fatti politici del Mezzogiorno in età postunitaria si trasforma nell'analisi dei sistemi di relazione esistenti fra la periferia e il centro politico. La storia della Germania guglielmina viene analizzata come un modello di «policrazia autoritaria senza coordinamento»[12]. Complesse misurazioni, dedicate all'Inghilterra vittoriana o alla Francia del Novecento, individuano cicli elettorali di breve o lungo periodo e modelli di comportamento al voto. In una parola, la storia dei fatti politici diventa storia dei sistemi politici.

Nelle pagine seguenti, verranno passati in rassegna soltanto alcuni dei numerosi temi che sono oggi nell'agenda dello storico della politica. Si parlerà dell'emergere dello Stato territoriale assoluto – un *trend* che copre tutto l'Antico Regime – e dello Stato nazionale, fenomeno anch'esso di lungo periodo, che vive la sua fase classica nel XIX secolo. Si accennerà infine ad alcuni sistemi politici che caratterizzano l'esperienza dell'Europa contemporanea, dal modello liberale al totalitarismo di massa.

2. *La formazione dello Stato assoluto*

La formazione di Stati caratterizzati da un territorio continuo e da un'autorità centralizzata è un processo storico fortemente selettivo. Basti dire che l'Europa del XVI secolo conta qualcosa come cinquecento unità politiche più o meno indipendenti, mentre, intorno al 1900, gli Stati europei saranno circa venticinque. Gli esiti della competizione sono severi e per nulla scontati. Il fenomeno inoltre si dispiega secondo una periodizzazione fra le più disomogenee, tanto da far dubitare sull'efficacia stessa della categoria di Stato assoluto. «L'assolutismo spagnolo – ricorda Perry Anderson – subì la sua prima grande sconfitta nel tardo Cinquecento, nei Paesi Bassi; l'assolutismo inglese venne abbattuto a metà del Seicento; l'assolutismo francese durò sino al termine del XVIII secolo, mentre l'assolutismo prussiano sopravvisse fino al tardo Ottocento e quello russo fu rovesciato solo nel XX secolo»[13].

E tuttavia il fenomeno dello Stato territoriale assoluto caratterizza come pochi altri la vicenda storica europea. Il Vecchio Continente presenta aspetti socio-economici, culturali, politici che appaiono particolarmente adatti alla formazione di forti entità statali.

Una condizione favorevole sembra il fatto che, malgrado gli innumerevoli idiomi e le poche strade, «l'Europa del 1500 [ha] un tipo di omogeneità culturale che [può] trovare rivali, su una scala tanto ampia, solo in quella della Cina»[14]: essa si spiega con la comune tradizione politico-amministrativa dell'impero romano, con la presenza di un'unica Chiesa, con una certa uniformità del sistema di produzione. Tolte alcune aree celtiche a nord e turco-musulmane a sud, il continente europeo mostra una relativa *koinè* sul piano del linguaggio colto, della legge, delle pratiche religiose, dell'amministrazione, del sistema di proprietà e di utilizzo delle terre. È un grande spazio caratterizzato dalla lingua latina e dal diritto romano, dal cristianesimo e dalla presenza massiccia di contadini soggetti a nobiltà agrarie. Tutto questo facilita i processi di unificazione politico-militare.

In particolare, la nascita di poteri statuali forti trova un terreno favorevole nel fatto che «gli europei avevano una tradizione di sovranità regale che si congiungeva in diversi modi fino ai tempi di Roma: proprio alle loro spalle stavano settecento anni di esperienza regia che faceva sì che almeno nominalmente ogni europeo fosse suddito dell'una o dell'altra corona»[15]. Le numerose unità politiche (principati, vescovadi, città ecc.) presenti in Europa, alle soglie dell'età moderna, appaiono sufficientemente deboli da non creare ostacoli insuperabili ai processi di aggregazione territoriale. Al tempo stesso, esse esercitano da lungo tempo una serie di funzioni politico-amministrative (dall'amministrazione della giustizia all'attività legislativa e all'esazione delle imposte) alle quali hanno finito per familiarizzare la gente. La costruzione degli apparati burocratici e politici degli Stati assoluti potrà utilizzare questa sorta di acculturazione collettiva alle funzioni pubbliche, mentre i nuovi sistemi legislativi e fiscali andranno debitori all'esperienza di ormai consolidate istituzioni come il parlamento inglese, le assemblee cetuali francesi o prussiane, le Cortes spagnole. «Nella maggior parte d'Europa edificare forti stati significò assorbire numerose unità politiche che già esercitavano significativi momenti di sovranità»[16].

Lo Stato assoluto emerge da una forte competizione tra dinastie o principati, che tendono ad imporsi gli uni sugli altri. Dunque, la conflittualità armata è un fattore decisivo del processo. Per gli europei d'Antico Regime, «la pace rappresentò una sorta di eccezione meteorologica. È stato calcolato che nel corso dell'intero Cinquecento vi furono soltanto venticinque anni in Europa senza operazioni militari su vasta scala mentre, nel Seicento, solo sette anni trascorsero senza guerre di grandi proporzioni»[17]. Se a questo si aggiungono l'interminabile serie di conflitti sociali (provocati dalla resistenza della gente alla pressione fiscale) e l'impegno dei governanti nel reprimerli, il quadro è completo. «Nel 1688 – è stato scritto – la cospirazione e la rivolta, il tradimento e il complotto facevano parte integrante della storia e dell'esperienza di almeno tre generazioni di inglesi. Di fatto ormai da secoli il paese non godeva periodi di tranquillità che durassero più di una decina d'anni»[18]. Sull'altra sponda della Manica, il cardinale Richelieu si era trovato a dover fronteggiare qualcosa come settecento episodi fra rivolte e tumulti urbani[19].

Diventa perciò essenziale poter disporre di un apparato militare – capace di difendere il territorio statale rispetto ai rivali esterni (gli altri Stati) e ai nemici interni – e di un apparato burocratico, capace di organizzare la raccolta delle tasse indispensabili per il mantenimento degli eserciti. A sua volta, l'ostilità popolare verso l'accresciuto peso fiscale rende necessario un ulteriore rafforzamento degli apparati di controllo. Lo Stato sembra nascere insomma da un processo cumulativo di lotta politico-militare, imposizione fiscale, conflitti sociali e repressione.

> In fin dei conti, la tassazione era il mezzo principale con il quale gli edificatori di stati nel sedicesimo secolo, e anche più tardi, poterono finanziare i loro eserciti, che erano di volta in volta il loro principale strumento per la sicurezza delle frontiere dello stato, per l'estensione delle stesse, per la difesa da incursioni esterne e da rivolte interne allo stato. Di conseguenza le esigenze militari furono in quei primi secoli il principale incentivo per l'imposizione di nuove tasse e l'esazione regolare delle vecchie. Queste esigenze si autoalimentarono poi ulteriormente: infatti l'emergere di una resistenza alla tassazione rese necessario il mantenimento di una forza militare permanente. In questo modo si chiude il circolo comprendente come indissolubilmente connesse e interdipendenti la formazione dello stato, le istituzioni militari e l'esazione delle poche risorse disponibili da una popolazione riluttante[20].

È un fatto che, a metà Cinquecento, l'80% delle entrate della Spagna viene destinato all'apparato militare e che le spese militari fanno la parte del leone in tutti i bilanci statali europei del tempo. In Francia, ancora nel 1789, i due terzi della spesa pubblica sono assorbiti dall'esercito. Il rafforzamento interno del potere centrale e i suoi obiettivi internazionali sono molto costosi. Nel 1499, a Luigi XII, che gli chiedeva cosa fosse necessario per conquistare Milano, il condottiero Gian Giacomo Trivulzio aveva risposto: «Mio grazioso signore, tre sono le cose necessarie: denaro, denaro, e ancora denaro»[21].

Scrive Gabriel Ardant: «Ogni incremento nella potenza degli stati era connesso all'aumento della possibilità di imporre tasse»[22]. Operazione tra le più complesse tuttavia, in un'Europa che si basa su un'agricoltura dalle rese modeste e dalla scarsa commercializzazione. Faticosamente, le esigenze finanziarie degli Stati verranno soddisfatte con le rendite provenienti dal patrimonio della corona, dai feudi, dall'attività giudiziaria; con contributi straordinari richiesti alle *élites* nobiliari o commerciali; con esazioni personali (*testatico*); con imposte sulla produzione agricola, sui beni immobili, sui consumi (grano e carne, sale e bevande ecc.).

Il grande sforzo finanziario provoca la nascita di vasti

corpi burocratici, cui è affidato il compito strategico dell'esazione fiscale. Nel Cinquecento, la Francia conta circa diecimila *officiers*, impegnati ad amministrare finanza e giustizia; a fine Settecento, saranno trecentomila[23]. Arruolate secondo il doppio criterio della fedeltà alla corona e della competenza (attributi che in Antico Regime non sono fra i più comuni), le burocrazie pubbliche vengono ad occupare competenze che, nel sistema feudale, erano controllate da corpi nobiliari e governi cittadini: la loro crescita è destinata perciò a sollevare una quantità di dispute. Ma si tratta di un processo fortemente innovativo, anche perché mette in moto una inusuale e intensa circolazione di *élites*. Le burocrazie diventano segmenti sociali di tutto rispetto, sul piano della consistenza numerica e, ancor più, dell'influenza sociale e politica: un vero e proprio *corpo*, dotato di potere economico e di consapevolezza, spesso capace di ottenere dal sovrano importanti privilegi. In Francia, l'acquisto di un ufficio pubblico è uno strumento classico di promozione sociale. In Prussia, le funzioni burocratiche alte sono appannaggio dei rampolli delle *élites* militari. Per converso, la crescita della burocrazia «aumentò il numero di persone che avevano interesse concreto alla sopravvivenza dello stato», favorendo l'integrazione politica delle classi dirigenti[24].

Tuttavia, lo sforzo finanziario degli Stati non poggia soltanto sulla leva fiscale. Nel secondo Seicento, Colbert suggerirà a Luigi XIV l'invasione dell'Olanda con queste parole: «se il re sottomettesse alla propria autorità tutte le Province Unite, il loro commercio diventerebbe il commercio dei sudditi di sua maestà, e più nulla rimarrebbe da desiderare»[25]. Il mercantilismo collega la potenza statale all'incremento dei commerci (e dunque delle risorse tassabili) e, in questa prospettiva, affida allo Stato il compito di unificare i mercati interni, di incrementare la produzione delle merci e di proteggerne l'esportazione, di mantenere all'interno dei propri confini la maggior quantità possibile di metalli preziosi. Strumenti della politica economica mercantilista sono: gli incoraggiamenti al grande commercio, i privilegi concessi alle compagnie mercantili che gestiscono le esportazioni, la promozione di manifatture di Stato, una popolazione numerosa (che è il metro stesso alla forza del paese) e, ovviamente, quelle guerre di conquista che accrescono i commerci, il numero degli abitanti, l'oro e l'argento. Di fatto, come hanno rilevato gli studi di Immanuel Wallerstein, durante l'età moderna prende forma una sorta di «economia-mondo europea», che testimonia il predominio internazionale del Vecchio Continente e al cui interno

un ristretto e mutevole concerto di stati-chiave dominava le transazioni commerciali, facendo la parte del leone a livello manifatturiero e spingendo le aree periferiche verso monoculture su larga scala; nel corso di questo processo la manifattura e il commercio della periferia, a suo tempo fiorenti, declinarono fino quasi a scomparire in certi casi: anche la splendida Venezia declinò, mentre aree un tempo secondarie e tributarie come l'Inghilterra divennero centrali[26].

La nuova organizzazione dei traffici internazionali contribuisce a ridisegnare le gerarchie di potere dell'Europa moderna e, ancora una volta, lo Stato – con i suoi eserciti, le sue compagnie mercantili, le sue manifatture reali – è fra gli attori principali del dramma.

Il processo che si è illustrato nelle pagine precedenti tende tuttavia a generalizzare il ruolo di taluni fenomeni (competizione internazionale e guerra, finanza pubblica e burocrazia, politica mercantilista) sottovalutando una quantità di altre variabili e appiattendo le forti differenze, il ritmo diverso, gli sviluppi non omogenei che, in concreto, segnano il processo di formazione degli Stati moderni.

Il discorso andrebbe arricchito, indagando soprattutto sulle relazioni che intercorrono tra forme politiche e tipologie socio-economiche. Barrington Moore jr., per citare un autore molto conosciuto, analizza il diverso esito politico a cui perviene il processo di modernizzazione di alcune società agrarie occidentali ed asiatiche: in una parola, *le origini sociali della dittatura e della democrazia*[27]. Moore presenta tre modelli. Nel primo (che comprende Inghilterra, Francia e Stati Uniti), intraprendenti borghesie terriere riescono a commercializzare il settore agricolo, addossandone i costi ai contadini, senza che lo Stato sia abbastanza forte da poter prendere le difese di questi ultimi, mentre altre borghesie urbane collaborano al processo di modernizzazione, offrendo i necessari servizi mercantili e finanziari e, in seguito, gestendo il processo d'industrializzazione. La sconfitta della società contadina tradizionale e delle *élites* feudali si risolve infine in rivoluzioni politiche capaci di portare quei paesi a forme di democrazia liberale. Il nesso che Moore stabilisce è evidentemente fra borghesia e democrazia. Nel secondo modello, lo sviluppo capitalistico si verifica in un quadro caratterizzato invece dalla debolezza della borghesia, da un potere centrale forte e dal ruolo preponderante di *élites* burocratico-aristocratiche, le quali possono gestire «dall'alto» la modernizzazione economica, bloccandone però i prevedibili sviluppi sociali attraverso l'instaurazione di sistemi politici reazionari: in Giappone o in Germania, lo sviluppo economico culminerà nel fascismo. In Russia o in Cina, infine, i processi di modernizzazione hanno luogo in contesti caratterizzati dalla debolezza del mercato e dei ceti borghesi, dal confronto diretto fra proprietari e contadini e, infine, da regimi politici che sono, al tempo stesso, assolutistici e precari: questi paesi verranno investiti da rivoluzioni contadine e vedranno l'affermazione di regimi comunisti.

È insomma la specifica struttura di classe dei singoli paesi – i caratteri e le reciproche relazioni della nobiltà agraria, dei contadini, della borghesia urbana e del potere centrale – che ne spiega i divaricati percorsi verso la modernizzazione e le differenti forme politico-istituzionali.

Pubblicato oltre venticinque anni fa, il saggio di storia comparativa di Moore illustra con efficacia come le forme politiche abbiano una propria ragion d'essere in situazioni contestuali complessive e nel loro processo di cambiamento. E come *non* esistano leggi storiche, in materia. Fra sviluppo economico e democrazia, malgrado quel che potesse pensarne Spencer, non vi è un nesso causale necessario. I processi di modernizzazione strutturale hanno avuto luogo tanto in sistemi democratici quanto in sistemi totalitari (fascisti o comunisti). Il Secondo Reich conoscerà un impetuoso mutamento economico e sociale ma non una corrispettiva apertura liberaldemocratica delle forme istituzionali e politiche.

> Quel che è certo – scrive Hans-Ulrich Wehler – è che industrializzazione e democratizzazione non sono processi che vadano necessariamente di pari passo, come mostra la storia della Germania, quella del Giappone, della Russia e della maggior parte dei paesi in via di sviluppo [...]. La democratizzazione non è un risultato diretto dell'industrializzazione[28].

3. *Ideologie nazionali*

Il problema dei limiti del potere del sovrano è certamente fra i più dibattuti dal pensiero politico occidentale. Anche i teorici della monarchia assoluta, da Bodin a Hobbes, non mettono in dubbio che il sovrano debba rispettare le leggi divine, le leggi naturali e le leggi fondamentali dello Stato (ad esempio, quelle che regolano, per consuetudine, la successione al trono). Un corposo filone di pensiero, che culmina nell'Illuminismo, ritiene che il re sia *limitato* «dall'esistenza di leggi superiori che nessuno mette in discussione ma anche dall'esistenza di centri di potere legittimi di cui sono portatori gli ordini o gli stati – il clero, la nobiltà, le città – coi loro organi collegiali»[29]. Questi corpi intermedi, posti fra il sovrano e la società, sono, ad esempio, i parlamenti inglesi o francesi d'Antico Regime, attraverso i quali i ceti dirigenti di quei paesi controllano alcuni momenti importanti dell'attività decisionale del monarca (soprattutto la tassazione).

I confini del potere regio verranno sottolineati da coloro che teorizzano la necessità di separare i diversi livelli del potere, attribuendoli ad istituti autonomi, reciprocamente indipendenti, capaci di equilibrare, con la propria, l'altrui autorità. «Perché non si possa abusare del potere, bisogna che il potere freni il potere», dice Montesquieu[30]. La divisione tra funzione legislativa, funzione esecutiva e funzione giudiziaria diventerà una pietra miliare nella costruzione degli Stati occidentali contemporanei.

Il pensiero liberale indicherà altre limitazioni alle prerogative dei governanti, elencando una serie di diritti individuali che appaiono connaturati all'uomo e dunque sono inviolabili (diritti di libertà personale, di fede religiosa, di opinione politica, di associazione ecc.). Il loro riconoscimento, a sua volta, avrà conseguenze cruciali sul piano dei sistemi politico-istituzionali: lo Stato liberale garantirà ai singoli cittadini il diritto di essere rappresentati, attraverso l'esercizio del voto, nelle assemblee legislative (centrali e locali). Il sistema rappresentativo si fonda sul principio che gli individui eleggono altri individui, affinché svolgano determinate funzioni pubbliche. Il parlamento, nello Stato di diritto, non rappresenterà più i ceti (nobiltà, clero, Terzo Stato) ma i singoli elettori: «ogni uomo conta per se stesso e non in quanto membro di questo o quel gruppo particolare»[31].

Questo lavorìo intellettuale ha ovviamente i propri referenti, sul piano dei processi storici reali. Non è un'esagerazione dire che, in un certo senso, l'età contemporanea viene tenuta a battesimo dalla nascita, a fine Settecento, nel Nord America e in Francia, di nuove forme statali.

Negli anni Settanta del XVIII secolo, le colonie americane si ribellano alla Gran Bretagna. La base sociale del movimento consiste soprattutto di ceti medi di campagna e di città – piccoli e medi coltivatori, artigiani, negozianti – i quali, dopo aver appoggiato la battaglia contro il giro di vite fiscale della madrepatria, non s'accontentano del successo ottenuto e si mostrano insofferenti verso il dominio coloniale e verso le stesse classi dirigenti americane. Sono lontani tremila miglia dal governo di Londra e guardano ad ovest, verso il proprio continente, piuttosto che all'Atlantico e all'Europa. Influenzati dalla dottrina di Locke, ritengono che i diritti individuali vengano prima degli obblighi pubblici sanciti dallo Stato. Oltre all'indipendenza dalla Gran Bretagna, chiedono l'autogoverno delle singole colonie. Il nuovo Stato americano rispecchierà l'intreccio fra lotta anticoloniale e conflitti sociali. La Dichiarazione d'indipendenza (4 luglio 1776) afferma solennemente che «tutti gli uomini sono creati liberi ed eguali e hanno eguale diritto alla vita, alla libertà e alla ricerca della felicità»: il diritto naturale diventa la pietra miliare su cui si basa il *contratto* politico. Undici anni dopo, la convenzione di Filadelfia approverà una costituzione federale che riconosce ampia autonomia a tredici Stati (e alle relative comunità locali), limita fortemente l'autorità e le funzioni del presidente e del Congresso, e separa i tre poteri, abolendo nel contempo i privilegi d'Antico Regime (diritti di primogenitura, titoli di nobiltà ecc.).

> Queste misure erano in se stesse una rivoluzione sociale oltre che politica. Non la sola Chiesa, ma tutte le istituzioni europee furono soppresse. I simboli della società costituita, dove l'autorità – il re, il signore, il ministro del culto – riceveva ubbidienza indiscussa, perdettero la loro magìa. La base della nuova società fu il principio contrattuale, l'autorità veniva dal basso tra mille restrizioni e la fedeltà alle istituzioni era condizionata[32].

Qualche anno dopo, a Parigi, la *Dichiarazione dei Diritti dell'Uomo e del Cittadino* (1789) avrebbe sancito la fine della monarchia assoluta francese, proclamando che «gli uomini sono nati per vivere liberi e uguali di fronte alla legge» e che «tutti i cittadini hanno il diritto di collaborare alla formazione della legge», personalmente o attraverso i propri rappresentanti. In verità, il regime costituzionale nato dalla rivoluzione non era democratico e l'assemblea rappresentativa non veniva eletta da tutti i francesi. Ma il volto dello Stato era cambiato radicalmente. Alla sua base, come fonte di legittimità, stava la volontà del popolo, ovvero la «Nazione francese». La *Dichiarazione dei Diritti* del 1795 avrebbe stabilito, in termini solenni e universali, che «ogni popolo è indipendente e sovrano, quale che sia il numero degli individui che lo compone e l'estensione del territorio che occupa»[33].

Negli anni successivi e per tutto il corso dell'Ottocento, la carta politica dell'Europa (e delle Americhe) sarebbe stata continuamente e radicalmente rimaneggiata, sulla base dei due principi generali realizzati dalle rivoluzioni statunitense e francese: la sovranità popolare (l'origine contrattuale dello Stato) e il diritto dei popoli all'indipendenza (il principio di nazionalità). Il primo avrebbe demolito teoricamente e praticamente l'assolutismo, preparando l'emergere dello Stato liberale (fondato sul riconoscimento dei diritti individuali). Il secondo avrebbe provocato innumerevoli «risorgimenti nazionali» o «lotte di liberazione nazionale». Ciò che maggiormente caratterizza la storia del XIX secolo – è stato detto – è la «costruzione nazionale»[34].

Richiamiamo una cronologia di massima (sapendo tuttavia di mettere assieme avvenimenti e processi ben poco omogenei). Nel primo Ottocento, diventano Stati indipendenti la Grecia (1821) e il Belgio (1831), affrancandosi la prima dai turchi e il secondo dagli olandesi, mentre gli stessi anni, al di là dell'Atlantico, vedono la nascita, dalle ceneri degli imperi iberico-lusitani, della Colombia, dell'Argentina, del Cile, del Perù, del Messico, del Brasile. Nel 1848, acute tensioni nazionali esplodono in mezza Europa, dalla penisola italiana ai territori di lingua tedesca, dalla Romania all'Irlanda, anche se la «primavera dei popoli» consegue pochi risultati concreti. Nei decenni seguenti si consolida l'autonomia e poi l'indipendenza della Serbia (1882), stretta fra il sultano di Istanbul e l'imperatore di Vienna, e della Bulgaria (1878-1885), anch'essa emancipatasi a fatica dal dominio ottomano. Del 1861 è l'indipendenza delle terre danubiane della Romania. L'Europa centro-occidentale viene interessata, frattanto, dal duplice processo diplomatico-militare che porterà alla formazione dello Stato italiano (1861) e dello Stato tedesco (1870), mentre endemiche tensioni centripete a base nazionalista affliggono, in questi anni, l'impero asburgico (il problema degli slavi e, parzialmente risolta con l'autonomia del 1867, la questione magiara), i territori europei dell'impero turco (la «questione d'Oriente»), l'impero russo (la questione polacca), la Gran Bretagna (la questione irlandese).

Nel 1918, uscendo dal primo conflitto mondiale, il Vecchio Continente mostra forme politiche assai lontane da quelle di un secolo prima. I regimi assolutistici sono caduti, uno dopo l'altro, e, con essi, sono caduti gli imperi multinazionali degli Asburgo, dei Romanov e degli Ottomani. Monarchie o repubbliche che siano, prevalgono gli Stati di tipo costituzionale, liberale e nazionale. A Versailles, auspice il presidente americano Woodrow Wilson, viene disegnata una carta politica europea che è ispirata al principio secondo cui ogni popolo (nazione) ha diritto ad uno Stato indipendente: di Stati indipendenti, nel 1920, il Vecchio Continente ne conta ben ventisette. Senza contare che i principi wilsoniani favoriranno un lungo processo di emancipazione nazionale dei territori già coloniali, diffondendo in mezzo mondo una forma politica che, fino al XIX secolo, era stata essenzialmente europea.

Ma come definire una nazione e dunque uno Stato nazionale? Agli ideologi del nazionalismo ottocentesco, la cosa poteva apparire facile. Costituiva una nazione ogni popolo dotato di alcune comunanze fondamentali: una lingua, una cultura (un insieme di modi di vita), una storia. In base a questa definizione, tuttavia, nessuno degli Stati ottocenteschi, neppure i più vecchi, e nessuno dei movimenti che aspiravano a costituire uno Stato, avrebbero potuto definirsi coerentemente nazionali. Le cosiddette comunanze erano quotidianamente smentite dai fatti. Per dirne una soltanto, la lingua parlata dagli alsaziani e dai bretoni *non* era il francese, né quella parlata dagli scozzesi o dai gallesi era l'inglese, né sarebbe stato facile comprendersi tra toscani e sardi o tra emiliani e siciliani. «La lingua deve essere una sola, come una sola è la Repubblica», avevano proclamato i giacobini e tuttavia, ancora nel 1863, le inchieste ufficiali dovevano riconoscere che un quarto della popolazione d'Oltralpe parlava una lingua diversa da quella nazionale: verso la fine del secolo, aggirandosi fra i villaggi della Bretagna, Guy de Maupassant lamenterà che «spesso per un'intera settimana [...] non si incontra nessuno che sappia una parola di francese»[35]. In Italia, negli anni dell'indipendenza politica, il dialetto siciliano suonava «africanissimo» alle orecchie dei toscani, mentre, in qualche paese del Sud, la parlata di un settentrionale poteva essere scambiata per inglese. Qui, del resto, su oltre venticinque milioni di anime, coloro che si esprimevano in italiano erano appena seicentomila: il 2,5%[36].

Gli Stati ottocenteschi apparivano tutt'altro che coesi anche sul piano del *sapere* popolare e dei valori correnti, delle ritualità collettive, delle tradizioni artigiane, dei modi di preparare cibi e bevande, delle tipologie architettoniche, dell'utilizzo delle terre, delle unità di misurazione, per non parlare delle radici storiche. E i mille dialetti riflettevano la cultura ideale e materiale di aree ristrette e poco comunicanti fra loro: in quel villaggio dell'Alvernia dove non esisteva un abbeveratoio (e gli animali erano condotti a dissetarsi presso i bordi di un torrente) non esisteva neppure, *di conseguenza*, una parola che significasse abbeveratoio[37]. Culture materiali e linguaggi restavano fenomeni a scala ridotta.

Che la nazione (fondamento e legittimazione dello Stato ottocentesco) potesse identificarsi con una lingua, una tradizione, una etnìa era insomma ben poco rispondente alla realtà di un'Europa frammentata in comunità di villaggio, in mercati ristretti, in universi culturali e materiali che avevano il raggio di una valle. La gente di campagna viveva usualmente in «un mondo a cui mancava il senso generale del grande spazio circostante e che si racchiudeva in determinati confini e in determinati tramiti come quello, ad esempio, che metteva in comunicazione il paese e il luogo di mercato»[38]. Anche i pastori, sebbene camminatori di professione, non andavano al di là dei pascoli ai quali guidavano le greggi. «Spingersi oltre – annota un testimone di fine Ottocento – avrebbe significato uscire dal *pays*: impresa importante e difficile»[39].

Non ha molto senso, d'altronde, identificare la nazione con la coscienza di appartenervi. Gli Stati nazionali sono il risultato dell'iniziativa di *élites* politiche, militari, intellettuali: certamente non di movimenti di massa. La ricerca di una consapevolezza nazionale collettiva negli Stati europei ottocenteschi darebbe esiti assai deludenti. È divisa in «due nazioni» l'Inghilterra di Disraeli (ma le *nazioni* in verità sono più di due...). È segnata da fratture sociali e ideologiche profonde la Francia del 1789. Gli appelli patriottici della leadership parigina, ad esempio, non modificheranno più di tanto – semmai esalteranno – l'odio tenace dei campagnoli della Vandea verso la borghesia del luogo. È divisa fra cattolici e protestanti, fra contadini e cittadini, fra tedeschi e slavi e via dicendo la nazione di Bismarck. È un arcipelago di culture e di interessi lo Stato cavouriano del 1861, sicché Massimo D'Azeglio potrà dire che, fatta l'Italia, il problema era *fare gli italiani*.

Quel che accade in Germania, in Belgio, in Italia ecc. è un processo durante il quale fattori dinastici, relazioni di potenza militare, interessi economici, affinità strutturali e coesioni di mercato, sotto la spinta di *élites* colte, danno vita a Stati i quali tendono a legittimarsi come espressione di collettività nazionali. Ma, all'opposto di quel che ritengono le ideologie nazionalistiche del tempo, l'identità fra Stato e nazione sembra una costruzione *successiva* alla formazione dell'unità politica più che il destino di un popolo. «Non sono le nazioni a fare gli Stati [...], bensì il contrario», è stato detto[40]. La cronologia reale sembra quella di D'Azeglio: prima lo Stato (l'Italia) e poi la nazione (gli italiani).

Al di là delle ideologie, nell'Europa dell'Ottocento e del primo Novecento, la costruzione o il rafforzamento degli Stati nazionali rispondono essenzialmente ad alcune tendenze del mercato. La dottrina di Friedrich List (1789-1846), che teorizza la necessità di unificare le formazioni politiche di lingua tedesca per dar vita ad un mercato unico, in grado di battersi alla pari con le emergenti potenze industriali, è sintomatica. L'obiettivo di un allargamento del mercato è evidente nelle motivazioni strategiche del Risorgimento italiano. Le ondate dello sviluppo tecnologico ed economico ottocentesco sembrano postulare territori non angusti. La battaglia liberista vuole abolire gli ostacoli politici alla circolazione di merci e uomini: *laissez faire* vuol dire *laissez passer*. Ma lo sviluppo economico postula anche l'esistenza di una politica economica, ovvero di un governo dell'economia. Soltanto un governo dell'economia – ovvero lo Stato – può elaborare e realizzare politiche finanziarie e monetarie che sono indispensabili nel quadro di crescente complessità della produzione e della distribuzione, politiche fiscali con cui finanziare la costruzione di strade e ferrovie, politiche di incentivazione agli imprenditori, politiche scolastiche con cui acculturare la gente alle esigenze del mercato. E infine, direttamente, politiche protezionistiche che, alzando barriere doganali, proteggano le manifatture *nazionali* dalla concorrenza (altrimenti insostenibile) dei paesi più sviluppati. Insomma, per riprendere un'opinione di Jean-Baptiste Say, «non c'è nazione che abbia raggiunto un certo livello di ricchezza senz'essere sottoposta a un regolare governo»[41].

Per tutto ciò, serve un territorio sufficientemente esteso: una «taglia minima» dello Stato. Con grande chiarezza, List rileva che «una popolazione numerosa e un territorio di una certa qual estensione dotati di svariate risorse nazionali costituiscono dei requisiti essenziali della normale nazionalità», mentre, all'inverso, «uno Stato troppo piccolo non potrà mai perfezionare pienamente, nell'ambito del suo territorio, le diverse branche produttive»[42]. Alle *piccole nazioni*, in altri termini, non si addice l'indipendenza politica: nessuno è disposto a riconoscerne l'esistenza e dunque la legittimità delle aspirazioni indipendentiste. Nella sua Europa ideale, Giuseppe Mazzini, il campione dei diritti dei popoli, individuerà non più di dodici nazioni: fra di esse non figura, ad esempio, l'Irlanda.

L'accoppiata fra Stato e nazione resta ambigua, imperfetta, spesso strumentale, poco democratica. Lo Stato nazionale riflette la forza preponderante di talune aree su altre, di talune *élites* su altre: dei francesi sui bretoni, dei piemontesi sui siciliani, degli inglesi sui gallesi, dei prussiani sui bavaresi. Nessuno osa teorizzare il diritto di ogni comunità linguistica o «piccolo popolo» o *pays natal* all'indipendenza politica, sicché rimarrà senza risposta la domanda di Ernest Renan: «perché l'Olanda è una nazione, mentre l'Hannover o il Granducato di Parma non lo sono?»[43].

.. *State building», «nation building»*

Anche agli abitanti di un paese dalle antiche tradizioni politiche come la Francia, «l'amore per una patria identificata con la nazione, ben lungi dall'essere istintivo, fu insegnato e propinato»[44]. È nel corso dell'Ottocento che le classi dirigenti europee mettono mano alla difficile impresa – sostanzialmente estranea ai precedenti regimi assolutistici – di rendere omogenei, sul piano materiale e culturale, i territori e le popolazioni dei rispettivi paesi. Nasce così, in concreto, lo Stato nazionale.

Va in questa direzione, anzitutto, l'impegno dei governi per aumentare la mobilità fisica di uomini e merci. A metà Ottocento, anche nei paesi più ricchi, il sistema delle comunicazioni restava approssimativo, concentrato attorno alle città più grandi, costruito per servire le capitali più che le periferie. Strade inefficienti, guadi pericolosi, diligenze e battelli lentissimi rendevano ogni spostamento, seppure modesto, qualcosa di simile ad un'impresa. In Prussia, alcuni tratti stradali erano così difficili che occorrevano una ventina di cavalli per trainare le diligenze[45]. Nella Francia del Secondo Impero, «i pochi che [dalla provincia] si recavano a Parigi, anche se una sola volta in tutta la vita, venivano chiamati *parisiens*, così come i pellegrini che tornano dalla Mecca si vantano per tutta la vita del titolo così acquistato»[46]. Ancora nel 1886, coprire i cinquanta chilometri che separavano il proprio villaggio da Tolosa poteva apparire al maestro del luogo come un fatto memorabile[47]. Nell'Italia di metà secolo, la grande quantità di fiere (annuali) e di mercati (settimanali) suppliva alla mancanza di una rete stradale adeguata e quindi all'impossibilità di relazioni economiche più frequenti.

Nel corso dell'Ottocento, l'impegno finanziario nella costruzione di strade, ponti, canali aumenta un po' dappertutto, mentre i nuovi mezzi di trasporto a vapore – per terra e per mare – riducono tempi e costi dei viaggi. Le ferrovie prendono a solcare numerose regioni europee. In Italia, «il programma di costruzione di una rete nazionale, che avvicinasse le regioni estreme della penisola e desse un contenuto effettivo all'unità raggiunta soltanto in materia politica e amministrativa», viene attuato in tempi rapidi e, già nel 1866, la locomotiva collega Bari e Napoli a Bologna, Genova, Milano, Torino[48]. Nella Francia del 1910, si contano 65.000 chilometri di strade ferrate (comprese le linee dei tram elettrici)[49].

La maggiore facilità delle comunicazioni permetterà infine a molti contadini di pagare un biglietto che li porti in città, agli uomini d'affari londinesi di prender casa a qualche decina di chilometri dalla City, alle ciliegie di Montmorency di maturare sui banchi di vendita dei mercati parigini[50]. La gente può spostarsi nelle zone dove esiste possibilità di lavoro, fuggire dalle terre colpite dalla fillossera, realizzare l'aspirazione ad una esistenza cittadina che si crede più facile, più *luminosa*: i contadini, scrive Jules Méline, sono «attirati dagli splendori della città come le falene dalla luce»[51]. Essi stessi, poi, tornati al villaggio, diffonderanno fra i propri compaesani modi e oggetti della vita urbana, diventando importanti vettori di unificazione culturale. «Anche nelle campagne – scrive Eugen Weber – della Francia tardo-ottocentesca si facevano strada le "buone maniere", "il lusso" e l'uso di bevande alcoliche, e queste novità si diffusero più marcatamente laddove emigranti temporanei e definitivi diedero una spinta notevole alla loro assimilazione»[52]. L'inconsueto traffico di uomini e di cose favorisce l'amalgama territoriale e sociale degli usi alimentari, dei sistemi produttivi, delle fogge del vestire, dell'arredamento domestico e ovviamente familiarizza la gente con un *linguaggio comune* sempre più lontano dai vernacoli locali. Intorno al 1840, le società ferroviarie inglesi unificano l'ora sul territorio coperto dalle proprie linee, mettendo fine alla tradizionale differenziazione degli orari locali (solari). Provvedimenti analoghi verranno presi negli altri paesi europei. In Germania, l'orario unico (sulla base del fuso orario) viene adottato nel 1893[53]. Dappertutto, il tempo locale muore, sostituito da un tempo nazionale, convenzionale, artificioso.

Un'importante funzione *nazionalizzante* svolge anche l'esercito. Durante gli anni della ferma militare, i coscritti hanno modo di conoscere giovani provenienti da altre regioni del paese, si familiarizzano con la lingua (nazionale) degli ufficiali, assumono i comportamenti standardizzati imposti dal regolamento, sperimentano un tenore di vita inconsueto, spesso superiore a quello dei loro villaggi d'origine. «La minestra è buona, non può essere migliore», dice una canzone dei coscritti fiamminghi, e non sono pochi, nella Francia di fine secolo, quelli che, finita la ferma, evitano di tornare al paese natale[54]. Vissuto dapprima con grande riluttanza, il servizio militare sembra essere più accettato. Durkheim calcolerà che, fra 1860 e 1890, i casi di suicidio in ambiente militare si sono dimezzati[55]. Le armate, che tradizionalmente depredavano le campagne, attirandosi l'odio dei contadini, diventano «il nostro esercito» decantato da maestri, preti, giornali, libriccini patriottici.

E poi la scuola. L'impegno dei vari Stati nelle istituzioni educative non è uniforme né consegue risultati eguali, ma non c'è dubbio che dappertutto venga avvertito il problema di una acculturazione delle masse popolari (parlare, leggere, scrivere nella lingua nazionale). Si tratta di costruire le fondamenta affinché possa funzionare quel sistema di fitte relazioni che costituisce il nocciolo della modernizzazione ottocentesca: scambi economici, movimenti di popolazione, contatti fra «cittadini» ed enti pubblici. Lo stesso nazionalismo – è stato detto – è «una risposta politica alle esigenze culturali della società industriale, la quale, per mantenere lo sviluppo economico, dipende da una forza-lavoro mobile, istruita, culturalmente omogenea, capace di acquisire rapidamente nuove specializzazioni e di comunicare in un linguaggio "razionale" indipendente dal contesto»[56].

L'istruzione elementare, che nel secondo Ottocento tenderà a diventare gratuita in buona parte dell'Europa occidentale, costituisce un momento decisivo della «nazionalizzazione delle masse». Nelle intenzioni della pedagogia ufficiale, essa deve fornire cognizioni, unificare valori, indicare comportamenti, inculcando «l'igiene e la pulizia della persona», correggendo «la brutalità selvaggia e la rozzezza che sono naturali nei contadini»[57]. A scuola, scrive Eugen Weber, s'impara a leggere e a scrivere ma s'impara anche «che i bagni freddi fanno male; che osservare le feste è un dovere religioso; che la fatica fisica logora il corpo meno del piacere; che la giustizia protegge i buoni e punisce i malvagi; che il tabacco è un veleno, anzi, una spesa inutile»[58]. In questo breviario sono racchiusi – esemplificati, concreti, facili da ricordare – i valori dell'autorità statale, della famiglia e della religione, del lavoro e del risparmio, i quali, tutti assieme, formano la coscienza collettiva del cittadino e danno senso al concetto –

altrimenti astratto – di patria. Lo Stato ottocentesco pretende dai suoi «cittadini» un livello d'identificazione che nessun sovrano assoluto aveva mai pensato di chiedere ai propri sudditi. «La tua patria sei tu. La patria è la tua famiglia», scriverà nel 1878 uno scolaro francese che ha imparato la lezione[59]. Sui banchi delle scuole, lo Stato nazionale viene insegnato attraverso le sue vicende storiche e i suoi quarti di nobiltà, veri o presunti che siano; con il racconto di guerre epiche e giuste, combattute per difendersi da nemici esterni; con le biografie degli eroi, che diano un volto al vago concetto di «risorgimento»; per mezzo delle grandi carte geografiche, che occupano un'intera parete dell'aula e visualizzano *tutta* l'Italia o la Francia o la Germania, indicando confini e distanze che non dicono nulla di concreto agli scolari di villaggio e tuttavia li familiarizzano con la forma del paese: un simbolo, fra i tanti, della «religione nazionale».

La pedagogia pubblica, del resto, ha il compito di immettere una popolazione, vissuta sempre nel concreto dei propri contesti locali, all'interno di una cultura *media*, acquisita per via intellettuale e non per esperienza, una sequenza di concetti astratti che vanno dal linguaggio al far di conto, dallo studio del passato all'educazione civica. Anche il lavoro perde i connotati concreti del mestiere paterno e diventa un principio morale: pur in contesti ancora largamente contadini ed artigiani, la scuola finirà per screditare proprio l'abilità delle braccia e, «ben presto, il ragazzo pigro divenne quello che si dedicava preferibilmente al solo lavoro manuale, mentre il ragazzo [...] bravo era quello che si dava maggiormente da fare coi libri»[60].

Ma la dissoluzione di culture, valori, attività tradizionali pone allo Stato e alle *élites* dirigenti il problema di istituire nuove forme di lealtà e di identificazione: è necessario offrire ai «cittadini» una *religione laica*[61] che compensi quanto si va perdendo. Il problema è tanto più serio, in quanto le trasformazioni socio-economiche rischiano di creare nuovi scenari di conflitto sociale, mentre istituzioni capillari come la Chiesa cattolica (si pensi al caso italiano) appaiono lontane, se non ostili, rispetto allo Stato.

L'acculturazione delle masse, dunque, avverrà anche grazie a simbologie e rituali che le *élites* riesumano dal passato o creano dal nulla. Gli Stati nazionali avranno i propri inni (dal settecentesco inno britannico alla *Marsigliese* e all'inno di Mameli), le proprie bandiere (sarà lo stesso Bismarck, pur alieno da questioni simboliche, a ideare il vessillo della nuova Germania[62]), i propri bagni di folla. Grandi cerimonie pubbliche, dalla festa della Bastiglia alla commemorazione di Sedan, chiameranno la popolazione a celebrare lo Stato e la sua storia. Sontuosi cortei – spesso in occasione dei battesimi, dei matrimoni, dei funerali delle case regnanti – porteranno in trionfo sovrani e cortigiani, alti ufficiali, primi ministri, gerarchie ecclesiastiche. La legittimità costituzionale si fonda sulla volontà del popolo e tuttavia non disdegna la simbologia appariscente dell'Antico Regime (il trono, l'altare, i guerrieri). Il secolo XIX e il primo Novecento saranno scanditi da grandi cerimonie, il giubileo della regina Vittoria, il sesto centenario degli Asburgo, i funerali dello zar Alessandro III o del Kaiser Guglielmo I o anche di Victor Hugo, nume tutelare di un regime repubblicano[63]. È una sorta di competizione fra gli Stati che si ingaggia sul piano della magnificenza dei costumi, della complessità barocca dei rituali, della lunghezza dei cortei, della solennità dei richiami storici.

«Per essere un simbolo, un simbolo davvero efficace, occorre farsi vedere spesso, e nel modo più vistoso», scrive Walter Bagehot[64]. Ebbene, gli Stati nazionali cercano con ogni mezzo di farsi vedere nelle loro vesti più solenni e dal maggior numero possibile di persone. A Roma, nel 1878, «un'immensa folla aveva reso omaggio per tre giorni alla salma del re esposta al Quirinale e aveva fatto ala al corteo funebre»[65]. A Londra, il 20 maggio del 1910, il corteo funebre che accompagna la salma di re Edoardo VII richiamerà qualcosa come due milioni di persone. Nella capitale britannica non s'era mai vista tanta gente[66]. Progettando una patria ebraica, Theodor Herzl (1860-1904) «vedeva feste nazionali animate da straordinari spettacoli e da variopinti cortei, pensava di commissionare inni popolari e credeva che una bandiera ben scelta "potesse trascinare gli uomini dove si vuole, persino nella Terra Promessa"»[67].

Nel frattempo, lo Stato nazionale sta costruendo i propri simboli *imperituri*, monumenti che commemorano i caduti delle guerre d'indipendenza, statue che raffigurano le allegorie nazionali (*Marianna*, in Francia), grandi edifici che contengono le salme delle dinastie regnanti. A Roma, in occasione del cinquantesimo anniversario dell'unità nazionale, nel giugno del 1911, viene inaugurato l'enorme monumento a Vittorio Emanuele II, mentre le statue di Garibaldi, Cavour, Mazzini (ma anche di Dante o di Giordano Bruno) prendono a campeggiare in tutta Italia e ai loro nomi sono intitolati i viali alberati e le piazze della nuova urbanistica nazionale[68]. Nella Francia del tardo Ottocento, prospera l'industria dei monumenti: «gli imprenditori al servizio di questo mercato offrivano una gamma di alternative adatte alla borsa di qualsiasi comune [...], che andavano dai modesti busti di Marianna, di ogni dimensione, alle statue a figura intera, ai basamenti coperti di accessori allegorici o eroici, sui quali le municipalità più ambiziose le facevano posare i piedi»[69]. In Germania, fiorisce un'architettura celebrativa del secondo Reich: Berlino mostra con orgoglio il Valhalla dei principi Hohenzollern ed il solenne Reichstag, mentre le città tedesche si riempiono di statue a Guglielmo I e, già nei primi anni del Novecento, a Bismarck[70].

Così, tra ferrovie, sfilate guerresche e banchi di scuola, la patria prende consistenza come sentimento collettivo. L'identità nazionale nasce da appropriate politiche pubbliche, promosse dalle *élites* dirigenti e collegate alle esigenze delle nuove società industriali. È un processo gestito sostanzialmente dall'alto, «un manufatto politico»[71].

Ma il carattere artificioso, imposto, talvolta *inventato* del fenomeno nazionale non va esagerato.

La capacità dello Stato di omologare culturalmente il proprio territorio non dipende soltanto dalla maggiore o minore efficacia della classe dirigente ma anche dai diversi contesti nazionali e dalla risposta che, agli impulsi delle *élites*, dà la gente. I processi di *nazionalizzazione* non cadono su popolazioni «in stato di inerzia virginale»[72]. Lo Stato del resto ha una propria forza di legittimazione che nasce «dalla sua aderenza alla domanda di identità e di preservazione dallo smembramento che sale da ogni comunità»[73]. È un fenomeno promosso dal centro politico ma che, al tempo stesso, risponde ad esigenze e sensibilità che si sono radicate, nel corso del tempo, fra la gente. Al complesso problema dell'identità collettiva – il sentimento di appartenenza ad una comunità –, le *élites* di governo propongono soluzioni che talvolta risultano efficaci e vincenti, altre volte no. Gli avvenimenti degli anni Novanta nell'ex URSS o nell'ex Jugoslavia mostrano il fallimento di progetti nazionali che per lunghi decenni erano stati coltivati e imposti dall'alto.

5. *Politica liberale, democrazia politica, «nuova politica»*

I processi storici di cui s'è detto cambiano profondamente le forme e i contenuti della politica, la dislocazione sociale del potere, gli istituti preposti a gestirlo, i rapporti fra il centro e la periferia. E, anche se non in modo meccanico, aprono la strada all'affermarsi di regimi liberali.

Spesso considerato dalla storiografia come il cuore stesso dell'Europa del secondo Ottocento, il liberalismo politico è tuttavia un fenomeno di difficile interpretazione. Ha contorni meno netti di quelli dell'assolutismo d'Antico Regime o delle democrazie novecentesche o dei regimi totalitari. E caratterizza, del resto, l'età contemporanea in modo più sfumato di quanto non si creda usualmente: i rapporti fra sistema liberale e Antico Regime sono abbastanza corposi da escludere una netta discontinuità fra le due fasi. L'affermarsi di Stati costituzionali, nell'Europa di metà Ottocento, *non* significa una trasformazione radicale del quadro politico-istituzionale e amministrativo: i sistemi monarchici di origine divina non vengono abbattuti in un sol colpo, né le *élites* d'Antico Regime sono azzerate in modo indolore. La fine dello Stato assoluto è lenta, controversa, compromissoria.

Cos'è dunque il sistema liberale?

Secondo la teoria liberale, il potere, che negli Stati assoluti era esercitato dal sovrano (o per conto del sovrano) ed era parzialmente controllato dalle assemblee di ceto, risiede nel popolo.

Sono i «cittadini» che dispongono dell'autorità sovrana e che esprimono la volontà generale, aveva detto Rousseau. Il loro potere (di origine contrattuale) verrà esercitato, nell'esperienza europea otto-novecentesca, attraverso forme di rappresentanza: i cittadini eleggeranno chi deve agire politicamente per loro conto. In pratica, tuttavia, gli Stati liberali non prevedono forme di democrazia politica. Non tutti vengono considerati come portatori di diritti politici: coloro che hanno accesso alla politica e al governo devono essere *brains, not numbers*, si dice in Gran Bretagna[74]. Il diritto di voto viene riconosciuto soltanto a coloro che si ritiene abbiano quel *senso dello Stato* – aveva scritto Hegel – «che si acquista, soprattutto, con l'occuparsi abitualmente degli affari dell'universale, nei quali soltanto si sente e si conosce l'infinito valore che l'universale ha in se stesso, ma si fa anche diretta esperienza della riottosità, dell'ostilità e della disonestà dell'interesse privato»[75]. E chi, dunque, ha il senso dell'interesse generale? I «proprietari», anzitutto: coloro che, tradizionalmente, avendo il controllo delle risorse fondamentali (la terra), sanno come governare gli uomini (i contadini). Spesso, nei regimi liberali ottocenteschi, il diritto di voto è limitato a coloro che, possedendo un certo patrimonio ed essendo liberi da necessità economiche, si presume che non intendano utilizzare il proprio potere a fini personali, che abbiano una buona istruzione, che conoscano le cose della politica. Dunque gli elettori sono quei notabili, signori, «galantuomini» che governano, ad un tempo, la propria tenuta e gli uomini del villaggio. Ai liberali europei del XIX secolo sembrerà ragionevole far riferimento ad essi, nel momento di decidere qual è il gruppo sociale più adatto ad esercitare la politica.

Almeno fino al tardo Ottocento, di conseguenza, le *élites* del sangue e il notabilato agrario non sono fuori gioco. Esponenti della vecchia nobiltà e proprietari terrieri compaiono in gran numero fra gli elettori e dunque fra gli eletti dei parlamenti di Francia, d'Italia, di Germania. Nell'Inghilterra del 1868, «i proprietari [terrieri], e segnatamente i più ricchi e più aristocratici fra loro, occupavano ancora i due terzi dei seggi ai Comuni»[76]. Le vecchie *élites* del resto hanno a propria disposizione le cosiddette Camere alte, non elettive, riservate alla nobiltà (come la Camera dei Lord, in Gran Bretagna) o di nomina regia (come il Senato italiano), le quali affiancano, nella funzione legislativa, le assemblee elettive. Fra i loro banchi siederanno per lo più aristocratici, prelati, burocrati e militari di alto grado, agrari.

La politica liberale insomma vive in una sorta di terra di nessuno. Non ha più la legittimazione ultraterrena e dinastica dell'assolutismo ma è lontana da una reale legittimazione popolare, come vorrebbe il suo presupposto contrattualistico.

Del liberalismo dirà, caustico, un suo critico: «Ha tentato l'impresa di governare senza popolo e senza Dio; impresa stravagante ed impossibile»[77].

Il sistema rappresentativo si afferma attraverso mediazioni sociali e compromessi politici fra gruppi emergenti (borghesia industriale e finanziaria, ceti medi professionistici, burocrazie) e vecchie *élites* agrario-nobiliari. Il liberalismo ottocentesco ha regole incerte, tende ad adattarsi ai concreti rapporti di forza esistenti nei singoli contesti, è un sistema empirico, che spesso smentisce i propri ideali. Accade così che, nella Toscana del 1867, il fattore del signorotto locale non esiti a presentarsi al seggio e a compilare pubblicamente «le schede di quegli elettori che essendo suoi coloni da lui dipendevano»[78] (benché evidentemente la legge non preveda una simile paternalistica procedura), mentre nell'Inghilterra vittoriana è prassi usuale che i partiti vadano in giro a comprare voti e che gli elettori, ben contenti, li vendano al migliore offerente. Più che le leggi e i regolamenti elettorali, sono queste le (informali) regole del gioco: vi si mescolano diritti sanciti dalla legge e antiche fedeltà al signore locale, episodi di corruzione e meccanismi di beneficenza. In nessun luogo è dato trovare il modello puro del liberalismo politico: non nella Napoli postunitaria, dove nelle liste elettorali vengono inseriti abusivamente cittadini emigrati o defunti; non nella Manchester del 1880, dove i conservatori reagiranno ad una sconfitta elettorale facendo espellere dalle liste qualcosa come tremila iscritti del partito avverso[79].

Saranno le trasformazioni sociali, economiche e culturali, di cui s'è parlato nei capitoli precedenti, a favorire l'avvento, fra XIX e XX secolo, di forme politiche decisamente diverse rispetto ai sistemi liberali: la politica europea del tardo Ottocento e del primo quarantennio del Novecento assumerà il volto della democrazia e del totalitarismo.

La crisi dei sistemi liberali nasce su un duplice terreno, solo in apparenza contraddittorio.

Per un verso, gli Stati liberali, impegnandosi nella costruzione di un territorio sociale e culturale omogeneo (*nation building*), finiscono per ridimensionare quel sistema di potere locale ed elitario sul quale si basava il loro stesso funzionamento. Nel tardo Ottocento, i fenomeni sociali tendono ad avere un raggio territoriale che corrisponde ai confini dello Stato. Merci e individui si spostano su lunghe distanze. La stampa quotidiana ha spesso una diffusione nazionale. Gli impiegati vengono trasferiti da città a città. È in questi decenni che prendono l'avvio i campionati nazionali di calcio, il Tour de France (1903), il Giro d'Italia (1909)[80]. Un più netto carattere nazionale assume anche la politica. Saranno nazionali le *élites* di governo: esprimeranno le scelte di corpi elettorali in via di allargamento e, talvolta, già nel XIX secolo, comprendenti tutta la popolazione (suffragio universale). E nazionali saranno i partiti politici e, sotto certi aspetti, le stesse organizzazioni sindacali. Anche i conflitti politici e sociali avranno spesso una dimensione statale e, sebbene il movimento operaio dia vita a tre Internazionali e ribadisca il carattere apolide del proletariato, sarà nazionale, in realtà, anche la lotta di classe.

Quanto tutto questo sia difficile da conciliare con un sistema liberale fondato su notabili, piccoli corpi elettorali, relazioni interpersonali di villaggio ecc., è abbastanza comprensibile.

In secondo luogo, il liberalismo ottocentesco viene messo in crisi da una modernizzazione socio-economica, la quale apre fratture profonde nel corpo sociale. Non che, prima, non ve ne fossero ma adesso, nel pieno di una forte crescita delle capacità produttive e dei redditi nazionali, certi dislivelli risaltano maggiormente. Quando, a fine secolo, Charles Booth dimostra, conti alla mano, che un terzo della popolazione di Londra vive al di sotto del minimo vitale, «diventa impossibile non rimettere in causa i postulati serviti a legittimare la buona coscienza liberale e borghese»[81]. Le fratture sociali, del resto, tendono adesso ad assumere un maggior peso politico perché producono nuove forme organizzative (partiti, sindacati). Al *nation building* promosso dalle *élites* liberali, insomma, fa riscontro il formarsi autonomo di corpi politici, che lottano per affermare le proprie ragioni.

Nascono i partiti moderni. Sono strutture organizzative complesse, la cui gestione è affidata a professionisti della politica. Hanno propri statuti, programmi e regolamenti, un'*élite* dirigente, un sistema di adesione formale, meccanismi di autofinanziamento, una rete organizzativa in genere su scala nazionale, efficaci strumenti propagandistici, specifiche forme di mobilitazione e di attività politica.

La formazione dei partiti moderni, diversi in tutto e per tutto dai gruppi di notabili che avevano gestito la politica liberale, ha origine nelle trasformazioni strutturali e culturali dell'Europa del secondo Ottocento. Non è un caso che i primi partiti moderni nascano in ambito operaio e socialista.

Una grande mobilitazione sociale e politica scuote i sistemi liberali fra Otto e Novecento, minacciando e, alla fine, delegittimando un sistema decisionale che agiva su basi molto ristrette e selettive. L'avanzata dell'industrializzazione crea insediamenti operai cospicui e tende ad uniformare il lavoro manuale. Sotto i nuovi *grandi* capannoni, è più facile che emerga una classe operaia politica. Sta di fatto che, negli ultimi decenni del XIX secolo, dai paesi scandinavi alla Francia, dall'Italia al Belgio, si assiste alla nascita di partiti socialisti, che raccolgono per lo più problemi e aspirazioni dei lavoratori di fabbrica e che si affiancano alle organizzazioni sindacali, anch'esse in forte crescita. All'inizio del Novecento, il Partito socialdemocratico tedesco conta oltre un milione di affiliati. Dentro simili organismi confluiscono lavoratori che, sebbene differenziati per reddito, per idee religiose, talvolta per identità nazionale, sono tuttavia più coesi di un trentennio prima e, quel che più conta, avvertono come le proprie rivendicazioni – economiche o politiche che siano – possano trovare soluzione solo in una dimensione organizzativa nazionale: data la crescente importanza dello Stato e della sua politica economica, «sempre più ogni gruppo sociale [deve] perseguire i propri obiettivi politici esercitando una pressione sul governo *nazionale*, a favore o contro la legislazione e l'amministrazione di leggi *nazionali*»[82].

Al tempo stesso, i partiti socialisti interpretano lo Stato in senso antagonistico (e sono ricambiati, del resto, dalle *élites* dirigenti conservatrici, che spesso li considerano nemici dello Stato). Dunque, non sono soltanto organizzazioni costruite per la lotta politica ed elettorale ma tendono a costituire una sorta di «società separata». Nel caso della socialdemocrazia tedesca, ad esempio, «il partito e le sue organizzazioni avevano di tutto: non solo case editrici, giornali, scuole di politica, ma ristoranti, assicurazioni, cooperative di consumo, teatri, ritrovi, istituti di istruzione»[83]. In un simile quadro, evidentemente, emerge una forte identità culturale collettiva, la quale accentua la frattura tra il partito e il resto del sistema sociale e politico.

Con i partiti socialisti, la politica scende fisicamente nelle piazze, unificando, come mai era successo prima, le rivendicazioni e i comportamenti di gente di diversa condizione. Nelle organizzazioni di massa, le parole d'ordine non possono più essere specifiche e corporative ma devono divenire generali, talvolta generiche, spesso simboliche. La politica socialista, essendo unitaria ed elaborata su scala nazionale, porta ad una forte semplificazione della strategia, che, a sua volta, si riflette nella semplificazione dei rituali. Se i sindacati primo-ottocenteschi, rappresentativi di singoli mestieri e di singole località, avevano i propri simboli, costumi, canti, rituali (e spesso tutto ciò era poco comprensibile a chi non fosse stato del mestiere), tutt'altro mondo è quello dei partiti operai di fine Ottocento e di primo Novecento. Alle masse dei propri seguaci, essi daranno pochi e semplici strumenti di identificazione, la bandiera rossa, il sole nascente, il garofano o la rosa, la falce e il martello.

Ma non sono solo le masse socialiste a riempire le piazze, turbando il sonno delle *élites* di governo. Nel tardo Ottocento, si mobilitano gruppi sociali che erano rimasti sempre nell'ombra o che, qualche decennio prima, non esistevano affatto. Il governo tedesco deve fare i conti non soltanto con il Partito socialdemocratico ma anche con gruppi di pressione formati da agricoltori, bottegai, manifatturieri, impiegati o anche, semplicemente, «consumatori» (una categoria evidentemente indistinta sul piano sociologico ma assai temibile, se mai pensi di organizzarsi). Il *Bund der Landwirte* è un'associazione a difesa degli interessi terrieri che nasce nel 1893 e, dieci anni dopo, raccoglie qualcosa come duecentomila agricoltori. Altre organizzazioni sorgono ad opera dei latifondisti, degli imprenditori delle miniere, degli industriali del ferro e dell'acciaio, dei commercianti, degli artigiani. Numerosi gruppi di pressione, nel frattempo, fanno propaganda su temi specifici, raccogliendo centinaia di migliaia di iscrizioni, come l'Associazione tedesca della flotta (1898), che vuole appoggiare la politica di riarmo navale, o la Società coloniale tedesca (1887), che agita i temi dell'espansione imperialistica[84]. In mezza Europa, cercano di organizzarsi anche gli impiegati privati, le burocrazie pubbliche, i ceti medi autonomi. Comprensibilmente, la spinta all'associazionismo è cumulativa: di fronte all'altrui mobilitazione, ogni area socio-professionale avverte l'esigenza di difendersi con gli stessi strumenti.

Obiettivo usuale di tanta mobilitazione è il terreno della politica: si tratta di influenzare le scelte dei governi, cosa tanto più importante nel momento in cui gli Stati ampliano le proprie funzioni di politica economica e tendono ad impegnarsi in programmi di assistenza sociale (assicurazioni contro gli infortuni sul lavoro, previdenza sanitaria, pensioni di invalidità e vecchiaia), prefigurando quello che sarà nel Novecento il *welfare state*. Ebbene, sul terreno della competizione politica, vince il gruppo che ha più potere economico (le *élites* imprenditoriali, finanziarie ecc.) ma anche chi può determinare i risultati delle elezioni. L'età dei notabili liberali, ossequiati nei loro paesi d'origine e portati in parlamento a difenderne i «piccoli» interessi, sembra tramontata. Cambiano le regole della politica. Negli ultimi decenni dell'Ottocento, molti governi varano riforme elettorali che rivoluzionano il meccanismo della rappresentanza: «col 1914 una qualche forma di suffragio esteso, se non universale, per i maschi adulti era ormai in vigore in Australia (1910), Austria (1907), Germania (1871), Italia (1913), Norvegia (1898), Svezia (1907), Svizzera (1848-79), Regno Unito (1867-84) e Stati Uniti»[85].

Il fatto è che i processi di acculturazione di massa, dei quali s'è detto sopra, hanno dotato ampie fasce di popolazione dei requisiti di «educazione politica» che si richiedono per esercitare i diritti politici, mentre, al contrario, l'aumento del numero dei proprietari ha reso meno esclusivo e meno prestigioso il gruppo dei «possidenti»[86]. Ci sono troppi uomini dotati di istruzione, troppi ceti medi, troppi nuovi ricchi perché il sistema politico possa continuare a basarsi su un pugno di notabili. Quel che viene meno, di fatto, è il referente socio-culturale della politica liberale: la comunità organica del villaggio rurale e la figura carismatica del proprietario terriero. Del resto, non sono proprio gli Stati ad essersi battuti per inserire le masse nelle proprie istituzioni (scuola, esercito)? Nella società di massa, la politica liberale – non tanto i suoi principi, quanto la pratica concreta del liberalismo di primo Ottocento – è destinata a divenire obsoleta. Non è più possibile governare attraverso una *crème* di aristocratici, agrari, alti burocrati o militari. È venuto il momento di affrontare quel che gli inglesi, allargando nel 1867 il diritto di voto, chiameranno un «salto nel buio».

Con la democratizzazione dei sistemi elettorali, i partiti tendono a diventare organismi specializzati nella raccolta di voti. La macchina-partito – sia il partito conservatore che organizza il consenso attorno alle *élites* dirigenti, sia il partito socialista che cerca di sostituirsi ad esse – assume finalità nuove e una sopra tutte le altre: prevalere nella competizione elettorale. L'idea del far politica ai fini dell'utilità pubblica, che (in teoria) restava centrale nella concezione liberale, viene meno esplicitamente. Ciascun partito rappresenta gli interessi di un pezzo di società ed opera per superare gli altri partiti. A fine Ottocento, a chi gli fa notare che le assicurazioni sociali appena promulgate rischiano di mandare alla bancarotta le finanze pubbliche, un conservatore inglese risponderà seccato: «Al diavolo il paese! Il nostro mestiere è vincere le elezioni»[87].

Non sono tuttavia soltanto gli interessi immediati di singole categorie o classi sociali a determinare la politica tardo-ottocentesca e novecentesca. In essa gioca un ruolo forte l'ideologia. Cercando di rimpiazzare le culture locali con una cultura statale, il processo di *nation building* ha determinato il passaggio da una politica su base locale ad una politica su scala nazionale, da un sistema di aggregazioni periferiche e settoriali al sistema dei partiti di massa, dai riti delle *unions* artigiane alla semplicità della bandiera rossa. In una parola, dal concreto della «piccola patria» all'astratto dello Stato. Ebbene, la rinuncia alla concretezza della comunità locale, per così dire, implica un'intensa ripresa dell'ideologia.

La stessa classe operaia appare, in qualche modo, come un'invenzione ideologica: essa esiste in quanto esiste una prospettiva politico-ideologica capace di unificare mestieri, qualifiche e salari differenti. S'identifica nei sindacati nazionali e soprattutto nei partiti socialisti. La mobilitazione operaia di fine secolo è un fatto essenzialmente ideologico (anche se non manca, ovviamente, di ottime ragioni e se consegue non pochi successi). E ideologici sono altri movimenti di massa. Quelli nazionalistici in primo luogo.

Se nel primo Ottocento l'idea di nazione viene agitata da *élites* (spesso liberali) che stanno costruendo o rafforzando i propri Stati e rimane un fenomeno sostanzialmente minoritario sul piano dell'opinione pubblica, le cose cambiano nella seconda metà del secolo e nel primo Novecento, quando il nazionalismo diventa un fenomeno di massa. Movimenti e partiti a carattere nazionale nascono in mezza Europa e complicano non poco la vita politica di paesi come l'Inghilterra della questione irlandese o la Francia dell'affare Dreyfus.

Nel Secondo Reich, il nazionalismo si trasforma da ideologia liberale, anti-aristocratica ed emancipatrice in un'ideologia di massa che ha caratteri aggressivi e illiberali, che agita il mito ariano e il pericolo slavo, che esalta la «civiltà» germanica in opposizione alla «barbarie» polacca e che resuscita ed organizza, a livello d'opinione pubblica, il pregiudizio antisemita. Le lotte elettorali dell'età bismarckiana e guglielmina si giocano spesso sulle parole d'ordine di una propaganda nazionalista che mescola accortamente questioni di politica interna e pregiudizi «esterni»: i liberali vengono accusati di essere nemici del Reich in quanto vicini all'Inghilterra parlamentare, i cattolici in quanto soggetti alla Chiesa di Roma, i socialdemocratici in quanto internazionalisti, i polacchi in quanto slavi. L'abuso del nazionalismo, nell'orientare l'opinione pubblica e come arma elettorale, provoca un «avvelenamento dell'atmosfera politica interna»[88], anche se porta grossi frutti ai partiti della destra tedesca. Lo stesso Bismarck non esita a contrabbandare presso l'opinione pubblica l'idea di una presunta alleanza fra polacchi, repubblicani ed ebrei, utilizzando «senza scrupoli il movimento antisemita per i propri obiettivi politico-elettorali», sebbene personalmente continui a servirsi dei propri banchieri ebrei, del proprio avvocato ebreo o del proprio medico ebreo[89]. La recrudescenza dell'antisemitismo esemplifica bene una politica che le *élites* di governo conducono sapientemente sull'onda delle emozioni collettive, provocandole e poi utilizzandole. Identificati gli ebrei di volta in volta con i capitalisti, con i socialisti o con i nemici esterni dello Stato, è possibile rivolgere verso di essi le tensioni e le paure di tutti coloro che sono ostili alla modernizzazione. Nel 1899, l'Unione dei partiti antisemiti tedeschi già si pone come obiettivo «la distruzione del popolo giudeo»[90]. Negli stessi anni, ideologie nazionalistiche a carattere antisemita si diffonderanno anche nella patria di Voltaire, sebbene la Francia non conti più di 60.000 ebrei su quaranta milioni di abitanti.

La politica sta diventando manipolazione spregiudicata delle masse. Scriverà nel 1880, a proposito dell'antisemitismo che agita il suo paese, lo storico tedesco Theodor Mommsen: «vi sbagliate se credete che io possa fare qualcosa attraverso la ragione. È tutto inutile. Ciò che io posso esporre [...] sono sempre solo ragioni, argomenti logici e morali. Ma nessun antisemita si cura di argomentazioni del genere»[91].

È in questo quadro, europeo e non soltanto tedesco, che si colloca la trasformazione del sistema rappresentativo liberale e che nascono *macchine* politiche di propaganda e di azione collettiva, rispetto alle quali i modi di raccolta del consenso delle *élites* liberali appariranno presto superati. Con l'apertura dei corpi elettorali e con i processi di mobilitazione sociale, ai notabili subentrano i leader delle grandi organizzazioni politiche e delle *lobbies*, gli *opinion makers*, gli agitatori, i propagandisti, i capi carismatici, mentre i partiti si collocano stabilmente in quel territorio posto fra lo Stato e la società che si rivela fra i luoghi più delicati e complessi dei sistemi politici contemporanei.

Per un paradosso non inspiegabile e certamente degno di riflessione, dalla crisi del liberalismo ottocentesco emergono, per un verso, forme di democrazia politica e, per l'altro, in una parte consistente d'Europa, regimi totalitari di tipo fascista o leninista, alcuni dei quali si sono dimostrati di lunga vita. Anche nei sistemi totalitari, chi gestisce la vita di milioni di persone e ne interpreta (per così dire) i sentimenti e i bisogni, sono partiti-macchina: capillari burocrazie di partito, grandi e piccoli intellettuali di partito, e infine i leader dei partiti, da Mussolini a Stalin e a Hitler.

Come ha ripetuto spesso la storiografia, sarebbe sbrigativo vedere nei regimi totalitari di primo Novecento semplici incidenti di percorso del liberalismo europeo, *parentesi* per quanto drammatiche lungo il cammino del progresso politico. Essi non appaiono fondati soltanto sulla coercizione o sul terrore, non hanno caratteristiche puramente *militari*, non si spiegano soltanto con le tecniche del colpo di Stato (che in Italia e in Germania, sul piano formale, non ebbe a verificarsi), né infine possono essere riassunti *tout court* come fenomeni «reazionari».

Piuttosto, il totalitarismo novecentesco esprime le tensioni sociali, le paure collettive e le contraddizioni culturali create da una modernizzazione rapida, alla quale non sempre il sistema liberale ha offerto un quadro politico adeguato. Il fascismo italiano e il nazismo, ad esempio, sono aspramente contrari al governo parlamentare, interpretando la distanza che separa realmente la gente dal sistema rappresentativo liberale. Polemizzano con un modello industriale che minaccia di distruggere la campagna, i suoi ceti e i suoi valori, e dicono di volersi opporre al processo di disgregazione ed *atomizzazione* sociale prodotto dallo sviluppo economico e dall'urbanesimo, dando voce, anche in questo caso, ad un reale malessere collettivo, tanto più diffuso negli anni difficili della recessione fra le due guerre. Se è vero che la crisi del liberalismo è figlia dell'emergere di una società di massa, i regimi totalitari cercheranno, per parte loro, di costruire intorno a sé un ampio consenso collettivo e, per fare ciò, stabiliranno – con le masse – rapporti fitti ed organici, che avrebbero fatto inorridire un liberale del XIX secolo. Lungi dall'essere un ritorno al passato, essi elaborano inconsuete forme di partecipazione allo Stato, una «nuova politica» che certo non realizza l'ideale rousseauiano della sovranità popolare ma che rappresenta tuttavia una risposta specifica al dilemma – non risolto dal liberalismo e imposto tuttavia dai tempi – di una democrazia di massa.

La «nuova politica» dei regimi fascisti novecenteschi – ha scritto George Mosse – riesce a portare le masse all'interno delle istituzioni nazional-statali, in un modo ben più efficace di quanto non avessero fatto gli Stati liberali di metà Ottocento. Negli anni di Guglielmo II, non erano bastati, a commuovere i tedeschi, le sfilate di soldati con l'elmetto o i richiami alla fedeltà verso l'imperatore e all'ordine. Il fatto è che i riti del Secondo Reich non prevedevano una partecipazione di massa e non utilizzavano i miti e i simboli della cultura popolare tedesca. Malgrado ogni sforzo delle autorità, ad esempio, la festa pubblica che commemorava la vittoria di Sedan si era rivelata un mezzo fallimento ed era stata mescolata ad abitudini locali che nulla avevano a che vedere con la patria e con la sua storia. Nella cittadina di Oldenburg, il *Sedansfest* consisteva in fiaccolate, canto di inni, discorsi patriottici ma soprattutto in grandi balli spontanei, che duravano fino all'alba del giorno dopo e che non aggiungevano molto al *senso dello Stato* dei partecipanti. Ben altra cosa sarebbero state le feste naziste. In occasione del compleanno di Hitler, ad esempio, «le cerimonie più importanti erano trasmesse per radio e, in ogni località, le organizzazioni di partito davano delle imitazioni di quella principale che si svolgeva a Monaco, nella tarda serata: bandiere, fiamme sacre, discorsi, cori e il giuramento pronunciato da tutti i presenti erano avvolti in un'oscurità illuminata solo da sensazionali effetti di luce»[92].

Il fatto è che il nazismo fonda la propria politica di massa sul recupero pieno e ossessivo di una liturgia politica nazionalistica la quale, nella Germania del primo Novecento, ha più di un secolo di vita e corrisponde ad elementi culturali ben radicati fra le popolazioni di lingua tedesca. Dai grandi raduni del regime allo stile di monumenti ed edifici pubblici, dalle attività ginniche alla promozione di un teatro popolare germanico, il nazionalsocialismo non perde mai di vista una *religione laica* in cui le masse possano realmente identificarsi. La monumentalità grandiosa dell'architettura hitleriana parte dalla convinzione che «nella costruzione degli edifici occorre tener presenti le esigenze del popolo, il che significa prevedere uno spazio sufficiente ad accogliere da 150.000 a 200.000 tra uomini e donne»[93]. Sollecitata dal regime, la nazione tedesca si rispecchia in un'arte intrisa di elementi ad un tempo romantici e classici e identifica in essa la propria cultura tradizionale (*völkisch*). Diventa prevalente e popolare un'estetica ordinata, quieta, «genuina», lontana da avanguardie e sperimentalismi e sempre diffidente nei confronti della civiltà borghese ottocentesca. «Ormai il nevrotico secolo XIX è finito», dirà Hitler[94].

Sulle orme di Gustave Le Bon, Hitler ritiene che il capo debba pensare all'unisono con le masse ed esserne, al tempo stesso, il simbolo vivente. Personificazione di un'intera nazione, egli si confonde con la liturgia delle scenografie di regime. La «nuova politica» del nazismo ha successo perché si appella ad antiche aspirazioni della gente, e le stabilizza attraverso miti, simboli, ritualità. Si tratta di un'efficace alternativa ad un sistema parlamentare rappresentativo, nel quale individui e masse delegano a politici di professione la propria volontà e la propria cultura. Non che questo significhi il trionfo minaccioso dell'irrazionalità nel mondo contemporaneo. Non bisogna tralasciare il fatto che i riti hitleriani risultano efficaci anche perché, in un'epoca di crisi economico-sociali acute, il regime nazista si fa carico del problema della recessione degli anni Trenta, della disoccupazione dilagante, della debolezza monetaria del paese.

Ma è pur vero che l'esperienza dei totalitarismi novecenteschi indica quanto poco la storia politica (come tutta la storia, del resto) proceda in senso progressivo. Cosa c'è di lineare, infatti, in una vicenda che vede il liberalismo crescere incerto fra i resti dell'Antico Regime e poi *mutarsi* in democrazia politica e nei totalitarismi «popolari» di primo Novecento e, ancora, prendere le forme delle odierne democrazie di massa, sulla cui stabilità questa stessa storia induce ad essere cauti? Oggi, a fine secolo, se taluni Stati europei tentano di costruire forme sovranazionali d'integrazione politica, altri Stati si spezzano al loro interno, seguendo le linee di *piccole nazionalità* e innescando dolorose guerre civili. E mentre l'Occidente atlantico sembra aver raggiunto il massimo di democrazia politica, c'è chi chiede che venga riformulata una carta dei diritti del cittadino, i quali, nel frattempo, sono stati evidentemente disattesi oppure, cambiando i tempi, sono cambiati essi stessi. Non c'è alcuna ragione per credere che quello che viviamo sia un approdo finale. Smentendo il radicato teleologismo del nostro senso comune, le forme politico-sociali vanno e vengono.

Note al capitolo nono

[1] J. Julliard, *La politique*, in *Faire de l'histoire*, Paris, Gallimard, 1974, p. 232.

[2] N. Bobbio, *Stato*, in *Enciclopedia Einaudi*, Torino, Einaudi, 1977-1984, vol. XIII, p. 468.

[3] E.P. Thompson, *Whigs e cacciatori. Potenti e ribelli nell'Inghilterra del XVIII secolo*, trad. it., Firenze, Ponte alle Grazie, 1989, p. 278.

[4] In N. Bobbio, *Stato*, cit., p. 478.

[5] E.P. Thompson, *Whigs*, cit., p. 282.

[6] *Ibidem*, p. 283.

[7] C. Tilly, *La formazione dello stato in occidente e le teorie della trasformazione politica*, in Id. (a cura di), *La formazione degli stati nazionali nell'Europa occidentale*, trad. it., Bologna, Il Mulino, 1984, pp. 437-438.

[8] In Bobbio, *Stato*, cit., p. 462.

[9] P.B. Evans, D. Rueschemeyer e T. Skocpol (a cura di), *Bringing the State Back in*, Cambridge, Cambridge U.P., 1985: è una raccolta di saggi di politologi statunitensi dedicata al problema dello Stato.

[10] In L. Morlino, *Epitaffio per un approccio di successo: il sistema politico*, in A. Panebianco (a cura di), *L'analisi della politica*, Bologna, Il Mulino, 1989, p. 73.

[11] A. Panebianco, *Le scienze sociali e la politica*, in Id. (a cura di), *L'analisi della politica*, cit., p. 60.

[12] H.U. Wehler, *L'impero guglielmino 1871-1918*, trad. it., Bari, De Donato, 1981, p. 78.

[13] P. Anderson, *Lo stato assoluto*, trad. it., Mondadori, Milano, 1980, p. 12.

[14] C. Tilly, *Sulla formazione dello stato in Europa. Riflessioni introduttive*, in Id. (a cura di), *La formazione degli stati nazionali nell'Europa occidentale*, cit., p. 21.

[15] *Ibidem*, p. 28.

[16] *Ibidem*.

[17] P. Anderson, *Lo stato assoluto*, cit., p. 33.

[18] Sono parole di J.H. Plumb, citate in C. Tilly, *Sulla formazione*, cit., p. 26.

[19] G. Ardant, *Politica finanziaria e struttura economica degli stati nazionali moderni*, in C. Tilly (a cura di), *La formazione*, cit., p. 155.

[20] C. Tilly, *Sulla formazione*, cit., p. 27.

[21] In G. Ardant, *Politica finanziaria*, cit., in C. Tilly (a cura di), *La formazione*, cit., p. 153.

[22] *Ibidem*, p. 162.

[23] W. Fischer e P. Lundgreen, *Il reclutamento e l'addestramento del personale tecnico e amministrativo*, in C. Tilly (a cura di), *La formazione*, cit., p. 334.

[24] P. Anderson, *Lo stato assoluto*, cit., p. 59.

[25] In P. Anderson, *Lo stato assoluto*, cit., p. 36.

[26] C. Tilly, *Sulla formazione*, cit., p. 46; il riferimento è a I. Wallerstein, *Il sistema mondiale dell'economia moderna*, trad. it., 2 voll., Bologna, Il Mulino, 1982.

[27] B. Moore jr., *Le origini sociali della dittatura e della democrazia. Proprietari e contadini nella formazione del mondo moderno*, trad. it., Torino, Einaudi, 1969.

[28] H.U. Wehler, *L'impero guglielmino 1871-1918*, trad. it., Bari, De Donato, 1973, p. 232.

[29] N. Bobbio, *Stato*, cit., p. 468.

[30] *Ibidem*, p. 486.

[31] *Ibidem*, p. 499.

[32] F. Thistlethwaite, *Storia degli Stati Uniti*, trad. it., Bologna, Cappelli, 1967, p. 44.

[33] In E.J. Hobsbawm, *Nazioni e nazionalismo dal 1870*, trad. it., Torino, Einaudi, 1991, p. 24.

[34] Sono parole di Walter Bagehot citate in E.J. Hobsbawm, *Nazioni e nazionalismo*, cit., p. 28.

[35] E. Weber, *Da contadini a francesi. La modernizzazione della Francia rurale 1870-1914*, trad. it., Bologna, Il Mulino, 1989, pp. 152, 143, 158.

[36] T. De Mauro, *Storia linguistica dell'Italia unita*, Bari, Laterza, 1976, vol. I, p. 43.

[37] E. Weber, *Da contadini a francesi*, cit., pp. 183-185.

[38] *Ibidem*, p. 370.

[39] *Ibidem*, p. 371.

[40] E.J. Hobsbawm, *Nazioni e nazionalismo*, cit., p. 12.

[41] *Ibidem*, p. 33.

[42] *Ibidem*, p. 36.

[43] *Ibidem*, p. 29.

[44] E. Weber, *Da contadini a francesi*, cit., p. 226.

[45] L. Girard, *I trasporti*, in *Storia economica Cambridge*, Torino, Einaudi, vol. VI, t. I, 1974-80, p. 239.

[46] E. Weber, *Da contadini a francesi*, cit., p. 371.

[47] *Ibidem*, p. 372.

[48] G. Luzzatto, *L'economia italiana dal 1861 al 1894*, Torino, Einaudi, 1968, p. 54.

[49] E. Weber, *Da contadini a francesi*, cit., p. 385.

[50] W. Schivelbusch, *Storia dei viaggi in ferrovia*, trad. it., Torino, Einaudi, 1988, pp. 38 e 43; E. Weber, *Da contadini a francesi*, cit., p. 406.

[51] In E. Weber, *Da contadini a francesi*, cit., p. 533.

[52] *Ibidem*, p. 542.

[53] W. Schivelbusch, *Storia dei viaggi*, cit., pp. 45-46.

[54] E. Weber, *Da contadini a francesi*, cit., p. 559.

[55] *Ibidem*, p. 556.

[56] V. Mahler, *Gerarchie del nazionalismo*, in «Quaderni storici», 61 (1986), p. 223.

[57] In E. Weber, *Da contadini a francesi*, cit., p. 614.

[58] *Ibidem*, p. 615.

[59] *Ibidem*, p. 620.

[60] *Ibidem*, pp. 629-630.

[61] G.L. Mosse, *La nazionalizzazione delle masse. Simbolismo politico e movimenti di massa in Germania (1812-1933)*, trad. it., Bologna, Il Mulino, 1975, p. 8.

[62] E.J. Hobsbawm, *Tradizioni e genesi dell'identità di massa in Euro-*

pa, 1870-1914, in E.J. Hobsbawm e T. Ranger (a cura di), *L'invenzione della tradizione*, trad. it., Torino, Einaudi, 1987, p. 263.

[63] D. Cannadine, *Il contesto, la rappresentazione e il significato del rito: la monarchia britannica e l'«invenzione della tradizione», c. 1820-1977*, *ibidem*, p. 124.

[64] *Ibidem*, p. 115.

[65] B. Tobia, *Una patria per gli Italiani. Spazi, itinerari, monumenti nell'Italia unita (1870-1900)*, Roma-Bari, Laterza, 1991, p. 118.

[66] A. Mayer, *Il potere dell'Ancien Régime fino alla prima guerra mondiale*, trad. it., Bari, Laterza, 1982, p. 127.

[67] G.L. Mosse, *La nazionalizzazione*, cit., pp. 108-109.

[68] B. Tobia, *Una patria per gli Italiani*, cit., *passim*.

[69] E.J. Hobsbawm, *Tradizioni e genesi*, cit., p. 262.

[70] *Ibidem*, p. 265.

[71] E.J. Hobsbawm, *Il trionfo della borghesia 1848-1875*, Roma-Bari, Laterza, 1976, p. 108; cfr. anche Id., *Nazioni e nazionalismo*, cit., *passim*, e E. Gellner, *Nazioni e nazionalismo*, Roma, Editori Riuniti, 1985, *passim*.

[72] S. Lanaro, *Dove comincia la nazione? Discutendo con Gellner e Hobsbawm*, in «Meridiana», 1991, n. 11/12, p. 359.

[73] *Ibidem*.

[74] In P. Pombeni, *Introduzione alla storia dei partiti politici*, Bologna, Il Mulino, 1985, p. 63.

[75] *Ibidem*, p. 59.

[76] A. Mayer, *Il potere*, cit., p. 151.

[77] Sono parole di Donoso Cortes, citate in P. Pombeni, *Introduzione alla storia*, cit., p. 79.

[78] R. Romanelli, *Le regole del gioco. Note sull'impianto del sistema elettorale in Italia (1848-1895)*, in «Quaderni storici», 69 (1988), p. 711 e *passim*.

[79] F. Cammarano, *Logiche comunitarie e associazionismo politico nella Gran Bretagna tardovittoriana: procedure elettorali e «corruzione»*, *ibidem*, p. 842 e *passim*.

[80] E.J. Hobsbawm, *Tradizioni e genesi*, cit., p. 289.

[81] F. Bedarida, *Società e politica*, cit., p. 43.

[82] E.J. Hobsbawm, *L'età degli imperi. 1875-1914*, trad. it., Bari, Laterza, 1987, p. 151.

[83] P. Pombeni, *Introduzione alla storia*, cit., p. 111.

[84] H.U. Welher, *L'impero guglielmino*, cit., pp. 97-103. Su questi temi, cfr. S. Berger (a cura di), *L'organizzazione degli interessi nell'Europa occidentale. Pluralismo, corporativismo e la trasformazione della politica*, trad. it., Bologna, Il Mulino, 1983.

[85] E.J. Hobsbawm, *Tradizioni e genesi*, cit., p. 257.

[86] P. Pombeni, *Introduzione alla storia*, cit., p. 62.

[87] In P. Pombeni, *Introduzione alla storia*, cit., p. 130.
[88] H.U. Wehler, *L'impero guglielmino*, cit., p. 116.
[89] *Ibidem*, pp. 119-120.
[90] *Ibidem*, p. 119.
[91] *Ibidem*, p. 121.
[92] G.L. Mosse, *La nazionalizzazione*, cit., pp. 103-104.
[93] *Ibidem*, p. 214.
[94] *Ibidem*, p. 217.

Bibliografia

Bibliografia

Questa breve nota bibliografica suggerisce alcuni possibili approfondimenti dei temi trattati, riprendendo, in parte, le opere indicate nel corso dei singoli capitoli.

Le tendenze storiografiche del secondo Novecento possono essere ricostruite attraverso le raccolte di alcune riviste, come «Annales. Économies. Sociétés. Civilisations», le inglesi «Past and Present» e «The Economic History Review», le americane «The American Historical Review» e «Journal of Modern History». Di particolare interesse sono anche «Social History», «Journal of Social History», «Comparative Studies in Society and History», «Journal of Interdisciplinary History» e «Geschichte und Gesellschaft».

In Italia, una funzione di aggiornamento metodologico e tematico è stata svolta da «Quaderni storici», a cui vanno affiancate «Società e Storia», «Passato e Presente» e «Meridiana».

Per una riflessione sul paradigma storiografico, si vedano J. Topolski, *Metodologia della ricerca storica*, Bologna, Il Mulino, 1975, e il volume collettaneo, a cura di P. Rossi, *La teoria della storiografia oggi*, Milano, Il Saggiatore, 1983.

Una sintesi di alcune tendenze storiografiche del secondo dopoguerra è G. Barraclough, *Atlante della storia 1945-1975*, Bari, Laterza, 1977. Discussioni su temi, metodi e valenze interdisciplinari degli studi storici possono trovarsi in L. Stone, *Viaggio nella storia*, Roma-Bari, Laterza, 1987; P. Ariès, *Il tempo della storia*, Roma-Bari, Laterza, 1987 e nei volumi, ambedue curati da Pietro Rossi, *La storiografia contemporanea. Indirizzi e problemi*, Milano, Il Saggiatore, 1987 e *La storia comparata. Approcci e prospettive*, Milano, Il Saggiatore, 1990.

L'articolo di E.J. Hobsbawm *Dalla storia sociale alla storia della società*, in «Quaderni storici», 22 (1973) resta, a distanza di molti anni, una equilibrata riflessione sulla «storiografia sociale».

Fra le molte pubblicazioni dedicate alla storiografia francese di matrice «annalista», si segnalano J. Le Goff (a cura di), *La nuova storia*, Milano, Oscar Mondadori, 1980; J. Le Goff e P. Nora (a cura di), *Fare storia. Temi e metodi della nuova storiografia*, Torino, Einaudi, 1981; G. Gemelli, *Fernand Braudel e l'Europa universale*, Venezia, Marsilio, 1990. Classiche letture «annaliste» di tipo metodologico sono M. Bloch, *Apologia della storia o Mestiere di storico*, Torino, Einaudi, 1969; gli scritti storiografici di L. Febvre, raccolti in *Studi su Riforma e Rinascimento e altri scritti su problemi di metodo e di geografia storica*, Torino, Einaudi, 1966 e l'antologia di F. Braudel *Scritti sulla storia*, Milano, Oscar Mondadori, 1973.

Sul tema dell'ambiente e della geografia storica, è opportuno tornare alle pagine lucide di L. Gambi, *Questioni di geografia*, Napoli, ESI, 1964 e *Una geografia per la storia*, Torino, Einaudi, 1973.

Sulle più recenti tendenze dell'analisi storico-ambientale, va segnalato D. Moreno, *Dal documento al terreno. Storia e archeologia dei sistemi agro-silvo-pastorali*, Bologna, Il Mulino, 1990.

Sintesi del processo di costruzione del paesaggio occidentale sono C.T. Smith, *Geografia storica d'Europa dalla preistoria al XIX secolo*, Roma-Bari, Laterza, 1974 e, per l'Italia, il classico E. Sereni, *Storia del paesaggio agrario italiano*, Bari, Laterza, 1961.

Sul ciclo lungo del clima, E. Le Roy Ladurie, *Tempo di festa, tempo di carestia. Storia del clima dall'anno mille*, Torino, Einaudi, 1982.

Le problematiche di tipo demografico sono sintetizzate in E.A. Wrigley, *Demografia e storia*, Milano, Il Saggiatore, 1969, e in M.W. Flinn, *Il sistema demografico europeo 1500-1820*, Bologna, Il Mulino, 1983.

Sul tema della famiglia, una rassegna ragionata è M. Anderson, *Interpretazioni storiche della famiglia. L'Europa occidentale 1500-1914*, Torino, Rosenberg & Sellier, 1982.

Utili antologie, dedicate ad autori classici o recenti, sono R. Wall, J. Robin e P. Laslett (a cura di), *Forme di famiglia nella storia europea*, Bologna, Il Mulino, 1984 e M. Barbagli (a cura di), *Famiglia e mutamento sociale*, Bologna, Il Mulino, 1977. Un volume a più voci da tener presente, seppure non più recente, è C.E. Rosenberg (a cura di), *La famiglia nella storia. Comportamenti sociali e ideali domestici*, Torino, Einaudi, 1979. Va ricordata, fra le ricerche di ampio spettro, L. Stone, *Famiglia, sesso e matrimonio in Inghilterra tra Cinque e Ottocento*, Torino, Einaudi, 1985. Un'utile messa a punto della problematica odierna è il saggio di C. Saraceno *Sociologia della famiglia*, Bologna, Il Mulino, 1988.

Sull'Italia, si vedano: l'antologia di A. Manoukian (a cura di), *I vincoli familiari in Italia. Dal secolo XI al secolo XX*, Bologna, Il Mulino, 1983; l'ampia ricerca di M. Barbagli, *Sotto lo stesso tetto. Mutamenti della famiglia in Italia dal XV al XX secolo*, Bologna, Il Mulino, 1984 e l'opera a più voci di P. Melograni (a cura di), *La famiglia italiana dall'Ottocento a oggi*, Roma-Bari, Laterza, 1988.

Alcune opere possono introdurre al tema dell'«economia politica»: il classico J.A. Schumpeter, *Storia dell'analisi economica*, Torino, Boringhieri, 1972; M. Dobb, *Storia del pensiero economico*, Roma, Editori Riuniti, 1974; C. Napoleoni, *Smith, Ricardo, Marx*, Torino, Boringhieri, 1973[2]. Da consultare, per singole voci, i due volumi *Economia e storia* (a cura di M. Carmagnani e A. Vercelli) de *Il mondo contemporaneo*, Firenze, La Nuova Italia, 1978.

Su K. Polanyi, si vedano E. Grendi, *Polanyi*, Milano, Etas Libri, 1978 e l'*Introduzione* di M. Godelier a *Traffici e mercati negli antichi imperi. Le economie nella storia e nella teoria*, a cura di K. Polanyi, Torino, Einaudi, 1978. L'opera più nota di K. Polanyi è *La grande trasformazione*, Torino, Einaudi, 1974. Letture di taglio storico-antropologico si troveranno nel citato *Traffici e mercati* e nell'antologia a cura di E. Grendi, *L'antropologia economica*, Torino, Einaudi, 1972.

Sui temi dello sviluppo economico, in una prospettiva storica, si veda W. Kula, *Problemi e metodi di storia economica*, Milano, Cisalpino-Goliardica, 1972. Dedicato alla tematica della protoindustria è P. Kriedte, H. Medick e J. Schlumbohm,

L'industrializzazione prima dell'industrializzazione, Bologna, Il Mulino, 1984.

Sui problemi legati all'interpretazione delle società contadine, la letteratura storiografica sconfina non di rado nel campo antropologico. Si rimanda alle pagine raccolte in E. Grendi (a cura di), *L'antropologia economica*, cit.; alla «voce» di W. Kula e J. Kochanowicz, *Contadini*, in *Enciclopedia Einaudi*, vol. III, pp. 901-933; e al saggio di B. Moore jr. *Le origini sociali della dittatura e della democrazia. Proprietari e contadini nella formazione del mondo moderno*, Torino, Einaudi, 1969, che è un'analisi comparativa sul ruolo delle campagne nei processi di «modernizzazione».

Linee di sviluppo dell'economia europea si trovano nell'opera collettanea *Storia economica Cambridge*, Torino, Einaudi, 1974-1980, in specie nel vol. VI/1-2, dedicato a *La rivoluzione industriale e i suoi sviluppi*, e nel vol. VII/1-2, dedicato a *L'età del capitale* (fra i numerosi contributi, va ricordato D.S. Landes, *Cambiamenti tecnologici e sviluppo industriale nell'Europa occidentale, 1750-1914*, vol. VI/1). Una sintesi recente e, al tempo stesso, una reinterpretazione del processo economico occidentale è S. Pollard, *La conquista pacifica. L'industrializzazione in Europa dal 1760 al 1970*, Bologna, Il Mulino, 1984. Sull'agricoltura, infine, si rimanda all'ampia sintesi di B.H. Slicher van Bath *Storia agraria dell'Europa occidentale (500-1850)*, Torino, Einaudi, 1972.

Per il caso italiano, è opportuno far riferimento a P. Bevilacqua, *Storia dell'agricoltura italiana in età contemporanea*, 3 voll., Venezia, Marsilio, 1989-1991; V. Castronovo, *La storia economica*, in *Storia d'Italia*, vol. IV/1, *Dall'Unità a oggi*, Torino, Einaudi, 1975; L. Cafagna, *Dualismo e sviluppo nella storia d'Italia*, Venezia, Marsilio, 1989 (dove si troveranno ampi riferimenti al dibattito storiografico sul «modello» italiano di sviluppo).

Un quadro storico delle società occidentali contemporanee è P.N. Stearns, *European Society in Upheaval. Social History since 1750*, New York, Macmillan, 1975[2]. Di taglio sociologico sono S. Ossowski, *Struttura di classe e coscienza sociale*, Torino, Einaudi, 1969; N. Poulantzas, *Potere politico e classi sociali*, Roma, Editori Riuniti, 1971; R. Dahrendorf, *Classi e conflitto di classe nella società industriale*, Bari, Laterza,

1974 e A. Giddens, *La struttura di classe nelle società avanzate*, Bologna, Il Mulino, 1975.

Sul tema delle classi lavoratrici, vanno ricordate due opere ormai classiche, che analizzano il caso inglese: E.P. Thompson, *Rivoluzione industriale e classe operaia in Inghilterra*, 2 voll., Milano, Il Saggiatore, 1969 e E.J. Hobsbawm, *Studi di storia del movimento operaio*, Torino, Einaudi, 1972. Di quest'ultimo autore, si veda il più recente *Lavoro, cultura e mentalità nella società industriale*, Roma-Bari, Laterza, 1986. Una sintesi interessante dedicata ad un diverso contesto è H.G. Gutman, *Lavoro, cultura e società in America nel secolo dell'industrializzazione 1815-1919*, Bari, De Donato, 1979.

Per quel che riguarda la storia politica, ideologica e organizzativa della classe operaia, si rimanda alla *Storia del marxismo*, 4 voll., Torino, Einaudi, 1978-1982.

Sulle borghesie, la letteratura storica resta poco abbondante, sebbene il tema della *middle class* imprenditoriale ricorra, ad esempio, nella storiografia economica o, altrimenti, alcuni problemi relativi alle borghesie agrarie e alle *élites* redditiere possano trovarsi nelle storie dell'agricoltura.

Due classici sono W. Sombart, *Il borghese. Lo sviluppo e le fonti dello spirito capitalistico* (1913), Milano, Longanesi, 1978 e J. Schumpeter, *Sociologia dell'imperialismo*, Bari, Laterza, 1972 (il quale contiene *Le classi sociali in ambiente etnicamente omogeneo*, uno scritto del 1927).

Un quadro del problema su scala continentale è in J. Kocka (a cura di), *Borghesie europee dell'Ottocento*, Venezia, Marsilio, 1989, a cui si rimanda per riferimenti bibliografici aggiornati.

Sul tema dei comportamenti collettivi, una sintesi del pensiero sociale otto-novecentesco è A. Mucchi Faina, *L'abbraccio della folla. Cento anni di psicologia collettiva*, Bologna, Il Mulino, 1985.

I temi storiografici del conflitto sociale rimandano agli innumerevoli studi dedicati al movimento operaio e, dunque, anche alle opere citate di E.J. Hobsbawm e di E.P. Thompson. Altri riferimenti, sebbene discutibili e discussi, sono i tre volumi di E.J. Hobsbawm, *I banditi. Il banditismo sociale nell'età moderna*, Torino, Einaudi, 1971; *I ribelli. Forme primitive di rivolta sociale*, Torino, Einaudi, 1974 e *I rivoluzio-*

nari, Torino, Einaudi, 1975, e la ricerca di L. Chevalier *Classi lavoratrici e classi pericolose. Parigi nella rivoluzione industriale*, Bari, Laterza, 1976. Questioni di metodo sono in E. Grendi (a cura di), *Le origini del movimento operaio inglese. 1815-1848*, Bari, Laterza, 1973 (se ne veda l'introduzione alle pp. V-XLV) e in G. Bianco e E. Grendi (a cura di), *La tradizione socialista in Inghilterra. Antologia di testi politici 1820-1852*, Torino, Einaudi, 1970 (se ne veda l'introduzione alle pp. VII-CV).

Per un approfondimento dei «repertori» di Charles Tilly, si veda, di questo autore, *La Francia in rivolta*, Napoli, Guida, 1990.

Sui temi della mobilità, si possono ricordare la letteratura sociologica citata sopra (da Giddens a Dahrendorf) e F. Parkin, *Disuguaglianza di classe e ordinamento politico. La stratificazione sociale nelle società capitalistiche e comuniste*, Torino, Einaudi, 1976. Un quadro aggiornato di alcune tendenze recenti è H. Kaelble, *Verso una società europea. Storia sociale dell'Europa 1880-1980*, Roma-Bari, Laterza, 1990.

Le tematiche della «scienza politica» sono illustrate nel volume collettaneo di A. Panebianco (a cura di) *L'analisi della politica*, Bologna, Il Mulino, 1989.

Sul problema delle origini dello Stato moderno, si vedano C. Tilly (a cura di), *La formazione degli stati nazionali nell'Europa occidentale*, Bologna, Il Mulino, 1984, e il più datato P. Anderson, *Lo stato assoluto*, Milano, Oscar Mondadori, 1980. Un'interpretazione complessa e stimolante è N. Elias, *Il processo di civilizzazione*, Bologna, Il Mulino, 1988[3].

Sui sistemi politici nell'Occidente contemporaneo, si vedano P. Pombeni, *Partiti e sistemi politici nella storia contemporanea*, Bologna, Il Mulino, 1994 e, con particolare riferimento all'esperienza liberale, M. Brigaglia (a cura di), *L'origine dei partiti nell'Europa contemporanea 1870-1914*, Bologna, Il Mulino, 1985 e P. Pombeni (a cura di), *La trasformazione politica nell'Europa liberale 1870-1890*, Bologna, Il Mulino, 1986.

Il dibattito intorno a nazione, nazionalismo e Stato nazionale può essere ricostruito attraverso E. Gellner, *Nazioni e nazionalismo*, Roma, Editori Riuniti, 1985 e E.J. Hobsbawm,

Nazioni e nazionalismo dal 1870, Torino, Einaudi, 1991. Un *case-study* dedicato al problema della costruzione dello Stato nazionale è E. Weber, *Da contadini a francesi. La modernizzazione della Francia rurale 1870-1914*, Bologna, Il Mulino, 1989.

Una lettura classica è G.L. Mosse, *La nazionalizzazione delle masse. Simbolismo politico e movimenti di massa in Germania (1812-1933)*, Bologna, Il Mulino, 1975, che ricostruisce il terreno sul quale prende forma, in Germania, l'esperienza del totalitarismo nazionalsocialista.

Finito di stampare nel mese di marzo 2012
dalle Arti Grafiche Editoriali Srl, Urbino